anagramma
1239

Questo romanzo contiene la trattazione di tematiche delicate e la descrizione di scene esplicite. Se ne consiglia la lettura a un pubblico maturo e consapevole.

Prima edizione: ottobre 2024

The author is represented by Wattpad WEBTOON Studios

ISBN 978-88-227-8552-7

www.newtoncompton.com

Realizzazione a cura di The Bookmakers studio editoriale s.r.l.s.
Stampato nell'ottobre 2024 presso Puntoweb s.r.l., Ariccia (Roma)

Amber Wilson

Opposites with Similar Hearts

Opposti ma con lo stesso cuore

Newton Compton editori

A chi ha il coraggio di camminare nella nebbia
e non ha paura di perdersi.

Il 15 gennaio 2019, mentre uno stormo di corvi spiccava il volo, venne premuto un grilletto e, nello stesso istante, venne lanciato un pugnale.

Il bosco di Fogsville era scuro, la nebbia fitta si librava nell'aria fino a coprire come una coltre i robusti tronchi.

Il pugnale finì accanto a una roccia, lontano dalla persona che lo aveva lanciato; il proiettile, invece, sfrecciò nell'aria e poi finì nelle acque ghiacciate di un piccolo stagno.

Uno di fronte all'altra, rimasero due contendenti così diversi e allo stesso tempo così simili da fare paura anche a loro stessi.

Callum Rey e Fallon Rogers avevano deciso di risparmiarsi. Il primo, dopo aver visto gli occhi neri della ragazza che si trovava davanti a lui, aveva sparato il colpo a vuoto, la seconda aveva scagliato il suo pugnale lontano.

Tuttavia, nonostante il reciproco atto di pietà, Callum e Fallon si dichiararono guerra: erano destinati a essere rivali, eppure in cuor loro sapevano di non poter fare a meno l'una dell'altro.

Capitolo 1

Fallon

«Il pugnale che stai stringendo tra le mani ti guiderà sempre, sarà parte di te e tu parte di lui», sentii dire da Joyle, mentre indicava l'arma appuntita che stringevo con tanta premura. «Non dovrai mai dubitare di lui e lui non dubiterà mai di te», continuò. «Quindi, Fallon Rogers, sei pronta a legarti al tuo pugnale e a non tradirlo mai?», domandò prendendo la mia mano e scoprendo il polso coperto dalla manica della felpa viola pesante che indossavo quel giorno.

L'iniziazione doveva essere conclusa e il pugnale al quale mi stavo legando doveva toccare il mio sangue.

«Sono pronta, più che mai», affermai guardando Joyle, poi mio fratello, i miei amici e, infine, la lama luccicante e argentea del mio pugnale.

Spostai lo sguardo sul manico, era nero, in pelle, e sopra c'era una margherita viola.

Avevo ricevuto quell'arma poche ore prima. Mio fratello Asher l'aveva comprata mesi addietro perché sapeva che, a distanza di poco, sarei riuscita anche io a diventare un membro effettivo dei Daggers.

«Bagna la lama con il sangue, Fallon».

Quando sentii quelle parole, il mio corpo venne percosso da diversi brividi, di terrore, di piacere…

Avevo aspettato quel momento per mesi, trascorso giorni interminabili ad allenare corpo e anima senza un freno solo per arrivare a macchiare la lama della mia arma di scarlatto.

Diedi un'ultima occhiata ai presenti, all'ambiente che mi circondava, che era tetro e avvolto da una nebbia fitta che premeva sulla pelle facendola freddare e riempiendola di piccoli brividi.

Avvicinai la lama al polso, il luccichio mi abbagliò per qualche secondo.

Lo volevo.

Diventare una Daggers era ormai il mio unico obiettivo e di lì a poco mi sarei unita al pugnale.

Quando feci passare la lama sulla pelle, provocandomi un leggero taglio, avvertii uno strano bruciore.

Era dolore, ma anche eccitazione.

Il sangue macchiò la lama e poi, quando tremante alzai il viso, Joyle iniziò a battere le mani, seguito dai miei amici.
«Ora sei ufficialmente una Daggers».

"Ora sei ufficialmente una Daggers".
Pensai a quel giorno, al giorno della mia iniziazione, e le mani, a distanza di anni, continuavano a tremare dall'emozione.
Avevo desiderato con corpo e anima quel momento, e da allora la mia vita era cambiata radicalmente.
Avevo sempre vissuto tra le strade di Fogsville, ma non potevo neanche lontanamente immaginare che fossero controllate da due gang criminali.
Lo scoprii solo quando entrai a far parte dei Daggers e solo quando Joyle mi diede pile e pile di libri sulla vera storia di Fogsville. Quando lessi quelle pagine macchiate e ormai del colore del caffè, rimasi stupita, pensando che la maggior parte dei cittadini era all'oscuro di tutto.
Da quasi cent'anni, Fogsville era la dimora di due gang: i Daggers e i DarkBlood.
Cinque sicari dotati di forza e astuzia straordinaria componevano i Daggers.
Elina, una ragazza dai lunghi capelli rossi e due occhi verdi che sembravano una foresta. Era minuta, ma possedeva una forza enorme, e in missione riusciva perfettamente a fare fuori anche due uomini insieme.
Jacob, con una folta chioma castana e un cuore tenero, poteva sembrare apatico e antipatico, ma in realtà era molto dolce con noi. In missione, però, diventava un carro armato agile, guidato solo dall'odio e dal desiderio di uccidere persone che non meritavano di vivere.
Oliver, un ragazzo dai capelli castano scuro e un corpo possente. Di poche parole, ma quando decideva di parlare, abbattendo il muro che aveva costruito durante gli anni, non riusciva a fermarlo nessuno. In missione anche lui era dotato di forza e di astuzia, e amava torturare le proprie prede prima di eliminarle.
Infine, c'era mio fratello Asher, la persona più importante della mia vita. Era lui che decideva come agire, era una sorta di leader. Sapere che c'era anche lui con me, ogni sera e quando rischiavo la mia stessa vita, mi faceva sentire al sicuro.
Anche i nostri rivali, i DarkBlood, erano cinque, e proprio come noi Daggers si battevano di notte, camminando nella nebbia per ripulire il paese dall'illegalità e dalla criminalità organizzata, sotto il comando del loro capo, Robert, il quale, proprio come Joyle nel nostro caso, non faceva più parte della forza armata che scendeva per le strade, ma si limitava a impartire le direttive ai membri.

Thomas Murphy e Mason Roy incutevano timore da lontano un miglio. Avevano quasi lo stesso colore di capelli, nero pece, ma Thomas possedeva due iridi verdi che gelavano chiunque decidesse di guardarle.

Harry Black, corpo tatuato come ogni membro dei DarkBlood, e mente astuta. Anche lui era un abile combattente ed era il fidanzato di Bonnie Rey, una biondina tutta rosa e fiori con nessuna abilità, che nella maggior parte delle missioni si occupava di creare dei diversivi.

E per finire c'era la persona che più di tutte odiavo, quella persona verso la quale nutrivo una sete di competizione che andava oltre ogni logica.

Il Corvo.

Callum Rey era stato per anni, e continuava a esserlo, un tarlo fisso nella mia mente.

Conoscevo Callum da quando mio fratello Asher, a soli cinque anni, finì in classe con lui.

Erano sempre stati inseparabili e poi, di punto in bianco, la loro amicizia sfociò in ostilità.

I suoi occhi diaspro marrone erano profondi, possedevano uno strano luccichio, ma io sapevo, sapevo benissimo, che quelle iridi avevano visto una quantità enorme di corpi privi di vita, e che le sue mani si erano sporcate più e più volte di sangue.

Odiavo tutti i DarkBlood, ma l'odio che riservavo nei suoi confronti, l'odio che provavo quando posavo gli occhi sul corpo possente del Corvo, era diverso.

Era un odio profondo, che andava avanti da troppo tempo, e poi c'era quella competizione tra di noi che, durante le missioni, mi accecava completamente, facendomi diventare una belva senza ritegno.

La nostra rivalità si basava sul voler primeggiare sull'altro, voler sconfiggere l'altro, ma non solo. Quando le due gang venivano ingaggiate per portare a termine la stessa missione, a venire pagato era chi finiva il lavoro per primo. E io volevo sempre soffiare le prede al Corvo.

Callum era il mio unico obiettivo, annientarlo e finirlo era un desiderio acceso nella mia mente.

«Fall, sei pronta?».

A risvegliarmi dai miei pensieri fu mio fratello che, dalla sala da pranzo, fece arrivare la sua voce roca fin dentro la mia camera.

«Sì, cinque minuti e arrivo!», urlai di rimando, mentre i miei occhi erano fissi sulla fotografia che avevo sul comodino.

Guardarla riusciva ancora a spezzare qualcosa dentro di me.

Quella fotografia era il mio punto debole.

In quel foglio di carta lucido e spesso, c'eravamo io, mio fratello e i nostri genitori.

Ricordare il passato, ripensare a ciò che la vita aveva deciso per me, era come ricevere mille coltellate. La vita mi aveva donato l'amore e poi, nel giro di pochi anni, me lo aveva strappato via.

Rammentavo che, da bambina, avevo l'abitudine di sgattaiolare fuori dal mio letto per andare in quello dei miei genitori, con gli occhi colmi di lacrime.

Mi accoccolavo ai loro corpi e piangevo; piangevo tanto perché avevo paura di perderli, e ripensarci mi faceva spuntare un sorriso amaro, perché fu proprio quello che successe.

Mio padre Doron, durante una notte fredda di gennaio, decise di scappare via senza dare spiegazioni, abbandonando i suoi figli e sua moglie, la famiglia che aveva creato con tanto amore.

Ero solo una bambina quando accadde, ma dentro di me sentii che la mia più grande paura stava diventando realtà. Si fece ancora più vivida quando, anni dopo, scoprii che mia madre si era suicidata nell'ospedale psichiatrico dove era in cura.

Asher era la sola persona al mondo che mi era rimasta. Dopo anni passati a racimolare soldi, e a vivere con poco e niente sulla tavola, finalmente qualcuno dall'alto aveva ascoltato le nostre preghiere e aveva deciso di donarci una manciata di felicità.

Non sarei mai riuscita a dimenticare il momento in cui qualcuno ci tese una mano, in segno di aiuto.

Era un pomeriggio freddo, ricordavo alla perfezione che avevo le mani, coperte da un paio di guanti usurati e rovinati, dentro le tasche della mia felpa, e stavo aspettando Asher fuori da un cantiere. Aveva trovato da poco l'ennesimo lavoro ed erano settimane che, sotto il sole o sotto la pioggia, lui si sforzava per portare quei quattro spiccioli a casa.

Un uomo, dalla barba brizzolata e dal viso leggermente invecchiato, mi si avvicinò e, tra chiacchiere e risate, mi disse che stava tenendo d'occhio me e mio fratello da un po', e che desiderava parlare con entrambi.

Ancora sporco di calce e con le mani segnate dal freddo, Asher si avvicinò a noi dopo aver finito il suo turno e iniziò anche lui a parlare con quell'uomo. Dopo una cioccolata calda e qualche biscotto di pasta frolla, ci disse che si chiamava Joyle e che era il capo dei Daggers.

Io e Asher rimanemmo sconvolti, perché non avevamo mai sentito parlare dei Daggers e quando Joyle ci propose un duro allenamento e un posto sicuro nella gang, ci pensammo per un'intera settimana per poi decidere di intraprendere quell'avventura.

Era stato Joyle a ridarci la felicità e a farci capire il significato della parola "famiglia", quel significato che avevamo perso da tempo.

Distolsi lo sguardo dalla fotografia e avanzai in soggiorno, perfettamente preparata e pronta a iniziare un nuovo anno universitario.

Frequentavo il secondo anno di Economia al TrubinarCollege e amavo alla follia il mio corso di studi. Mai mi sarei immaginata di poter seguire dei corsi di studi, ma Joyle ci aiutò anche in questo: consentì a entrambi di finire prima il liceo e poi di iscriverci a un community college. Voleva che avessimo le opportunità che la vita ci aveva negato.

Quando vidi la figura possente di Asher aspettarmi sull'uscio della porta, con indosso la sua tipica giacca di pelle, presi di corsa lo zaino e avanzai verso di lui. Scendemmo le scale assieme e salimmo sulla nostra macchina.

«Oggi pomeriggio ci sono gli allenamenti e Joyle deve darci le indicazioni sulla missione», disse mio fratello stringendo il volante in pelle.

«Non vedo l'ora di allenarmi e di portare il mio corpo allo sfinimento. Durante la missione ucciderò la preda e sicuramente arriverò prima del Corvo», affermai assottigliando lo sguardo, sentendo l'adrenalina scorrermi nelle dita delle mani.

«Be', il tuo sogno si avvererà perché anche i DarkBlood saranno presenti», disse Asher entrando nel parcheggio del college. Il tragitto da casa nostra all'istituto era così breve che ci diede il tempo di scambiare solo qualche battuta.

«Sono un turbine di eccitazione e adrenalina, non vedo l'ora di usare i miei pugnali», affermai sorridendo e scendendo dalla macchina.

Quando avanzai verso i giardini del college, vidi Elina, Jacob e Oliver seduti a parlottare tra di loro e nel mio cuore si accese un calore enorme.

Corsi da loro, che ormai non consideravo più amici, ma una vera e propria famiglia.

«Fallon, non sai cosa ti sei persa», esordì Elina abbracciandomi e facendo finire le ciocche dei suoi capelli rossi sul mio viso. «Callum Rey è finito in punizione già il primo giorno di corsi», continuò scoppiando a ridere.

«Dio, che risate, se ci penso mi viene ancora il mal di pancia!», si aggiunse Jacob, sogghignando.

«Cosa è successo?», domandai incuriosita.

«La sua solita rabbia incontrollata. Ha litigato con una matricola e gli ha rotto le costole con un destro», raccontò noncurante Oliver.

«Oh mio Dio, povero ragazzo!», esclamai portando una mano alle labbra.

«E sai perché lo ha fatto? Perché, per sbaglio, il ragazzino è andato a finire contro di lui, rovesciandogli il caffè su tutta la felpa».

«Che stronzo! La pagherà questa sera, durante la missione. Credo proprio che lo metterò alle strette», affermai guardando il fumo uscire dalla sigaretta che stava fumando Jacob.

«Non finirà mai, vero? Questa competizione che portate avanti da anni, intendo», domandò Jacob, guardandomi.

«Finirà solo quando uno dei due morirà per mano dell'altro».

Il corpo del Corvo era possente. La luce diafana della luna illuminava fiocamente la sua figura. Riuscivo a intravedere le vene pulsare sul suo braccio mentre stringeva il collo della sua preda.

Lo guardai, mi fermai per qualche attimo a fissare quella forza brutale.

Il Corvo era forte, ma non indomabile.

Tornai alla realtà sentendo la voce calda della mia migliore amica.

«La campanella è suonata, ci vediamo più tardi, al covo?», domandò prendendo dalla panchina la sua borsa rossa.

«Sì, ci vediamo dopo», risposi salutando i miei amici. Ci avviammo tutti verso l'ingresso, ma una volta tra i corridoi ci dividemmo subito, prendendo strade differenti.

Elina frequentava il secondo anno di Lingue, mentre Asher, Oliver e Jacob seguivano un percorso di Informatica avanzata.

Quando arrivai in aula, la B-210, vidi il mio solito posto libero e mi fiondai sulla sedia per paura che qualcuno potesse rubarlo.

Pochi minuti dopo, vidi entrare il professore di Matematica generale e iniziai a posare sul banco tutto l'occorrente che mi serviva per prendere appunti. La mia mente, però, era occupata da troppi pensieri e la sua voce fastidiosa non riusciva a insinuarsi, a trovare una via di accesso per farsi strada.

Sentii i pensieri diventare ancora più caotici quando il mio naso avvertì un sentore pungente e dolce.

Conoscevo bene quel profumo. Lo conoscevo talmente bene che riuscivo persino a distinguere i due elementi che lo componevano.

Tabacco e mandarino.

Era il suo profumo. Il profumo del Corvo.

Mi irrigidii quando, insieme al profumo, percepii un fiato caldo carezzarmi la nuca. Non mi girai verso di lui, continuai a mantenere una posizione eretta, impassibile, senza muovermi nemmeno di un millimetro.

«Questa sera, niente competizioni», sussurrò facendo diventare il mio corpo un pezzo di ghiaccio. «Questa sera la preda sarà mia o io…». Esitò, avvolgendo una ciocca dei miei capelli tra le sue dita. «…godrò delle tue suppliche mentre ti strapperò il cuore dal petto», concluse, riempiendo le mie braccia di brividi.

A quel punto, mi girai lentamente, non del tutto ma giusto il necessario che mi permettesse di vederlo.

Quella mattina i suoi capelli erano spettinati e gli ricadevano sulla fronte, e le labbra erano rosee e carnose.

«Non appartengo alla lista di ragazze che vorrebbero farsi rubare il cuore dal Corvo».

«Il tuo nome è il primo della lista, Fallon. E quando mi approprierò del tuo cuore, a te piacerà fino a impazzire», sussurrò facendomi trasalire a seguito di uno spasmo di terrore e adrenalina, intenso a tal punto che mi fece chiudere gli occhi. Quando li riaprii, intenzionata a rispondergli a tono, il Corvo era già sparito.

Capitolo 2

Fallon

«Scricciolo mio, non riesci a dormire?»

«Papà, perché tu e la mamma avete deciso di separare me e Asher? Stavo così bene in camera con lui», affermai triste, portando il piumone pesante fino al mento.

«Io e la mamma abbiamo stabilito che è arrivato il momento di lasciarvi i vostri spazi», mi spiegò mio padre, quell'uomo con grandi baffi castani e due occhi luccicanti.

«Io non riesco a dormire senza di lui. Asher ogni sera faceva la guardia al mio letto e mi proteggeva dai mostri cattivi dai mille denti».

«E se questa sera proteggessi io, il tuo letto, dai mostri cattivi? Così riusciresti a dormire?», domandò tirandomi un pizzicotto dolce e caloroso sulla guancia.

«Sì! Sì, papà, per favore!».

La mia gioia sembrava incontenibile. Pareva capace di sconfiggere ogni ombra solo con la sua luce. Ma per i mostri avevo bisogno di una forza che, ancora, non possedevo.

«E va bene, ma ora mettiti sotto le coperte che ti leggo una storia, così i mostri cattivi non si avvicinano proprio».

I miei pensieri vennero scossi dal suono incessante di una lama che affilava un pugnale. Eppure, nemmeno quel rumore sgradevole a tal punto da far digrignare i denti fu capace di far cessare quel ricordo.

Un ricordo poteva essere prezioso e doloroso allo stesso tempo? Mi risposi di sì, ritornando a quell'istante che rappresentava l'ultimo momento che trascorrevo in compagnia di mio padre.

Quella notte, quando mi promise che avrebbe protetto il mio letto dai mostri, fu l'ultima volta che vidi i suoi grandi baffi e il suo sorriso caloroso.

Dopo che se ne andò, imparai a dormire da sola, anche se per un lungo periodo rimasi ancora una bambina terrorizzata dalle tenebre. Piangevo, le notti successive alla sua scomparsa. Il mio cuscino si riempiva di lacrime, non solo per colpa della paura che sentivo, ma anche perché sapevo che, se lo avessi chiamato, lui non sarebbe corso in camera mia, ad abbracciarmi.

Col passare del tempo, mi promisi che, se mai fosse tornato, gli avrei fatto capire che ero cresciuta, anche senza di lui, e che avevo finalmente imparato a combattere da sola, al buio, i mostri che attaccavano la mia mente.

Travolta dalla dirompente ferocia di quei ricordi, la rabbia si impossessò in fretta del mio corpo, fino a farlo vibrare. Ero scossa a tal punto da vedermi costretta a liberarmene, e la mia mano si mosse prima ancora che me ne rendessi conto. Lanciai un pugnale nel muro in legno che avevo davanti, e la lama ne fu inghiottita del tutto, lasciando visibile solo il manico. Quando mi avvicinai per riprenderlo, fu impossibile tirarlo via.

«Cazzo, devo controllare la forza», affermai tra me e me, mentre avanzavo verso il carrello dei pugnali per prenderne un altro.

Il mio corpo era ancora colmo di rabbia, sentivo le mani tremare e i miei pensieri aggrovigliarsi fino a creare un caos.

C'era mio padre, c'erano le missioni, e poi c'era lui, il Corvo, che non abbandonava mai la mia mente.

Era assurdo pensare che l'odio che mi legava a lui era capace di non farlo mai sparire dai miei pensieri.

Immaginavo, architettavo, progettavo il modo in cui avrei potuto abbatterlo, per diventare più forte e fargli capire che non ero solo una ragazzina, ma che dentro di me si celava una forza crudele.

Nella mia mente spuntò la sua figura, il corpo massiccio e coperto di tatuaggi, i suoi capelli spettinati che gli ricadevano sulla fronte.

Urlai, con tutto il fiato che avevo, e lanciai un secondo pugnale, che fece la fine del primo.

«Fallon, diamine, vacci piano», sentii dire da Oliver.

«Sì, hai ragione. Dovrei controllarmi, ma mi sto lasciando sopraffare dalla rabbia che porto dentro».

«Allora vieni qui», mi invitò dolcemente e io mi avvicinai a lui con passo lento.

Oliver mi fece sedere sui tappetini in gomma, con le gambe incrociate, e si sistemò dietro di me. Poco dopo, le sue mani si posarono sulle mie spalle.

«Così dovresti rilassarti», dichiarò, facendo pressione con i polpastrelli.

Lo lasciai fare per qualche momento, godendomi la sensazione delle sue dita, del suo calore. Della sua presenza amorevole che faceva da contraltare ai miei pensieri di odio.

«Oh cavolo, sì, sento i miei muscoli sciogliersi insieme alla rabbia», affermai socchiudendo le palpebre.

«Sai che questa sera mangeremo il sushi?»

«Cosa? Veramente?», domandai girandomi subito nella sua direzione perché, quando si trattava di sushi, io entravo in modalità euforia.

«Sì, lo porteremo a casa tua prima della missione», disse Oliver sorridendo. Ma quel momento di quiete fu interrotto.

«Fall, Ol. Joyle vuole parlarci», disse Jacob, che si stava dirigendo insieme a Elina e ad Asher verso lo studio del nostro capo.

Io e Oliver ci alzammo di scatto e insieme seguimmo i nostri amici verso la porta. Prima di entrare aspettammo qualche secondo.

«Ragazzi, accomodatevi», ci esortò Joyle, con la sua voce roca, non appena ci vide sull'uscio. «Sono contento, è davvero bello vedervi così uniti e felici di stare insieme. Riportate la mia mente ai vecchi tempi, a quando anche io ero un membro operativo dei Daggers», disse malinconico.

«Che fine hanno fatto i tuoi compagni?», domandò Asher incuriosito dalle parole del nostro capo.

«Be', proprio come voi eravamo in cinque, e ora siamo rimasti solo in tre, ma non abbiamo più rapporti. Abbiamo preso strade completamente diverse. Gli altri due morirono durante delle missioni».

«Joyle, mi dispiace», disse Asher.

«Grazie, ma non preoccuparti. Decidere di fare questa vita significa anche scegliere di andare incontro alla morte», constatò Joyle guardando una cornice posta sulla sua scrivania. «Ora passiamo alle questioni importanti».

«Sai già che tipo di missione dobbiamo affrontare?», domandai io, prendendo la parola.

«Ora vi mostro una cosa», fece Joyle, alzandosi dalla sedia per raggiungere un mobiletto in legno che aveva tutta l'aria di essere antico.

Quando tornò vicino alla scrivania, in mano stringeva una scatola decorata con trame circensi. Guardandola con attenzione, sembrava proprio uno di quei piccoli giocattoli in legno che utilizzavo da piccola.

Fu questione di secondi: Joyle girò una piccola manovella in acciaio e dalla scatola sbucò una sorta di clown che fece sobbalzare tutti.

«Se vi chiedessi di dirmi se c'è qualcosa di strano in questo gioco, sareste capaci di indicarmi di che si tratta?», domandò, mostrandoci quel piccolo enigma che teneva in mano.

Mi fermai a pensare, e gli altri attorno a me fecero lo stesso. Doveva esserci per forza qualcosa di insolito, in quel gioco, altrimenti Joyle non ci avrebbe posto quella domanda.

«È legato alla missione di questa sera, giusto?», chiesi io, prendendolo dalle sue mani per osservarlo con più attenzione.

«Sì. Attenzione, non è un semplice gioco: questo pezzo di legno colorato nasconde un segreto», continuò Joyle accrescendo la mia curiosità e riprendendosi la scatola.

Nessuno di noi tentò di dare una risposta, troppo incerti per azzardare anche solo un'ipotesi e intimoriti dall'idea di sbagliare.

«Degli occhi come i vostri non riuscirebbero mai a vedere cosa si nasconde qui dentro, quindi, ve lo mostrerò io», decretò Joyle, muovendo le dita tozze su quella scatola, fino ad aprire un piccolo cassettino nascosto. «Questo giocattolo è destinato alla mafia internazionale. Viene realizzato da un uomo, viene chiamato il giocattolaio, che da anni ha legami con la criminalità organizzata», iniziò Joyle, catturando subito la nostra attenzione. «Guardate: questa scatola ha un piccolo scomparto segreto, grande solo qualche centimetro, e dentro nascondeva questo», disse estraendo una piccola bustina, non più grande di una falange e contenente piccolissime pasticche di droga.

«È assurdo», affermai guardando le dita di Joyle.

«Queste organizzazioni arruolano persone in cerca di soldi e con tanto ingegno a cui fanno fare il lavoro sporco, così da doversi preoccupare solo di ricevere il carico e di rivenderlo. Senza occuparsi di come la droga venga trasportata, e senza che si possa arrivare a loro, naturalmente. Spetta a voi far finire questa merda di circolo vizioso».

«Dove possiamo trovare questo giocattolaio?», chiese Elina prendendo in mano la scatola di legno.

«Possiede diversi posti. La Wood Factory, il negozio di giocattoli sulla Welbok, lo stand durante le fiere e la sua fabbrica. In pochi sanno dove si trova quest'ultima. E io sono tra quelli», sottolineò Joyle guardando tutti noi mentre si portava alle labbra un sigaro cubano.

«E dove sarebbe?», domandò Oliver.

«La sua vecchia fabbrica è nel bosco», rispose, stupendo tutti.

«Il bosco della mia prima missione?», chiesi io, riuscendo a stento a controllare il tremito della mia voce.

«Sì, proprio quello».

Camminai strusciando le suole degli stivali sulle foglie ormai secche a causa del freddo, mentre quella piccola stradina era illuminata solo dalla luce della luna.

Le mani non riuscivano a rimanere salde. Era la mia prima missione e avevo aspettato quel giorno a lungo.

Individuai la casetta in legno, nascosta da arbusti e rami robusti, e quando mi avvicinai la porta era già aperta. Mi bastò accostarmi all'uscio per vedere che la mia preda era nelle mani di un ragazzo.

Si trattava del famoso Corvo dei DarkBlood.

Avevo sentito parlare in maniera estenuante di lui, ma mai nessuno mi aveva detto il suo vero nome.

Quando posai gli occhi su di lui, mi bastò solo un istante per riconoscerlo, nonostante fossero anni che non ci trovavamo così vicini.

Conoscevo il Corvo da sempre. Era la persona che avevo sempre odiato.

«Vi manderò le coordinate dopo cena, alle nove in punto dovrete essere nel bosco», ordinò Joyle distogliendomi dai miei pensieri.

Quando ci congedò, tornai in sala allenamento e portai allo stremo il mio corpo, fino a quando il sole non filtrò più dai vetri opachi delle finestre del covo.

«Jac, dobbiamo ritirare il sushi, andiamo?», domandò Asher, posando sul pavimento i pesi che aveva utilizzato. «Io e Jac andiamo al ristorante giapponese a prendere l'ordine, voi iniziate a dirigervi verso casa e fatevi una doccia», disse poi rivolto a noi, prendendo le chiavi della macchina.

Arrivati a casa, diedi dei vestiti puliti sia a Elina che a Oliver. Quando uscirono dalla doccia entrai in bagno e lasciai che i miei muscoli si rilassassero sotto il getto bollente.

Mentre il vapore acqueo avvolgeva il mio corpo, pensai che, quando frequentavo la scuola, avevo provato più di una volta a invitare le mie compagne di classe a mangiare a casa mia, ma non si presentarono mai, anzi, mi prendevano tutti quanti in giro per le scarpe usurate e i vestiti che indossavo in quel periodo, in cui, nonostante le nostre difficoltà, io volevo a tutti i costi provare a essere una ragazzina come le altre.

Strinsi la saponetta tra le mani con forza, rischiando quasi di ridurla in poltiglia.

«Fallon! Il sushi è arrivato!», sentii Elina urlare a squarciagola.

Uscii in fretta e furia dalla doccia, entrai in camera e indossai un paio di leggings, una felpa nera e i miei amati anfibi leggermente consumati e con i lacci di colore diverso.

Mi guardai allo specchio e fu istintivo stringere le mani in due pugni: l'immagine che mi restituiva non era quella che avrei voluto guardare.

Odiavo il mio fisico.

Ero formosa sui fianchi, e le mie gambe non erano longilinee, anche a causa degli intensi allenamenti a cui ci sottoponevamo.

Quando finii di autocommiserarmi, corsi in soggiorno, dove vidi tutti i vassoi colmi di rolls e mi salì l'acquolina in bocca.

«È arrivata la mangiatrice seriale di sushi», disse Jacob ridendo e stringendo il mio corpo in un dolce e caloroso abbraccio.

«Coraggio, abbiamo poco tempo prima di metterci al lavoro», ci esortò Asher prendendo le bacchette.

Dopo una mezz'ora esatta, sulla tavola non rimaneva neppure un piccolo semino di sesamo e con la pancia piena andai verso la porta di casa. Quando raggiunsi la macchina, seguita dai miei amici, iniziai a concentrarmi.

«Prese le armi?», domandò Asher mettendo in moto l'auto.
«Sì, ho tre pugnali nascosti e una corda nella tasca», affermai io.
«Joyle mi ha detto che io e Oliver dobbiamo fare da palo, Elina e Jacob dovranno occuparsi delle guardie e tu, Fallon, dovrai fare fuori il giocattolaio», mi spiegò Asher.
Ero contenta, non vedevo l'ora di infliggere le mie lame al corpo della preda, come non vedevo l'ora di lasciare il Corvo stupito e distrutto perché avevo fatto io il lavoro, al posto suo. Avrei lasciato una margherita viola sul corpo senza vita della mia preda come piccolo promemoria, affinché capisse che ero stata io a batterlo. Di nuovo.
Il viaggio continuò in silenzio. Sembrava che ognuno stesse focalizzandosi sulla missione e sul compito che avrebbe dovuto svolgere.
Quando Asher fermò la macchina, scendemmo a turni.
Prima io, poi Elina e Jacob, e infine Asher e Oliver.
Avevo in mano il telefono, dove avevo salvato la posizione esatta della fabbrica nascosta, ma camminare in quel bosco, sotto la luna e con il volo dei pipistrelli a tracciare scie sopra la testa, portò la mia mente al giorno della mia prima missione.

«Non ti incontravo da anni, Fallon Rogers, e devo ammettere che rivedere i tuoi capelli neri in questo posto desolato mi ha scombussolato lo stomaco», disse Callum, il Corvo dei DarkBlood, quasi in un sibilo.
Io rimasi ferma, mentre guardavo le sue mani strangolare il collo della preda.
«Questa preda spettava a me. Questa missione doveva essere la mia», affermai acidamente, mentre assottigliavo lo sguardo.
«Sembra strano che il tuo amato fratellino non ti abbia messa in guardia», insinuò ridendo in maniera maliziosa e insieme aberrante.
«In guardia da cosa o da chi?», domandai nervosa.
«Dal Corvo dei DarkBlood. Lui ama sbranare le sorelline dei suoi ex migliori amici», disse gettando in un angolo il corpo privo di vita della preda, per poi iniziare a girarmi attorno con fare minaccioso, camminando con un passo silenzioso e letale. «Ma tranquilla, Fallon, questa sera terrò gli artigli al loro posto».
«Ci ritroveremo sempre insieme, qui fuori, nell'ombra. I Daggers e i DarkBlood hanno molto spesso le stesse missioni, ma forse c'è qualcosa che possiamo fare», dichiarai io guardando i suoi occhi.
«Esponimi le tue idee».
«Lotteremo, io e te, e chi sanguinerà per primo, anche se perderà solo una piccola goccia, dovrà andarsene come perdente e lasciare la preda all'altro», conclusi guardando il Corvo.
«Che la guerra… abbia inizio, allora».

Tornai alla realtà quando arrivai davanti a un edificio in mattoni. Dalla mia visuale sembrava abbandonato, ma io sapevo bene che dentro c'era quel bastardo del giocattolaio.

Avanzai fino ad arrivare a una porta in ferro. Non la trovai chiusa, ma dovetti tirare con forza verso di me per entrare, cercando di fare meno rumore possibile. Mi addentrai in quel luogo buio, illuminato solo da piccole luci soffuse e, quando davanti a me si aprì una stanza colma di giocattoli, in legno e non solo, sentii i brividi percorrere tutto il mio corpo.

Erano inquietanti, soprattutto i clown con fauci spalancate al posto di un sorriso giocoso e amichevole.

Quando uscii da quella stanza ed entrai in un'altra, una mano si posizionò sulla mia bocca, impedendomi di gridare.

«Mia cara nemesi, già qui?», sentii dire da una voce che conoscevo fin troppo bene, quella del Corvo dei DarkBlood. Era calda e le sue labbra erano fin troppo vicine alla zona sensibile dietro il mio orecchio.

Quando tolse la mano, non mi mossi, decisi di stare al suo gioco.

«La tua nemesi è pronta a donarti il suo cuore, quindi rendi giustizia al tuo desiderio più grande e pugnalami al petto», affermai scostandomi leggermente dalla sua presa per poterlo guardare negli occhi, con il mio sguardo da cerbiatta.

«Furba, piccola Fallon», disse soffermandosi prima sulle mie labbra, per poi salire verso i miei occhi, mentre continuava con il braccio a cingermi a sé da dietro.

«Io non sto facendo nulla, guardami, sono in trappola», lo stuzzicai, ma lui non si mosse, neppure di un millimetro.

«Credi davvero che mi lascerei fottere da una ragazzina come te?»

«Lo sai che hai ragione?», domandai ridendo. Speravo che la vibrazione della mia risata lo distraesse dal movimento lento e controllato che avevo iniziato a fare non appena mi ero sentita prendere alle spalle. Avevo infilato una mano dentro la manica della mia felpa, da dove stavo tirando fuori uno dei miei pugnali.

Velocemente, senza che neanche se ne accorgesse, mi liberai dalla sua presa, gli tagliai la guancia e vidi piccole gocce scarlatte colare sulla sua mandibola marcata.

«Cazzo», imprecò, portandosi le dita sulla ferita che gli avevo appena inferto.

Si allontanò di scatto, lasciandomi finalmente andare del tutto, e io scoppiai a ridere.

«Consiglio da collega: lascia le emozioni a casa, prima di andare in missione, o ti ritroverai così, ferito da una stupida ragazzina», lo canzonai avvicinandomi alla preda che era perfettamente legata e stava tremando. «Grazie mille, però, devo dire che mi hai tolto molto lavoro, catturandolo e immobilizzandolo», affermai sorridendo.

Sentii Callum sbraitare e poco dopo i suoi passi echeggiare nelle scale, fino a svanire.

A quel punto, iniziai a dedicarmi a quella che adesso era la *mia* preda. Pugnalai il suo corpo, facendo sgorgare sangue da più ferite.

Sferrai diversi colpi al collo, al petto e allo stomaco, con la stessa rabbia che mi aveva guidato durante gli allenamenti, ma che adesso, dopo aver preso in contropiede il Corvo, aveva un sapore meno aspro. Quando capii che il giocattolaio era morto, ripulii la lama del pugnale sulla felpa e uscii da vincente, pensando che Callum Rey sarebbe stato sempre un passo dietro di me.

Capitolo 3

Callum

La mia anima possedeva catene pesanti, così come le possedeva la mia mente.

Loro erano legate in maniera incessante e dolorosa a Fallon.

Quella piccola ragazzina dai capelli scuri mi aveva incantato. Fin da quando ero solo un poppante lei era stata in grado di avere un'influenza incredibile su di me, di guidarmi anche se io non lo volevo.

Fallon era la sorellina del mio ex migliore amico e io, nel corso degli anni, non avevo fatto altro che odiarla.

Le facevo molti dispetti, quando eravamo bambini. Quando avevo dieci anni correvo sulla mia bicicletta rischiando di farla cadere per terra; durante i mesi estivi le scambiavo il contenuto del flacone della crema solare con della colla. Fallon amava alla follia vendicarsi, in modi assurdi che solo lei era in grado di pensare.

Ero legato a lei, era sempre stata la mia nemesi, e ora lo era più che mai. A tenerci uniti, continuava a esserci solo l'odio.

«Stai preparando delle crêpes per consolarti?», domandò beffarda mia sorella Bonnie.

«Non so a cosa tu ti riferisca», le risposi, continuando a occuparmi delle crêpes, anche se in realtà lo sapevo bene.

Alludeva alla sera prima e alla mia sconfitta.

«Ah, davvero non lo sai? Devo ricordarti che ti sei fatto fottere da Fallon Rogers?», chiese, prendendosi gioco di me.

«Se non ti sposti la mia crêpe rischia di bruciarsi».

«Non cambiare argomento, Callum».

«Non sto cambiando argomento, semplicemente voglio gustarmi questa delizia in santa pace, senza parlare di quella ragazzina insolente che odio», affermai sedendomi su uno sgabello.

«Quella ragazzina insolente che odi ti ha battuto e si è presa la preda, e sai perché?»

«Dimmelo tu, Bonnie, ti vedo particolarmente informata sulla questione».

«Perché tu, mio caro Callum, hai paura di ferirla», sentenziò mia sorella con rabbia, allungando il viso verso il mio.

«Non ho paura di ferirla, semplicemente mi ha ferito prima lei e, da patto, la preda le spettava», risposi noncurante mettendo in bocca un pezzo di crêpe.

«Cerca di svegliarti e di ferirla la prossima volta, io esco. Harry mi sta aspettando», tagliò corto, facendomi innervosire già di prima mattina.

«Non vieni con me?»

«No, Callum».

«Harry si comporta bene con te? So che è il mio migliore amico, ma sai anche che sono dannatamente protettivo», affermai alzando un sopracciglio.

«Harry è a posto. Mi tratta come se fossi una principessa, Callum».

«Vorrei avere la sua capacità di legarsi a una sola ragazza», osservai, scoppiando a ridere. Sapevo che quell'argomento la infastidiva.

«Spero per te che, prima o poi, porterai a casa la tua fidanzata. Fino ad allora, penso che mi toccherà vedere quello schifo per casa», si lamentò, con espressione disgustata, indicando un paio di mutandine maculate dimenticate nel corridoio, proprio vicino alla porta della mia camera da letto.

«Non farmi la predica e non essere arrabbiata con me».

«Ah, no? Dovrei essere felice del fatto che ti scopi sempre ragazze diverse?», domandò lei indossando la sua giacca rosa.

«Io amo le donne, lo sai».

«Tu ami palparle e scoparle, Callum, è diverso».

«A loro piace, fidati. Anche loro traggono piacere quando le scopo. Proprio ieri notte, Codette mi ha confidato che fare sesso con me è terapeutico», affermai fiero di me e delle mie prestazioni.

«Codette dovrebbe curarsi con qualcosa di diverso dal tuo uccello. Ora vado, Call, a più tardi».

Dopo che se ne andò, mi alzai dallo sgabello, posai il piatto ormai vuoto dentro il lavello e mi spostai in camera mia.

Mi fermai sull'uscio della porta perché il mio sguardo venne catturato da una piccola macchina in legno che mi aveva costruito mio padre quando avevo poco più di quattro anni.

Spostai lo sguardo, come ustionato da quel ricordo, e aprii le ante del mio armadio. Presi una felpa nera e il solito paio di jeans grigio, e mi posizionai davanti allo specchio.

Mi spogliai e mi girai di schiena. Guardando il mio riflesso, seguii con le dita un reticolo di cicatrici e ferite.

Mi tornò in mente, con prepotenza, una serie di immagini dolorose.

Mio padre era tanto malato. In ogni ricordo che conservavo di lui, era malato.

Con il passare degli anni, la sclerosi multipla lo aveva imprigionato in un corpo che non gli apparteneva, in una gabbia creata dalle sue stesse ossa.

Io lo odiavo.

Odiavo pensare di non aver potuto fare con lui le mie prime esperienze, come giocare a football o imparare ad andare in bicicletta.

Sapevo che il mio comportamento era ingiusto; che non avrei dovuto attribuirgli nessuna colpa, specie perché quello che pensavo venisse sottratto solo a me, in realtà, era una perdita per entrambi.

Ma non facevo altro che trattarlo male, continuavo senza sosta a ferirlo e, di conseguenza, ferivo anche me stesso.

Scacciai quei ricordi, mi vestii e tornai in soggiorno, dove presi le chiavi dell'Audi per poi scendere di sotto.

Quando entrai in macchina, notai che spiccava un sole insolito su Fogsville e pensai che forse quella mattina sarebbe stata diversa e meno triste.

Guidai fino al parcheggio principale del mio college e, quando scesi dall'auto e mi avviai verso le panchine dove i miei amici erano intenti a fumare una sigaretta e a parlare, non potei non soffermarmi su Bonnie che era tra le braccia Harry.

«Mi raccomando, Harry», intimai una volta raggiunti, guardandolo di sottecchi.

«È in buone mani, Call», rispose lui.

Presi a guardarmi intorno, osservando tutti gli studenti che, zaino in spalla, si affrettavano a raggiungere le aule studio e, proprio mentre stavo voltando lo sguardo, vidi dei ciuffi scuri svolazzare nell'aria.

Fallon Rogers stava camminando verso l'ingresso e le sue forme si muovevano al ritmo dei suoi passi. Non riuscivo a smettere di guardarla.

«Se non fosse stata una Daggers, l'avrei già portata nel mio letto», disse Mason guardandole il culo.

«Mi dispiace infrangere i tuoi sogni, ma è una Daggers. La Paladina dei pugnali», sottolineai io stringendo le mani in due pugni.

Non ne sapevo il motivo, ma odiavo quando uno dei miei amici parlava di lei in quel modo.

Dovevano solo tentare di arrivare prima di lei durante le missioni, nient'altro che quello.

«Io entro, ci vediamo dopo».

Arrivai in aula e notai che il professore e gli alunni erano già intenti a prendere il materiale, tutti compresa Fallon.

Odiavo passare altro tempo con lei e odiavo seguire per l'ennesima volta quel corso di merda.

L'anno prima non ero riuscito a superare l'esame e quindi mi toccava seguire di nuovo le lezioni.

Sbuffai e avanzai verso una delle tante sedie. Mi sedetti in quella più lontana possibile rispetto a Fallon perché il suo profumo dolce, che ricordava una torta alle nocciole, mi causava una nausea assurda.

Mentre ero intento a far finta di prendere appunti, il mio cellulare vibrò. Avevo ricevuto un messaggio da parte di Ava.

Ho saltato la lezione, ti aspetto nel bagno principale.

Senza rispondere e senza dire nulla, con il cazzo che mi stava già esplodendo, mi alzai e uscii velocemente dall'aula, raggiungendo in un paio di minuti il bagno femminile.

Vi entrai, trovando Ava già pronta per me, e non persi tempo: la afferrai per le spalle e la spinsi in uno dei cinque bagni.

«Ti voglio», sussurrò in un gemito, iniziando ad aprire i bottoni dei miei jeans.

«Mi avrai, allora», ribattei io facendola piegare sulle ginocchia.

Il mio cazzo spuntò lungo e duro e finì sulle sue labbra. Ava, dopo aver sputato sulla punta, iniziò a succhiarlo, partendo dalla base fino ad arrivare nuovamente all'estremità.

«Brava. Così, Ava, ingoialo tutto», la incitai mentre la mia mano spingeva la sua nuca, dettando il ritmo.

Mentre lei succhiava e strusciava le labbra sul mio membro, io feci uscire i suoi seni dalla camicetta e iniziai a solleticarle i capezzoli duri.

Lei inarcò la schiena e io continuai; poi la feci alzare e le sollevai la gonna di jeans. Spostai gli slip in pizzo e presi a torturarle il clitoride, fino a farla venire sulle mie dita, mentre la sua mano non smetteva di tastare il mio cazzo.

«Continua, ci sono quasi», la spronai, sentendo il piacere irradiarmi nel corpo, sollecitando tutti i nervi fino a farli diventare un unico fascio. Ava, nel frattempo, si era abbassata di nuovo, alternando l'uso della lingua alla presa con le dita.

«Sì!», ruggii quando venni con forza sul suo seno.

Lei mi guardò maliziosa, raccolse un po' del mio seme e se lo portò alle labbra.

«Grazie, Ava. Mi raccomando, non esitare a chiamarmi o a scrivermi quando ti senti sola», le dissi prima di rivestirmi, lavarmi le mani e uscire dal bagno.

Proprio quando stavo per andare fuori, dalla porta principale che dava direttamente sui piccoli giardinetti del college, vidi Asher Rogers avanzare verso i bagni maschili.

Provai mille emozioni contrastanti e tutte dettate dall'odio. Vedere quel ragazzo dai capelli neri e la pelle olivastra fece riaccendere in me la fiamma della vendetta.

Asher era stato per anni il mio migliore amico. Conoscevo tutto di lui, ma un tratto del suo carattere mi era sfuggito e lo scoprii sulla mia pelle.

Ricordai, con la bocca che mi si riempì del sapore amaro della bile, una delle nostre giornate adolescenziali passate a bere birra e a fumare canne sul ponte di Fogsville, alla fine della quale, non appena ci beccarono i poliziotti, scappò via, lasciandomi da solo.

Passai l'intera nottata in commissariato, con la mente intrisa di domande.

Non ho mai capito il suo gesto: perché mi aveva abbandonato? Mi rinfacciò di essere un bugiardo, un traditore, quando era stato lui a voltarmi le spalle. Scacciai con la testa quei ricordi e tornai al presente.

Asher non si accorse di me, oppure fece finta, e io arrivai ai giardini. Vidi Mason e Harry e li raggiunsi.

«Stasera andiamo tutti al Road, mega festa», iniziò Mason portando alle labbra una sigaretta.

«Harry, porta a casa Bonnie, ci vediamo stasera», mi limitai a dire, mentre mi accorsi che Fallon Rogers stava uscendo di corsa dell'edificio.

Pensavo che stesse tramando qualcosa, ma in realtà stava solo correndo verso la fermata del bus per non perderlo.

Dannatissima Daggers!

Mi incamminai verso il parcheggio, entrai in macchina e guidai fino al mio appartamento e, dopo essere entrato, mi gettai di peso sul letto.

Le missioni mi stancavano parecchio nell'ultimo periodo, così come gli allenamenti, e il mio corpo ne risentiva parecchio.

Chiusi le palpebre e, lentamente, mi addormentai.

«Arrivi sempre prima di me e posi questa margherita viola per farmi capire che, anche questa volta, hai vinto tu».

Mi svegliai ansimante, pensando al sogno che avevo appena fatto.

Sollevai il busto e mi sporsi verso il comodino, presi il telefono e visualizzai l'ora.

Erano le nove di sera, avevo dormito per tutto il pomeriggio.

Sentii dei brusii provenire dal soggiorno. Mi alzai, stropicciandomi gli occhi.

«Il Corvo è sempre in ritardo», constatò Mason prendendo una birra dal frigorifero.

«Il tempo di una doccia e ci sono», affermai guardando i miei amici spassarsela nel mio soggiorno.

Tornai indietro, verso il bagno, e mi infilai sotto la doccia.

Amavo sentire il getto dell'acqua rovente sul mio corpo che attorno a me creava una leggera nebbiolina capace di scaldarmi completamente.

Mi lavai velocemente e dopo aver stretto un asciugamano in vita e aver scrollato l'acqua dai capelli, tornai in camera.

Presi di corsa un paio di jeans e una maglietta, la solita giacca di pelle e, dopo aver sistemato i capelli, tornai verso il salone.

«Come sempre dobbiamo aspettare la principessa Callum», disse Thomas dandomi una pacca sulla spalla.

«Non farmi perdere le staffe, Thom».

Quando scendemmo nel parcheggio, mi assicurai che Bonnie salisse nella macchina di Harry e, dopo aver indossato e allacciato il casco, guidai fino al Road.

Parcheggiai la moto proprio davanti all'entrata secondaria, facendo attenzione a sistemare il casco sul freno sinistro e, dopo aver aggiustato il ciuffo, entrai.

Una volta dentro, un gruppo di ragazze tentò di avvicinarsi a me, ma io non ero interessato a nessuna di loro. Così continuai a camminare, dopo aver sfoggiato un falso sorriso che le fece quasi svenire sul posto.

Avanzai verso il bar, ordinai un cicchetto di vodka liscia e lo lasciai scorrere in gola.

Guardai la pista, dove tantissimi ragazzi stavano ballando, e tra tutti quei corpi in movimento notai *lei*.

Il corpo di quella ragazzina si muoveva sinuoso, stretto in un abito verde, aderente, che lasciava poco spazio all'immaginazione di chi osava guardarlo anche solo per un secondo.

Osservai il modo in cui si muoveva, sembrava spensierata e leggiadra, quella sera. Non appena mi resi conto che c'era un ragazzo che ballava attaccato al suo corpo, iniziai a stringere con forza le mani.

Fallon si sbilanciò verso di lui, posò le labbra sulle sue e io non potei fare nulla, se non assistere a quella scena da lontano.

«Se continui a fissarla, te ne pentirai», sentii dire dalla voce di mia sorella.

«Ci sono così tante persone, in questo locale, che è impossibile per te capire quale io stia guardando», risposi scolandomi un secondo shot.

«Dici? Io so benissimo su chi si sono posati i tuoi occhi».

«Ah, sì? E allora dimmelo, Bonnie: chi sto guardando?», la incitai, girando il volto verso il suo che, in quel momento, era illuminato dalle luci verdi e blu del locale.

«La Paladina dei Daggers, ecco chi stai guardando».

«Ottimo intuito, ma sai perché i miei occhi sono saldi sul suo corpo?», domandai alzando l'angolo delle labbra in modo da rivolgerle uno strano sorriso.

«Illuminami, fratellone», mi schernì lei sollevando il sopracciglio sinistro.

«La sto guardando perché sto immaginando la mia mano che estrae il suo cuore dal petto. Voglio ucciderla, Bonnie, non farti strane idee».

Andai via senza aggiungere altro, ero già abbastanza disgustato, e se fossi rimasto ancora in quel locale avrei sicuramente fatto qualcosa di cui mi sarei pentito.

Capitolo 4

Fallon

Le mie mani erano sporche di sangue. E quel sangue non era il mio.

Stavo ripulendo i pugnali che avevo utilizzato durante le ultime missioni. Quelle macchie rosse, ormai secche, mi ricordavano a cosa andassi incontro ogni volta che mi muovevo col favore del buio, tenendo strette le mie lame.

Ero un sicario che, durante il giorno, indossava la maschera da brava studentessa. Mettevo il mio corpo continuamente in pericolo, e anche la mia anima subiva duri colpi.

Era macchiata di nero, e io non avevo alcuna intenzione di ripulirla. Mi nutrivo di quel dolore che spesso attanagliava anche la mia mente per plasmare il mio coraggio e la mia determinazione.

Amavo il pericolo, sentire l'adrenalina scorrere nelle vene e il corpo pronto a scattare.

Amavo il respiro affannato dopo aver pugnalato le mie prede; amavo lasciare la presa sul manico della mia arma con sopra una margherita viola e osservare quei corpi ormai privi di vita per mano mia. Amavo sostituire quel pugnale con un fiore vero, che era ormai diventato la mia firma.

Mentre riflettevo sul mio lavoro, i pensieri dirottarono su Callum.

Lui possedeva i miei stessi difetti e i miei stessi pregi.

Era la mia nemesi, in tutto e per tutto, e saperlo mi spaventava enormemente, perché i nostri pensieri, seppur diversi, erano maledettamente simili.

Opposti, a causa delle gang di cui avevamo deciso di far parte, ma simili, perché avevamo vissuto gli stessi dolori sulla pelle.

Posai lentamente le lame ormai pulite e luccicanti nella valigetta apposita, poi corsi in bagno a grattare il sangue da sotto le unghie. Non appena ritornai in camera, mi misi a cercare i fascicoli che il professor Murphy mi aveva affidato settimane prima.

Glieli dovevo riconsegnare nel pomeriggio, ma avevo solo voglia di scomparire tra le lenzuola e dormire per un tempo indefinito.

Il cielo era grigio e una fitta nebbia stava calando a ricoprire tutto. Io vivevo nella nebbia e mi piaceva sentirla addosso e nell'anima.

Controllai l'orario, constatai che avevo ancora del tempo e decisi di trascorrerlo leggendo un libro.

Amavo follemente leggere e mi sentivo legata a ogni singola pagina.

Quando prendevo un libro tra le mani e iniziavo a sfogliarlo, intraprendevo un viaggio nella mente della persona che aveva scritto quelle parole, e mi sentivo come su una piccola nuvola, pronta a volare via, per qualche ora, dalla rude realtà.

Leggere era una cura, una medicina insostituibile della quale non potevo fare a meno.

Passai mezz'ora a leggere uno dei miei libri preferiti, *La verità sul caso Harry Quebert*.

Quel libro era pura poesia e, mentre sfogliavo le pagine, mi ritrovai a desiderare un amore come quello che condividevano Harry e Nola; un amore indissolubile, capace di superare anche la morte.

Quando sentii il fastidioso suono della sveglia che avevo impostato, chiusi il libro e indossai un impermeabile nero; uscii di casa e, sotto una coltre di nuvole cariche di pioggia, mi incamminai verso il college.

Dovetti sfregare le mani tra loro a causa del freddo e, dopo venti minuti di camminata, finalmente vidi il grande edificio che, soprattutto la mattina, ospitava tantissimi studenti.

Mi addentrai nei giardini, correndo con il capo protetto dal cappuccio dell'impermeabile perché, proprio in quel frangente, il cielo aveva deciso di scaricare tutta la sua furia.

Entrai, riparandomi all'istante dal freddo glaciale e, dopo essermi scrollata via l'acqua di dosso, abbassando il cappuccio, iniziai a camminare andando alla ricerca dell'armadietto del docente, dove avrei dovuto lasciargli il materiale. Per fortuna avevo infilato quei fascicoli in una busta di plastica e li avevo protetti sotto l'impermeabile, altrimenti si sarebbero inzuppati. E la reazione del professor Murphy non sarebbe stata piacevole.

Il suo armadietto si trovava nella zona più isolata del college, nell'ala ovest, non distante dalla biblioteca.

Presi il malloppo di fascicoli e lo inserii nella fessura metallica del suo armadietto. Mandai un'e-mail al professore per avvisarlo e subito dopo ripercorsi la strada al contrario, tra corridoi deserti. Quando un lampo illuminò l'ambiente rischiarato da luci soffuse mi resi conto che non potevo tornare a casa, a piedi, con quel temporale. E che nemmeno rimanere ad aspettare alla fermata dell'autobus sarebbe stata una grande idea.

Decisi quindi di cercare un posto tranquillo in biblioteca dove aspettare che finisse di piovere.

Entrai, mi fermai qualche istante per respirare l'odore di mogano antico e di pagine macchiate dal tempo, ma prima di avanzare verso il mio solito divanetto, sentii il cuore fermarsi e subito dopo iniziare a battere più forte.

Callum Rey, il mio nemico, la mia nemesi, era seduto con le gambe poggiate sul bracciolo del *mio* divanetto, mentre tra le mani stringeva un libro.

Callum leggeva?

Stentavo a crederci.

«Oh, ma guarda chi abbiamo qui», disse non appena alzò la testa. «La piccola sorellina del mio ex migliore amico, la ragazza che vuole uccidermi», continuò assottigliando lo sguardo.

«Sei sempre in mezzo».

«La biblioteca è grande», sottolineò allargando le braccia. «O forse avevi intenzione di leggere un libro come questo e di eccitarti in solitudine?», domandò indicando il volume che stava leggendo.

«Sei disgustoso, te l'ho mai detto?»

«Dai, che ci ho azzeccato. Guarda che non mi disturba averti eccitata a pochi passi da me», continuò dandomi fastidio.

«Non mi eccito per un libro, Callum».

«Sicura? Io sono certo che sia possibile… aspetta», disse tornando con lo sguardo al suo volume.

«"Jaden iniziò a sussurrarmi parole sporche all'orecchio, mi disse che ero la sua troia e che voleva che aprissi le gambe per lui. Lo feci e lasciai che leccasse i miei umori"», scandì, utilizzando un tono di voce che non riuscii a decifrare. «"Poi, iniziò a penetrarmi con un dito, due e infine tre e, Dio, quel movimento rischiava di farmi venire in pochi secondi"», continuò a leggere mentre io iniziavo a guardarlo con un'espressione interdetta.

«Queste cose non mi toccano minimamente Callum, potresti pure continuare all'infinito».

«Ah, sì? Vediamo ora», disse con aria di sfida, e io sorrisi, stando al suo gioco. «"Jaden mi penetrò velocemente, mi strinse i seni con le sue mani grandi mentre il suo cazzo sguazzava nella mia figa bagnata. Venni poco dopo, tremando sotto il suo corpo con bramosia, ne volevo ancora, non riuscivo a saziarmi, ne chiedevo sempre di più, sempre di più"», lesse, fingendo una sorta di orgasmo femminile.

«Sono solo disgustata, nulla di più», affermai fiera di me.

«Solo a te può disgustare una cosa naturale come il sesso», commentò perplesso.

«Non mi disgusta il sesso, mi disgusti tu».

«Allora dimmi, piccola Fallon, da quanto non vieni toccata?», mi domandò con voce roca, leggermente bassa, che mi fece formicolare il corpo.

«Co… cosa?», chiesi balbettando, mentre lui si alzava e, con passo felino, avanzava verso di me.

«Ti ho fatto una semplice domanda», ribatté, arrivandomi vicino e scostandomi i capelli dal collo. «Da quanto non vieni toccata da un uomo?», ripeté sorridendo maliziosamente e guardando le mie labbra.

«Io non sono tenuta a rispondere a questa domanda», conclusi ingoiando un groppo di saliva.

«Da quello che mi suggerisce il tuo corpo, direi da molto tempo. E, forse, saperlo è per me un sollievo». Uscì dalla biblioteca lasciando in sospeso tra noi quell'ammissione, che gettò la mia mente in un turbine di pensieri.

Capitolo 5

Fallon

«Asher. Sono le otto e trenta, tra dieci minuti dobbiamo essere al college», dissi strattonando leggermente mio fratello, ma lui non dava alcun cenno di vita.

Mugugnò nel sonno, senza muovere neppure le palpebre.

«Asher, cazzo, svegliati», continuai io, strattonandolo con più forza.

«Ci sono, cazzo, ci sono», fece lui stropicciandosi gli occhi ancora assonnati.

«Dai, Ash, questa mattina ho la prova di Economia, non posso fare tardi per colpa tua e delle tue serate del cazzo. E nemmeno tu puoi permetterti di arrivare tardi, dai», mi lamentai lanciandogli contro una felpa.

«La mia serata del cazzo è stata uno sballo, chiedilo a Sasha se non ci credi», disse Ash alzandosi dal letto e indossando velocemente i pantaloni.

«Non ho intenzione di parlare con una ragazza che ti sei scopato neanche cinque ore fa, ora muoviti, lava i denti e corri in macchina», gli ordinai mentre andavo verso la cucina.

Preparai due caffè, lunghi e dolci, e non appena vidi Asher gliene porsi uno, che bevve subito.

Non appena fermò l'auto davanti al college, lo salutai di corsa con un bacio sulla guancia.

Ero in ritardo, come sempre.

Senza perdere tempo, avanzai correndo fino ad arrivare in aula, che già brulicava di ragazzi intenti a passarsi le risposte che avevano rubato al professore settimane prima, ma che a me non servivano. Avevo studiato sodo per passare quel test e mi rifiutavo di ricevere aiuti effimeri che non sarebbero serviti a nulla, se non ad avere un voto che non meritavo nel mio libretto universitario.

Presi posto e aspettai che il professore entrasse in aula, ma nel frattempo fui distratta dalla vibrazione del mio cellulare. Lo presi e lessi un messaggio che fece diventare il mio corpo un fascio di nervi.

Era da parte di uno dei fratelli Rubersken, bulli da sempre e amanti dei guai.

Erano usciti da poco dal riformatorio, avevano dato fuoco all'auto di un professore e, nei giorni precedenti, per i corridoi girava una strana voce.

Qualche ragazzo aveva distrutto la statua del fondatore del college e tutti i docenti stavano indagando, andando alla ricerca dei colpevoli, ma non avrei mai pensato che in mezzo a quella storia potessi finirci io.

Bonnie Rey ci ha detto tutto. Fallon Rogers, sei una spiona del cazzo e farai meglio a nasconderti, perché ti stiamo cercando.

Come diavolo si era permessa?

Perché aveva deciso di mettermi nei guai con quei mezzi criminali?

Con i nervi a fior di pelle, mandai a quel paese il test. Avevo cose più importanti da fare, come rompere il culo a quella sgualdrina con i capelli biondi e i vestiti dannatamente rosa.

Uscii di corsa dall'aula, andando alla ricerca di Bonnie, l'insopportabile sorellina del Corvo.

Come pensavo, si trovava in campo, nel suo completo striminzito da cheerleader e con due enormi pompon tra le mani.

Corsi velocemente nella sua direzione, scontrandomi con diversi giocatori di football. Venni sbalzata da una parte all'altra, ma non mi importava. Così come facevo finta di non sentire il coach che mi stava gridando di togliermi dalle palle.

Quando arrivai finalmente nella zona dedicata agli allenamenti delle cheerleader, mi fiondai sul corpo di Bonnie, prendendola completamente alla sprovvista.

«Come diamine ti sei permessa? Perché lo hai fatto? Cazzo!», urlai tirandole i capelli.

Bonnie si riprese subito dalla sorpresa.

«Oh, cara Fallon, preparati, perché quei tre fratelli ce l'hanno a morte con te», mi schernì acidamente, riuscendo a farmi cadere all'indietro.

Iniziammo una rissa.

«Ti ammazzo!», urlai tirandole un pugno in pieno viso. «Cazzo, ti ammazzo!», continuai, ma prima che potessi colpirla ancora con il pugno destro, venni afferrata di peso e allontanata da lei.

«Basta, se non vi fermate all'istante arriverà qualche professore. Hai intenzione di farti espellere a causa sua?», sentii dire dalla voce calda di Elina, la mia migliore amica.

«Lasciami subito! Deve pagare per ciò che ha fatto», sbraitai, cercando di divincolarmi.

«Fallon, basta! Calmati, cazzo», disse trascinandomi verso il retro degli spogliatoi maschili. «Ma cosa diamine ti passa per la testa? Erik Wood è corso a chiamarmi in classe, ero nel pieno della lezione e sai cosa mi ha detto?», domandò puntandomi un dito contro. Non mi diede nemmeno il tempo di formulare una risposta. «Ha detto, testuali parole: "Rissa, rissa tra la biondina arrapante e la bomba sexy della sorella di Asher". Sai cosa significa, Fallon? Significa che, se non ci fosse stato quell'ammasso di muscoli sempre eccitato, a quest'ora saresti fuori da questo fottuto college!».

«Ho sbagliato, lo so, non dovevo iniziare una rissa con lei in pieno giorno, ma El, quella stronza ha messo in giro una voce falsa! Ha detto ai fratelli Rubersken che sono stata io a dire ai professori ciò che hanno fatto, e ora loro mi stanno cercando!», urlai spiegandole tutto.

«Tranquilla, sono dei palloni gonfiati che si fingono criminali, l'unica cosa che sanno fare è rovinare statue e appiccare incendi. Li stenderai in dieci minuti, forse cinque», disse Elina facendo spallucce.

«Sì, lo so, ma cazzo, perché deve sempre mettermi nei guai?»

«È Bonnie Rey, sai che ama fare queste cose. Ricordi? L'anno scorso disse a tutti che avevi scopato con il fidanzato di Cassie e quello prima che io e te avevamo fatto un trenino con Nick. Ama dire cazzate, quella lì, non darci peso», affermò Elina sorridendo. «Devo tornare in aula, vedi di non metterti nei guai».

Entrai negli spogliatoi, che erano desolati perché tutti i componenti della squadra erano in campo, superai le docce e uscii sul grande corridoio che portava, dall'interno, all'ala principale del college. Ma quel tratto era particolarmente buio e tetro, essendo così distante dalle aule.

Camminai, arrivai a circa metà strada quando venni bloccata da due ragazzi.

«Eccoti qui, abbiamo trovato la spiona del cazzo», fece uno dei fratelli Rubersken bloccando ogni mio movimento.

«A noi non frega un cazzo se sei una donna, siamo per la parità dei sessi, ragazzina. E ora tu pagherai per ciò che hai fatto», disse quello che avevo davanti, per poi scoppiare a ridere.

Li lasciai fare, non sapevano a cosa stessero andando incontro. Volevo lasciargli un po' di gloria prima di stenderli tutti e tre.

Uno dei tre fratelli mi tirò un calcio sulle ginocchia, mentre un altro un pugno in pieno viso, che mi fece sbraitare e sanguinare il naso.

Mi innervosii parecchio in quel momento, così presi il polso del ragazzo che mi aveva appena colpito e lo girai, facendolo cadere sul pavimento dolorante.

«Puttana del cazzo», imprecò acidamente il più grande dei fratelli, avvicinandosi a me con fare minatorio.

«Non sono una ragazzina indifesa», affermai tirandogli un calcio nello stomaco. «E non ho fatto io la spia».

«Sì, certo, dicono tutti così», obiettò cercando di sferrarmi un pugno in pieno viso, ma i suoi movimenti erano lenti e i miei riflessi troppo veloci.

«Lo sai che, se mio fratello sapesse cosa mi state facendo, vi ucciderebbe tutti?»

«Sempre se non ammazziamo prima te».

«Siete sicuri che dei palloni gonfiati come voi riusciranno a uccidermi?», chiesi bloccando il secondo fratello, spezzando anche a lui il polso, proprio come avevo fatto poco prima con l'altro, e facendolo cadere sul pavimento, dolorante e spaventato.

Stavo per stendere anche l'ultimo, ma lui mi prese alla sprovvista e mi fece sbattere contro il muro.

Cazzo.

Mi aveva bloccato i polsi e li aveva messi sopra la mia testa, mentre mi beffeggiava e derideva senza ritegno. Mi divincolavo, pronta a non arrendermi.

«I fratelli Rubersken messi al tappeto da una ragazzina», sentii dire dalla voce di Callum, che in breve tempo iniziò a riecheggiare nell'ambiente. «Lasciala andare. Subito», continuò stupendomi. «O io dovrò finire il lavoro che lei ha iniziato», concluse strofinandosi le mani e guardando quel ragazzo con intento omicida.

Senza emettere suono, quello mi lasciò andare all'istante e scappò via, portando con sé i due fratelli che, fino a quel momento, si trovavano a terra.

Quando li vidi ormai lontani, mi portai istintivamente una mano al naso, notando che stava continuando a perdere sangue.

«La colpa di tutto questo è di tua sorella».

«Lo so, le voci girano, in questo college», disse con noncuranza.

«Tua sorella è una fottuta sgualdrina bugiarda», continuai guardando le sue mani che si stringevano in due pugni stretti.

«Mia sorella ha sbagliato, ma te la stavi cavando bene o sbaglio?»

«Questo non c'entra nulla, tua sorella rimane una sgualdrina».

«Non parlare così di mia sorella davanti a me, sono stato chiaro?», intimò rabbioso, avvicinandosi. «Ora seguimi», ordinò guardando il sangue colare dal mio naso.

Io rimasi immobile.

«Ho detto di seguirmi, cazzo».

Non parlai, non ne avevo voglia, quindi mi limitai ad andargli dietro, non sapendo nemmeno quale fosse la nostra meta.

Svoltammo diversi angoli, fino ad arrivare all'infermeria secondaria del college, quella utilizzata dagli studenti che prendevano parte a risse. Era sempre desolata e non controllata dai professori.

«Siediti, perdi ancora sangue», mi fece notare Callum indicando una sedia.

«Non ho intenzione di farmi aiutare da te».

«Mia sorella non si scuserà mai, quindi lasciami almeno rimediare a quel naso. Lo sto facendo solo per rispetto, nient'altro», disse, premendo delicatamente un batuffolo di cotone sulla mia narice destra. Non mi ero seduta, ma nonostante fossi rimasta in piedi, dovetti alzare lo sguardo per guardarlo negli occhi. Mi chiesi cosa stesse pensando, e stavo per parlare quando venni interrotta.

«Bastardo di merda! Allontanati subito da mia sorella», urlò Asher facendomi sobbalzare. «Sei stato tu? Cosa cazzo le hai fatto?», domandò rabbioso notando il mio naso sanguinante.

«Non sono stato io», disse semplicemente Callum, lasciandosi sovrastare dalla rabbia di mio fratello.

«Ash! Asher, basta!», urlai cercando di dividerli.

«Tua sorella ha messo in pericolo la mia!».

«E la tua ha iniziato una rissa con la mia!».

«Basta!», gridai di nuovo, ricevendo finalmente la loro attenzione. «Dovete smetterla! State facendo così tanto chiasso che non mi stupirei se un professore arrivasse a momenti».

Entrambi si fermarono all'istante e Asher abbassò i toni.

«Vattene, Callum, vattene prima che perda nuovamente le staffe».

Se ne andò, anche se non sparì la sensazione dei suoi occhi su di me.

«Ti hanno ferita?», domandò mio fratello preoccupato.

«No, sono riuscita a stenderne due e a farla pagare a Bonnie», risposi sorridendo.

«Non devi mai più iniziare una rissa al college, non puoi rischiare di venire espulsa per colpa di una ragazzina con problemi di inferiorità».

«Lo so, ho sbagliato».

«Ora torniamo a casa», disse stampandomi un bacio sulla testa.

Camminai fino ad arrivare all'auto, con la mano intrecciata a quella di mio fratello e la mente intrisa di pensieri, che avevano, come unico filo conduttore, un corvo.

Capitolo 6

Callum

Avevo rischiato di morire tantissime volte, a causa del lavoro che avevo scelto, ma mai, e dico mai, mi ero sentito l'artefice della mia distruzione.

Desideravo Fallon Rogers e desiderarla era un po' come se avessi in mano il suo pugnale e me lo stessi puntando al petto.

La desideravo, desideravo quella piccola peste in maniera incessante, violenta e sapevo benissimo che desiderare proprio lei significava firmare la mia condanna.

Era sbagliatissimo bramarla, era la mia nemica giurata, un membro della gang rivale alla mia, eppure, tantissime particelle della mia anima la desideravano e io non riuscivo a impedire loro di farlo.

«Call, hai sentito cosa ti ho detto?», domandò Thomas e io lo guardai interdetto perché ero occupato a pensare ad altro.

«No, Thom, ripeti, non ero attento».

«Ti ho chiesto se domani vuoi venire con me a prendere quei maledetti gatti», ripeté indispettito. Thomas era così, dolce quando voleva, e per la maggior parte del tempo un demone senza pazienza.

«Gatti?»

«La tua piccola sorellina vuole salvarli dalla casa abbandonata, ma è troppo fifona e schizzinosa per tirarli fuori», mi spiegò sbuffando e gettando gli occhi all'indietro.

«Bonnie ci mette sempre in situazioni particolari, ma se si tratta di lei puoi contare su di me», affermai mentre, con la coda dell'occhio, vidi Fallon avanzare verso il planetario del college.

Inspiegabilmente sentii un brivido formicolarmi in tutto il corpo. Le mie gambe premevano per muoversi e seguirla.

«Volevo tirarmi indietro con questa storia dei gatti, ma se non faccio felice Bonnie, Harry rischia di puntarmi una pistola alla tempia», continuò Thomas scoppiando a ridere.

Io non ero connesso in quel momento, volevo solo correre dietro Fallon e iniziare a infastidirla. Punzecchiarla, prenderla in giro era l'unica interazione che potevo concedermi con lei, nel tentativo di placare la voglia e il desiderio che scorrevano nelle mie vene.

«Thom, tra due minuti ho una lezione, ci vediamo dopo», tagliai corto fingendo di controllare l'orario.

Thomas mi guardò confuso, ma non ci diedi peso e iniziai a correre verso il planetario.

Quando arrivai dentro, notai che l'ambiente era illuminato solo dalle costellazioni bianche e blu proiettate sul soffitto. C'erano tantissimi studenti intenti ad ascoltare la spiegazione del professore e, fra tutta quella marmaglia inutile, scovai subito la chioma nera che bramavo.

Indossando il mio sguardo burbero, feci spostare tutti per poter passare e poco dopo riuscii a raggiungere Fallon, anche se lei non si era accorta di nulla. Come al solito, quando non era impegnata in una missione, si perdeva in chissà quali pensieri, assorta a tal punto da non prestare attenzione a ciò che la circondava.

Il posto che aveva scelto era abbastanza isolato e mi permetteva appieno di frugare nel suo zaino.

Perché avevo deciso di farlo?

Be', non lo sapevo neppure io, ma volevo entrare un minimo nel suo mondo, e vedere cosa portava con sé quotidianamente sembrava un ottimo inizio.

Inserii lentamente una mano nello zaino, mentre Fallon era troppo occupata a seguire il laser che il professore stava proiettando sul soffitto. Iniziai a rovistarci dentro e all'inizio non toccai nulla di particolarmente interessante.

Poi la mia mano trovò un filo di gomma e qualcosa di duro e rettangolare. Lo estrassi e mi ritrovai tra le mani un iPod verde, con degli adesivi a forma di margherita viola attaccati sul retro. Pensai che avesse una vera e propria ossessione per quei fiori.

Fissai per pochi secondi quell'oggetto per poi nasconderlo nella tasca della mia giacca di pelle non appena il viso di Fallon si girò verso il mio.

«Cosa ci fai tu, qui?»

«Be', mi sembra ovvio, Fallon. Voglio sentire cosa ha da dire il dottor Rox sulla costellazione dell'Ofiuco», risposi cercando di sembrare rilassato, anche se avvertire il suo profumo mi rendeva alquanto irrequieto.

«Non prendiamoci per il culo, Callum. Esci da questa stanza e vai a dare fastidio a qualcun altro e, cosa più importante, togli le tue manacce dal mio zaino», affermò rabbiosa, sussurrando ogni parola per non farsi sentire da nessuno.

«Cosa dovrei farci con il tuo zaino?»

«Dimmelo tu, pensi sia scema? Prima era in una posizione nettamente diversa», dichiarò indicandolo.

Cazzo, avevo quasi dimenticato che era un sicario e che, come tale, non si faceva scappare nulla, nemmeno il più insignificante dei particolari.

«Non ho fatto nulla al tuo zaino, Fallon, te lo posso assicurare».

«Non mi fido del Corvo e, credimi, se scopro che hai fatto qualcosa mi vendicherò», sibilò ancora più frustrata.

Solo in quel momento mi accorsi che indossava una felpa di almeno tre taglie più grandi della sua. Una felpa decisamente maschile.

«Di chi è la felpa che indossi?», domandai improvvisamente, lasciandola stupita a tal punto che le sue labbra si schiusero fino a formare una "o".

«Scusami?»

«Ti ho fatto una domanda semplicissima, Fallon, non girarci attorno come una stupida», continuai sentendo la rabbia ribollire nelle mie vene. Sapevo benissimo che non era una stupida, ma non riuscii a contenermi.

«Cosa te ne frega? Non sono tenuta a dirti nulla».

Mi avvicinai al suo collo e inalai un profumo diverso dal suo, più pesante e decisamente maschile.

«La tua pelle profuma di uomo, dimmi di chi è questa cazzo di felpa», sbottai nervosamente, facendo girare due ragazze che stavano ascoltando la lezione.

D'istinto Fallon si scusò con loro, prima di tornare a guardarmi più rabbiosa di prima.

«Quello che indosso, il profumo che senti sulla mia pelle, sono cose che non devono toccarti minimamente. L'unica cosa che deve toccarti, di mio, è la lama del mio pugnale», ribatté affilata, asettica e dura.

«Sai che non sono gentile, ma oggi voglio esserlo, quindi ti do tre secondi per dirmi chi ti ha dato questa felpa», insistetti duro, fissando i suoi occhi in maniera impassibile.

«Altrimenti? Che farai?»

«Ruberò il cuore dal tuo petto», dichiarai, ma lei si alzò e sollevò l'angolo destro delle sue labbra.

«Ti aspetto allora, Callum Rey. Aspetterò il giorno in cui ruberai il mio cuore».

La vidi uscire e rimasi un attimo a pensare a quello che mi aveva detto, per poi avviarmi verso il parcheggio dove recuperai la mia auto.

Dovevo essere al covo nel giro di pochi minuti, ma non era un problema. Amavo la velocità e riuscii a essere puntale.

«Ecco il Corvo, Robert ti sta aspettando», fece Harry non appena varcai l'entrata.

«Dopo ci facciamo una canna?», gli proposi, avanzando verso lo studio del nostro capo.

«Come da lei richiesto, Lord Rey», mi prese in giro Harry tentando addirittura una sorta di inchino maldestro.

Io scoppiai a ridere ed entrai nell'ufficio di Robert, trovandolo intento a scarabocchiare scartoffie e documenti.

«Ragazzo mio, come stai?», mi chiese sorridendomi, non appena mi vide.

«Bene, Robert, e devo dire di essere pronto a scoprire cosa ci aspetterà più tardi», risposi sedendomi sulla sedia rivestita di pelle marrone.

«Be', la missione di questa sera sarà estremamente particolare. Sei mai andato a sentire una lettura di poesia in una cantina rinomata?»

«Mai. Le poesie non fanno per me, Rob», ammisi.

«Dovrai fartele piacere, mi sa. Questa sera, alla cantina Mojito, ci sarà una lettura di poesie e, ahimè, questi posti rinomati attraggono molti uomini senza scrupoli. Infatti, sono venuto a scoprire che il gruppo criminale Halcatrol vuole mettere le mani sulle ricchezze della famiglia Mojito e loro stessi hanno deciso di rivolgersi a me per allontanare quei criminali di basso rango», mi spiegò.

«Dobbiamo ucciderli?», domandai prendendo le foto che mi stava porgendo.

«No, dovete solo mettere delle cimici nei loro vestiti».

«Perfetto, ti faccio sapere appena finita la missione. Vado a informare gli altri», affermai uscendo dalla stanza.

Una volta fuori mi sedetti su uno dei piccoli divani, presi la canna che mi aveva dato Harry e posai le foto degli uomini sul tavolino.

«Dobbiamo mettere delle cimici sulle loro giacche, durante una lettura di poesie in una cantina», gli riportai facendogli un riassunto, e aspirai il fumo dal gusto erbaceo. «Harry, dov'è Bonnie?», chiesi non vedendo mia sorella da nessuna parte.

«L'ha chiamata tua madre dieci minuti fa, credo sia fuori».

Uscii di corsa dal covo e vidi Bonnie che si dirigeva verso la mia macchina, preoccupata in volto.

«Bon, cosa è successo?», le chiesi delicatamente, raggiungendola.

«Papà ha avuto una crisi respiratoria proprio questa mattina, è stato trasportato in codice rosso, pare si stia riprendendo, ma sono molto preoccupata».

No, cazzo, no, ti prego.

«Ho paura, Callum, ho troppa paura», sussurrò tremando, mentre avvolgevo il suo corpo tra le mie braccia.

«Stai tranquilla, andrà tutto bene… tutto bene», tentai di calmarla, accarezzandole i capelli biondi.

«Voglio andare da lui, ora. Callum, ho bisogno di vederlo», disse allontanandosi bruscamente da me, come se avesse avuto una sorta di spasmo.

«Va bene, Bonnie. Ora ti accompagno in ospedale».

Quando mi fermai con l'auto fuori dall'entrata del pronto soccorso, vidi Bonnie guardarmi come se stesse aspettando qualcosa da me. La fissai di rimando con un'espressione interrogativa, non capendo cosa volesse.

«Non scendi?»

«No, Bonnie, sai che non voglio vederlo», ribadii, stufo di doverglielo ripetere.

«Credo che lui abbia bisogno di entrambi i suoi figli in questo momento così delicato».

«Io no, voglio lasciare le cose come stanno. Non voglio vedere un vegetale, Bonnie, quindi scendi da questa macchina e vai a fare la figlia perfetta», dissi duro, convinto che le mie parole l'avrebbero ferita, così come avevano ferito me.

«Vaffanculo, Callum, vaffanculo!», urlò scendendo dall'auto e sbattendo la portiera.

Guidai verso casa, con la mente intrisa di ricordi e pensieri negativi, con un unico desiderio nella mente: punirmi.

Una volta arrivato, entrai in camera mia, andando alla ricerca della mia cinghia e, quando la trovai, mi tolsi la felpa e mi posizionai davanti allo specchio.

Non provai neppure un briciolo di compassione verso me stesso. La malattia che aveva colpito mio padre aveva segnato un punto di non ritorno per la mia salute mentale. Odiavo come trattavo mio padre, schifavo il modo in cui pensavo a lui, e sentivo l'eterno bisogno di punirmi.

Mi colpii tantissime volte, la schiena iniziava a sanguinare, ma io continuavo, senza sosta.

Volevo sentire quel dolore ardere la mia pelle, espiare tutti i miei peccati.

Sapevo che ero malato, ma non mi fregava nulla. Non mi fregava se durante il sesso non toglievo mai la maglietta, non mi importava se sentivo un dolore lancinante alla schiena o se le ragazze non la potevano toccare. L'unica cosa di cui mi importava era ferirmi, per togliere la sporcizia che avevo addosso, come una sorta di ruggine da grattare via a frustate.

Dopo un'ora, sentii la porta di casa aprirsi e dovetti fermarmi. Nessuno sapeva cosa succedeva tra le quattro mura della mia camera, soprattutto mia sorella.

Mi alzai dolorante dal pavimento, ripulii come meglio riuscii e, con gli occhi colmi di lacrime, raggiunsi il bagno.

Mi gettai sotto il getto d'acqua bollente, facendo irritare tutte le ferite nuove e quelle in via di guarigione.

Mi bruciava la pelle, la testa, e la vista rischiava di appannarsi a causa del dolore.

Uscito dalla doccia, tornai in camera e indossai un completo leggermente elegante sulle sfumature del grigio. Avevamo del lavoro da fare, quella sera.

Quando fui finalmente pronto, andai in soggiorno dove trovai Bonnie, avvolta in un elegantissimo vestito beige.

«Sei stupenda, Bon», le dissi con leggero timore, dopo le dure parole che le avevo rivolto poco prima.

«Grazie», si limitò a rispondere. Era delusa, lo avevo capito e non volevo infierire in nessun modo.

«Prendi la macchina, io preferisco andare in moto», affermai lanciando sulle sue mani le chiavi dell'Audi.

Velocemente scesi le scale e arrivai nel garage, dove salii in sella alla mia amatissima moto e partii arrivando in poco tempo davanti alla cantina.

Decisi di non aspettare gli altri, non dovevamo uccidere nessuno quella sera, dovevamo solo posizionare delle fottute cimici di merda. Non avevo bisogno del loro appoggio.

Entrai, sorridendo a ogni persona che incontravo e facendo finta di essere interessato alla lettura di quelle poesie.

Cercai di visualizzare la preda, ma il mio sguardo venne completamente catturato da una chioma nera.

Si trattava di Fallon, della mia bramata nemesi. Per qualche minuto rimasi a fissare il suo corpo, avvolto in un tubino nero che metteva in mostra, in maniera delicata, tutte le sue forme.

Aveva un seno prosperoso, dei fianchi che desideravo da impazzire stringere tra le mie mani fino a riempirle, e poi quei capelli così lunghi e così neri.

Dio, perché ti desidero in maniera così distruttiva?

Cercai di non pensare a quella ragazzina che mi tentava fin troppo e visualizzai la preda, placando gli ormoni.

Mossi le gambe fino ad arrivare vicino all'uomo che avevo puntato, ma prima di fare un altro passo sentii una mano delicata posarsi sulla mia spalla.

Mi girai, sentendo il cuore martellare nel petto e mi trovai il viso di Fallon a un soffio dal mio. Il cuore rischiò di scoppiarmi.

«Oh, piccola Fallon, vuoi ballare?», domandai beffardo, cercando di non farle capire quanto il suo profumo mi mandasse in confusione.

«Ballare? Rivoglio il mio cazzo di iPod, Callum Rey, o quella che si approprierà di un cuore sarò io», disse facendomi sorridere.

«Il tuo cuore appartiene a me, così come appartiene a me il tuo iPod», affermai prendendola per mano e facendole fare una piroetta.

«Sono piena di pugnali, non posso usarli stasera, ma ho una gran voglia di mutilare corpi, quindi stai attento, stupido Corvo», mi avvertì assottigliando lo sguardo, ma io non prestai attenzione alle sue parole, ero troppo occupato a fissare lo sguardo di Raven, un nostro nemico.

Ci stava osservando ed ero certo che stesse escogitando un piano per farci fuori, quella stessa sera.

«Esci subito da qui», dissi perentorio.

«Scusa? Vuoi per caso appropriarti anche di questo posto, oltre che del mio iPod?», domandò lei visibilmente irritata.

«Fallon, ascoltami bene. Raven ci sta fissando e se non esci di tua spontanea volontà, sarò costretto a portarti via con la forza».

«Ti stai per caso preoccupando per me?»

«Se ti fanno fuori, non potrò più farlo io».

Capitolo 7

Fallon

«Nessuno ti ha invitato a pattinare con noi», dissi nervosamente, prendendo lo zaino dalla poltrona del soggiorno.

«Mi ha invitato Asher, è più grande di te e sicuramente più simpatico», rispose quel bambino dagli occhi color nocciola.

«Io non ti voglio, vai con i tuoi genitori a pattinare sul ghiaccio».

«Sei proprio una bambina scema. Sei tutta scema, Fallon».

«Non è vero! Io non sono scema, l'unico scemo qui sei tu!».

«Sì, invece, anche a scuola dicono che sei scema, quindi è vero», rispose indossando un ghigno.

«Tu hai detto a tutti di dire una cosa del genere, sei cattivo, Callum!», urlai prendendo uno dei miei pattini e tirandoglielo sul viso.

Non avevo intenzione di ferirlo, volevo solo dargli una lezione. Non avrei potuto immaginare che la lama della scarpa gli avrebbe tagliato il sopracciglio.

Quel ricordo mi fece sorridere, perché non era stata mia intenzione ferirlo, ma dovevo ammettere che era stato bello colpire Callum a soli sette anni.

Ricordavo che quel giorno non andammo più a pattinare sul ghiaccio, perché il sangue non smetteva di colare e mia madre dovette portare Callum in ospedale.

Tornò a casa con ben cinque punti di sutura e un occhio gonfio.

Due bambini non avrebbero dovuto odiarsi, ma io e lui eravamo così. E andammo avanti in questo modo.

Dovevo ammettere, però, che mi aveva aiutata, la sera prima. Se non fosse stato per il suo avvertimento, probabilmente sarei stata aggredita.

Restava comunque il fatto che io odiavo profondamente quel ragazzo, lo odiavo per tanti motivi. L'ultimo? Mi aveva rubato l'iPod da sotto gli occhi.

Non capivo, come avevo fatto a non accorgermene? Mentre pensavo e ripensavo a lui, la mia mente iniziò a macinare idee malsane e strane allo stesso tempo.

Dovevo riavere il mio iPod, avrei fatto di tutto pur di riprendermelo.

Dopo aver passato ore a rimuginare, mi si accese una lampadina.

Sorrisi, uscii dall'appartamento e salii le scale del condominio, fino a fermarmi fuori dalla porta di Richard, un anziano signore che un tempo era un idraulico.

Bussai per tre volte e, dopo una manciata di secondi, venne ad aprire.

«Fallon, buonasera», disse con voce roca.

«Buonasera, Richard, posso chiederti una cosa?»

«Certo».

«Un ragazzo mi ha rubato l'iPod».

«Callum?», domandò lui sorridendo.

«Sì, lui, come hai fatto a capirlo?», domandai curiosa.

«Anni fa parlavi solo di lui quando mi accompagnavi a portare Willy dal veterinario, ricordi? Mi facevi dei monologhi assurdi su quanto odiassi quel ragazzo».

«Giusto, hai ragione. Comunque, volevo chiederti se ti causasse problemi venire con me a casa sua. Dovresti indossare la tuta da idraulico e fare finta che il proprietario del suo palazzo ti ha incaricato di controllare diversi tubi», gli proposi.

«E tu? Cosa farai nel frattempo?»

«Io mi travestirò da uomo ed entrerò con te. Mentre tu farai finta di occuparti delle tubature, io entrerò nella sua camera e prenderò il mio iPod».

«Cavolo, Fallon, le mie giornate sono così noiose e monotone che non posso non accettare un'avventura simile, affare fatto!», disse sorridendo e facendomi entrare in casa sua.

Mi porse una tuta da idraulico, la più piccola che aveva, andai in bagno e la indossai.

Quando tornai nel suo soggiorno, vidi che anche lui era già vestito. Si avvicinò a me con un berretto azzurro e usurato.

«Ti manca questo», affermò facendolo aderire alla mia testa.

«Sei pronto? La valigetta degli attrezzi?», chiesi avanzando verso le scale del condominio.

«È nel garage, la prenderemo una volta scesi».

Quando arrivammo di sotto, lui recuperò i suoi attrezzi e poi salimmo in macchina.

«Andiamo, e cerca di non farmi ridere, sai quanto sono sensibile alle risate», dichiarò mettendosi comodo sul sedile della jeep.

«Tranquillo, non parlerò neppure», dissi imboccando la strada che portava al quartiere di Callum.

Una volta arrivati nei pressi del suo condominio, parcheggiai l'auto in lontananza e camminai dietro Richard, verso i vari citofoni.

Dopo aver individuato quello che portava il cognome di Callum, bussai e feci parlare il vecchietto che adoravo tanto.

Callum rispose e andò tutto secondo i piani.

Salii le scale, nascondendomi dietro il corpo massiccio di Richard, entrai in casa di Callum e mentre lui era intento a guardare quel vecchietto svolgere il lavoro, io mi allontanai da loro.

Avanzai nel corridoio, fino ad arrivare in camera sua.

L'avevo immaginata in maniera completamente diversa da quella che era in realtà.

I muri erano color cobalto, così come le tende e la superficie della scrivania, mentre la struttura in legno del letto matrimoniale, posto tra due comodini in mogano bianco, era di un rosso acceso.

Sulla scrivania c'erano tanti fumetti della Marvel e sul muro erano appesi poster di donne nude che mi fecero venire il voltastomaco.

Senza soffermarmi troppo sulla stanza, iniziai a cercare il mio iPod, ma non lo trovai da nessuna parte e pensai che probabilmente fosse nascosto in una tasca.

Ero nervosa e doveva pagare per ciò che aveva fatto, quindi aprii l'armadio e misi in disordine tutto quello che c'era dentro, tastando ogni ripiano, ma senza esito.

A quel punto, decisi di rubare qualcosa dalla sua camera. Non potevo certo andarmene a mani vuote.

Mi voltai e vidi un pacco di preservativi poggiato sul comodino. Con passo felpato, mi avvicinai, lo presi e lo nascosi dentro la tasca della tuta.

«L'idraulico non dovrebbe occuparsi di tubi e scarichi?», sentii dire da una voce che conoscevo fin troppo bene. «O forse dovrei chiamarti Fallon», continuò avvicinandosi a me.

Io rimasi gelata, incapace di muovermi.

«Credevi che non mi accorgessi che sotto quella tuta ci fosse il tuo corpo?»

«Ora che l'hai scoperto, cosa hai intenzione di fare?», domandai girandomi finalmente verso di lui.

«Non ci credo, hai fatto tutto questo per cosa? Per prenderti un pacco di preservativi?»

«Tu come fai a saperlo?», chiesi io di rimando.

«L'ho messo io sul comodino, prima di aprire a te e a quel vecchietto, e ora non c'è più».

«Tu hai rubato il mio iPod, e io voglio riprendermelo. Non sono riuscita a trovarlo, ma gradirei riaverlo», affermai incrociando le braccia sul petto.

«Sei da Oscar, Fallon. Credo che solo una persona come te potrebbe fare tutto questo solo per un iPod».

«Callum, te lo chiedo per favore».

«Non se ne parla, preferisco tenerlo per me», rispose noncurante. «Però, sai una cosa? Se ti batti con me e vinci, l'iPod tornerà nelle tue mani, ma solo in quel caso», propose sorridendo in maniera maliziosa.

«Vuoi combattere con me per un iPod?»
«Devo ricordarti che ti sei finta un idraulico e hai convinto un vecchietto a fare questo teatrino per riprendertelo? A stupidità siamo allo stesso livello».
«Va bene, battiamoci», accettai. Nello stesso momento in cui quelle parole uscirono dalle mie labbra, vidi le sue gambe muoversi e venire verso di me.
Fui scaltra a non prendere il suo destro in pieno viso e a mia volta mi mossi velocemente per ferirlo.
Callum era veloce e astuto e mancò tutti i miei pugni, riuscii a farlo barcollare solo tirandogli un calcio in pieno stomaco.
«Veloce», ammise sorridendo.
Tentai di graffiare il suo viso con le unghie, ma lui fu più svelto e riuscì a fermare velocemente le mie mani, bloccandomi i polsi e facendo aderire il mio corpo alla scrivania.
«Rimangio ciò che ho detto, questa volta sei stata dannatamente lenta», mi schernì, ma io riuscii a liberare una mano, a prendere una scatola di legno che era posta sulla sua scrivania e a colpirlo in faccia. Mi liberai dalla sua presa e mi avvicinai alla finestra, dove mi fermai un momento a prendere fiato.
Non lo avessi mai fatto. Callum riuscì a bloccarmi nuovamente e io mi abbandonai tra le sue braccia possenti.
«Dovevi essere più astuta», disse sorridendo e abbassando lo sguardo sul mio viso.
«Co… cosa?», balbettai, sentendo subito dopo un rivolo di sangue che scendeva dalla mia guancia.
«Ti ho ferita Fallon, l'iPod spetta a me, da patto».
Com'era possibile?
Quando mi aveva ferita?
Perché non mi ero accorta di nulla?
«Dovevi capire che, anche se leggermente ferito, potevo lo stesso ferirti a mia volta», disse lasciandomi finalmente andare.
«Hai ragione, sono stata poco scaltra, tieniti quell'iPod del cazzo».
«Il tuo amico ti sta aspettando di sotto», mi fece sapere mentre io stavo già raggiungendo l'uscita.
Quando arrivai alla macchina, Richard scoppiò a ridere di gusto nel vedermi mezza scapigliata e con un'espressione nervosa sul volto.
«Andata male?», domandò.
«Abbastanza».
«Dai, almeno io sono felice. Non passavo una giornata del genere da anni, grazie». Sorrise, tirandomi un pizzicotto sulla guancia sinistra.
Appena rientrati, salutai Richard e andai verso casa mia, dicendogli che gli avrei ridato la tuta alla prossima occasione.

Una volta in camera, presi il mazzo di margherite bianche che compravo ogni settimana e mi avvicinai al davanzale della finestra.

Strinsi tra le mani il vaso e presi dal cassetto della scrivania del colorante viola. Ne versai qualche goccia all'interno del vaso colmo d'acqua e ci infilai le margherite dentro.

Era quella la mia routine.

Amavo vedere come quei petali da bianchi diventavano viola e sorrisi all'idea di Callum che vedeva quel *mio* fiore sopra il corpo senza vita di qualche preda.

Era il mio modo per fargli capire che ero arrivata prima di lui.

«Fall, vieni agli allenamenti?», sentii domandare dalla voce calda e roca di mio fratello Asher.

«Sì, Ash, arrivo».

Presi uno zaino e ci misi dentro un piccolo asciugamano e dei vestiti di ricambio.

Avanzai correndo verso il soggiorno e, appena entrai nella stanza, guardai mio fratello in tutta la sua bellezza.

Asher era un dio greco; aveva due occhi color pece, identici ai miei.

La sua pelle era olivastra, a differenza della mia, e possedeva una miriade di tatuaggi che amavo toccare con i polpastrelli.

«Hai un nuovo tatuaggio?», domandai notando delle linee decorare il suo polso.

«Sì, sono andato stamattina a farlo. Doveva essere una sorpresa, ma ormai lo hai visto».

Sorrisi e mi avvicinai per vederlo meglio, sentendo le lacrime agli occhi poco dopo.

Asher si era fatto tatuare un disegno che gli avevo regalato da piccola, che ritraeva me e lui in versione stilizzata.

«Ash, ma è… diamine, è stupendo».

«Così posso averti sempre con me», rispose lui baciandomi sulla testa.

«Staremo sempre insieme, è una promessa».

Dopo essere entrati in macchina, iniziai a cantare a squarciagola le canzoni che passavano alla radio, fino a quando non arrivammo al covo.

Entrammo dentro e vidi Jacob, Elina e Oliver intenti ad allenarsi.

«Buonasera!», urlai per farmi sentire, riuscendo a far echeggiare nell'aria colma di musica la mia voce.

«Ecco i fratelli Rogers», esclamò Jacob.

Vidi quel ragazzo muscoloso avvicinarsi a me e stringermi in maniera dolce.

«Ti voglio bene, piccina».

«Jac, dobbiamo assolutamente giocare online con quei tedeschi, ieri mi hanno fatto spaccare dalle risate», si intromise Asher.

«Sì, anche a me. Ho passato tutta la partita a ridere come un matto», rispose Jacob.

Li lasciai chiacchierare e presi un tappetino. Lo srotolai e cominciai l'allenamento con diverse serie di addominali.

Nemmeno la fatica riuscì a distogliermi del tutto dal pensiero di Callum. Per quella sera non erano previste missioni, il che significava non vedere la sua faccia beffarda. Sbuffai, poi scacciai un sospiro di sollievo, pensando che nessuno mi avrebbe disturbata con la sua voce fastidiosa e il suo profumo dannatamente buono e pungente.

Capitolo 8

Fallon

Aprii gli occhi e il buio che decorava la stanza abbracciava il mio corpo in maniera totalizzante.

Il buio faceva parte della mia vita da sempre.

Esprimeva la mia natura, i miei pensieri, ed era un alleato per il lavoro che svolgevo.

Ero un sicario, il che significava sapersi muovere nel buio e avere una sorta di connessione con esso.

Amavo il buio, camminare senza sapere dove mettere i piedi, respirare in una stanza che all'apparenza sembrava vuota, aprire gli occhi e vedere solo il nulla. Forse ad amare tutto questo erano solo le persone realmente ferite dalla vita.

Sì, la vita mi aveva spezzata e in quel momento nulla mi toccava.

Stare in una stanza colma di persone, piena di oggetti colorati oppure completamente nera e spoglia non faceva alcuna differenza, per me. Ero vuota e ferita, e niente avrebbe cambiato quella sensazione che provavo da anni, ovvero da quando la vita aveva deciso di strapparmi dalle mani i miei genitori.

Quando i pensieri iniziarono a pesarmi sulla testa, decisi di alzarmi dal letto. Raggiunsi la porta della mia camera e la aprii: venni accecata dalla luce proveniente dalle finestre del corridoio.

Continuai a camminare, raggiungendo la cucina, dove mi preparai un caffè ancora mezza addormentata e me lo scolai tutto in un sorso. Stavo per tornare di nuovo nella mia stanza per iniziare a prepararmi, quando sentii diversi gemiti provenire dalla camera di mio fratello.

Avanzai incuriosita finché, davanti ai miei occhi, apparve una scena che mi fece salire la bile mischiata al caffè che avevo appena ingerito.

Asher stava bloccando una ragazza dai lunghi capelli color platino al muro, mentre la sua mano si insinuava nelle mutandine color crema di lei.

Lei, che gettava la testa all'indietro e ansimava come se stesse a casa propria.

«Cazzo, devi proprio andare via?», domandò Asher rudemente.

«Ho i corsi», gemette lei.

Io continuai a guardarli per qualche altro istante.
«Buongiorno, tu devi essere Fallon, giusto?», disse tutto a un tratto lei, mentre si staccava da mio fratello.
«Sì, sono proprio io. E tu devi essere una di quelle ragazze che non farà mai più ritorno in questa casa, giusto?», chiesi sfoggiando un sorriso malizioso e provocatorio.
Asher scoppiò a ridere, mentre la ragazza raccoglieva i jeans dal pavimento e fuggiva via dalla nostra umile dimora.
«Cazzo, Fall, devi essere sempre così dura con le ragazze che porto qui?», mi domandò Asher.
«Loro sanno benissimo che, una volta uscite da qui, tu non le richiamerai. Io le ho solo spiattellato la verità in faccia, cosa vuoi che sia», affermai facendo spallucce. «Vieni al college?»
«Cazzo, no, dopo una nottata con quel fuoco di ragazza non ci penso proprio. Ho bisogno di dormire per almeno cinque ore».
«Io vado a prepararmi, mi presti quella felpa Nike con la zip?», gli chiesi facendo gli occhioni dolci.
«Va bene, ma deve tornare a casa sana e salva. Non come l'ultima volta che ti ho prestato qualcosa, che poi è finita tra le mani di Elina», mi ammonì.
«Era un caso disperato e isolato quello, già ti ho dato delle spiegazioni».
«Perché, cambiarsi la felpa per far credere a un ragazzo che indossi qualcosa di maschile non è un caso disperato?», domandò lui aggrottando le sopracciglia per poi scoppiare a ridere.
Io non risposi, sbuffai e avanzai dentro la sua camera per andare alla ricerca della felpa.
Dovetti trattenere delle smorfie di disgusto, dato che Asher non solo aveva la stanza sottosopra, ma sul letto aveva anche lasciato il profilattico utilizzato la notte scorsa.
Mi avvicinai velocemente al suo armadio e presi quello che mi serviva. Mi feci una doccia veloce, tornai in camera mia e mi vestii, indossando sotto la felpa lasciata aperta un top ginnico.
«Ci vediamo dopo, Ash», gli dissi al volo prendendo la borsa dall'appendiabiti che si trovava in soggiorno.
«A dopo», gridò lui dalla sua stanza.
Quando entrai in macchina collegai il telefono al bluetooth e feci partire *Church* dei Chase Atlantic. Iniziai a cantare a squarciagola fino ad arrivare nel parcheggio del college.
Scesi dalla macchina e mi avviai verso i giardini, dove trovai i miei amici a chiacchierare e a fumare una sigaretta.
«Buongiorno!», urlai saltellando felicemente.
«Cazzo, vorrei avere la tua energia. Come fai a essere così felice? Sono

solo le nove del mattino», bofonchiò Jacob gettando la cicca consumata per terra.

«Ho semplicemente dormito in maniera tranquilla».

«Io ho un sonno tremendo, ho passato la notte a giocare a *COD* con Alberto, un ragazzo italiano incontrato online», disse sbadigliando.

«Non vi capirò mai a voi maschi: passate le vostre nottate a giocare o a scopare», si inserì Elina, aggrottando le sopracciglia e storcendo il naso alla francese.

«Cazzo, è già suonata la campanella. Ci vediamo dopo?», domandai camminando all'indietro, verso l'entrata del college.

«Sì, a dopo», urlarono all'unisono Jacob ed Elina.

Giunsi in aula puntualissima, tanto che il professore non era ancora arrivato; e così iniziai a perdere tempo usando il cellulare, per lo più giocando con un'applicazione che Asher aveva scaricato sul mio telefono.

Mentre ero concentrata a costruire una casetta virtuale di marzapane, sentii un profumo muovere l'aria e avvertii una strana sensazione dentro di me.

Era come se mi sentissi osservata e, quando istintivamente mi girai, vidi Callum intento a fissarmi, mentre si teneva il mento con una mano e il gomito era poggiato sulla superficie del banco.

«Cosa vuoi?», domandai staccando per qualche secondo gli occhi dallo schermo del cellulare.

«Vorrei sapere da te perché hai deciso di mettere in mostra ciò che Dio ti ha donato in un'aula universitaria», domandò assottigliando lo sguardo mentre gettava uno sguardo al mio seno.

«Credi di meritare una risposta?»

«Però devo ammettere che ci sei riuscita», continuò, ma io non capivo cosa volesse dire.

«Faccio fatica a comprenderti».

«Guarda Jason, proprio lì, alla tua destra», sussurrò indicando quel ragazzo. «Sta fissando il tuo seno da un bel po', mentre io sto cercando di concentrarmi sul tuo viso per non cadere nella trappola e abbassare di qualche centimetro lo sguardo».

«Cazzo, devi essere sempre così diretto e disgustoso?», domandai strabuzzando gli occhi.

«Sto solo dicendo la verità», affermò indicando quel ragazzo.

Con un'espressione scioccata in volto, mi girai leggermente verso Jason e rimasi sconvolta. Callum aveva ragione.

Istintivamente tirai su la cerniera della felpa, non mi piaceva l'idea che qualche ragazzo potesse fare pensieri strani sul mio corpo. Con le guance paonazze tornai a guardare il mio nemico.

«Potevi anche lasciarla aperta, la felpa», disse quando il professore fece ingresso in aula. «Non mangio le sorelline dei miei ex migliori amici e posso assicurarti che sto facendo una fatica immensa a trattenermi, in questo momento», sussurrò facendomi venire le farfalle nello stomaco.

«Buongiorno, ragazzi. Questa mattina purtroppo non riuscirò a essere in aula e a fare lezione, ma vi assegno un compito: dovrete svolgere, facendo coppia con la persona che avete vicino, l'esercizio a pagina cento del libro. I vostri lavori saranno corretti durante la prossima lezione», disse il professore, e io sbuffai pensando che vicino avevo Callum, che fino a quel momento mi aveva parlato del mio seno e dei ragazzi che me lo fissavano.

«Bene, bene, ti tocca fare coppia con me», disse lui gongolando, e sorrise in maniera alquanto strana.

«Preferirei di gran lunga farlo da sola, ma il destino decide sempre di mettermi alle strette... purtroppo», constatai a denti stretti.

«Dai, sono così tanto gentile che da quando sei entrata non ho fatto altro che guardare Jason con intento omicida, e tu mi ringrazi così?».

Cosa aveva fatto?

«Tu, cosa?»

«Mi fa schifo pensare che Jason possa fare pensieri poco casti su di te, quindi ho semplicemente evitato che continuasse». A quelle sue parole, le mie guance si tinsero nuovamente di rosso.

«Sai che non ti ringrazierò, vero?»

«Non mi servono dei ringraziamenti, l'ho fatto di mia spontanea volontà e lo avrei fatto per qualsiasi ragazza, quindi non montarti troppo questa piccola testolina che ti ritrovi».

«Allora smetti di parlare, dobbiamo visualizzare se il finanziamento ottenuto dall'azienda è a titolo di capitale proprio o di terzi», affermai leggendo la domanda.

«Queste cose non so farle. Mi trovo seduto vicino a te proprio perché non ho passato l'esame, Fallon», ammise, mentre masticava una gomma.

«Potrei anche provare a spiegarti qualcosa, ma sei un caso disperato e rischierei solo di perdere tempo con te, quindi stai zitto e guarda». Cercai di concentrarmi sull'esercizio, ma con lui vicino era impossibile.

«Bla, bla, bla, bla», mi prese in giro.

«Ti prego, stai zitto, mi distrai».

Provai a rileggere l'esercizio per l'ennesima volta, ma la mano di Callum si mosse per toccare la mia e io divenni irrequieta.

«Mi spieghi cosa cazzo ti passa per la testa?»

«Sto cercando di capire la durezza della tua pelle, sai, per pugnalarti meglio. Voglio ancora cercare di ucciderti».

«Allontanati subito da me!», sbottai, scacciando la sua mano. «Il problema l'ho risolto, copia tutto e vedi di starmi alla larga», dissi alzandomi.

«Darti fastidio mi riesce troppo bene», affermò lui, con la sua tipica aria da superiore, mentre mi imitava. Una volta in piedi, ci guardammo con aria di sfida. Entrambi avevamo il respiro spezzato, come se fossimo reduci da una corsa. Sentivo le mani formicolare, come quando avevo voglia di stringere uno dei miei pugnali. Callum mi guardò con ancora più intensità, per poi uscire dall'aula senza dire una parola.

Io mi dovetti aggrappare al banco per non cadere, perché le ginocchia mi cedettero.

Mi rimisi a sedere e, per tentare di calmarmi, decisi di rimanere lì per qualche ora, a studiare.

Presi la borraccia con il tè alla pesca, il mio preferito, e dopo aver mandato giù vari sorsi tornai ai miei libri.

Svolsi diversi esercizi di matematica per prepararmi in vista dell'esame imminente.

Quando la mia mente iniziò a macinare pensieri che non appartenevano al mondo della matematica o dell'economia, decisi di alzarmi e di sgranchire le gambe.

Presi tutte le mie cose e andai in bagno, non potendo neanche lontanamente immaginare che ci avrei trovato Callum intento a fare un ditalino a una ragazza.

«Cristo», esclamai, voltando subito lo sguardo da un'altra parte.

«Sei così sconvolta da doverti girare?», domandò lui malizioso, senza fermare il movimento della mano.

«Sì, Callum, ti prego, continua, non fermarti», gemette la ragazza e io pensai che era la seconda volta, in quella giornata, che assistevo a una scena del genere.

«Sei interessata, puoi aggiungerti a noi… piccola Fallon».

«Mi fai salire il voltastomaco, cazzo. Io me ne vado, voi continuate pure», affermai correndo fuori. Per fortuna, individuai subito i miei amici e li raggiunsi.

«Andiamo?», domandò Elina guardando tutti.

«Dove? Pensavo dovessimo mangiare in mensa», risposi io ingenuamente.

«Fall, da una settimana ha aperto una sorta di ristorante texano, andiamo lì. Per te va bene?», chiese Oliver sorridendo.

«Sì, certo, per me va benissimo».

A quel punto salimmo tutti sulla macchina di Jacob e mentre lui guidava noi cantavamo ogni canzone che passava in radio.

Il ristorante si chiamava Texan Boots e rimasi estasiata dalla sua bellezza.

Da fuori sembrava proprio una vecchia locanda western, di quelle che si vedevano nei film.

All'interno l'ambiente era scuro e completamente rivestito in legno, decorato da cappelli, stivali e poster stupendi.

«Questo posto è incredibile», commentai sedendomi a un tavolo che sembrava quasi una sorta di carro.

Mentre la cameriera ci portava i menù, mi accorsi che i DarkBlood stavano entrando nel locale.

Perché dovevano essere sempre nei paraggi?

«Ovviamente, dove ci sono i Daggers si trovano anche i DarkBlood», sbuffò Oliver gettando gli occhi all'indietro.

«Fai come se nulla fosse, la loro presenza è alquanto inutile», disse di rimando Elina.

Mi concentrai sul menù, sentendo gli occhi di Callum bruciare ogni centimetro della mia pelle.

La cameriera venne a prendere le nostre ordinazioni. Io scelsi dei tacos ripieni di carne macinata e verdure miste; avevo già l'acquolina in bocca vedendo i piatti che arrivavano agli altri clienti.

Circa quindici minuti dopo, anche noi fummo serviti.

Oliver e Jacob presero un panino, il *Soleros*, con hamburger, patatine e un mix di verdure, mentre Elina scelse del petto di pollo grigliato accompagnato dalle stesse verdure che avevo io nei miei tacos.

«Questo cibo è delizioso». I miei tacos avrebbero potuto creare dipendenza.

«Ferma, hai un po' di salsa messicana qui», fecé Jacob allungando la mano verso il mio viso, ed eliminando con il pollice il residuo di salsa piccante finito sull'angolo destro delle mie labbra.

Io abbassai lo sguardo imbarazzata ed emisi un flebile "grazie".

Quando rialzai gli occhi, mi accorsi che Callum stava fissando me e Jacob, e fui sicura che stesse stringendo i pugni sotto il tavolo perché la sua postura era molto rigida e per nulla naturale.

Non ci diedi peso, girai lo sguardo e tornai a parlare con i miei amici.

Dopo circa due ore ci alzammo dal tavolo, sazi e felici, e dopo aver pagato il conto, uscimmo fuori, pronti per tornare al covo.

Notai che anche i DarkBlood stavano uscendo e pensai che fossero realmente ossessionati da noi Daggers.

Mi concentrai sul viso di Jacob e vidi che era intento a sorridermi.

Era un bel ragazzo. Capelli ricci castani, occhi color nocciola, piercing al sopracciglio, e aveva un cuore molto dolce.

Arrivati al covo, trovammo già dentro Asher intento ad allenarsi.

«Stasera la missione salta, Joyle ha detto che è più importante quella di domani, quindi dobbiamo allenarci il più possibile. Gli uomini che dobbiamo uccidere sono molto potenti e dobbiamo assolutamente arrivare prima dei DarkBlood», ci informò Asher prendendo dei pesi dal pavimento.

«Va bene, io vado ad allenarmi», affermai avanzando verso la saletta adibita solo ed esclusivamente al lancio dei pugnali.

Entrai e vidi vari manichini con delle croci rosse disegnate sul petto, sulla testa e sulle gambe.

Iniziai a lanciare vari pugnali immaginando che al posto del manichino ci fosse la mia preda, poi cominciai a ridere pensando che sarei arrivata prima di lui. Prima di Callum Rey.

Capitolo 9

Fallon

«Cavolo, quest'allenamento è stato più duro del solito». Boccheggiai, respirando in maniera affannosa, mentre portavo le mani sulle ginocchia per scrocchiare la schiena. Anche la mia migliore amica era in preda alla stanchezza.

«Dio, hai proprio ragione, Fall, non mi sento più le ginocchia!», disse gettandosi sui tappetini di gomma.

«Ehi, voi baldi giovani forzuti, cosa avete intenzione di fare questa sera?», domandai rivolta agli altri, che erano ancora occupati ad alzare pesi.

Oliver si girò verso di me, mentre soffiava via un ciuffo di capelli che gli era finito negli occhi, tenendo con le sue grandi mani il bilanciere del peso.

«Non ve lo avevamo detto?»

«Che cosa?», chiese Elina incrociando le gambe.

«Noi ragazzi questa sera andiamo alla festa della confraternita Beto, solo uomini ovviamente».

«Quindi questa sera voi farete baldoria? E noi?», domandò Elina rivolgendosi a me. Ma, al mio posto, le rispose Jacob.

«Voi a casa, sotto un plaid a vedere un film strappalacrime», si intromise, e per qualche secondo mi persi a guardare il sudore che colava sui suoi bicipiti marmorei.

«Film strappalacrime? Noi odiamo i film strappalacrime, siamo più da film horror, cazzo!». Elina rise.

«Be', allora mi correggo, piccole guerriere. Voi a casa, sotto un plaid, a deliziarvi con un film dell'orrore, magari a mangiare popcorn e a bere del succo al mirtillo fingendo che sia sangue umano».

Stavamo sorridendo per il programma delineato da Jacob, quando prese la parola mio fratello, con tono molto più serio.

«Possiamo stare tranquilli, questa sera?», chiese rivolgendosi a me e a Elina.

«Certamente», lo rassicurai.

«Allora ci vediamo domattina, sicuramente torneremo a casa distrutti».

Quando io ed Elina rimanemmo sole, decidemmo di darci una ripulita, per poi scegliere cosa avremmo fatto quella sera.

Non avevo voglia di rimanere a casa, vedevo film quasi ogni notte ed era pur sempre venerdì.

Quando arrivai in bagno, mi spogliai e mi infilai in uno dei box doccia, lavandomi con l'unico bagnoschiuma che trovai.
Era alla menta. Lo odiavo, così come odiavo che i ragazzi non prestassero attenzione alla profumazione dei flaconi quando toccava a loro fare rifornimento per il covo.
Iniziai a insaponarmi e, proprio mentre stavo cominciando a rilassarmi, sentii Elina chiamarmi a gran voce e correre nel bagno facendomi sussultare.
«Cazzo, Fall, il tuo telefono sembra letteralmente impazzito!».
«Cosa? Perché?», domandai sciacquando via la schiuma dal corpo.
«Continua a squillare senza tregua. Le chiamate arrivano da numeri non salvati in rubrica».
Stavo chiudendo l'acqua quando riprese a squillare.
«Rispondi tu, per favore», le chiesi uscendo dalla doccia e prendendo un morbido telo rosa per asciugarmi, all'oscuro di ciò che sarebbe successo da lì a poco.
«Pronto?», rispose Elina fingendosi me.
«Buonasera, ho trovato il suo numero in un annuncio online. Volevo prenotarmi per una seduta di gruppo».
Pur non essendo il telefono in vivavoce, sentii cosa diceva dall'altro capo l'interlocutore a Elina. Seduta di gruppo? Il mio numero su un annuncio online?
«Chiedigli di cosa sta parlando», sussurrai alla mia amica.
«Mi scusi, di che seduta parla?»
«Be', sull'annuncio c'è scritto che organizza orge a Fogsville».
«Cosa?!», urlai strappando il telefono dalle mani di Elina. «Ha sbagliato numero, io non organizzo orge o sedute di gruppo da nessuna parte!».
Nemmeno il tempo di chiudere quella telefonata, che ne arrivò un'altra.
«Pronto?», risposi io.
«Ciao, fuori casa ho trovato un volantino con questo numero, volevo prenotare per venerdì prossimo».
«Stai al gioco», mi suggerì Elina.
«Prenotare per cosa?»
«Sul volantino c'è scritto che, al costo di cinquecento dollari, ho la possibilità di gettarmi da un paracadute con te dopo aver fatto sesso orale».
Non risposi, attaccai subito, sconvolta.
«Qui c'è lo zampino del Corvo, ne sono sicura, Elina».
La mia amica non ebbe il tempo di dirmi la sua.
«Cazzo, un'altra chiamata», sbottai, ma quella volta non proveniva da un numero sconosciuto, bensì da uno che conoscevo bene: quello di Callum.
«Piccola Fallon, tra le troppe chiamate che hai ricevuto hai dimenticato di

rispondere a me?», domandò beffardo, con il suo tipico tono di voce che mi faceva scorrere l'intento omicida in tutte le vene.

«Dio, Callum, nasconditi bene perché non appena ti trovo sei morto. Questa volta non scherzo, cazzo», urlai, iniziando a camminare in giro per il covo con ancora il telo di spugna stretto al corpo.

«Pagherei milioni per vedere la tua espressione durante le chiamate che hai ricevuto. Anzi, mi correggo, pagherei milioni per vedere che espressione si dipingerà sul tuo viso non appena vedrai gli annunci che ho caricato online e i volantini. Sai, ho addirittura acquistato, per trenta dollari, un'applicazione di grafica per modificare la tua faccina», disse scoppiando in una risata malefica.

«Sei consapevole che, da oggi in avanti, sei un morto che cammina?»

«Questa guerra l'abbiamo iniziata entrambi, Fallon, dovevi essere pronta ad aspettarti una mia mossa», ribatté facendosi tutto d'un tratto serio.

«Tu preparati, perché la mia vendetta ti farà finire sottoterra».

«Ammetti che è stato divertente».

«Non è per niente divertente, cazzo! Per niente, Callum!».

«Be', mentre tu pensi al tuo piano vendicativo io mi divertirò seduto sul divano a guardare i capolavori che ho creato».

«Fottiti, Callum, e non chiamarmi mai più!», urlai riagganciando.

Tornai a passo svelto in bagno, con i nervi a fior di pelle.

«Sei pronta per passare una serata all'insegna della vendetta?», domandai alla mia amica.

«Cosa hai intenzione di fare?», chiese Elina.

«Lo vedrai, El, lo vedrai». Presi dal mio armadietto un vestito nero, stretto e lungo fino alle caviglie.

Impiegai circa mezz'ora a prepararmi. Dovevo essere perfetta.

Callum si sarebbe recato al Road per bere e divertirsi, e io sapevo bene come rovinargli la serata.

Guidai fino al Road, scesi dalla macchina stringendo la borsetta laccata di rosso ed entrai, venendo quasi accecata da tutte le luci stroboscopiche che si muovevano a un ritmo velocissimo per il locale.

«Cosa vuoi fare?»

«Hai presente il sonnifero che Asher chiama "Incubo"?», domandai camminando verso un tavolo. Avevo già adocchiato il Corvo, mi bastava scegliere un posto da cui osservarlo con attenzione.

«Sì, e quindi?»

«Questa sera Callum ne avrà un assaggio», affermai sorridendo e sedendomi in maniera tale da riuscire a vedere tutti gli spostamenti del Corvo, che in quel momento era troppo occupato a ballare con una ragazza dai capelli rossi per accorgersi di ciò che stava accadendo a un passo da lui. «Devo solo riuscire a distrarlo, facendolo allontanare dalla pista. Poi, bisogna trovare un modo per farlo entrare nello sgabuzzino vicino ai bagni, quello che non viene mai chiuso dal personale», sussurrai all'orecchio di Elina.

«A questo ci penso io», mi propose lei, facendomi l'occhiolino.

Mentre Elina si occupava della sua parte del piano, io convinsi il cameriere a lasciare a me l'ordine del Corvo, sostenendo di essere la sua ragazza e che quel giorno era il nostro anniversario.

Fu facile mettere il sonnifero nel drink, poi arrivò un colpo di fortuna. Il Corvo stava andando verso i bagni, così ne approfittai per lasciare il suo drink in mano alla ragazza con cui stava ballando, la quale era troppo ubriaca per accorgersi che non ero una cameriera del locale. Quando lui fece ritorno in pista, lo ingurgitò in una volta sola.

Sorrisi a Elina che mi stava raggiungendo al tavolo. «Guarda», mi disse, e io notai una sua amica camminare verso Callum. La vidi infilare una mano tra i suoi seni e tirare fuori un preservativo. Il Corvo iniziò a leccarsi le labbra, e subito lei gli fece cenno di seguirla verso lo sgabuzzino.

Poco dopo li raggiungemmo, e trovai Callum collassato su una sedia. Feci uscire la ragazza che ci aveva aiutate e la ringraziai dicendole che le avrei offerto da bere. Rimasi con Elina, soddisfatta nel vedere il Corvo inerme e indifeso.

«Non azzardarti mai più a mettermi in ridicolo», gli dissi anche se non poteva sentirmi.

Lo legai ai braccioli della sedia con delle fascette di plastica che avevo recuperato al covo e, come tocco finale, presi una margherita viola e gliela adagiai delicatamente sul corpo. Lasciai la porta aperta e resi Callum lo zimbello della serata.

Capitolo 10

Callum

L'odio.

Era assurdo comprendere che l'unico sentimento che provavo era l'odio, quello profondo e rude, quello che logorava la pelle fino a farla sanguinare.

L'odio, che nella notte si muoveva nel mio corpo, mi rendeva irrequieto e macchiava i miei sogni di fango e tormento.

L'odio era l'unica cosa che mi legava a Fallon, con un filo talmente spesso e nero che nessuno sarebbe mai riuscito a spezzarlo.

Quando la incontrai per la prima volta era solo una bambina.

Amava darmi fastidio e io amavo dare fastidio a lei, non potendo neanche lontanamente immaginare che, a distanza di anni, la situazione non sarebbe cambiata neppure di una virgola.

La odiavo. Diamine, se odiavo quella ragazzina dagli occhi così neri che riuscivo quasi a specchiarmi in quelle iridi scure. Forse, era proprio questo il motivo che alimentava quell'odio profondo, la consapevolezza di rivedere me stesso nei suoi occhi.

Perché sì, io e Fallon eravamo sempre stati simili. Sapevo di cosa fossi capace io e sapevo di cosa fosse capace lei.

Istintivamente portai una mano al sopracciglio, tastando la piccola cicatrice che mi aveva procurato lei. Nel corso degli anni si era quasi sbiadita, ma rimaneva sempre lì, a ricordarmi ogni giorno il nostro destino. Il nostro legame. Quella cicatrice era l'unica cosa che non odiavo di lei e che non odiavo di me stesso.

Mi girai e rigirai nel letto, dopo una notte passata seduto su una sedia, con i polsi legati.

Come potevo non essere spaventato da Fallon e da ciò che era?

Aveva escogitato tutto, nei minimi dettagli, proprio come avrei fatto io, ed era riuscita a punirmi, ma la cosa peggiore era la margherita che aveva posato sul mio corpo.

Quella cazzo di margherita viola non voleva andarsene dalla mia testa. Ne sentivo ancora il profumo e ricordavo la sensazione dei suoi petali setosi.

Quando ero tornato a casa l'avevo nascosta nel mio armadio e non avevo fatto altro che pensarci, così come non smettevo di pensare a Fallon e al nostro reciproco odio.

«Call, corri in salone e aiutami ad allenarmi». La voce squillante di mia sorella mi ridestò. «Callum, per favore, domani ho un'esibizione», continuò e a quel punto dovetti alzarmi per non sentire ancora le sue suppliche.

«Cosa devo fare?», le domandai sbadigliando, e arrivai in soggiorno.

«Per prima cosa gradirei sapere il motivo per cui non sei venuto in missione, ieri», domandò mentre faceva una verticale.

«Ho avuto dei piccoli problemi», tagliai corto, ma lei non era intenzionata a lasciar correre.

«Che tipo di problemi?»

«Un gruppo di ragazze ha deciso di farmela pagare per non averle richiamate, quindi mi hanno rinchiuso nello sgabuzzino del Road», mentii. Se avesse saputo la verità, ossia che era stata tutta opera di Fallon, mi avrebbe preso a schiaffi e a pugni.

«Non dovrei ridere, ma sono davvero felice che lo abbiano fatto».

«Ora che sai cosa è successo ieri, puoi dirmi cosa devo fare? Altrimenti me ne ritorno a letto e dormo almeno per un'altra ora».

«Dovresti aiutarmi a provare un salto».

«Che?»

«Devi semplicemente darmi una leggera spinta e poi riprendermi subito dopo, non è così difficile, Call».

«E va bene, coraggio», cedetti, mettendomi in posizione.

«Ora che sono sulle tue ginocchia, dammi la spinta tenendomi per la vita e poi riprendimi subito dopo», mi spiegò preparandosi al salto.

Feci come disse, la vidi saltare in aria e poi la strinsi tra le mie braccia.

Bonnie mi obbligò a provare quel piccolo passetto per ore e ore, fino a quando non fu convinta delle sue prestazioni.

«Cavolo, sono davvero stanca», disse con il fiatone. «E il mio stomaco inizia a farsi sentire. Possiamo ordinare del sushi?», domandò poi facendomi gli occhi a cuoricino.

«Certo, io vado a farmi una doccia, mi hai fatto sudare tantissimo».

Quando arrivai in bagno, feci partire *Atlantis*, pensando che da quando l'avevo sentita per la prima volta sull'iPod di Fallon ne ero diventato quasi dipendente.

Entrai in doccia, con il suo viso impresso nella mente, e quando l'acqua bagnò tutto il mio corpo dovetti trattenermi dal toccarmi per darmi piacere.

Il corpo di Fallon vagava libero nella mia mente, le sue curve si plasmavano davanti ai miei occhi, mischiando ricordi e desideri, e la voglia di prendermi il cazzo tra le mani e ansimare pronunciando il suo nome era troppa.

Continuai a pensare a lei, non riuscivo a non farlo, poi, per fortuna, la voce di Bonnie riecheggiò nell'aria e scacciò via ogni tentazione.

«Call, il sushi è arrivato! Ho bisogno di trenta dollari, li prendo dal tuo portafogli?»

«Sì!», urlai di rimando uscendo dalla doccia.

Quando mi asciugai del tutto e mi vestii, arrivai in soggiorno e vidi che Bonnie aveva già preparato la tavola.

«Guardiamo l'ultima puntata di *Riverdale*?», domandò prendendo il telecomando dalla console del soggiorno.

«Sì, anche se quest'ultima stagione non mi sta facendo impazzire».

«Neanche a me, ma ormai l'abbiamo iniziata...».

Mi sedetti anche io e iniziai a gustare dei rolls, prendendoli con le mani perché non ero capace di usare le bacchette.

«Call, ti ho spiegato mille volte come si utilizzano».

«Lo so, ma proprio non riesco».

Quando portai alle labbra un pezzo di sashimi, vidi Bonnie guardarmi disgustata e di rimando feci un'espressione interrogativa.

«Allora? Cosa c'è?»

«Sembra che tu ti stia dando da fare con una ragazza».

«Posso assicurarti che sono più bravo a usare la bocca sulle vagine».

«Callum, che schifo! Non voglio saperlo!», urlò mia sorella facendomi scoppiare a ridere fragorosamente. Poi tornò seria. «Ho dimenticato di dirti che alle quindici dobbiamo andare alle prove di Harry, vuole entrare nella squadra di Lacrosse».

«Harry? Harry Black vuole praticare uno sport da ricconi?», domandai esterrefatto.

«Ci tiene molto».

«È troppo rude per fare uno sport del genere, ma va bene, andremo a vederlo».

Io e Bonnie passammo il resto del tempo a mangiare il sushi, a vedere la TV e a chiacchierare; poi, quando capimmo che eravamo in un enorme ritardo, salimmo in macchina ci dirigemmo al college.

Una volta arrivati, ci avviamo verso il campo.

«Bonnie Rey è bona, ma anche Fallon Rogers lo è, credimi. Mi scoperei entrambe, magari pure tutte e due insieme», sentii dire da un ragazzo.

Il mio cervello rischiò di andare lentamente in fumo.

«Bon, aspetta qui e non muoverti. Ho una questione da risolvere», le dissi dirigendomi verso quei ragazzi.

«Prima o poi me le farò».

Fu l'ultima battuta che ascoltai prima di buttarmi con forza sul corpo di chi aveva parlato.

Quel ragazzo provò a difendersi, ma quando la mia furia decideva di uscire, nessuno aveva scampo.
Iniziai a riempirlo di botte, provocandogli una frattura al naso. Sentii il suo osso scricchiolare sotto il mio pugno.
Lui provò a parlare, mentre il resto del gruppo era scappato terrorizzato dalla mia furia, dal mostro che ero.
Aveva provato a immaginare Bonnie e Fallon, entrambe ai suoi servizi, e quella scena mi fece uscire gli occhi dalle orbite.
Non doveva pensare a loro, non doveva neppure pronunciare il loro nome.
Ero fottutamente geloso.
Improvvisamente sentii dei passi e una mano calda posarsi sulla mia spalla.
«Callum, rischi di ucciderlo».
Era lei. Era Fallon.
«Callum, per favore, ti chiedo di fermarti. Rischi di ammazzarlo».
Era Fallon.
Era la sua voce candida e melodiosa.
Era la sua mano calda e delicata.
In quel momento nella mia mente c'era solo lei e io riuscii a fermarmi, come mi aveva chiesto.
Vidi quel ragazzo strisciare lontano da me, tremante e dolorante, e io mi girai verso Fallon.
«Sei stato bravissimo», sussurrò senza farsi sentire da mia sorella e da suo fratello.
Aveva capito il mio disagio, aveva capito che a guidarmi era stato un cieco intento omicida. L'aveva capito ed era intervenuta. A proteggermi. A salvarmi da me stesso. In quel momento, guardarla negli occhi era troppo doloroso.
«Cosa ci fanno due Daggers, qui?», domandai.
«Callum, li ho chiamati io. Ti ho visto scattare come una furia e...». Bonnie sembrava voler trovare un modo per giustificarsi.
«Aveva detto di voler fare un'orgia con voi due», raccontai, sperando che capissero che non avrei potuto sorvolare su certi commenti.
«Callum, anche io avrei reagito alla stessa maniera, ma rischiavi seriamente di ucciderlo», si intromise Asher.
«Sei pregato di non parlare, anzi, andatevene, voi fottuti Daggers. Non l'ho fatto per te», affermai indicando Fallon. «Ma per mia sorella», conclusi.
«Se non ci fosse stata Fallon, probabilmente a quest'ora saresti in caserma. Voi DarkBlood siete degli egoisti del cazzo, vaffanculo», sputò acido Asher, mentre Fallon restava in silenzio.
Guardarlo scatenò in me varie emozioni.
Eravamo sempre stati molto legati, non c'era Callum senza Asher e non c'era Asher senza Callum.

Pensare che eravamo rivali mi faceva male al cuore. Pensare che non eravamo più amici, complici e solidali come lo eravamo un tempo, era frustrante.

Presi per mano mia sorella e la portai lontano da loro, quando in realtà ero io quello che voleva allontanarsi da lei, da Fallon.

La sua voce era riuscita a fermare la mia rabbia e fui sicuro che quel tocco mi avrebbe perseguitato per il resto della settimana.

«Come stai?», domandai a mia sorella.

«Mi sono spaventata, rischiavi di ucciderlo».

«Non è morto, anche se se lo meritava».

«Ora basta, per favore, non parliamone più. E spera che il preside non venga a sapere di quest'episodio o per te saranno guai enormi», disse varcando l'entrata del campo.

Presi posto sugli spalti e cercai di rimanere concentrato sui vari studenti che stavano tentando di entrare in squadra.

Poco dopo, mi guardai attorno.

Ero pazzo, realmente stavo cercando Fallon?

Quando capii che di lei non c'era neppure traccia, spostai lo sguardo da un'altra parte e i miei occhi finirono su una sedia a rotelle nera, molto simile a quella che possedeva mio padre.

Vidi che sopra c'era un ragazzo della mia età. Lo conoscevo perché non solo era il fratello di uno dei membri della squadra di atletica leggera, ma lo avevo incontrato anche mesi prima in una delle poche volte che ero andato in ospedale, dopo che mia madre e mia sorella mi avevano costretto a farlo.

Anche lui era affetto dalla sclerosi e, vedendolo così giovane e con una vita ormai segnata, iniziai a respirare a fatica.

Mi sembrava di non riuscire a incamerare aria nei polmoni e, senza dire nulla, mi alzai e andai verso il bagno.

Quando entrai, iniziai a piangere, afferrando i bordi di uno dei lavandini. La voglia di tirare un pugno allo specchio e di romperlo in mille pezzi era altissima, ma non dovevo creare altri problemi al college o, peggio, farmi espellere.

Quando riuscii a calmarmi, dopo circa dieci minuti, mi asciugai le lacrime con la manica della felpa e uscii da quel bagno, lasciando lì dentro tutti i mostri che mi perseguitavano da anni e che sarebbero spuntati di nuovo, quando meno me lo aspettavo.

Quando giunsi in corridoio, sentii uno schioccare di labbra e, incuriosito, mi sporsi con la testa oltre la porta dell'aula di informatica.

Ciò che vidi riuscì a mandare il mio stomaco in subbuglio.

Fallon Rogers era stretta tra le braccia di Ashton Mallarard, membro della TFG, confraternita maschile, e giocatore di hockey professionista.

«Dio, avete intenzione di scopare?», domandai ironico e indossando uno dei miei soliti ghigni.

Si girarono all'unisono; vidi Ashton guardarmi in cagnesco e Fallon bruciarmi con le sue iridi nere.
«Callum, ti conviene tornare sugli spalti, la tua presenza qui non è gradita», disse quella ragazzina dai capelli color fuliggine.
«Ti piacciono le sue mani?»
«Sì, e anche tanto», affermò lei mentre lui diventava tutto rosso.
«Coraggio, Ashton, che fai? Diventi un peperone perché una ragazza ha detto che le tue mani sono appaganti?», lo canzonai io.
«Callum, vattene», continuò Fallon visibilmente nervosa.
«Vado via perché questo quadretto è ridicolo, ma Fallon, lasciati dire una cosa: se apri gli occhi, troverai di molto meglio in giro», insinuai prima di andarmene.
Mi sentivo strano, detestavo averli visti così in intimità, ma per quale assurdo motivo?
Io la odiavo, dovevo solo odiarla.

Capitolo 11

Fallon

«Cazzo, che mal di schiena atroce», sbuffai scrocchiando le ossa in una sola mossa, capace di farmi sentire un dolore lancinante per tutto il busto.

Le ultime settimane erano state difficili, tra studio, corsi e le missioni notturne, e il mio cervello aveva urgentemente bisogno di una sosta.

Avrei voluto spegnere tutto, mettere in pausa la mia vita e ricaricarmi per riprenderla in mano, ma non c'era nessun pulsante capace di metterla in stand-by. Dovevo solo stringere i denti e attendere giorni migliori, meno stancanti e meno difficili di quelli che stavo vivendo.

Come se non bastasse, avevo completamente dimenticato che, mesi prima, avevo inviato un mio finto curriculum a una nuova pizzeria di Fogsville.

Non me ne ricordavo la ragione, chissà a che pensavo. Odiavo la pizza e odiavo stare a contatto con altre persone, ma per qualche assurdo motivo lo avevo mandato.

Mi avevano contattata dicendomi che mi avevano assunta e che quel giorno sarebbe stato il mio primo giorno di lavoro. Non mi avevano neppure fatto fare una prova, mi avevano solo chiesto di passare dal locale per un colloquio, che sembrò solo una formalità dato che subito dopo mi diedero la divisa che avrei dovuto indossare.

Mi alzai dal divano, avanzai quasi trascinandomi verso il frigo e preparai alla svelta un pranzo al sacco da portare al college.

Quel pomeriggio avrei dovuto seguire una lezione e la mia voglia di uscire di casa era pari a zero. Mi sentivo come una pila ormai scarica e da buttare.

Preparai un avocado toast, poi, passando vicino allo specchio della sala da pranzo, non potei non notare le profonde occhiaie che facevano sembrare il mio viso ancora più stanco.

Sbuffai per l'ennesima volta e avanzai verso la mia camera, dove indossai alla svelta le prime cose che mi capitarono a tiro, e dopo mi dedicai a preparare lo zaino, facendo attenzione a metterci la divisa, ancora imbustata, della pizzeria.

La odiavo, era sui toni del blu spento, con una fetta di pizza ricamata al centro della camicia, ma la parte peggiore era il berretto a visiera, bianco, con la scritta "Pizza" sopra.

Dio, ero ridicola.

Chiusi la zip dello zaino, presi le chiavi della macchina e scesi di casa, chiamando per la milionesima volta Asher, che continuava a non rispondere alle mie telefonate.

Non sapevo dove fosse, mi aveva semplicemente detto che sarebbe uscito ma non mi aveva rivelato la sua destinazione, e non era più rientrato.

Sicuramente era sparito per andare da qualche ragazza.

Guidai nervosa fino al parcheggio del college, dove da lontano intravidi i miei amici intenti a fumare nei giardini.

«Finalmente sei arrivata, Fall. Hai notizie di Asher? Dove cazzo è finito?», mi domandò Jacob.

«Non farmi pensare a mio fratello, è sparito e non risponde alle mie chiamate. Sarà sicuramente a casa di qualche ragazza».

«Devo dire che la vita sessuale di Asher è più che attiva. Diamine, quello lì è disposto a saltare le lezioni pur di mettere le sue mani su una ragazza», considerò Oliver.

«Più che attiva? È un fottuto coniglio, Ol!», esclamai.

«Dai, Fall, come si fa a dire di no al sesso?», si intromise Elina scoppiando a ridere poco dopo.

«Asher ne fa pure troppo, basta, appena lo vedo lo meno!», affermai prima di scappare via, dopo aver sentito il suono della campanella.

Mi incamminai verso l'aula A-317 ma prima che potessi mettere un solo piede dentro, intravidi Callum e non potei non notare che in mano stava stringendo il mio amato iPod.

Alzai lo sguardo e notai che era intento a guardarmi con la sua solita espressione insolente.

«Ti ammazzo», mimai con le labbra.

Callum continuò beffardamente a mostrarmi l'iPod, ma io avevo altro a cui pensare, così lo mandai a quel paese e, con i nervi a fior di pelle, entrai in aula.

Cercai il mio solito posto e, dopo aver preso un respiro profondo, mi andai a sedere, mentre il professore era intento a guardare diverse scartoffie.

Aprii lo zaino, mettendo in ordine le matite, gli evidenziatori e il libro sulla superficie del tavolo in mogano, rovinato e macchiato da frasi romantiche che qualche studentessa aveva deciso di scrivere.

La stanchezza che avevo addosso, sia fisica che mentale, non mi permetteva di concentrarmi al cento per cento su ciò che stava spiegando il professore, e rischiavo di addormentarmi sul posto.

Sbattei le palpebre e, quando capii che la mia concentrazione stava seriamente vacillando, decisi di mettere su carta le parole del docente, aiutandomi in quel modo a concentrarmi.

Passò la prima ora, poi la seconda e infine l'ultima mezz'ora di lezione. La mano mi doleva per via della quantità di appunti presi e, guardandola meglio, notai delle macchie di inchiostro blu sul dorso e sul mignolo.

Sbuffai cercando di ripulirle, poi riposi tutto nello zaino e uscii correndo dall'aula.

Il mio stomaco iniziava a borbottare e decisi di fermarmi in mensa per mangiare l'avocado toast che avevo preparato. Una volta dentro, notai in lontananza il corpo massiccio di mio fratello Asher.

Mi avvicinai a lui, mentre stava addentando il suo hamburger.

«Dove diavolo sei stato?», urlai sbattendo lo zaino sul tavolo al quale stava mangiando. Quel mio movimento avventato lo fece sussultare.

«Dio, Fallon, sono grande e vaccinato, devo ancora informarti su tutti i miei movimenti?», domandò posando l'hamburger sul piatto.

«Sì, se salti le lezioni quasi ogni giorno, Asher».

«Ho tutto sotto controllo, Fall, stai tranquilla», disse sorridendo flebilmente. «A che ora hai il turno in pizzeria?»

«Tra un'ora, ma vado con il bus, tieni le chiavi della jeep», affermai, prendendo dallo zaino le chiavi e il sacchetto con dentro il pranzo da asporto.

«Oggi dieta?», chiese guardando il mio toast.

«Voglio mantenermi leggera», gli risposi

«Sicura che sia solo questo il motivo?».

Asher mi conosceva bene, probabilmente meglio di chiunque altro. Sapeva come, fin troppo spesso, non riuscissi a essere indulgente nei miei confronti. E che, a volte, ero proprio ingiusta verso me stessa.

Non riuscii a dire nulla, così lui continuò.

«Sei stupenda, Fallon. Mi auguro che un giorno anche tu possa accorgertene», disse sorridendo.

«Ti voglio bene, Ash», gli risposi con la voce rotta dall'emozione. Quando lui finì di mangiare si alzò e andò via, dopo avermi stampato un dolce bacio sulla fronte.

Io rimasi per un po' seduta in mensa, a finire di mangiare e a cercare appunti online per l'esame imminente. Quando capii che stavo facendo tardi per il mio primo turno di lavoro mi alzai e corsi verso la fermata del bus.

L'autobus era come sempre in ritardo e io imprecai quando finalmente lo vidi arrivare.

Il viaggio durò poco e quando scesi presi un respiro profondo.

Conoscevo già il capo, avevo fatto il colloquio di lavoro con lui, e dovevo ammettere che non mi aveva dato l'impressione di essere una persona accomodante.

Barba brizzolata, capelli portati indietro con il gel e un'espressione perennemente dura sul volto, come se ci fosse sempre qualcosa che lo infastidisse. E, probabilmente, arrivare in ritardo il primo giorno di lavoro era una di quelle.

Entrai nel locale, e subito venni investita da un odore di impasto.

«Buonasera», affermai facendo girare tutti i presenti.

«Buonasera, sei Fallon, giusto?», domandò un ragazzo sulla ventina, con un ammasso di capelli rossi e ricci bloccati dentro il berretto con il nome del locale.

«Sì, sono io», dichiarai sorridendo flebilmente.

«Il capo non è ancora arrivato, ci ha avvisati già della tua presenza e mi ha dato la lista delle tue mansioni. Io sono Albert, piacere», disse caloroso, allungando una mano che strinsi. «Come prima cosa dovrai aiutarmi a tagliare tutti gli ingredienti per farcire le pizze, poi apparecchierai i tavoli e infine consegnerai le pizze a domicilio. Puoi iniziare indossando la divisa, seguimi, ti mostro gli spogliatoi», proseguì iniziando a camminare verso la zona privata del locale.

Entrai in una piccola stanza dalle porte verdi, mi avvicinai a un armadietto e quando Albert uscì indossai velocemente la divisa da lavoro.

Senza parlare troppo e soprattutto eludendo tutte le domande private che mi stava ponendo quel ragazzo, iniziai a svolgere le mie mansioni, fino ad arrivare a preparare i cartoni della pizza da consegnare ai clienti.

«Fallon, questo è l'indirizzo del primo domicilio. Mi raccomando, bussa, consegna le pizze in maniera educata e torna subito qui, che siamo già colmi di ordini», disse Albert porgendomi la borsa termica.

Io annuii, feci una smorfia e uscii, andando verso una Ford Fiesta grigio topo usurata che veniva usata per le consegne. Posai le pizze, mi misi al volante, e guardai il bigliettino con il cognome e l'indirizzo fornitomi da Albert.

Socchiusi un occhio quando lessi "Roy", pregando mentalmente Dio di non farmi incontrare uno dei miei nemici, ovvero Mason.

Guidai verso il quartiere di Belinsbord e mi fermai quando, tra tutte le villette a schiera, scorsi il numero 59 affisso sul muro.

Iniziai a sentire il sangue gelarsi nelle vene quando vidi un'Audi parcheggiata fuori, sapendo che apparteneva al Corvo.

"Mi raccomando, consegna le pizze in maniera educata". Pensai alle parole che mi aveva rivolto Albert, riflettendo sul fatto che era impossibile porsi in maniera educata nei confronti della persona che voleva ucciderti. Mi diedi un morso all'interno della guancia e scesi dall'auto, cercando di mostrarmi tranquilla e pacifica.

Quando lessi il nome di Mason sul campanello iniziai a stringere i cartoni delle pizze tra le mani, e, quando venne ad aprire, per poco non mi tuffai su quella faccia da schiaffi per prenderla a pugni.

«Oh, ma guarda chi c'è, la Paladina dei pugnali con in mano quattro cartoni della pizza», mi beffeggiò di gusto, mentre poggiava l'avambraccio sul telaio della porta.

«Sono cinquanta dollari», replicai senza battere ciglio.

«Aspetta. Ragazzi! Venite a vedere chi ci ha portato le pizze!», urlò facendosi sentire dalla mandria di stupidi che aveva in casa.

Io sbuffai e poco dopo vidi arrivare Thomas, Harry e Callum.

«Ma tu guarda, Fallon, ti sei ridotta a consegnare pizze? Cosa c'è? Il vostro stupido capo non vi paga abbastanza?», disse ridendo Thomas.

«Ho detto che sono cinquanta dollari. Dammi quei maledetti soldi e strozzati con la tua pizza», dissi guardando Mason, senza mai voltare lo sguardo verso Callum.

«Piccola Fallon, tieni a bada gli artigli», si intromise lui, facendo riempire la mia pelle di brividi.

«Vuoi cinquanta dollari? Ecco a te, puttana!», esclamò Mason, che mi lanciò i soldi in faccia per poi afferrare con forza i cartoni, dandomi uno strattone che mi fece perdere l'equilibrio. Caddi all'indietro, con il sedere per terra.

Scoppiarono tutti a ridere, ma riuscii a intravedere Callum stringere la mascella.

«Sei così debole oggi? Forse potrei farti fuori facilmente, questa sera», dichiarò malvagio Harry, ma venne fermato all'istante da Callum, che mi fece da scudo mettendo il suo corpo tra me e il suo amico.

«Entrate tutti dentro, qua ci penso io», sentenziò allargando le narici e stringendo le mani in due pugni ferrei.

Osservai i movimenti indecisi dei DarkBlood, poi li vidi rientrare, rivolgendomi altre occhiatacce. Quando la porta si chiuse mi resi conto che ero rimasta da sola, con il Corvo. Iniziai a tremare, ma non sapevo se fossero brividi di paura o di adrenalina. Forse entrambi.

«I miei amici non hanno capito che, al di fuori delle missioni, dobbiamo lasciare in pace voi Daggers», disse porgendomi la mano, che rifiutai.

«Tu continui a perseguitarmi, anche quando non siamo in missione», risposi alzandomi con le mie forze.

«Tra me e te è una situazione completamente diversa. Io posso fare tutto ciò che voglio, con te», sussurrò, avvicinandosi a un soffio dalle mie labbra.

«Ne sei tanto sicuro?», lo sfidai sorridendo maliziosamente.

«Non farmi perdere le staffe, Fallon».

«Fammi vedere, allora. Mostrami tutte le cose che puoi fare con me», continuai, sentendo l'adrenalina farmi formicolare ogni parte del corpo.

Lui si mosse, fece scorrere l'indice sulle mie labbra, per poi scendere lungo il collo e soffermarsi per un momento sulla clavicola.

«Prendi questi fottuti soldi e tornatene da dove sei venuta... lo dico per il tuo bene, piccola Fallon», disse leccandosi le labbra e lasciando stare la mia pelle.

Io rimasi allibita e rapita dal movimento del suo dito, poi, con i brividi in tutto il corpo, presi i soldi che erano finiti per terra e tornai in macchina. Fu in quel momento che decisi che il mio primo giorno di lavoro in quella pizzeria sarebbe stato anche l'ultimo.

Capitolo 12

Fallon

«Mamma? Papà?», domandai camminando nel vasto corridoio del casolare, trascinandomi dietro una coperta a scacchi bianca e rossa e il mio piccolo peluche.

Avevo sentito una finestra sbattere forte e la pioggia rischiava di entrare in casa.

Ero terrorizzata all'idea di trovarmi con i piedi zuppi e mi arrampicai per provare a chiuderla, mentre continuavo a chiamare i miei genitori.

«Mamma? Mamma, dove sei?», urlai quando vidi un lampo decorare l'ambiente, e sussultai poco dopo, sentendo dei passi pesanti riecheggiare in corridoio. «Papà? Papà, dove stai andando?», urlai più forte, quando vidi la figura di mio padre muoversi verso la porta d'uscita della masseria.

«Fallon! Fallon, torna dentro!», sentii gridare da mio fratello Asher, ma i miei piedi si trovavano già sui filamenti d'erba bagnata e il mio capo era zuppo d'acqua, talmente tanto che sentivo i capelli attaccarsi alle guance.

«Papà! Perché vai via? Papà, ti prego, torna da me». Piangevo, gettandomi con il mio peluche sul terreno bagnato e freddo.

«Fallon», sentii dire da Asher, che si accasciò di fianco a me e cinse il mio corpo tra le sue braccia.

«Asher, perché papà è andato via? Perché non si è girato neppure per un secondo?»

«Fallon, vorrei poterti dire che andrà tutto bene, che lui domattina tornerà e ti porterà al lago a vedere le papere e le oche, ma mentirei», disse asciugandomi le lacrime che si mischiavano alla pioggia.

«La mamma? Lei dov'è?», domandai girando il viso da una parte all'altra di quel maestoso giardino, decorato solo dalle gocce di pioggia, dalla luna opaca di quella sera e dalle mie lacrime di dolore.

«La mamma è andata via mezz'ora fa, deve risolvere delle questioni, Fallon, e noi ora dobbiamo rimanere più uniti che mai. Io ci sarò sempre per te, Fall, non ti lascerò mai sola, mai».

Quella mattina il vento sbatteva rude sul mio viso, lo sentivo schiaffeggiarmi con forza, ghiacciarmi le gote e farmi lacrimare gli occhi.

Portai la manica della felpa sulla guancia destra, dove un piccolo cristallo salato stava rigando il mio viso.

Sapevo bene che quelle lacrime non erano state una conseguenza della forza del vento, bensì della forza dei ricordi del luogo nel quale mi trovavo.

La masseria, così vecchia e così malridotta, mi causava tristezza, mi ricordava che ero sola e che l'ultima notte passata tra quelle mura era stata per me una coltellata in pieno petto.

Mi guardai attorno e nella mia mente si creò un vortice di pensieri.

C'ero io, con la mia bicicletta rosa e gialla che correvo senza sosta, ammaccando con le ruote sottili i piccoli fiori viola di campo.

C'era mio padre, seduto sul porticato in legno mentre mi guardava con un enorme sorriso a illuminargli il volto.

E poi, una notte, durante una bufera, lo vidi scomparire nel buio, mentre rivoli di lacrime salate segnavano il mio viso. Quei ricordi non sarebbero mai spariti dalla mia mente e quel giorno, mentre il mio sguardo era rivolto verso il porticato della masseria, la mia mente continuava a vagare nei labirinti di quella notte.

Perché? Perché non si era voltato a guardarmi per l'ultima volta?

Perché aveva deciso di uscire dalla vita dei suoi figli, dalla vita di sua moglie?

Quelle domande frullavano nella mia testa da anni e mai sarei riuscita a trovare una risposta plausibile.

Molte volte mi ero chiesta cosa avrei fatto se per caso l'avessi incontrato in mezzo alla strada, magari in una via trafficata o alla coda di una bancarella ambulante che vendeva cibo.

La risposta la conoscevo bene. Probabilmente dopo il primo sguardo mi sarei girata, senza mai voltarmi a guardarlo, e avrei fatto finta di niente. Lo avrei ripagato con la stessa identica moneta.

Ripresi a camminare e quando non ne potei più di tutti quei ricordi fantasma, tornai in macchina e guidai verso il covo.

Quando entrai vidi che erano tutti occupati ad allenarsi, a partire da Jacob che stava facendo dei piegamenti e per finire con Asher che invece stava esercitando i polsi con i pugnali.

Posai il borsone e mi avvicinai a Elina, impegnata in una corsa sul posto, e iniziai a fare la stessa cosa.

«Fall, dove sei stata?», domandò mantenendo contratto l'addome.

«Sono stata al casolare».

«Come è andata? So che non ci vai molto spesso».

«Come sempre. I fantasmi del passato mi hanno aggredita e la mia mente, quando si trova in quel posto, diventa una vagabonda. Per un secondo mi è anche sembrato di sentire la voce di mio padre», affermai scioccata e triste al contempo.

«Un posto importante può giocare brutti scherzi, ma secondo me fai bene ad andare lì, delle volte».

«Dici?»

«Sì, Fall, solo andando in quel luogo, poco alla volta, riuscirai a non farti più schiacciare da quei ricordi», stabilì la mia migliore amica sorridendomi.

«Cambiamo argomento, ho perso le direttive di Joyle, giusto?»

«Sì, le hai perse. Ma non preoccuparti, dobbiamo uccidere due uomini: Rumak e Balok. Sono dei trafficanti di spezie giunti a Fogsville dall'Arabia Saudita, ma ovviamente oltre alle spezie portano qui anche altre cose, come cocaina, marijuana e hashish», mi aggiornò. «Joyle ci ha divisi. Io, Oliver e Asher, e tu e Jac».

«Perfetto, adoro lavorare in coppia con Jac, siamo stranamente coordinati», dissi sorridendo.

Passai l'intera mattinata ad allenarmi in maniera intensa e quando il sudore divenne troppo, mi fermai e andai con Elina a fare una doccia.

«El, che bagnoschiuma hai?»

«Albicocca, tu?»

«Mela candita, l'ho preso ieri in quel piccolo negozietto poco lontano da casa mia, vuoi provarlo?».

Io ed Elina eravamo leggermente ossessionate dai prodotti per la cura del corpo e spendevamo gran parte dei nostri risparmi in creme, lozioni e non solo.

«Alla fine come è andata con quel ragazzo? Josh, giusto?»

«Sì, lui. Be', Fall, diciamo che non era il mio tipo», raccontò

«Come mai?»

«Era troppo proiettato sullo sport, è il capitano della squadra di hockey di Fogsville e durante la cena non ha fatto altro che parlare di partite».

«Odio i palloni gonfiati che parlano solo di sport», affermai io ridendo e uscendo dalla doccia.

Asciugai i capelli in fretta e furia, mi vestii e poi presi il telefono. Sentii subito il volto sbiancare.

«Ho dimenticato la conferenza sull'economia estera!», urlai correndo nella sala allenamento. «Dovevo essere al college mezz'ora fa!», sbraitai. «Ci vediamo questa sera», dissi agli altri mentre uscivo.

Guidai sfrecciando per le strade di Fogsville, rimanendo per meno di dieci minuti bloccata nel traffico.

Quando finalmente arrivai nel parcheggio del college, non persi tempo e corsi dentro, mi avvicinai agli armadietti e dal mio presi il computer.

Stavo per richiuderlo, quando dal suo interno cadde una piccola bustina marrone.

Aggrottai le sopracciglia e mi abbassai a raccoglierla, sentendo una strana sensazione quando sulla busta lessi diversi numeri.

Senza darci peso più di tanto, corsi in aula conferenze e, dopo aver salutato il professore, mi sedetti, notando che Callum si trovava poco distante da me e ghignava a causa del mio ritardo.
Prima che potessi prendere appunti, il mio telefono produsse diverse vibrazioni.

Apri la busta e guarda il contenuto.

Il messaggio era anonimo, ma fu istintivo alzare lo sguardo verso Callum, che era intento a sghignazzare mentre digitava qualcosa sul suo telefono.
A quel punto la aprii, trovandoci dentro una pendrive.
La inserii nel computer e all'istante comparve una schermata nera.
C'era sopra una sorta di mappa del college, con diversi numeri posti su differenti aule e altre zone, sparse per tutto l'edificio.
Mi arrivò un altro messaggio.

Ti conviene partecipare a questa caccia al tesoro.

Imbufalita, iniziai a messaggiare con Callum.

Fallon: Lo so che sei stato tu.
Callum: Perdonami?
Fallon: Hai messo tu la pendrive che contiene una sorta di caccia al tesoro nel mio armadietto?

Alzai lo sguardo verso di lui e vidi la sua espressione interdetta nel leggere i miei messaggi.

Callum: Ti sembro il tipo di persona che perde tempo con queste cose?
Fallon: Sì. Quando ho ricevuto dei messaggi anonimi sulla pendrive che ho trovato, guarda caso tu stavi con la testa appiccicata al telefono.
Callum: Vuoi vedere cosa stavo facendo con la testa appiccicata al telefono, Fallon?

Alzai nuovamente lo sguardo verso di lui, notando che anche lui stava guardando verso di me.
Feci un gesto con la testa e poco dopo mi arrivò un altro messaggio.

Callum: Contenuto multimediale.

Lo aprii e ciò che vidi mi provocò il voltastomaco.

Era la chat tra lui e una ragazza, lei gli aveva mandato una sua foto, completamente nuda, e Callum le aveva risposto con frasi sconce e sporche.

Fallon: Sei disgustoso.

Digitai solo quel messaggio. Se non era stato Callum a mandarmi la pendrive, avrei dovuto scoprire chi era stato e per quale motivo l'aveva fatto.

Uscii dall'aula, evidentemente la conferenza sull'economia estera non era nel mio destino, mi rintanai in un corridoio isolato e poco illuminato e inviai la mappa sul mio telefono.

«Puoi spiegarmi cosa sta succedendo?».

Mi girai verso Callum, il quale mi stava mostrando lo schermo del suo cellulare: anche lui aveva ricevuto quella stessa mappa.

«Cosa significa?», mi domandò ancora.

«Io non lo so», ammisi e, nell'esatto momento in cui pronunciai quelle parole, entrambi ricevemmo un messaggio.

Anonimo: Significa che dovete giocare.

«Cosa diamine sta succedendo», sussurrai scioccata.

«Questo pazzo vuole giocare? Bene, diamogli ciò che vuole», disse Callum recuperando la mappa sul telefono.

«Vuoi realmente stare al suo gioco? Non sappiamo neanche chi è».

«Sei armata?», mi chiese, sorvolando su quanto gli avevo appena detto.

«Sì, ho due pugnali».

«Bene, dove dobbiamo andare?».

Controllai la mappa e vidi che il numero uno era posto su una zona specifica della palestra.

«Negli spogliatoi della palestra», risposi alzando lo sguardo verso di lui.

Callum annuì e insieme ci incamminammo.

«Per la cronaca, odio dovermi alleare con te», sottolineai procedendo a passo felpato.

«Credi che io mi stia divertendo?»

«Oh, quello sicuramente no».

Una volta arrivati davanti alla porta degli spogliatoi, entrammo e andammo alla ricerca di un possibile indizio.

«Eccolo», affermò Callum sventolando tra le mani un piccolo bigliettino.

Quando lo aprì, rimanemmo entrambi senza parole.

Non era un bigliettino, ma una foto. Una foto che ritraeva me e Callum durante una delle nostre missioni.

Le mie mani erano insanguinate e dalla tasca della giacca di Callum spuntava la mia margherita viola.

«Cosa cazzo vuol dire?»

«Non lo so, ma questa merda di gioco mi sta piacendo sempre meno», risposi accartocciando quella foto tra le mani. «Ora, dobbiamo andare nella sala proiezioni», stabilii tornando a studiare la mappa.

Proprio come prima, io e Callum iniziammo a camminare, fino a trovarci fuori dalla sala indicata.

«Se trovo un'altra foto, giuro che lo ammazzo», sibilai a denti stretti.

«Mantieni la calma, gattina».

«Gattina?», domandai aggrottando le sopracciglia.

«Vuoi realmente soffermarti su un nomignolo in un momento simile?», domandò lui scostando la tenda blu scuro ed entrando nella sala proiezioni.

Quell'ambiente era completamente buio, fatta eccezione per piccoli spiragli di luce che oltrepassavano il tessuto scuro e pesante delle tende.

Andai alla ricerca di un secondo bigliettino e, quando passai la mano tra le poltrone blu e verdi, su una di esse trovai una piccola pergamena.

La presi, la srotolai e iniziai a leggerne il contenuto.

«"Guardate cosa vi sto facendo fare, una caccia al tesoro in un college. Il Corvo e la Paladina dei pugnali sono due piccoli burattini che io sto manovrando con perizia. Vi ho guardati, siete agili, potenti ed estremamente allenati, ma tutto questo servirà a non farvi acciuffare da me?"». Finii di leggere e passai il foglio a Callum.

«Non riesco a capire, cosa vuole da noi?»

«Credo di aver capito di chi si tratta», disse strappando quella lettera in mille pezzi.

«Parla».

«Ricordi la missione nella sala giochi? L'uomo che io ho acciuffato e che tu hai ucciso. Era fissato con i bigliettini, con gli indovinelli e tutte queste merdate», disse guardandomi negli occhi.

«Dici che dietro a tutto questo ci sia Agamennone?»

«Non lui, lo hai ucciso, Fallon, mica è resuscitato dalla tomba. Secondo me si tratta del figlio che ha adottato, Elia. Sia noi DarkBlood che voi Daggers non siamo riusciti a prenderlo, quella sera».

«Ora ricordo. Pensi che stia facendo tutto questo per vendicare la morte del padre?»

«Sì».

«Bene, allora continuiamo a giocare e poi facciamolo fuori».

L'ultima tappa era la biblioteca.

Quella sala era grande e decidemmo di dividerci per riuscire a trovare l'ultimo indizio.

Camminai per i corridoi adornati dagli scaffali di legno colmi di libri mentre stringevo il mio pugnale di fiducia e, quando arrivai all'ultima libreria, sentii una voce meccanica parlare attraverso gli altoparlanti.

Callum corse da me e insieme ascoltammo quelle parole.

«Vi ho fatto giocare a mio piacimento, devo ammettere che mi sono divertito molto. Ma, da questo momento in poi, guardatevi le spalle, perché io posso arrivare e uccidervi quando meno ve lo aspettate».

Appena finì di parlare, senza dire nulla corsi verso lo studio del preside, con Callum alle mie calcagna.

«Dove stai andando?», domandò con il fiatone.

«Il microfono per gli altoparlanti si trova nello studio del preside, deve essere lì quel pezzo di merda».

Quando facemmo irruzione al suo interno, però, non c'era nessuno. Trovammo solo, sulla scrivania, una piccola spilla con due lettere sopra.

"AE".

«È lui, è Elia», affermai porgendo a Callum la spilla che avevo preso per guardarla con attenzione. «Ora? Che si fa?»

«Ora le nostre strade si dividono, Fallon, e faremo ciò che ci riesce meglio», disse alzando l'angolo destro delle labbra.

«Sarebbe?»

«Competere per stabilire chi per primo, tra me e te, riuscirà a trovare questo cane bastardo», proclamò continuando a ridere in maniera maliziosa. «Lo troverò e lo ucciderò in un modo così atroce che persino Lucifero mi farà i complimenti».

«Non correre, lo troverò prima io», dichiarò Callum uscendo dallo studio del preside.

Capitolo 13

Callum

Strinsi la mano formando un pugno ferreo, mi leccai le labbra e poi gettai fuori il fumo dalla bocca, appestando la stanza, rendendola un ambiente tossico nel giro di pochi secondi.

Vedevo quel fumo scuro insinuarsi in ogni piccolo spazio e pensai che, come quel fumo si stava espandendo nell'ambiente, alla stessa maniera la sete di vendetta si stava insinuando nel mio corpo.

Pensare che quella merda bastarda di Elia avesse sottoposto me e Fallon a quel gioco malato mi rendeva irrequieto, una bestia pronta a uccidere. Ero pronto a porre fine alla sua inutile vita del cazzo.

Gettai il mozzicone fumante nel posacenere che avevo sul comodino e girai lo sguardo verso destra. Il posto di fianco al mio era occupato da una ragazza formosa, che dormiva beata avvolta nelle mie lenzuola grigio topo.

Somigliava vagamente a Fallon, quelle ciocche nere ricordavano molto quelle della mia nemica e pensai che, nell'ultimo periodo, andavo a letto solo con ragazze formose, dai lunghi capelli neri e gli occhi scuri. Ma nessuna di loro li aveva neri come i suoi.

La odiavo, odiavo così tanto quella ragazzina insolente che il desiderio di ucciderla si faceva largo dentro di me e faceva vibrare la mia anima provocandomi un tremore enorme, come una sorta di scossa di terremoto.

Mi sforzavo. Cazzo, se mi sforzavo di non pensarla, ma lei si teneva salda nella mia mente e non voleva mai uscire. Rimaneva lì, seduta tra i miei pensieri e mi drogava con la sua essenza.

Guardai per l'ultima volta la ragazza che dormiva nel mio letto, poi, con calma, mi alzai.

Avanzai verso la porta, fermandomi a raccogliere il profilattico che avevo usato solo un'ora prima, e che gettai nel cestino sotto la scrivania.

Pensieroso entrai in cucina e vidi che Bonnie stava cantando mentre impastava, con le mani in una ciotola.

«Esci?», domandò facendo ondeggiare i fianchi al ritmo di una canzone.

«Sì, devo risolvere un problema, nulla di preoccupante».

«Bene». Nell'aria c'era un profumo dannatamente dolce.

Come il profumo di Fallon.

«Cosa prepari?», domandai guardando mia sorella all'opera.
«Una chiffon cake, è la preferita di Harry».
«Pensavo stessi preparando qualcosa per il tuo amato fratellone».
«Da quando ami i dolci?»
«Scherzavo, Bon, io odio i dolci».
«Ma non eri entrato con una ragazza? Dov'è finita?», chiese aggrottando le sopracciglia, mentre versava l'impasto per la chiffon cake in una teglia a forma di cuore.
«Dorme in camera mia», risposi noncurante.
«Scommetto che devo inventarmi qualche scusa per farla andare via, dico bene?», domandò alzando il sopracciglio destro.
«Dici bene. Dille che sono dovuto uscire per andare a prendere mia nonna in ospedale», inventai prendendo la giacca di pelle dall'appendiabiti.
«Sei serio, Call?»
«Serissimo, e se dovesse chiederti il mio numero, hai il telefono spento, ovviamente, e non te lo ricordi a memoria».
Bonnie non rispose, si limitò a sbuffare.
Quando entrai in macchina, mi ricomposi. Dovevo rimanere concentrato.
Presi il cellulare e chiamai Thomas.
«Dove sei?», gli chiesi, non appena rispose con la sua voce roca.
«A casa. Ci sono anche Harry e Mason con me, perché?»
«Sto venendo, vi spiego tutto di persona».
Non appena arrivai, presi le chiavi da sotto lo zerbino nero ed entrai, dirigendomi subito verso il soggiorno, che trovai colmo di bottiglie di alcolici. Alcune delle quali decisamente vuote.
«Cosa diamine state facendo?»
«Drink e *Call of Duty*, vuoi unirti a noi?», rispose Harry ridendo.
«La festa finisce qui. Dovete aiutarmi a uccidere una merda che mi ha usato come una marionetta», dissi nervosamente.
«Chi è?», domandò Harry, facendosi di colpo serio.
«Il figlio adottivo di Agamennone».
«Sai dove si trova?», domandò Thomas, mentre uscivamo di casa, diretti all'auto.
«Ho avuto una soffiata da un informatore. Uno di cui mi fido e che ho pagato bene. Elia è nelle fognature di Haperol».
«Cosa? Nelle fognature?»
«Credo abbia costruito una sorta di nascondiglio, pensava di restare anonimo scegliendo un condotto di scolo. Ma i topi di fogna si conoscono tutti, tra loro», affermai ridendo e mettendo in moto.
«Ah, Harry, scusami se ti rovino la sorpresa, ma mia sorella ti sta preparando un dolce a forma di cuore».

«Cazzo, Call! Ma perché me l'hai detto?», fece Harry aggrottando le sopracciglia.

«Hai in mente una fuga romantica con la mia sorellina?», continuai mettendolo in imbarazzo.

«È una cena, Callum, nessuna fuga romantica».

Restammo in silenzio per il resto del tragitto.

«Siamo arrivati», disse a un certo punto Thomas, indicando il navigatore.

Mi fermai in un parcheggio ben isolato e, appena scesi dall'auto, io e i miei amici caricammo le pistole e le nascondemmo nelle tasche dei jeans.

«Siete pronti a uccidere quella merda di Elia?», domandai avanzando verso l'entrata della fogna.

«Sì!», risposero all'unisono Harry, Thomas e Mason.

Giunti all'ingresso della conduttura, stabilimmo come entrare in azione.

«Mi hanno detto che il suo nascondiglio ha le dimensioni di un monolocale. A quanto pare, è facilmente riconoscibile, specie rispetto alle altre sistemazioni che troveremo lì sotto, ma soprattutto perché si trova al di là di una porta in ferro. Dovrebbe essere abbastanza semplice arrivarci. Entriamo prima io e Thomas; Harry e Mason, vi voglio subito dietro di noi», stabilii.

Poco dopo, aprimmo il tappo della fogna, sentendo la puzza proveniente da là sotto espandersi nell'aria in maniera prepotente.

«Coraggio, non facciamo le ragazzine e infiliamoci in questo buco di merda».

Dopo aver sceso una scaletta in ferro, mi ritrovai nel condotto fognario e pensai che fosse proprio come nei film.

Era una sorta di galleria, con al centro un grande corso d'acqua e ai lati dei piccoli e stretti marciapiedi.

Iniziammo a percorrerla e quando arrivammo a una biforcazione guardai da entrambe le direzioni, puntando la mia torcia nel buio. A destra il canale diventava più largo e su un lato scorsi un carrello del supermercato stracolmo di Dio solo sa cosa, con a fianco una pila di coperte, sotto cui probabilmente stava dormendo qualcuno. Mi voltai e, sul lato opposto, vidi un'altra diramazione, anche questa più larga rispetto a quella in cui ci trovavamo. Feci cenno agli altri e svoltammo a sinistra. Ci dividemmo sui due lati e iniziammo a tastare le pareti, tenendo le torce in bocca per avere le mani libere.

«Eccola, è qui», disse Harry non appena trovò la porta che stavamo cercando. Io e Thomas attraversammo il canale di scolo per raggiungerli, proprio mentre Harry prendeva, dalla tasca interna della sua giacca, il suo kit da scasso.

«A te l'onore», dissi.

Harry era un vero portento e mai come in quella occasione mi serviva la sua abilità.

Si mise al lavoro sulla serratura e, poco dopo, la porta produsse un clic meccanico e metallico. Harry la aprì e quello che trovammo ci colse impreparati. Si trattava di una sorta di disimpegno, illuminato da decine di candele a batteria poste a terra, su entrambi i lati, che svelavano la presenza di opere d'arte dal valore di svariati milioni di dollari.

«Non ci posso credere», fece Mason a bocca aperta.

«Uccidiamo quella merda», ripetei io.

Alla fine di quello stretto corridoio, c'era una porta rossa.

Non chiesi aiuto a Harry, questa volta. La aprii sferrando un calcio rabbioso e, quando mi trovai faccia a faccia con quel bastardo, sfoderai la mia pistola.

«Sapevo che prima o poi saresti venuto a trovarmi», disse rimanendo seduto sulla sua poltrona rossa e oro.

«Chi la fa, l'aspetti, dico bene?», affermai avanzando verso di lui con un sorriso.

«Credi realmente che mi faccia uccidere da te, in casa mia?»

«Hai anche il coraggio di chiamare casa questa fogna. Non potevi cadere più in basso di così, Elia», sputai, premendogli la mia pistola sulla tempia. «Non vuoi andare dal paparino? O forse, vuoi prima sapere come una ragazzina è riuscita a farlo fuori?»

«Tu e quella puttana marcirete sottoterra».

«Attento alle parole. Non lo sai che è da uomini senza palle offendere una donna chiamandola puttana?», domandai sputando sul suo viso con disprezzo.

A quel punto, Elia si alzò e sfoderò la sua pistola, ma io avevo un piano e, soprattutto, non ero solo. Velocemente mi allontanai da lui, proprio mentre Mason, Thomas e Harry irrompevano nella stanza e iniziavano a sparare a raffica.

«Fermi, il colpo finale voglio darglielo io», gridai.

A passo lento, mi avvicinai di nuovo a Elia.

«Hai visto? Stai morendo nel tuo habitat naturale. Sei proprio un topo di fogna», affermai posizionando la pistola sulla sua tempia sinistra. «Hai fatto proprio un grande sbaglio a pensare a me, ma forse, lo sbaglio più grande che hai commesso è stato coinvolgere Fallon nel tuo gioco malato», gli sussurrai cercando di non farmi sentire dai miei amici. Poi sparai un colpo sordo e vidi il suo sangue schizzare da ogni parte.

«Cazzo, l'abbiamo fatto fuori in maniera stupenda», disse Harry una volta che ci ritrovammo di nuovo fuori, all'aria aperta.

«Ora ci serve proprio un drink», osservò di rimando Thomas.

«Pago io, siete stati grandi».

Guidai fino al Road, dove entrammo senza le nostre pistole.

I miei amici si sedettero subito al bancone, mentre io andai alla ricerca di Fallon.

Ci misi un po' per individuarla, ma finalmente scorsi la sua chioma scura. Avanzai verso di lei, che quella sera era avvolta in un vestito blu che fasciava alla perfezione le sue curve.

«Piccola Fallon», la chiamai facendola girare. I suoi occhi si agganciarono subito ai miei, in un gesto del tutto istintivo. «Tieni», le dissi, porgendole una foglia.

«Cosa significa?»

«Significa che sono arrivato prima di te. Ho ucciso Elia, mezz'ora fa».

«E questa?», chiese prendendo la foglia dalle mie mani. Ci sfiorammo e fu come prendere la scossa.

«Tu lasci le margherite viola, io ora ti porgo una foglia per farti capire che hai perso», dissi guardando le sue curve.

«Sono contenta per te, Callum, devo ammettere che questa volta mi hai realmente stupita. Congratulazioni», affermò battendo le mani in un lento applauso. «Ma ricorda, è solo una piccola vittoria, rivedrai presto la mia margherita viola», promise, avvicinandosi a me.

«Hai bevuto?», le chiesi avvertendo un sentore di alcol. Mi convinsi che fu solo per quel motivo che non riuscivo a smettere di guardare le sue labbra morbide.

«Sì, qualche problema?»

«Ecco perché sei così libera». Non riuscivo a smettere di fissarla.

«Libera? Che intendi dire?»

«Non sei la solita Fallon. Questa sera sei diversa», le dissi scostandole una ciocca di capelli che le ricadeva sul viso. Le sue labbra erano gonfie e tentatrici.

«Ti saluto, piccola Fallon». Mi allontani a passo svelto dal calore del suo corpo, dal suo essere disinibita e provocante.

Se fossi rimasto anche solo un secondo di più, avrei fatto qualcosa di cui mi sarei sicuramente pentito.

Capitolo 14

Fallon

«Ash, ho preso la torta di mele da portare a mamma in ospedale, dici che forse preferiva quella alle carote?», domandai prendendo la scatola in cartone che mi aveva dato la pasticceria.

«Alla mamma piacciono entrambe, Fall, anzi, credo che sarà più felice di vederci, e la torta, be', non farà caso al gusto, stai tranquilla», mi rassicurò mio fratello.

«Con quali soldi l'hai acquistata? Ancora volontariato?», domandò.

«No, con i soldi del volontariato non riesco a comprare neppure le caramelle, l'ho comprata con i soldi che ho guadagnato due sere fa, badando alla figlia di Katy».

«Stai attenta quando badi a Sarah, hai dodici anni e non vorrei avere problemi con i servizi sociali», fece Asher prendendo la giacca di jeans dall'appendiabiti.

«Tranquillo, so già come giustificarmi. Katy ha detto che, in caso, devo dire che sono la sorellona di Sarah», replicai uscendo di casa.

Io e Asher aspettammo il bus e dopo dieci minuti di viaggio arrivammo davanti all'ospedale psichiatrico dove mia madre era ricoverata.

Ero felice di vederla, non vedevo l'ora di raccontarle che a scuola andava quasi sempre tutto bene e volevo a tutti i costi farle assaggiare la torta che avevo preso per lei, ma i miei desideri vennero spezzati da un vento gelido di realtà, perché, quando entrai nell'atrio dell'ospedale e iniziai a camminare verso la stanza che ospitava mia madre, mi resi conto che c'era un viavai di infermiere che correvano da una parte all'altra.

Alcune piangevano, altre erano completamente indifferenti.

Inizialmente non riuscii a capire cosa stesse succedendo, poi, quando vidi la camera di mia madre completamente vuota, sentii un brivido di dolore percorrermi il corpo e poi il tonfo della scatola che stavo stringendo tra le mani e che era finita sul pavimento.

Guardai Asher, lui guardò me, e nel giro di pochi secondi scoppiai a piangere.

Avevo appena perso mia madre per sempre.

Scossi la testa cercando di allontanare quel ricordo doloroso, ma più provavo a sforzarmi e più la mia mente riportava a galla quel giorno.

C'era la torta di mele, la clinica, il viavai delle infermiere…

Sentivo un dolore atroce bruciarmi nel petto, una sensazione di vuoto, come se dentro di me ci fosse il nulla, quello più profondo e buio.

Era come se non esistessi, come se ci fosse solo il mio corpo, privo d'anima.

Mia madre si era suicidata, le infermiere quel giorno non sapevano come dircelo, io ero solo una bambina e Asher, be', anche lui era un bambino, anche se si stava prendendo cura di me.

Era doloroso, bruciava pensare che avesse deciso di togliersi la vita, che avesse scelto di non esistere più, di non essere più una madre e di fare di lei un fascio di nulla.

I miei pensieri vennero smossi da un rumore di vetro che si infrangeva sul pavimento.

Mi spaventai, quel rumore era stato brusco e corsi verso la fonte, trovando Asher seduto sulle ginocchia con attorno bottiglie di birra rotte e sigarette.

«Ash, cosa sta succedendo?», domandai preoccupata, precipitandomi verso di lui.

Quando posai la mano sul suo viso, lui non ebbe neppure la forza di guardarmi. Rimase con lo sguardo basso sul pavimento, le lacrime agli occhi e il respiro affannoso.

«Ash, ci sono io», sussurrai accovacciandomi accanto a lui. «Fa male, lo so. So che questo è uno dei giorni più dolorosi in assoluto, ma ci sono io a darti la forza per superarlo».

Asher finalmente alzò lo sguardo verso di me e fu in quel momento che nei suoi occhi lessi solo paura e dolore.

«Io di lei non ricordo quasi nulla, l'unica cosa che ricordo è il suo corpo, il suo corpo freddo».

«Ash…».

«Fa male ricordare di lei solo il dolore e la tristezza», disse alzandosi di scatto. «Perché?», urlò. «Perché non ricordo nulla di lei? Perché ricordo solo il dolore?», continuò prendendo a calci il divano, mentre io sussultavo a ogni suo scatto d'ira.

«Lo so, fa male, cazzo, fa tanto male anche a me, Ash! Ma noi, noi dobbiamo darci forza a vicenda», gridai, prendendo le sue mani nelle mie con determinazione.

«Non lasciarmi. Non lasciarmi, Fall, sei tutto ciò che ho. Sei tutto ciò che mi rimane della mamma», disse scoppiando a piangere, e insieme ci lasciammo andare sul pavimento.

La testa di Asher era posata sul mio ventre, io gli accarezzavo il viso, i capelli, e gli asciugavo le lacrime che cadevano copiose.

«Non ti lascerò mai», gli promisi. Restammo in quella posizione per un po', il respiro di Ash si faceva via via sempre più regolare. «Ti va di andare a trovarla?»

«Secondo te riuscirei a farlo? Potrei vedere la sua lapide?», domandò guardandomi negli occhi.

«Tu puoi fare tutto, Ash, ogni cosa».

«Se ci sei tu con me, allora posso farlo», affermò abbozzando un sorriso leggero.

Quando Asher si calmò del tutto, salimmo in macchina e arrivammo in poco tempo al cimitero.

Quel pomeriggio era uggioso e scuro, le nuvole sopra di noi erano cariche di pioggia e come sempre su Fogsville stava calando la nebbia, segno che per la serata imminente noi Daggers avremmo camminato in quella coltre grigia andando alla ricerca di prede, e lo stesso avrebbero fatto i nostri nemici, i DarkBlood.

«Vieni, prendi la mia mano», suggerii a mio fratello, guidandolo verso l'entrata del cimitero.

Camminai tenendolo stretto, cercando di dargli forza e di trovare quella che serviva a me.

Ci fermammo davanti a una lapide rovinata, con la foto sorridente di una donna dai capelli neri.

Era bellissima. Quello scatto la raffigurava colma di una felicità che forse aveva perduto nel corso degli anni e che magari aveva ritrovato tra le nuvole del cielo.

«Ciao, mamma. Siamo io e Ash, i tuoi bambini», esordii stringendo la mano di Asher. «Ci manchi tanto, mamma, ma noi non siamo arrabbiati con te. Ci auguriamo che tu abbia trovato la serenità che cercavi tanto», sussurrai. «Ti ricorderemo sempre con il sorriso e, quando ci mancherai, posizioneremo una mano sul cuore, il cuore che tu ci hai donato e che batte solo grazie a te».

«Guidaci sempre e non dimenticarti mai di noi, sei la stella più bella del cielo», aggiunse Asher, facendomi commuovere.

Io e Ash rimanemmo per circa mezz'ora davanti a quella lapide e, quando capimmo che era ora di ritornare, guidammo verso il covo, dove i nostri compagni ci stavano aspettando per parlare della missione di quella sera.

«Ehi, come stai?», domandò Elina quando entrai nella sala relax del covo.

«Sai che giorno è oggi».

«Lo so, e spero che tu stia bene, Fallon. Io ci sono se vuoi parlare, lo sai».

«Ora è tutto a posto, non preoccuparti, El. E grazie, so che posso contare sempre su di te, in qualunque occasione».

«Joyle ci ha appena detto tutto sulla missione di questa sera», intervenne Jacob, venendo verso di noi con in mano diverse fotografie.

«Siamo tutt'orecchi», dichiarai io strofinandomi le mani.

«Questa sera si terrà un'asta, saranno messi in vendita molteplici oggetti, tra cui il vaso di Cupido, l'armatura di un samurai, una ciocca di capelli di non so quale regina scomparsa decenni fa, ma, cosa più importante, un pezzo di pelle preso dal corpo di uno dei morti di Chernobyl».

«Spero tu stia scherzando. Chi pagherebbe per un pezzo di pelle umana affetto da chissà quale assurda mutazione genetica?!», esclamai io strabuzzando gli occhi.

«Ci sono tante persone malate al mondo, Fallon, e noi dobbiamo riuscire a prendere il gruppo criminale che ha messo in vendita questi oggetti».

«Quanti sono?», domandò Asher prendendo parola.

«Tre. Sono i fratelli Hylso, conosciuti in tutto il mondo criminale come i Risvolti».

Jacob ci passò le foto e io ne scelsi uno, quello con i capelli rossi e due lunghi baffi bizzarri.

«È tutto?», chiese Oliver prendendo una foto.

«L'asta inizierà tra mezz'ora, al PalaBlanc, padiglione B. Se vogliamo arrivare in tempo, ci conviene darci una mossa», stabilì Jacob. «Joyle ci ha lasciato dei vestiti eleganti, sono tutti negli spogliatoi», continuò, e io guardai Elina eccitata.

Quando vidi il mio vestito quasi mi strozzai per quanto era bello.

Era nero, in seta morbida e lucida, e le spalline erano tempestate di piccoli diamantini. In una scatola, invece, c'era un paio di stivali: Joyle sapeva bene dove amavo nascondere le mie armi.

Mi girai e diedi un'occhiata al vestito di Elina: era identico al mio, si differenziava solo per il colore. Il suo era rosso fuoco.

«Sono stupendi», affermò mentre lo indossava.

«Ragazze! Muovetevi!», urlò Oliver.

«Recupero i pugnali e ci sono», risposi, andando nella sala delle armi e prendendone come sempre tre.

Una volta pronti, salimmo in auto.

Dopo circa dieci minuti vidi l'elegante edificio avvicinarsi sempre di più e, poco dopo, scorsi una delle macchine dei DarkBlood parcheggiata.

«Ci dividiamo come sempre?», domandai guardando i miei amici.

«Sì, ci vediamo una volta finito tutto», disse Asher stampandomi un caloroso bacio sulla fronte.

Entrai, superando i bodyguard ai quali mostrai l'invito che Joyle aveva falsificato per ognuno di noi, poi iniziai a camminare attraverso la sala sfarzosa.

C'erano candelabri di cristallo con lunghe candele color panna, un pavimento a scacchi nero e oro, mobili antichi e tantissimi camerieri che, stretti nei loro completi neri, offrivano champagne a tutti gli invitati.

Mentre ero intenta a cercare la mia preda, sentii due mani cingermi la vita. Subito dopo la voce di Jacob, bassa e rosa, giunse al mio orecchio destro.

«Volevo solo dirti che sei stupenda».

Mi girai verso di lui, sorridendo e guardando i suoi occhi luccicanti.

«Tu non sei da meno, Jac».

«Non sto scherzando, Fall. Sei veramente stupenda. E io... io voglio baciarti», affermò facendomi diventare le guance rosse.

«Be', puoi farlo, se ti va».

Cazzo, cosa stavo dicendo?

Poco dopo, sentii le sue labbra calde sfiorare le mie e la sua lingua tentare di farsi spazio.

Non era il nostro primo bacio. Mi piaceva baciare Jacob, sapeva muovere bene la lingua, era eccitante il suo modo di cingermi a sé, però... Però non provavo nulla.

«Non possiamo baciarci e mandare a puttane la missione», sussurrai sorridendo.

«Ti lascio andare, allora. A malincuore, ma ti lascio andare», disse allontanandosi.

Quando mi ripresi, aggiustai il vestito e feci un respiro profondo, dirigendomi verso la sala adibita all'asta, che stranamente non era stata ancora aperta al pubblico.

Speravo di trovare la mia preda, ma c'erano soltanto gli uomini della sicurezza.

Presi nuovamente a camminare, questa volta nella parte opposta della sala principale, fino a quando vidi un uomo dai capelli rossi. Decisi di seguirlo, capendo che era il tizio della fotografia. La mia preda.

Svoltò diversi angoli, si fermò fuori da una porta e fu lì che decisi di giocarmi la mia mossa.

Camminai piano e, poco prima di arrivare vicino a lui, feci finta di inciampare nel mio vestito. Come c'era da aspettarsi, si precipitò in mio soccorso.

«Signorina, sta bene?», domandò da vero gentiluomo.

«Mio Dio, mi scusi, non volevo disturbarla», cinguettai toccandomi uno stivale, all'altezza della caviglia. «Credo di essermela slogata. Dovrei controllare».

«Se vuole posso darle una mano. Venga, spostiamoci dal corridoio», mi propose, sorridendo sotto i baffi.

Accettai il suo invito e mi lasciai condurre dentro una stanza.

«Venga», ripeté indicando il letto che c'era al centro.

«Grazie, è stato così premuroso. Se vuole, può stendersi con me», gli proposi facendo sfarfallare le ciglia sensualmente.

L'uomo non rispose, si limitò ad allentare il nodo della cravatta, prima di avvicinarsi a me. Io inserii leggermente la mano nello stivale destro, fino a toccare il manico del mio pugnale.

«Lei è molto bella», disse accostandosi ancora di più.

Gli sorrisi e con uno scatto estrassi il pugnale dallo stivale. Prima che potesse accorgersi di quali fossero le mie intenzioni, invertii le nostre posizioni, mi misi sopra di lui e lo colpii alla giugulare.

Il sangue schizzò all'istante e lui sgranò gli occhi, cercando di parlare, ma dopo pochi secondi morì nella pozza dei suoi stessi umori.

Guardai le mie mani, erano imbrattate di rosso e sentii dei piccoli rivoli scivolare persino dalla mia guancia destra.

Il sangue della preda era talmente tanto che avevo il vestito completamente zuppo e sbuffai pensando che una volta giunta a casa avrei dovuto gettarlo direttamente nella pattumiera, perché cercare di smacchiarlo sarebbe stato inutile.

Allungai il corpo, riuscendo ad afferrare con le mani un lembo di lenzuolo, bianco e candido, e iniziai a ripulire al meglio le mie mani, il mio viso, e i lembi di pelle lasciati scoperti dal vestito.

Stavo per posare una margherita sul corpo privo di vita della preda quando sentii la porta aprirsi e un odore che conoscevo bene diffondersi nell'aria.

«Callum», dissi soltanto, girandomi lentamente verso di lui e scendendo dal letto. «Te la stavo lasciando su di lui, ma qui starà benissimo», continuai posizionando la mia margherita nel taschino della sua giacca elegante.

«Che fai?»

«Ti ricordo che sono arrivata prima di te».

«Non me ne fotte un cazzo, Fallon, né di te, né della tua maledettissima margherita», sbraitò afferrando i miei polsi con forza.

«No? Ne sei proprio sicuro, Callum?»

«Ho bisogno di sapere una cosa, da te», disse guardando le mie labbra.

«Dimmi tutto, Corvo».

«Perché ti piace così tanto baciare quell'inutile Jacob?»

«Dio, io amo baciare Jac».

«Dici solo cazzate, Fallon», ribatté. Cambiò la presa sui miei polsi, stringendoli entrambi con una mano sola, mentre con l'altra percorreva la mia spalla, saliva verso la mia mascella e poi si fermava sotto il mento. «Ti piace?», domandò stringendomi il collo. «Allora?»

«Mmm», mugugnai. Non riuscivo a parlare e non certo per la sua presa. Nel mio stomaco stava divampando il caos.

«Lo vedi? Sei una bugiarda, cazzo», sussurrò facendo scorrere le dita sulla mia pelle calda, riuscendo a percepire i battiti accelerati del mio cuore.

«Non ho mentito, mi piace baciare Jacob», affermai convinta di me.

«Ti piace baciare Jacob tanto quanto ti piace sentire le mie mani che stringono il tuo collo?», domandò allontanandosi da me e lasciandomi nell'oblio dei brividi che lui stesso mi aveva causato. «Ti invito a rivedere i tuoi gusti, piccola Fallon».

Avevo avvertito mille scosse in tutto il corpo. Scosse che i baci di Jacob non mi procuravano.

Capitolo 15

Fallon

Aprii gli occhi ma dovetti girare il viso di scatto, colpita dei raggi solari che oltrepassavano le veneziane usurate.

Quando la vista iniziò ad abituarsi a tutta quella luce, sentii la bocca impastata ancora dal sonno e mi sbilanciai verso il comodino.

Afferrai la bottiglietta d'acqua e bevvi a grandi sorsi.

Era un periodo in cui avevamo poco lavoro, ma questo non significava essere in vacanza. Avevo le lezioni al college, dovevo prepararmi per i prossimi esami, e avevo promesso a Elina e a Oliver che li avrei aiutati a migliorare la loro tecnica di lancio.

Io ero bravissima con i pugnali, un vero e proprio portento. Avevo pure un tatuaggio sulla caviglia, un piccolo pugnale con una margherita viola sul manico, proprio come quello che mi aveva regalato Asher poco prima di entrare a far parte dei Daggers.

Scesi dal letto e, dopo aver stropicciato gli occhi, andai in cucina.

«Buongiorno», salutai sbadigliando.

«Buongiorno, Fall, ti ricordi che devi aiutare Oliver ed Elina?», mi domandò Asher.

«Sì, bevo il caffè, mi cambio e corro al covo», affermai facendo partire la macchinetta. «Tu rimani a casa?», domandai curiosa.

«No, penso di andare al brain store».

«Cos'è il brain store?», chiesi ancora. Non lo avevo mai sentito nominare.

«È una sorta di club a pagamento, io ho fatto l'abbonamento per un mese. Dentro puoi studiare, bere, giocare alla Play o a scacchi, insomma, ce n'è per tutti», mi spiegò mio fratello mostrandomi il tesserino d'entrata.

«Sembra una figata! Ma sicuramente tu non andrai lì per studiare…».

«Vado più che altro per incontrare una ragazza. Fa la cameriera e mi fa uscire gli occhi dalle orbite per quanto è bella. Peccato che non le interessino i bad boy tatuati».

«Buon per lei, almeno si risparmia di essere scaricata dopo il sesso».

«Va' a prepararti, Oliver ed Elina ti staranno già aspettando, conoscendoli».

Tornai in camera mia, rifeci il letto, presi una felpa e un paio di pantaloncini dall'armadio e andai a lavarmi. Una volta pronta, salutai Asher con un bacio, scesi nel parcheggio e guidai fino al covo.

«Ehilà», urlai sorridendo varcando l'entrata.

«Finalmente sei arrivata, io e Oliver temevamo che non venissi più».

«Sono un po' in ritardo, ma ci sono. Iniziamo subito?», proposi avanzando verso la sala adibita ai lanci.

Loro annuirono e mi seguirono.

«Allora, vi farò vedere diversi lanci, voi dovrete memorizzare ogni mio movimento e dopo, quando avrò finito, li replicherete», spiegai prendendo tra le mani diversi pugnali.

Mi assicurai che Oliver ed Elina mi vedessero bene e, dopo aver preso la mira e abbassato leggermente le ginocchia, lanciai il primo pugnale, che si conficcò sulla testa del manichino.

«Cazzo, sei un vero portento», urlò Oliver.

Non risposi, ero troppo concentrata.

Presi un secondo pugnale, ripetei lo stesso movimento di prima, ma aggiunsi una leggera rotazione del busto, compiendo quasi un mezzo giro, e l'arma si conficcò nello stomaco del fantoccio.

«Avete seguito tutti i passaggi?», domandai.

«Sì, ma quel giro non sono sicura che riuscirò a farlo», ammise Elina, sconfortata.

«El, sono sicura che ci riuscirai, devi solo migliorare la concentrazione e il lancio».

Elina prese tra le mani due pugnali e io la feci mettere in posizione.

«Bene, la posizione è perfetta, devi solo entrare in confidenza con il pugnale che stringi tra le mani».

Mi allontanai lentamente, per non farle perdere la concentrazione, e l'arma che lanciò si conficcò nella testa del manichino.

«Vedi? Sei entrata in contatto con il pugnale».

«Ehi, ora tocca a me», si lamentò Oliver, facendoci sorridere.

Passammo l'intera mattinata e parte del pomeriggio ad allenarci, tra chiacchiere e risate.

«Cavolo, che stanchezza», affermai stiracchiando le braccia verso l'alto.

«A chi lo dici, ma almeno ora sono più sicuro dei miei lanci», affermò Oliver prendendo una bottiglietta d'acqua dal mini frigo.

«Ragazzi, io vado, ci vediamo domani?», domandai poi.

«Sì, a domani. E grazie», risposero all'unisono i miei amici.

Mentre ero intenta a guidare sentii lo stomaco brontolare. Avevo troppa fame, a pranzo avevo mangiato solo un panino e il mio fisico richiedeva cibo.

Decisi di fermarmi a un food truck che vendeva bibite varie e wrap.

«Buonasera, posso avere una wrap con crudo, rucola e parmigiano?», chiesi gentilmente all'uomo che preparava quelle prelibatezze, Cucù.

«Certo, cinque minuti ed è pronto».

Mi appoggiai alla macchina e per ingannare l'attesa mi guardai intorno. Non eravamo proprio nel centro di Fogsville, e in quel periodo dell'anno quella zona era ancora più desolata, ma c'erano un paio di furgoncini che si facevano concorrenza, facendo a gara per accaparrarsi avventori occasionali e coltivandosi i clienti affezionati.

Di certo, non mi sarei immaginata di trovarci il ragazzo tatuato e pieno di piercing che conoscevo bene.

Callum si fece sempre più vicino, fino a raggiungermi.

«Non mi hai riconosciuta, per caso? Sono Fallon, tua grande e unica nemica», dissi gesticolando davanti al suo viso con fare nervoso.

«So chi sei e ho deciso di mettermi vicino a te per infastidirti. Sto aspettando il mio wrap».

«Dio, non dirmi che l'hai preso da Brut».

«Brut è il migliore, sei tu la scema che lo prende da Cucù», disse lui indicando il camioncino che avevo davanti.

«È Cucù, il migliore, Brut li fa bruciati e con poco condimento», affermai aggrottando le sopracciglia.

«Vuoi scommettere che il wrap di Brut è più buono di quello di Cucù?»

«Due nemici non scommettono su dei wrap».

«Facciamo uno strappo alla regola. Se il wrap di Cucù è migliore di quello di Brut, ti lascerò la preda durante la prossima missione. Ma se vince quello di Brut, la lascerai tu a me. Ci stai?»

«Diamine, se ci sto, accetto sempre le sfide, mio caro Callum». Proprio in quel momento Cucù disse che il mio ordine era pronto.

Anche Callum venne chiamato per il suo, e un attimo dopo ci ritrovammo di nuovo l'uno accanto all'altra.

«Pronta?», mi chiese.

«Prontissima».

Callum mi porse il suo wrap. Era bello dorato, c'era abbondante salame piccante e la salsa ai peperoni rendeva il tutto più buono, così come la leggera spolverata di cipolla croccante.

Diedi diversi morsi, assaporando tutti quei sapori in bocca.

Era dannatamente buono.

Io passai il mio a lui, che non esitò ad assaggiarlo.

«Ora, al mio tre, diremo un voto all'unisono, così siamo sicuri che nessuno bari», affermai.

Iniziai il conto alla rovescia e poi…

«Otto e mezzo!», urlammo entrambi.
Cazzo, non era possibile.
«Cosa? Ma avevi detto che era bruciato e con poco condimento!».
«E tu continuavi a dire che il wrap di Cucù non era all'altezza di quello di Brut!», risposi io di rimando.
Non ci potevo credere.
«E ora? Che si fa?», domandai sconvolta.
«Be', la scommessa è andata a vuoto, non ha vinto nessuno e durante la prossima missione continueremo a batterci come sempre», disse lui.
«Direi che la nostra tregua è durata anche troppo».
«Sono d'accordo, piccola Fallon».
Stavo per chiedergli di allontanarsi, visto che quella era la *mia* auto, ma lui afferrò una manica della mia felpa.
«Cosa vuoi?»
«Fottuta!», urlò scappando via.
Mi accorsi immediatamente che tra le mani non stavo stringendo più il mio amato wrap.
«Bastardo! Lurido ladro!», gli urlai contro, ma era già troppo lontano per sentirmi. «Ti odio!», continuai, sfogando la mia frustrazione.
Callum aveva rubato la *mia* cena e io stavo morendo di fame.
Tornai davanti al camioncino e ordinai nuovamente lo stresso wrap, anche se dovetti ammettere che quello che aveva preso Callum era davvero buono.
Mentre aspettavo, mi misi a pensare a quanto io e il Corvo, a volte, fossimo dannatamente simili. Com'era possibile?
E poi, perché avevo abbassato la guardia a tal punto da farmi derubare in quel modo?
Maledetto! Tra di noi non ci sarebbe mai stata una tregua.

Capitolo 16

Callum

Ero un mostro. Un mostro senza sentimenti, ma quando mi punivo, sentivo l'anima leggera. Era come se quel dolore rischiarasse la mia parte più buia, e mi facesse sentire vivo.

Presi la frusta tra le mani, la feci scorrere sui palmi iniziando a percepire l'adrenalina pizzicarmi i polpastrelli.

Gli occhi brillarono di cupidigia. Ero affamato di dolore e sentivo di meritarlo. Ero un mostro ed ero degno solo di soffrire.

Meritavo di sentire sulla pelle il bruciore che per anni avevo inflitto a mio padre.

Portavo i segni delle mie scelte sulla carne, coperta da segni rossi e lividi violacei, ma anche la mia mente era piena di ferite.

«Perdonami!», urlai facendo schioccare la frusta sulla schiena.

Sentii immediatamente la pelle lacerarsi, il sangue colare e le ferite in fase di guarigione aprirsi nuovamente.

Quel dolore atroce fece contorcere il mio corpo, ma continuai imperterrito, e mentre il braccio che muoveva quella frusta non accennava a farsi più clemente, il volto di mio padre si disegnò nella mia mente, offuscando tutto.

Mi ritrovai avvolto nella nebbia, incapace di respirare.

Sentivo il sudore colare dalla fronte e bagnare il pavimento, la gabbia toracica stringersi in una morsa.

Ma neanche in quel momento mi fermai.

Continuai a ferirmi, fino a sentire il sangue appiccicarsi alle mani impedendomi di tenere salda la frusta tra le dita.

Alzai lo sguardo, dopo l'ultima frustata, e mi concentrai sui miei occhi, riflessi nello specchio che avevo davanti.

Erano spenti, non c'era nessun luccichio dentro di essi e quella era l'ennesima conferma. Mi accasciai a terra.

Ero un mostro, e i mostri meritavano solo di soffrire.

Mi sforzai di alzarmi dal pavimento, senza dire una parola, senza emettere neppure un singolo gemito di dolore.

Facevo una fatica immensa a stare dritto, quasi strisciai fino ad arrivare al bagno, dove finii di spogliarmi, stringendo i denti a ogni movimento, e mi gettai sotto la doccia.

Vedevo l'acqua portarsi via tutto il sangue, ma i ricordi e il dolore non accennavano a sparire.

Erano appiccicati alla mia pelle logora e sfatta e non si sarebbero mai mossi da lì.

Rimasi impassibile nel box doccia perdendo la cognizione del tempo; poi, quando la pelle iniziò a farsi troppo molle e rugosa, mi costrinsi a uscire, avvolgendo il corpo in un asciugamano nero.

Già dal bagno sentii il mio cellulare squillare. Quando arrivai in camera smise per poi ricominciare un attimo dopo. Pensando si trattasse di Bonnie mi precipitai a rispondere, capendo poco dopo, dalla voce stridula all'altro capo, che non era lei.

«Callum, sono Amy».

«So chi sei, Amy», scandii freddo, mentre posavo il telefono sul letto dopo aver impostato il vivavoce, in modo da avere le mani libere. Mi tolsi l'asciugamano e iniziai a scegliere cosa indossare, prendendo dall'armadio un paio di boxer e un paio di jeans dal lavaggio scuro.

«Volevo dirti che ho la casa libera oggi, passi per una sveltina?», domandò facendo drizzare il mio cazzo velocemente. Pensai che dei boxer potessi fare a meno.

«Arrivo».

Avevo proprio bisogno di sfogarmi tramite il sesso, per liberare la mente dai pensieri incessanti.

Molti ritenevano che non avere una ragazza fissa fosse da pazzi, ma per me era la pura normalità. E la soluzione migliore.

Non legarsi a nessuno, divertirsi senza limiti, senza alcun vincolo.

Odiavo il sapore ferroso e amaro che lasciava sulle labbra un amore ormai finito.

Di dover combattere ogni sera con i ricordi, con i dolori che laceravano il cuore.

La verità era che, forse, io odiavo l'amore e preferivo di gran lunga tenere il cuore sotto stretto controllo, chiuso con un lucchetto di ferro. Era decisamente preferibile all'idea di aprirlo al mondo e di farci entrare dentro qualcuno, come avevo fatto in passato.

Yvonne. Dio, ricordare anche solo il suo nome era come ricevere un pugno in pieno viso.

Lei, quella ragazza formosa e dai lunghi capelli dorati, era stata per anni la mia condanna, la ragazza che aveva ridotto la mia anima in polvere sottile.

Conobbi Yvonne durante una missione, era il mio primo anno nei DarkBlood e dovevo ancora abituarmi alla mentalità delinquenziale.

Lei lavorava per una banda criminale che all'epoca aveva stretti contatti con Robert e iniziò a farmi capire come dovevo comportarmi; poi passò a spiegarmi come scopare e da lì la mia vita iniziò a sgretolarsi, perché avevo affidato la mia anima a Lilith, al diavolo in persona.

Stare con Yvonne era come sniffare droga. Inizialmente era tutto pazzesco, avevi una carica assurda, ma passato l'effetto ti sentivi crollare nella merda più assoluta. E ne volevi ancora. Volevi ripetere quel ciclo distruttivo all'infinito.

Finii di prepararmi e infilai il telefono in tasca. Avanzai verso il soggiorno pronto a uscire, ma venni bloccato da mia sorella.

«Dove vai?», domandò curiosa.

«Mi concedo un po' di svago prima della missione di oggi».

«Svago?»

«Scoperò Amy, se proprio vuoi saperlo», risposi diretto.

«Bleah», fece lei fingendo un conato di vomito.

«Non vedo quale sia il problema», affermai facendo spallucce.

«Desidero vederti con una ragazza fissa, Callum, magari tra qualche anno vorrei abbracciare tuo figlio», buttò fuori lei, e io, alla parola "figlio", mi bloccai.

Non potevo avere dei figli. Un mostro come me, che era stato un figlio indegno, immeritevole di essere chiamato tale, non poteva diventare padre.

«Non voglio figli, Bonnie, ne abbiamo già parlato», le risposi nervoso.

«Va bene, Callum. Allora ti prenderai cura tu dei miei», tagliò corto, capendo che sarebbe stato inutile continuare a discuterne.

«Ci vediamo dopo», le dissi prima di sparire nelle scale del condominio.

Avanzai verso il garage, presi il casco integrale nero, lo allacciai sul collo e salii in sella alla moto.

Guidai per diversi isolati, fino a raggiungere la piccola villetta a schiera dove abitava Amy.

Parcheggiai la moto e, quando avanzai verso l'ingresso, mi resi conto che la porta era aperta. Quindi entrai, trovando Amy in un completino intimo rosso, stesa sul divano, ad attendermi.

«Cazzo», sussurrai leccandomi le labbra e avanzando verso quella ragazza dai lunghi capelli e dalla pelle olivastra.

«Dio, Callum, sono bagnata», gemette. Senza perdere tempo, si protese verso di me e mi sbottonò i pantaloni facendo fuoriuscire il mio membro. Dal sorriso malizioso che mi rivolse, sembrò apprezzare la mia scelta di non indossare nulla, sotto i jeans.

Mi sedetti sul divano e lei iniziò a massaggiarlo, poi leccò tutta la lunghezza per prenderlo interamente tra le labbra, mentre io le tiravo qualche schiaffo delicato sulle natiche.

A ogni colpo ricevuto un gemito usciva dalle sue labbra e sentirla fremere non faceva altro che accrescere la mia eccitazione.
Le sue labbra avvolgevano del tutto il mio cazzo e quando la punta riusciva a toccare la sua gola sentivo delle scosse di piacere enormi.
«Ora fatti scopare», ordinai improvvisamente. La presi per i fianchi e la feci girare. «Allarga queste gambe e fatti scopare», ripetei rude spostando le sue gambe insieme al suo perizoma rosso fuoco.
Misi il profilattico dopo averne strappato l'involucro con i denti e iniziai a penetrarla, sentendo le sue pareti avvolgermi completamente.
Le mie spinte erano brusche, sporche, e i suoi gemiti si facevano sempre più ritmati.
«Sì, Callum, sì, scopami così», ansimò.
Iniziai a stuzzicarle il clitoride, fino a sentire le sue ginocchia tremare e i suoi lamenti implorarmi di fermarmi.
«Col cazzo che mi fermo. Voglio sentire il tuo liquido bagnare tutto il divano», imprecai affondando sempre di più in lei e aumentando il ritmo delle spinte.
«Callum!», ansimò tastandosi il seno, e in quel momento venni, spruzzando il mio sperma nel profilattico, mentre ancora il mio cazzo usciva ed entrava nella sua fessura calda e maledettamente bagnata.
Uscii da lei, ripresi a respirare in maniera normale, tolsi il profilattico e mi rivestii.
Guardai Amy, ancora stesa e ansimante sul divano, e le sorrisi.
«Callum, chiamami quando vuoi, lo sai che io sono sempre disponibile, per te».
«Ti chiamerò, Amy, stanne certa», le promisi prima di uscire da casa sua.
Quella scopata mi aveva alleggerito i pensieri, ma adesso dovevo tornare concentrato. Avevamo una missione e le distrazioni non dovevano raggiungermi.
Salii in sella alla moto, ma prima di partire visualizzai la posizione che Harry mi aveva inoltrato.
«Cosa?», mi domandai quando notai che indicava un autolavaggio.
La missione si sarebbe tenuta in un cazzo di autolavaggio automatico?
Volevo esserne sicuro, così decisi di chiamare Harry per togliermi ogni dubbio.
«Call, dimmi», mi rispose dopo un paio di squilli.
«Harry, ma sei sicuro della posizione che mi hai mandato? Dobbiamo andare in un autolavaggio?»
«Sì, anche io ero interdetto quando l'ho saputo. Inizialmente dovevamo andare in un locale, ma Robert ha monitorato gli spostamenti della preda e si trova proprio in un autolavaggio. Sembra sia in combutta con il capo

del FreshCarWash. Pare siano in affari per traffico di armi e di macchine da corsa illegali», mi spiegò lui, fornendomi tutti i dettagli.

«Bene, ci vediamo lì tra dieci minuti».

«Copri la targa con qualche indumento. Se la polizia dovesse trovare il corpo della preda e dovesse controllare le telecamere, non devono rintracciare le nostre targhe, e quindi risalire a noi», mi mise in guardia.

«Va bene, ci metterò una T-shirt sopra».

Dopo aver riposto il telefono nella tasca della giacca in pelle, scesi dalla moto e presi una maglietta che tenevo nel sottosella. La usai per coprire la targa in ferro della mia moto, facendo in modo che non volasse via alla prima curva, poi sfrecciai fino all'autolavaggio FreshCarWash. Lì fuori, nella zona antistante all'entrata, c'erano già i miei amici ad aspettarmi.

«Quando facciamo irruzione?», domandai guardando Harry.

«Robert ha detto che tra cinque minuti esatti dobbiamo entrare e dividerci, come sempre. L'autolavaggio è grande e la preda ha sempre attorno a sé diversi uomini», disse Harry, ma nell'esatto momento in cui finì di parlare, vidi i Daggers arrivare con le loro macchine a tutta velocità.

«Cazzo, loro non ci volevano», sbraitò Mason, indicandoli.

«Che Robert si fotta, entriamo!», urlai accendendo il motore.

Sfrecciai dentro l'autolavaggio, maledicendo me stesso per aver deciso di utilizzare la moto al posto della macchina.

Girai lo sguardo verso destra, dove vidi Fallon scendere da un'auto e avanzare verso una sorta di cubicolo che fungeva da ufficio. Mandai giù un groppo di saliva quando vidi Harry e Thomas correrle dietro a gran velocità.

Non potevo soffermarmi su di lei in quel momento, perché avevo visto la preda correre verso una delle uscite secondarie.

«Arriverò da te», sibilai a denti stretti guardando i capelli neri di Fallon svolazzare dietro la sua schiena.

Diedi gas e accelerai, fino ad arrivare alle calcagna della preda che, nel frattempo, stava correndo e aveva estratto una pistola.

«Non ti conviene usarla contro di me». Sorrisi accelerando.

Lui non rispose, ma lo sentivo battere i denti anche se il rumore del motore della mia moto era assordante. Si capiva che non era abituato a sporcarsi le mani già da come impugnava quell'arma.

Ero in vantaggio e decisi di giocare d'astuzia.

Mi sbilanciai con il braccio destro verso di lui, mentre la moto era ancora in movimento, riuscendo a stringere tra le mani la manica del suo trench color cammello e facendogli perdere l'equilibrio. Finì per terra, così fermai la moto lasciando sul pavimento una strisciata di pneumatici. Quando lo raggiunsi, pregava e si dimenava, incapace di tenere ferma l'arma, per quanto tremava. Gliela strappai dalle mani, gliela puntai in fronte e sparai un colpo.

«Ti avevo detto che non ti conveniva usarla contro di me», sputai acido.

Senza pensarci troppo, salii di nuovo in sella alla moto e tornai indietro, andando alla ricerca di Fallon.

Quando arrivai davanti alla porta dell'ufficio dove l'avevo vista per l'ultima volta, di lei non c'era alcuna traccia. C'erano solo delle gocce di sangue sparse sul pavimento.

«Cazzo», inveii quando ipotizzai che quel sangue potesse appartenere a lei. Anzi, ne ero certo.

Era in minoranza, contro due ragazzi più possenti e più forti di lei. Anche se l'avevo vista stendere due dei fratelli Rubersken senza difficoltà, con i miei amici avrebbe avuto meno possibilità di cavarsela.

Controllai il telefono: avevo ricevuto un'altra posizione da parte di Harry. Pieno di rabbia mi diressi fino a un parcheggio isolato, a qualche chilometro dall'autolavaggio, dove trovai i miei amici intenti a fare baldoria, lontano da dove avevamo appena fatto scorrere del sangue.

«Call, siamo riusciti a uccidere la nostra preda. Era la guardia del corpo della preda principale», esordì Thomas con un'espressione compiaciuta disegnata sul volto.

«Bene, io ho fatto fuori la preda principale».

«Abbiamo anche una sorpresa per te», aggiunse Thomas ridendo.

So già tutto, bastardo!

«Io e Harry siamo riusciti a ferire Fallon. Avresti dovuto vederla, si dimenava tra le nostre mani come uno scarafaggio».

Io avrei voglia di schiacciare voi come se foste degli scarafaggi.

«Quella puttanella pensava di potersi appropriare della nostra preda, ma Thomas le ha procurato un taglio sulla coscia mentre io la tenevo ferma».

Iniziai a serrare i pugni e la mascella.

«Robert ci ha chiesto solo di uccidere le prede, non di causare danni ai Daggers», sottolineai.

«Callum, quella troia del cazzo si stava mettendo in mezzo», tentò di giustificarsi Thomas.

«Non me ne fotte un cazzo! Dovete limitarvi alle direttive che Robert ci dà, non fare di testa vostra», urlai ormai fuori controllo.

Nessuno parlò, erano tutti scioccati da quella mia reazione. E come biasimarli?

Prima di continuare a dire cose che avrebbero potuto far insospettire i miei amici, decisi di andarmene, senza aggiungere altro.

Nessuno doveva sapere.

Nessuno doveva capire che desideravo Fallon.

Capitolo 17

Fallon

«Ma guarda un po' chi abbiamo qui. Fallon Rogers, la Paladina dei pugnali che pensa di poter soffiare a noi DarkBlood la preda da sotto il naso», sentii dire improvvisamente da Harry Black, proprio mentre stavo finendo di legare la mia preda.

«Ma che coincidenza, capiti proprio al momento giusto. Ehi, te l'hanno mai detto che leghi in maniera impeccabile le prede?», continuò beffardo Thomas Murphy, dando un'occhiata alla corda che teneva fermi i polsi dell'uomo che avevo appena immobilizzato.

«E a voi non l'hanno mai detto che ficcarvi in situazioni che non vi riguardano è pericoloso? So legare bene le mie prede, hai ragione, Thomas, ma sai cos'altro so fare?», domandai derisoria, mentre prendevo il pugnale dallo stivale destro e iniziavo a giocarci.

«Illuminami... Fallon», disse assottigliando lo sguardo in segno di sfida.

«So usare molto bene i pugnali. Non vi conviene continuare a fare i beffardi con me, non vi conviene per nulla», intimai prendendo alla sprovvista Thomas e riuscendo a ferirlo di striscio alla sua spalla sinistra, utilizzando solo la punta del mio pugnale.

«Puttana del cazzo», urlò spintonandomi verso il corpo di Harry, senza curarsi del sangue che stava iniziando a sgorgargli dalla ferita, sporcando la maglietta color panna.

La mia schiena andò a sbattere contro il petto di Harry e le sue braccia si strinsero attorno alle mie spalle, impedendomi ogni movimento.

«E ora? Adesso sei ancora in grado di utilizzare quelle fottute lame contro di noi?», domandò ridendo Thomas.

«Io penso di no, ma vuoi saperla una cosa?», continuò l'altro facendomi ribollire il sangue nelle vene. «Ho proprio voglia di provarle, le tue amate lame», disse prendendo il mio pugnale e facendo passare la punta sul mio viso, precisamente sulla guancia destra, proprio sotto l'occhio.

«Siete bravi a combattere solo bloccando l'avversario, non siete dei veri combattenti, fottuti figli di puttana!», urlai quando Harry passò il pugnale a Thomas, il quale iniziò a guardarmi con attenzione, come se volesse scegliere con cura dove ferirmi.

Ero fottuta, non riuscivo a liberarmi in nessun modo, se solo provavo a muovere un muscolo, le mani di Harry mi stringevano ancora di più.

«Hai ragione, ma noi siamo i DarkBlood e non sappiamo rispettare le regole», affermò Thomas puntando il pugnale verso la mia coscia.

Il movimento fu così veloce che inizialmente non capii se mi avesse ferita o meno. Ma poi una sensazione di bruciore si irradiò nella mia carne e il sangue iniziò a colarmi verso il ginocchio.

Harry mi liberò poco dopo, strattonandomi, per poi occuparsi della preda.

«Grazie del lavoro svolto con questa fottuta feccia del cazzo», sibilò concludendo il mio lavoro da sicario.

Aprii gli occhi già con i nervi a fior di pelle, ricordando cosa fosse successo solo due giorni prima.

Erano due giorni che mi incolpavo, per non aver avuto la prontezza di combattere contro Thomas e Harry.

Mi avevano presa alla sprovvista, mi avevano bloccata e infine ferita. Non era stata l'inferiorità numerica a spaventarmi, né la loro mole di muscoli. Ma avevano giocato sporco, senza darmi la possibilità di difendermi. Se avessimo combattuto lealmente, difficilmente mi sarei fatta ferire come era invece successo.

Mi alzai dal divano, appallottolando in un angolo il plaid che avevo utilizzato per non sentire freddo e, dopo aver spento la TV, andai in cucina, dove Asher aveva lasciato su un piatto delle fette di pizza avanzate dal suo pranzo.

Non amavo la pizza, ma visto che era l'unica cosa commestibile a portata di mano decisi di darle un'opportunità. La mozzarella era secca, le fette troppo fredde e dure. Mi ci vollero due bicchieri d'acqua per mandare giù i primi bocconi.

Proprio mentre stavo cercando di fare un altro tentativo, sentii la porta sbattere e i passi pesanti di mio fratello riecheggiare nell'aria.

Mi girai e notai che in mano aveva diverse buste con il logo del minimarket che si trovava a diversi isolati da casa nostra.

«Hai fatto la spesa?», domandai gettando di nuovo sul piatto quei resti di pizza. Ash non li avrebbe rifiutati come stavo facendo io.

«Sì, e ho comprato anche la crema per la tua ferita», disse porgendomi un piccolo sacchetto bianco e verde della farmacia.

«Ash, la ferita è ok», dissi cercando di rassicurarlo.

«No, Fallon, non è per nulla ok come dici tu. Continua a sanguinare, anche se poco, e se non la curi rischi di farla infettare», mi rimproverò, sistemando nella credenza i cereali e le merendine che aveva comprato.

«Va bene, metterò la crema come desideri», lo rassicurai, aiutandolo con il resto della spesa.

«Elina ti ha detto che ha prenotato all'escape room?», domandò cogliendomi di sorpresa.
«Escape room? No, non ne so nulla, Ash».
«Io non devo cambiarmi, ma tu sì», disse rivolgendomi una smorfia a causa del mio pigiama a fiorellini rosa.
«Finisco io qui, tu vai a prepararti», mi esortò, togliendomi dalle mani un pacco di pasta.
Quando arrivai in camera, la prima cosa che feci fu prendere dei vestiti comodi. Avevo detto ad Asher che la ferita non mi causava dolore, ma in realtà bruciava da due giorni senza sosta.
Indossai un paio di leggings e una felpa che lasciava intravedere il piercing che avevo all'ombelico. Dopo aver messo gli anfibi, legai i capelli in una coda e tornai da Asher.
«Andiamo?», domandò prendendo le chiavi della macchina.
«Sì, dobbiamo passare a prendere Elina?»
«No, lei ci raggiunge con Oliver e Jacob direttamente all'escape room».
Salii in macchina, trattenendo una smorfia di dolore quando, sedendomi, urtai sbadatamente la zona ferita contro il sedile, ma riuscii a non farmi vedere da Asher e a trattenere un gemito.
Il viaggio durò poco e quando arrivammo all'escape room notai che si trovava in una zona abbastanza isolata e che, come sempre, la nebbia stava calando sulla sera in maniera lenta e inquietante.
«Siamo qui!», sentii urlare dalla voce stridula di Elina e, non appena mi girai, notai tutti e tre i miei migliori amici fuori dal locale.
Li raggiunsi, ammirando quel piccolo edificio adornato di mattoni lucidi rossi e infissi neri opachi.
«Abbiamo già preso i biglietti», affermò Oliver porgendomi il mio.
«Hai dormito per tutto il pomeriggio? Ho provato a chiamarti per sapere come andasse la ferita, ma non mi hai risposto», mi disse Elina prendendomi sottobraccio.
«Sì, avevo un sonno pazzesco, scusami, El», le risposi, stringendola un po' a me, grata del suo affetto e del suo interesse. Entrammo e mostrammo i nostri biglietti al ragazzo che lavorava lì.
«Prego, potete entrare. Ricordatevi che avete un'ora e tre quarti per completare il gioco. Nel caso in cui non riusciste a finirlo, le porte si sbloccheranno e potrete uscire liberamente», ci spiegò il ragazzo. «Non vi terremo mica prigionieri!», continuò, con quella che doveva essere una battuta rodata, che però non fece ridere nessuno del nostro gruppo.
«Siamo solo noi?», domandai spostando una tenda nera in velluto.
«No, ho visto un gruppo di cinque ragazzi e i DarkBlood entrare poco prima di noi», disse Jacob con un'espressione disgustata in volto.

«Cazzo, sono sempre in mezzo ai piedi quelli lì». Finsi un conato di vomito.

Quando superai un corridoio, fuori dalla prima porta trovai un cestino nero contenente diverse lettere, ne presi una e passai le altre ai miei amici.

«"Recati nell'aria nord della casa, trova il vaso maledetto e cerca la chiave, con entrambi gli oggetti riuscirai ad aprire la porta che ti porterà all'uscita"», lessi ad alta voce dalla lettera che avevo in mano.

«Sono tutte diverse, penso che abbiamo ruoli e compiti differenti e che dobbiamo finire il gioco da soli», affermò Jacob mettendosi in tasca la sua.

«Mettiamoci all'opera e cerchiamo di uscire tutti da qui», propose Oliver.

«Ci vediamo fuori», dissi salutando i miei amici e avanzando verso l'ala nord.

Quell'escape room era piuttosto macabra.

C'erano tende nere in velluto ovunque, mobili neri, intonaco nero, pavimenti neri, solo nero.

C'era talmente tanto buio che non riuscivo neppure a vedere dove mettessi i piedi e poi, quando in tutto quel nero luccicò una maniglia dorata, mi mossi per raggiungerla.

La strinsi tra le mani e aprii la porta, trovandomi in una stanza che poteva benissimo essere quella di un serial killer. Oppure di un accumulatore seriale.

Dal soffitto pendeva una luce rossa, e le pareti erano tappezzate di foto.

Scandagliai tutto l'ambiente, andando alla ricerca degli oggetti che mi sarebbero serviti per uscire da lì, ma c'erano tante di quelle cose strane che continuavo a distrarmi.

Mi avvicinai a un mobiletto, passai la mano dietro di esso per vedere se qualcuno ci avesse nascosto qualcosa, ma non trovai nulla. A quel punto iniziai a toccare tutto ciò che era presente in quella stanza.

Stavo per aprire una scatola in velluto quando qualcuno posizionò una mano sulle mie labbra.

Rimasi tranquilla, il profumo che presto riempì tutta l'aria lo conoscevo bene. Apparteneva all'unica persona che non avevo voglia di incontrare.

Callum.

«Sei nel mio territorio… piccola Fallon», sussurrò facendo scontrare il suo fiato caldo con la mia nuca e lasciando che le sue dita indugiassero sulle mie labbra, prima di abbassare la mano.

«Nel tuo territorio, Callum? Da come hai potuto notare, sono arrivata prima io, in questa stanza», constatai, sorridendo maliziosamente.

«Ti impossessi sempre delle cose che appartengono a me e questo tuo vizio è molto pericoloso», disse stringendo le mie braccia con una leggera forza. Stavo in piedi da troppo tempo, la ferita alla gamba iniziava a bruciarmi.

«Il pericolo mi attrae, Callum, sai bene che se si tratta di combattere sono sempre la prima a scendere sul campo di battaglia», affermai trattenendo una smorfia di dolore.

«Vuoi combattere con me?», domandò facendomi girare verso di lui. Non appena lo guardai, sentii dei brividi percorrermi la spina dorsale.

La luce rossa si infrangeva sul suo viso accaldato, i suoi occhi bruni si impossessarono dei miei. La temperatura, dentro quella stanza, iniziava a salire. Avevo le labbra secche. Me le leccai e Callum rimase fermo a guardare i movimenti della mia lingua con bramosia.

«Voglio sempre combattere con te... Corvo», dichiarai, ma in quel momento tutta la sicurezza che avevo esternato svanì, e un capogiro mi fece aggrappare con forza alle sue spalle.

Callum mi strinse più forte, quando le mie gambe diventarono quasi di burro, e se non ci fosse stato lui probabilmente sarei caduta sul pavimento.

«Cazzo, tieniti a me», sussurrò mantenendomi salda a lui e spostandomi verso una sedia. «Volevi combattere contro di me in queste condizioni?», domandò poi facendomi sedere.

«Sono solo... io sono solo molto stanca...», biascicai chiudendo leggermente gli occhi.

«Chiamo la sicurezza», disse, mentre la testa non smetteva di girare e il dolore di bruciarmi la carne.

Aprii gli occhi, cercando di mettere a fuoco l'ambiente circostante.

Per i primi cinque secondi vidi tutto sfocato, poi riuscii a scorgere una sorta di infermeria.

L'ambiente era completamente bianco, l'odore di disinfettante mi stava quasi facendo aumentare il mal di testa e istintivamente mi portai una mano sulla tempia, dove il fastidio non era mai cessato.

«Fallon, diamine, mi hai fatto preoccupare», esordì Asher dolcemente, accarezzandomi i capelli, seduto accanto al lettino dove mi avevano sistemata.

«Cosa è successo?», mormorai prendendo un bicchiere d'acqua dal comodino.

«Siamo stati chiamati dalla sicurezza, ti hanno trovata sola, in una stanza dell'escape room, svenuta su una sedia», mi spiegò mio fratello, e in quel frangente iniziai a ricordare cos'era successo.

Callum, il suo profumo, i suoi occhi sulle mie labbra...

Le sue mani che stringevano il mio corpo, che mi adagiavano sulla sedia.

Era stato lui.

Aveva chiamato lui la sicurezza, e poi era scappato.

«Sei rimasta svenuta per un'ora, il medico ha detto che sei disidratata e che dovresti fare degli esami del sangue per controllare se hai delle carenze, di vitamine o di ferro», disse Ash prendendo dalle mie mani il bicchiere di vetro. «Riposa un altro po', io vado a parlare con il dottore, prendo le tue cose e andiamo a casa, va bene?»

«Sì, tranquillo, Ash, io sto bene». Non so se, in quel momento, stessi cercando di rassicurare mio fratello oppure me stessa.

Chiusi gli occhi per qualche secondo, mettendo le mani nelle tasche della felpa, per scaldarle. In una c'era qualcosa, così riaprii gli occhi e vidi che si trattava di un bigliettino ripiegato su sé stesso. Lo aprii e lo lessi.

Probabilmente la ferita che ti hanno procurato i miei amici non è ancora guarita, sei svenuta dal dolore, Fallon. Riposa, prendi gli antidolorifici e non fare movimenti bruschi.

P.S.: I DarkBlood vinceranno sempre.

Il Corvo

Dio, quanto poteva essere insopportabile quel ragazzo?

Nascosi all'istante il bigliettino, in modo da non farlo vedere ad Asher quando rientrò nella saletta in cui mi trovavo.

«Coraggio, ti porto a casa», disse aiutandomi a indossare la giacca.

Mi strinsi al corpo di mio fratello, cercando di respirare il suo profumo e non quello di cui era impregnata la mia felpa, ovvero quello che apparteneva al Corvo.

Capitolo 18

Fallon

Quel pomeriggio mi trovavo con l'attenzione rivolta alla mia ferita, che in realtà si era quasi cicatrizzata del tutto.

Era ancora surreale per me credere a ciò che era successo, e più ci pensavo più mi rendevo conto di quanto ero stata debole.

Non sapevo cosa fare, quel giorno ero leggermente irrequieta e allora decisi di sedermi sul divano e di iniziare un film.

Nella home della TV c'era tutta la serie di *Saw*. Ero follemente innamorata di quella saga, così decisi di fare una sorta di maratona. Mi misi comoda, con tanto di plaid e tazza con tisana fumante, e iniziai la visione.

Non ne conoscevo il motivo, ma ero perdutamente attratta dal mistero e dai film del terrore fin da quando ero poco più che una bambina.

Mentre ero concentrata sullo schermo, proprio nel momento esatto in cui Billy, il pupazzetto di Saw, stava facendo il suo ingresso sul suo iconico triciclo rosso, sentii la porta sbattere e vidi Asher entrare in soggiorno con delle buste.

«Ancora questo film?», domandò mio fratello posando i sacchetti che aveva in mano.

«Sto prendendo spunto. Penso che farò come Saw e torturerò a mio piacimento i DarkBlood», affermai sorridendo.

«Mi sembra un'ottima idea».

«Hai preso tutto l'occorrente?», domandai mettendo in pausa il film.

«Sì, vogliamo farle ora?»

«Prepara tutto, io finisco di vedere questa scena e ti raggiungo», gli dissi, facendo ripartire il film.

Dopo la scena della tortura, con ancora l'adrenalina nel corpo, avanzai verso il tavolo della cucina, dove Asher aveva sistemato tutto il necessario.

«Per te ho scelto il colore viola, mentre io prenderò il blu», mi disse. Avevamo intenzione di realizzare due quadri con le impronte delle nostre mani, colorate e vicine. Ash prese a stendere il colore sul suo palmo.

«Sii preciso, voglio che siano perfetti». Lo aiutai a lasciare la sua impronta sulle due tele, poi venne il mio turno.

«Tocca a te ora». Ash mi aiutò e poi ammirammo insieme il risultato.

Sorrisi, soddisfatta. Terminammo l'una la tela dell'altro apponendo la data e una firma.

«Sono stupendi, non vedo l'ora di appenderlo al muro della mia camera», ammisi io, contenta.

«Hai ragione, sono venuti benissimo», concordò mio fratello andando al lavello per lavarsi la mano, e io feci lo stesso.

«Fall, adesso corri a prepararti, tra poco si va in missione», buttò lì, spostandosi verso il frigo.

«Non sapevo ci fosse una missione, questa sera», affermai aggrottando le sopracciglia. Ero convinta che sarebbe stata il giorno dopo.

«Joyle ci ha avvisato all'ultimo. La tua gamba? Riesci a venire?»

«È quasi guarita del tutto, devo solo stare attenta a non prendere botte sulla ferita, per il resto è a posto».

Senza aspettare una risposta da parte di Asher, avanzai verso la mia camera e presi dal ripiano dedicato ai vestiti per le missioni un semplice paio di leggings neri, una felpa over nera e un paio di calzini con due grandi facce di Ghostface sopra. Ero ossessionata da GF e da *Scream*.

Mi misi davanti allo specchio e feci due grandi code ai capelli, belle alte e decisamente tirate. Non avevo intenzione di ritrovarmi con i capelli negli occhi, rischiando di perdere la concentrazione.

Quando fui pronta, tornai in soggiorno e vidi Asher prendere le chiavi della jeep.

«Andiamo?»

«Sì».

Io e mio fratello salimmo in macchina e, in meno di dieci minuti, arrivammo al covo, notando che Elina, Oliver e Jacob erano già lì.

Corsi all'interno e andammo diretti allo studio di Joyle.

«Ragazzi miei, entrate pure», esordì Joyle riponendo un sigaro cubano, appena spento, nella sua confezione in legno.

«Joyle, la missione di questa sera?», domandò Oliver senza perdersi in preamboli.

«Volevo parlarvi proprio di questo. La missione si terrà nel museo delle cere di EalStreet, si trova nella periferia di Fogsville».

«Il museo delle cere? Da bambino ci andavo quasi ogni sabato, cosa dobbiamo fare lì?», domandò Elina stupita.

«C'è un'organizzazione criminale che da mesi fa irruzione nei musei e ruba opere d'arte da milioni di dollari, organizza aste in nero e le rivende a mafiosi e a criminali d'alto livello. Come sapete, il museo delle cere è un museo di basso rango, ma i vestiti che indossano le statue di cera sono abiti originali, di reali o di cantanti famosi», spiegò Joyle.

«Quindi, quanti uomini dobbiamo uccidere?», tagliai corto io.

«Sono due, ma ragazzi, dovrete dividervi. Asher, Jacob e Oliver rimarranno fuori, lungo i perimetri, e con queste si occuperanno di addormentare le guardie», disse aprendo una scatola che conteneva delle pistole che, al posto dei colpi, avevano delle piccole siringhe di sonnifero. «Mentre Elina e Fallon si caleranno dal lucernario principale. Questa è la mappa del museo, in queste buste trovate le funi e tutti gli strumenti necessari per aprire la finestra del lucernario. Ah, ragazzi, dovrete anche staccare la videosorveglianza prima che loro due entrino», continuò, passandoci l'attrezzatura. «All'una in punto dovrete trovarvi al museo. Le guardie a quell'ora sono solo cinque», concluse Joyle congedandoci.

«Ti facciamo sapere appena finito», disse Asher uscendo dalla porta dello studio del nostro capo.

Quando ci trovammo tutti nella zona relax, parlottammo tra di noi della missione.

Non avevamo mai fatto irruzione in un museo, ma con un po' d'astuzia sicuramente saremo riusciti a portare a casa anche quella missione.

«Ragazzi, siete tutti pronti?», domandai con in mano le funi e i pugnali.

«Sì, il museo delle cere si trova a mezz'ora da qui, se vogliamo arrivare in tempo ci conviene muoverci», constatò Elina abbottonandosi la giacca.

«Allora andiamo, avete preso tutto?», domandò Oliver guardando ognuno di noi.

Gli rispose un coro di "sì".

Entrammo tutti in un'unica macchina e il viaggio fu silenzioso. Ognuno stava trovando il modo per rimanere concentrato.

«Manca meno di un minuto all'arrivo. Voi aspetterete in auto, quando ricevete un messaggio da parte nostra, salite sul tetto tramite quel tubo di scarico e fate irruzione dentro», disse Jacob rivolto a me ed Elina, caricando la pistola con il sonnifero.

«Perfetto, aspettiamo il vostro messaggio», affermò la mia amica, guardando i ragazzi scendere dall'auto. «Dio, sono così emozionata!», esclamò poi su di giri.

«Hai ragione, lo sono un po' anch'io. Non abbiamo mai fatto una missione del genere, prima d'ora».

«Andrà tutto bene».

«Sì, siamo un ottimo duo!», proruppi io prendendo le sue mani nelle mie.

Trascorsero un paio di minuti, in cui spostavamo lo sguardo dagli schermi dei nostri cellulari ai nostri sorrisi euforici.

«Ecco il messaggio. Corriamo, forza», disse Elina non appena i ragazzi ci diedero il via libera. Prendemmo le funi e una sorta di enorme calamita.

Senza destare sospetti, io ed Elina ci incamminammo verso il lato secondario del museo, individuammo il tubo di scarico di cui aveva parlato Jacob e, una alla volta, iniziammo a salire.

Mi aggrappai con le mani al tubo e, per darmi la spinta, posizionai la punta dei piedi sopra i mattoni sporgenti, riuscendo a salire fino alla cima nel giro di cinque minuti.

Quando arrivai sopra, aiutai Elina a raggiungermi e, non appena anche lei arrivò in cima, ci incamminammo a passo svelto verso il lucernario. Una volta raggiunto, ci accovacciammo e iniziammo ad armeggiare con calamita e coltelli per riuscire ad aprire la finestra.

«Allora, manteniamo la calma», proposi a entrambe. Avevo le mani che sudavano, perché quella finestra sembrava proprio non avere alcuna intenzione di aprirsi. «Tieni ferma la calamita, io inserisco la lama nella serratura e cerco di fare leva». Elina mi rivolse un cenno affermativo, seguì le mie indicazioni e facemmo un altro tentativo. Quella volta, dopo qualche secondo, sentii la chiusura fare un rumore metallico e aprirsi.

«Bene così!», fece la mia migliore amica, trattenendosi dal gridare per non farci scoprire.

Esercitai un altro po' di pressione, per aprire la finestra quanto bastava.

«Lega bene la corda alla vita e poi fissa con forza l'estremità», le dissi mostrandole con precisione tutti i passaggi che avrebbe dovuto compiere anche lei. Una volta che mi sentivo sicura dell'imbracatura, mi sporsi verso l'apertura. «Ci vediamo qui sopra appena finito», continuai sorridendo prima di calarmi nella zona centrale del museo.

Quando la corda mi fermò a mezz'aria, staccai il gancio e balzai sul pavimento.

Il museo, a quell'ora della notte, metteva i brividi. C'era una luce fioca, sui toni dell'arancione, e tutte le statue in cera apparivano tenebrose. Sembrava che i loro occhi seguissero ogni mio movimento.

Scossi la testa, non dovevo farmi distrarre. Feci mente locale su dove mi trovavo; ripensai alla mappa che ci aveva fornito Joyle e che avevo memorizzato durante la preparazione. Sapevo dove avrebbe dovuto essere la mia preda, quindi avanzai di soppiatto verso la stanza adiacente a quella in cui stavo.

Mentre ero intenta a camminare, facendo meno rumore possibile, mi accorsi di Elina che si stava liberando dall'imbracatura, dopo essersi calata. La sua preda si trovava, rispetto alla mia, in un'altra ala del museo. Ci scambiammo uno sguardo e un sorriso, per poi avanzare, ognuna nella propria direzione. Una volta dentro la stanza giusta, mi nascosi dietro una grande statua raffigurante un monarca, e vidi che l'uomo che dovevo uccidere aveva già trafugato diversi indumenti, tra cui gli abiti di diverse regine, nel giorno della loro incoronazione, più tutti i loro gioielli.

Presi il pugnale facendo il minor rumore possibile, ma quando mi avvicinai alla preda, sentii il pavimento in parquet scricchiolare sotto il mio peso.

L'uomo si girò di scatto, mentre io rimasi ferma, con ancora il pugnale puntato a mezz'aria verso di lui.

«Volevi usarlo su di me?», mi domandò prendendosi gioco di me e avanzando. «Sai che sei arrivata proprio al momento giusto?», continuò, e io, senza parlare, mi avventai su di lui. «Ferma, sono più forte di te», sputò acidamente mentre bloccava le mie braccia con forza.

«Lasciami!», urlai io dimenandomi. Aveva ragione, era forte e io mi ero rivelata poco astuta.

«Ora ti legherò alla statua così, quando arriverà la polizia, penserà che l'artefice di tutto questo sia tu. O magari, che tu e il tuo complice avete litigato durante la rapina e che ti abbia lasciato qui, tutta sola, scappando via con la refurtiva», ipotizzò, sorridendo di quegli scenari che stava delineando. Mentre continuava a placcarmi, dalla tasca prese una fascetta di plastica e mi immobilizzò i polsi. Poi, non contento, dal suo zaino tirò fuori della corda e mi legò a una statua. «Ti conviene non urlare o la polizia arriverà prima del previsto... ma forse posso esserti di aiuto». Prese del nastro adesivo, ne strappò un pezzo con i denti e me lo posizionò sulla bocca. Divincolarmi non era servito a niente. Non riuscivo a muovermi, a parlare.

Ed era tutta colpa mia.

«Io continuo i miei acquisti, tu rimani ferma lì. Buona prigione, cara», mi beffeggiò quell'uomo prima di sparire nell'ombra.

Passai circa dieci minuti a tentare di slegare la corda che mi bloccava, senza riuscirci.

Quando ormai stavo gettando la spugna, sentii dei passi e una risata echeggiare nell'aria.

Callum.

«Non pensavo che sarebbe stata così divertente, questa serata», disse avvicinandosi a me. «Sai che sei carina? Così silenziosa e indifesa». Sorrise malizioso. «Vorrei quasi lasciarti così, ma la polizia arriverà a breve. E se ti mettessero in prigione, io con chi giocherei?», domandò prendendo dal mio stivale uno dei miei pugnali.

Tagliò le corde che mi impedivano di muovermi, poi mi liberò dalle fascette, ma lasciò il nastro adesivo sulla bocca.

Tentai di dire qualcosa, ma vennero fuori solo dei suoni senza senso.

«Non ringraziarmi. Ti ho liberata... Ora ti conviene scappare, perché il Corvo inizierà a darti la caccia», sibilò prima di lasciarmi di nuovo sola.

Capitolo 19

Fallon

Callum.

Callum e il suo avvertimento vagavano nella mia mente da ore.

Sapevo bene che lui voleva ferirmi, che non vedeva l'ora di posare i suoi artigli sulla mia pelle candida, macchiandola di sangue e di peccati, ma aveva dimenticato un particolare importante.

Ero la sua nemesi e anche nelle mie vene scorreva il suo stesso, identico desiderio.

La competizione che c'era tra di noi era ancestrale, non mi veniva in mente neppure un piccolo momento nel quale io e lui fossimo andati d'accordo e pensai che fossimo opposti, a causa delle gang di cui facevamo parte, ma simili, molto simili sotto diversi aspetti.

E mentre la sua essenza macchiava di gocce color pece la mia mente, entrai in camera mia, dove mi avvicinai alle margherite, i cui petali ormai si erano completamente tinti di viola.

Quel fiore era una vera e propria ossessione. Amavo pensare che qualcuno avrebbe trovato quei petali violacei su un corpo privo di vita, magari chiedendosi quale fosse il loro significato nascosto. Sentivo un brivido di adrenalina al pensiero che fosse Callum a trovarli. Lui sapeva bene che erano la mia firma. E che vederli significava aver perso almeno una battaglia, nella continua guerra contro di me.

Dopo circa mezz'ora tornai in soggiorno dove presi un bloc-notes e una matita e iniziai ad abbozzare qualcosa su quella carta ruvida e spessa.

Quando disegnavo solitamente ero molto impulsiva e quel giorno sentivo dentro di me una strana sensazione, mentre la mia mano muoveva la matita sul foglio senza tregua.

Poco dopo, spostai la mano e ciò che vidi mi mandò lo stomaco in subbuglio. Affidandomi all'istinto avevo disegnato un becco nero, stilizzato, che stringeva lo stelo di un fiore. Non era difficile capire qual era stata la rotta seguita dei miei pensieri.

Perché dovevo sempre avere Callum in mente?

Perché continuavo a pensare a noi due così saldamente legati?

Dio, era assurdo e sfibrante.

Con le mani tremanti per il nervosismo, presi quel foglio e lo strappai violentemente dal blocco. Lo accartocciai e lo gettai nella pattumiera, ancora infastidita all'idea che Callum occupasse gran parte dei miei pensieri, e che non riuscissi a far niente per impedire che accadesse. Avevo bisogno di una distrazione. Ci pensai un momento e decisi che mi sarei concessa una serata al drive-in, senza farmi mancare niente: un film dell'orrore, una porzione large di nachos, popcorn e una bibita super zuccherata e gassata. Indossai una semplice tuta nera, mandai un messaggio ad Asher per informarlo e presi Mister Otto, il mio pupazzo preferito, a forma di bassotto, colui che mi accompagnava quando dovevo fare qualcosa da sola. Non feci nemmeno il tentativo di invitare qualcuno dei miei amici, perché sapevo che avevano gusti molto diversi in fatto di film, e che avrebbero sicuramente declinato.

Indossai gli anfibi, presi la borsa e mi avviai di corsa in macchina, sperando di non arrivare troppo in ritardo.

Aspettai circa dieci minuti in coda e, quando finalmente parcheggiai, non persi tempo e andai a fare rifornimento di cibo spazzatura.

Tornai in macchina con una busta di vermicelli alla fragola, una porzione di nachos conditi con extra salsa piccante, una busta di popcorn e una lattina di Sprite.

«Bene, ora godiamoci la serata», dissi guardando Mister Otto.

Appena partirono i titoli di testa del film, mi girai e mi accorsi che, nelle macchine di fianco alla mia, c'erano coppie occupate a palparsi e a sbaciucchiarsi.

«Dio, è un film dell'orrore, non una commedia romantica da cui prendere spunto», sospirai tra me e me. Misi in moto l'auto, decisa a cambiare posizione e a trovare un posto più isolato, lontano da labbra intente a risucchiarne altre.

Appena fui del tutto soddisfatta, mi misi comoda e guardai il film, fino a quando non sentii un rumore metallico.

Mi bloccai sul colpo e voltai lo sguardo verso il finestrino, oltre il quale riuscii a vedere solo un'ombra nera.

Quando capii che si trattava di Callum, gettai gli occhi all'indietro e sbuffai, accorgendomi che stava salendo sulla mia auto.

«Hai comprato tutte queste cose solo per te?», domandò scostando la porzione di nachos.

«Sì, hai qualche problema?», replicai io, infilandomi in bocca una generosa manciata di popcorn.

«Non mi cacci via?», chiese beffardo mettendosi comodo.

«Sto vedendo il film, la mia attenzione è rivolta altrove», continuai con nonchalance.

«Appena ho riconosciuto la tua auto, ho sentito una strana voglia di intromettermi nella tua serata e di infastidirti», confidò rubandomi dei popcorn.

«Parla quanto vuoi, non sto ascoltando neanche una parola».

«Ma che bel pupazzetto, sarebbe perfetto infilzato dall'antenna della tua macchina», osservò prendendo in mano il mio peluche.

«Non toccare Mister Otto!», urlai gettando all'aria i popcorn, che finirono sui sedili dell'auto.

«Uh, ma guarda come siamo possessive...», mi schernì, allontanando ancora di più da me il pupazzo e alzando in alto la mano con cui lo teneva stretto.

«Callum, ridammelo», dissi io. Tentai di riprenderlo, ma mi sbilanciai in avanti e caddi sopra di lui. La mia testa finì pericolosamente vicina alle sue gambe divaricate.

Mi bloccai, come gelata, e avvertii le gote arrossarsi terribilmente.

Callum, d'altro canto, sembrava trarre piacere dalla situazione e iniziò a toccare il mio collo con l'indice.

«Questa posizione non mi dispiace, sai?», sussurrò leccandosi le labbra, poco dopo. «Riesco a captare tutti i tuoi istinti e rende facile la mia impresa».

«La tua impresa?», domandai sentendo le labbra secche.

«Ucciderti, Fallon. Ecco qual è la mia impresa», disse seguendo con lo sguardo il movimento delle sue dita che giocavano con i miei capelli. «Dio, Fallon, perché mi sento così affamato in questo momento?».

Non gli risposi, non riuscivo nemmeno a capire cosa stessi provando.

«Vorrei prendermi tutto di te, Fallon», continuò, tornando con le dita sul mio collo ed esercitando una piccola pressione su quella zona. «Ma per farlo, dovrò aspettare».

«Anche io... anche io voglio vedere il tuo sangue colare», affermai schietta, mentre i miei occhi erano incatenati ai suoi. «Ho un pugnale proprio qui, nel vano portaoggetti, potrei prenderlo ed esaudire in fretta il mio desiderio», constatai, cercando di scostarmi dal suo corpo.

Prima che potessi dire altro, le mani di Callum si posizionarono sui miei fianchi e lui mi mise di peso sopra di sé, strappandomi un gemito sommesso.

«Era questo ciò che volevo, Fallon. Desideravo così tanto sentire il tuo corpo tremare a causa mia», sussurrò alzando l'angolo destro delle labbra. «In questo momento sei la *mia* preda», continuò malizioso guardandomi negli occhi.

«Sbagli, Callum», lo corressi, riuscendo ad aprire il vano portaoggetti senza che lui se ne accorgesse. Presi il pugnale e, con uno scatto, glielo posizionai sul collo. Lui non fece una mossa, nemmeno un battito di ciglia. «Ho io il potere, in questo momento», sottolineai, premendo la punta sulla sua giugulare, ma senza fare troppa pressione.

«La tua mano non è ferma», insinuò, posizionando la sua sulla mia. «Vedi? Anche se lo volessi, non riusciresti mai a uccidermi. La tua attenzione sta vacillando a causa mia».

Prima che potessi aggiungere altro, lui invertì le nostre posizioni e io mi ritrovai con la tempia che premeva contro il vetro del finestrino del guidatore e il viso di Callum vicino il mio orecchio.

«E ora?», sussurrò. Il suo alito caldo e al profumo di menta mi faceva formicolare il collo. «Ora come intendi liberarti di me?».

Il pugnale era finito nella sua mano e stava facendo scivolare la lama dal mio orecchio fino alla clavicola.

«Prima o poi, un giorno non tanto lontano», iniziò, fermando la lama sul mio petto, «assaggerò il tuo sangue e mi libererò finalmente della condanna che mi hai inflitto», concluse lasciandomi andare.

Non parlai e solo quando Callum uscì dalla mia auto io ripresi a respirare.

La sua presenza, il suo odore e la sua voce erano ancora presenti all'interno dell'abitacolo.

Aveva ragione, la mia mano tremava, ma i miei pensieri erano stati sempre fermi sui miei intenti. Anche se iniziavo a non esserne più così sicura.

Potevo premere la lama sul suo collo e conficcarla nei suoi muscoli, ma poi?

Poi mi sarei sentita appagata? Era davvero quello che desideravo?

Capitolo 20

Fallon

Presi lo stelo di una delle margherite che avevo comprato quella mattina e, con l'ausilio di un piccolo coltellino, praticai diversi tagli.

Lo aprii bene con le dita, assicurandomi di vedere la parte bianca e non più quella verdina, poi, dopo aver versato del colorante viola in un bicchiere, posizionai la margherita al suo interno, con lo stelo tagliato completamente in acqua.

Quella era la pratica che utilizzavo per far diventare le mie margherite viola e ripetevo quella operazione circa due volte a settimana. In quel modo, i fiori da bianchi cambiavano colore nel giro di pochissime ore.

La margherita viola era il mio segno distintivo. Serviva per far capire a Callum che ero arrivata prima di lui.

Pensare al Corvo mi causava un vuoto nello stomaco e dei brividi che mi solleticavano tutto il corpo.

La sera precedente si era avvicinato tanto a me, forse troppo. E io… io lo avevo lasciato fare.

Riuscivo quasi a sentire ancora il suo fiato caldo sfiorarmi il collo e le sue mani afferrarmi i fianchi. Mi sembrava di percepire ancora le sue dita indugiare sui miei capelli.

Mentre cercavo di spegnere i pensieri che ruotavano attorno a Callum, sentii dei rumori strani provenire dalla camera di Asher e, incuriosita, posai le margherite e il colorante e uscii sul corridoio.

Camminai di soppiatto cercando di non farmi scoprire e quando, in punta di piedi, arrivai fuori dalla porta della stanza di mio fratello, vidi che furtivamente stava nascondendo tre polaroid.

Assottigliai lo sguardo e mi accorsi che erano uguali a quelle che qualche volta ci forniva Joyle per le nostre missioni. Avevamo un nuovo incarico? E perché io non ero stata avvisata?

«Cosa sta succedendo?», domandai a mio fratello, facendo irruzione nella sua stanza come una furia.

Lo vidi sobbalzare a causa dello spavento. Rimase sorpreso, con le polaroid ancora strette nelle mani tremanti.

«C'è una nuova missione?», chiesi diretta, visto che non mi rispondeva.

«C'è stata».
«Cosa?! Siete andati in missione senza di me? Perché? Perché non mi avete detto nulla?».
Ero un fiume in piena, non riuscivo a controllarmi, la rabbia stava avendo il sopravvento su di me.
«In realtà, Joyle ha avvisato solo me, Oliver e Jacob, e ha preferito lasciare fuori te ed Elina perché era una missione abbastanza semplice e mandare l'intera gang sarebbe stato uno spreco di energie», spiegò mettendo da parte le fotografie.
«Quindi, non volevate escludermi?», domandai calmandomi e gettandomi sul letto, col volto provato.
«Ma, Fallon, perché pensi che io o i nostri amici vorremmo escluderti?», chiese Asher prendendo il mio viso tra le mani.
«Io… non lo so. È stata la prima cosa a cui ho pensato quando ho visto quelle polaroid», ammisi indicandole.
«Ho sbagliato io a non parlartene prima, ma nessuno vuole escluderti, credimi. Sei una Daggers, sei un sicario bravissimo e senza di te saremmo rovinati, quindi non pensare mai più una cosa del genere», mi rassicurò guardandomi con aria dolce. «Me lo prometti?», continuò mostrandomi il mignolo.
Sorrisi calorosamente e strinsi il suo dito con il mio in segno di promessa.
«Sì, te lo prometto, Ash».
«Dove sei stata questa mattina? Quando mi sono svegliato non c'eri», mi chiese, cambiando argomento.
«Sono andata a prendere le margherite dal fioraio, poi mi sono fermata a pranzare al centro commerciale con Elina», gli raccontai.
«Le tue amate margherite», disse Asher con un tono affettuoso, sorridendo. «Hai programmi per oggi pomeriggio?», continuò.
«Sì, ho promesso a Jac che lo avrei aiutato in matematica. Ha un test tra qualche giorno e non riesce a risolvere alcuni dei problemi che il professore ha lasciato alla classe per esercitarsi», gli feci sapere, alzandomi dal letto.
«Ci vediamo dopo al covo allora, Joyle deve parlarci di una nuova missione».
«Va bene, io e Jac vi raggiungeremo lì, più tardi». Non feci in tempo a tornare nella mia stanza che sentii la notifica di un messaggio in arrivo, sul cellulare. Era Jacob che mi faceva sapere di essere già arrivato e che mi stava aspettando fuori. Presi in fretta la mia roba, sperando di non aver dimenticato nulla, salutai dal corridoio mio fratello e uscii di casa.
«Pronto per una giornata di studio in matematica?», domandai ridendo al mio amico quando entrai nella sua macchina.
«Diamine, no! Non sono per niente pronto!».

«Dai, grazie a me passerai l'esame. Forse. Si spera», lo presi in giro, facendo spallucce.

Jacob scoppiò a ridere mentre metteva in moto. Una volta arrivati al college, andammo alla ricerca di un'aula studio che fosse vuota.

Dopo circa dieci minuti finalmente ne trovammo una, era piccolina e conteneva solo un paio di tavoli in mogano con qualche libro dimenticato da chissà chi.

Ci sedemmo e prendemmo subito libri e quaderni.

«Bene, ora concentriamoci su questo problema», lo invitai soffermandomi su una pagina del libro di testo. «Sai che argomenti tratta?», chiesi prendendo una matita dall'astuccio.

«Continuità e derivate parziali?»

«Sì, proprio loro. Siamo già un passo avanti, vedo! Ci sono persone che non riescono neppure a catalogare i diversi problemi matematici», affermai fiera del mio migliore amico, pensando che almeno un po'aveva studiato.

Passai le due ore seguenti a spiegare diverse cose a Jacob, che riuscì a svolgere alcuni degli esercizi da solo, dimostrando di aver assimilato parecchie informazioni. Quando entrambi iniziammo a essere troppo stanchi, decidemmo di chiudere sia i libri che i quaderni.

«Grazie, Fall, senza di te non avrei capito nulla di queste cose», disse sistemando i suoi appunti nello zaino.

«Non devi ringraziarmi, Jac, sono felice di aiutarti».

Il mio amico, di colpo, si bloccò.

«Cosa c'è?», domandai aggrottando le sopracciglia e notando solo in quel momento che Jacob aveva iniziato a fissarmi le labbra in maniera spudorata.

«Sei così...».

«Così, come?»

«Sei energia pura, una calamita, e io non riesco a starti lontano», confessò sbilanciandosi velocemente verso di me per unire le nostre labbra.

Rimasi interdetta per qualche secondo, sia per via delle parole di Jacob che per il suo gesto così istintivo, ma quando sentii le sue labbra morbide sulle mie, mi lasciai andare, iniziando ad assaporarle.

Il bacio fu delicato, a tratti pieno di bramosia, ma poi tornava regolare.

Ero concentrata solo sul rumore delle nostre labbra e sulle mani di Jacob che vagavano sui miei fianchi in maniera delicata, senza mai scendere al di sotto delle fossette di Venere.

Improvvisamente, però, un rumore forte mi fece bloccare, spaventandomi.

Io e Jacob ci girammo all'unisono, notando che i libri presenti su uno dei pochi tavoli dell'aula erano caduti per terra, provocando quel tonfo sordo.

«Chi è stato?», esclamai volgendo lo sguardo intorno alla stanza vuota.

«Non lo so. Ma possiamo riprendere da dove abbiamo interrotto, se vuoi...».

Jacob si stava di nuovo avvicinando, ma per me il momento era passato. Distratta, guardai l'orologio e mi resi conto che avevamo fatto tardi.

«Cavolo, Jac, sono già le sette, abbiamo appuntamento con Joyle tra meno di dieci minuti», affermai racimolando tutte le mie cose sparse in giro sul tavolo.

«Allora andiamo», disse Jac alzandosi dalla sedia e uscendo dalla stanza, con me alle calcagna.

Una volta al covo, trovammo Asher, Elina e Oliver che ci stavano aspettando per entrare nello studio del nostro capo.

«Coraggio, andiamo», disse Oliver alzandosi dal divanetto.

Seguii i miei amici fino ad arrivare fuori dalla porta dello studio. Bussammo e Joyle, con il suo immancabile sigaro cubano, ci fece accomodare. Il tempo per i convenevoli, come spesso accadeva, fu breve.

«Joyle, che tipo di missione ci sarà questa sera?», domandò Elina.

«La missione si svolgerà al palazzo del dio Ade, lo chiamano così perché è un luogo pericoloso. È formato da diversi piani e su ogni piano si svolgono dei combattimenti. È un luogo molto famoso e chiacchierato, le persone che ci sono state dicono che, per combattere contro uomini potenti, bisogni donare all'asta un oggetto di valore e che il vincitore si aggiudicherà l'intera asta», ci spiegò.

«Quindi, noi chi dobbiamo uccidere?»

«Jeremy e Muscov, sono due uomini russi che intendono rubare l'intera asta, sono criminali particolarmente temuti. Ho deciso già lo schema: Elina e Jacob si occuperanno di prendere informazioni su altri criminali che girano in zona, il palazzo di Ade è una fonte sicura. Oliver si fingerà segretario d'ufficio, per riuscire a scoprire i numeri delle camere nelle quali alloggiano Jeremy e Muscov, all'interno del palazzo. Asher, invece, cercherà Muscov, e Fallon Jeremy. Ho preparato per voi due oggetti di valore, nel caso in cui decideste di prendere parte ai combattimenti», concluse porgendo a me e Asher un vaso d'oro e diamanti e un orologio da polso tempestato di zaffiri.

«Bene, allora vado a cambiarmi», dissi uscendo dallo studio e raggiungendo gli spogliatoi.

Aprii il mio armadietto personale e presi la mia solita tuta nera, composta da pantaloni morbidi e top crop monospalla, che lasciava intravedere la spallina del reggiseno sportivo bianco che indossavo.

Quando finii di vestirmi, indossai la giacca e uscii dallo spogliatoio, trovando i miei amici appena fuori dalla porta.

«Andiamo?», domandò Asher guardando tutti.

Durante il tragitto in auto tenni stretto tra le mani l'orologio da polso che mi aveva dato Joyle poco prima.

«Svolgiamo il nostro compito e usciamo sani e salvi da questo posto», disse Jacob guardando il grande e alto palazzo che portava il nome del dio degli inferi.

Era altissimo, quadrato e composto da mattoni grigi che ricordavano quasi una prigione.

Come sempre ci dividemmo, ognuno avrebbe portato a termine la sua parte del piano da solo.

Presi un respiro profondo e, dopo aver mostrato all'uomo che stava di guardia all'ingresso una carta d'identità falsa, entrai e una donna col cappellino verde mi fece strada.

«Vuoi partecipare o sei venuta qui per scommettere sui combattenti?»

«Sono venuta per combattere», risposi in base a quello che avevo deciso.

«Conosci già le regole? Non si fa distinzione di sesso al palazzo di Ade».

«Lo so, non c'è nessun problema. Mostrami l'arena e affidami un combattente degno di nota», affermai fiera, seguendola lungo un corridoio completamente grigio e asettico.

Quando arrivai all'interno della prima arena, notai che c'era una marea di gente sugli spalti. Eleganti uomini d'affari stavano seduti accanto a mafiosi e delinquenti. Tutti non vedevano l'ora di assistere a una lotta all'ultimo sangue.

«Per combattere contro un lottatore forte, e soprattutto per avere accesso a una suite che mettiamo a disposizione dei nostri combattenti, devi donare un oggetto prezioso all'asta», mi rammentò la ragazza dal cappellino verde.

Io le mostrai subito l'orologio da polso e le brillarono gli occhi nel vederlo.

«Portalo su quel banco e dai le tue informazioni a quell'uomo, lui ti affiderà un avversario», mi spiegò indicandomi un tavolo colmo di oggetti di valore non poco distante da dove ci trovavamo.

Annuii e feci come mi aveva indicato. Compilai una sorta di contratto, dando false credenziali, e mentre stavo per firmare sentii un formicolio alla base del collo. Sapevo già quando il mio corpo reagiva così. Mi bastò alzare lo sguardo per scorgere Callum che si stava riscaldando con una corsa sul posto. Il mio sangue si fece lava nelle vene.

«Vai nella zona allenamenti, sei il numero 127. Quando sentirai questo numero attraverso l'altoparlante recati sull'arena», disse l'uomo congedandomi, dopo essersi preso i fogli e l'orologio. Raggiunsi la zona adibita agli allenamenti e fulminai con lo sguardo Callum, prima di iniziare a riscaldarmi a debita distanza da lui. Poco dopo, l'altoparlante disse il mio numero e, da quello che capii dalla sua espressione, anche quello di Callum.

«Ci vediamo all'arena, piccola Fallon, e non temere: ti tratterò come un avversario da non sottovalutare», disse avvicinandosi e facendomi l'occhiolino.

Io sbuffai e strinsi i pugni a causa della rabbia. Non dovevo lasciare che le mie emozioni prendessero il sopravvento, dovevo rimanere lucida. Raggiunsi l'arena, salendo diversi gradini.

Era quadrata, a terra trucioli di legno e sabbia nascondevano a malapena le macchie del pavimento in cemento.

Disgustata alzai lo sguardo: Callum si trovava davanti a me, con i pugni in posizione di difesa, quasi a proteggersi il viso.

«Tre, due, uno… combattete!», urlò lo speaker improvvisamente e io fui colta alla sprovvista da un destro di Callum, che fortunatamente riuscii a deviare spostando il corpo verso destra.

«Ora dimmi, Fallon», iniziò, alzando i pugni davanti al suo viso per cercare di non farsi colpire dai miei. «Ti è piaciuto essere stata interrotta mentre baciavi Jacob?», mi domandò con espressione maliziosa.

«Che cosa? Sei stato tu?», gli chiesi, provando a tirargli un destro. «Hai fatto cadere tu i libri, per interromperci?»

«Sì, sono stato io», sibilò meschino, mentre continuava a girarmi intorno, cercando il punto migliore per colpirmi.

«Dimmi un'altra cosa: perché ami così tanto baciare quell'inutile ragazzo?», domandò avvicinandosi a me con fare minaccioso. Mi aveva già fatto quella domanda, apostrofando Jacob allo stesso modo. Quella volta lo avevo stuzzicato e lui mi aveva afferrato il collo, dandomi della bugiarda.

«Non sono tenuta a darti spiegazioni, Callum». Lo spintonai più volte, fino a farlo cadere per terra. «Dovrò ucciderti», conclusi riuscendo a bloccarlo, con un piede che spingeva sul suo addome.

Lui fece una smorfia di dolore e poco dopo iniziò a sorridere in maniera crudele e a tratti beffarda.

«Ricorda, Fallon, il tuo cuore appartiene a me, non a Jacob Baker. Sarò io a trapassare il tuo petto e ad appropriarmi del tuo organo vitale, non lui», ribadì meschino, mentre lo speaker annunciava la mia vittoria.

Mentre stavo andando via dall'arena, per andare a cercare la mia preda, mi vennero in mente le parole che Callum aveva pronunciato mesi prima e che non riuscivo a togliermi dalla testa: "Credo che il tuo cuore non veda l'ora di farsi stringere dalle mie mani, mentre è ancora pulsante".

Lo odiavo e non riuscivo a smettere di pensare a lui.

Con i nervi a fior di pelle e mille brividi sul corpo, iniziai a orientarmi dentro quel palazzo. Oliver mi aveva mandato un messaggio con scritto il numero della suite che era stata messa a disposizione della mia preda, la numero 321. Non persi tempo e corsi su per le scale, alla ricerca di quel numero.

Quando lo trovai ero talmente nervosa che aprii la porta con un calcio ben piazzato. Colsi la mia preda alla sprovvista: si stava preparando una striscia di cocaina, e di certo non si aspettava che una donna sarebbe finita in camera sua. O almeno, non buttando la porta a terra con un calcio. Approfittai di quel suo momento di debolezza per saltargli addosso.

Riuscii a bloccarlo sulla sedia in velluto giallo, presi il pugnale con una mossa fulminea e gli sferrai un colpo sulla mano.

Lui urlava, si dimenava, ma era troppo fatto per riuscire a scappare. Colsi l'occasione e lo pugnalai al collo, e un fiotto di sangue schizzò da tutte le parti. Solo quando mi accertai che fosse morto, stabilizzai il respiro. Andai in bagno, mi pulii il sangue che mi era finito tra i capelli e levai il resto con un asciugamano.

Uscii dal palazzo di Ade, convinta di aver mandato al dio degli inferi una nuova anima, mentre la mia mente continuava a pensare al mio cuore e alle mani di Callum che lo stritolavano in una morsa stretta.

Capitolo 21

Callum

«Mamma?», risposi preoccupato. Non ricevevo mai telefonate da parte sua.

Da quando avevo deciso di tirarmi fuori dalla vita di mio padre, lei, automaticamente, si era tirata fuori dalla mia.

Era una brava persona, dolce, gentile, ma io, ferendo mio padre, ero riuscito a ferire anche lei.

«Callum», disse con voce strozzata dal pianto. Mia madre non piangeva mai.

Mi preoccupai, non l'avevo mai sentita così, con la voce così flebile da essere appena udibile. Doveva sicuramente essere successo qualcosa di grave.

«Stai bene? Mamma?», continuai, ma alle mie orecchie arrivò soltanto un sospiro sommesso.

«No, Callum, non sto bene», rispose dura.

«Cosa è successo? Vuoi che venga a casa?», chiesi, mentre il mio cuore rischiava di uscire fuori dal petto.

Le mani sudavano, la testa pensava al peggio.

«Callum, tuo padre... lui... lui ha avuto un'altra crisi respiratoria. Le vene non sono riuscite a pompare la giusta quantità di sangue al cervello e si pensa abbia avuto una sorta di ictus», disse scoppiando a piangere.

Mio padre.

Un'altra crisi respiratoria.

Una sorta di ictus.

«Mamma, come sta adesso?», riuscii a chiederle.

Ero come asettico, sospeso in una bolla d'aria, convinto che nessuno potesse entrarci, ma, piano piano, il dolore si stava insinuando, spezzando la mia calma, la mia vita, la mia anima.

«Non bene, Callum, non sta affatto bene».

«Io... io devo andare», balbettai, riagganciando e non sapendo come continuare a sostenere quella conversazione.

Non riuscivo a pensare in maniera lucida, era come se la mia mente fosse stata offuscata da un pesante velo nero.

Mio padre stava morendo.

Lo sapevo, ero stato messo in guardia per mesi, ma avevo fatto finta di niente. Avevo solo spostato la polvere sotto il tappeto per non vederla più.
Non si vedeva, ma era presente, sempre.
Come preso da un attacco di panico, aprii l'armadio e presi la scatola in latta rossa.
Estrassi la cinghia con forza e subito dopo mi scoprii il busto.
Mi posizionai davanti allo specchio, mi guardai e diedi inizio alla mia punizione.
Non si trattava solo di dolore fisico, quello non era paragonabile al dolore che sentivo dentro l'anima.
Era come se la mia anima si stesse sgretolando colpo dopo colpo, giorno dopo giorno.
L'avevo accartocciata, l'avevo trafitta con forza, di lei non rimaneva più nulla.
Urlavo a ogni frustata che arrivava con forza, a marchiare una pelle già massacrata. Rinnovavo un rituale che mi piegava, ma che riusciva anche a darmi forza.
Iniziai a ridere e a piangere allo stesso tempo, con la stessa foga.
Era come se in quel momento avessi due anime nel corpo: una era dolorante e piangeva, l'altra voleva sentire dolore e rideva, rideva talmente tanto forte che la mia mente venne offuscata per qualche secondo.
Sentivo le ferite in fase di cicatrizzazione aprirsi nuovamente e sanguinare, ma non mi fermavo, continuavo a martoriarmi la pelle e l'anima con forza.
«Se mi stai ascoltando», urlai, «se mi stai ascoltando, ti chiedo di assolvere le mie colpe».
Ancora dei colpi. Ancora rivoli di sangue.
«Perdona gli sbagli commessi», urlai nuovamente. «E forse la smetterò di farmi del male».
Mi gettai sul pavimento e piansi, per ore, fino a quando non sentii il sangue seccarsi sulla pelle.
Presi il telefono e mandai un messaggio a Amy, dovevo sfogare con lei tutti i miei istinti.
Amy rispose subito e tirai un sospiro di sollievo. Mi feci una doccia, pulii il casino che avevo fatto e mi vestii.
Guidai come se avessi inserito il pilota automatico e quando scesi dall'auto mi trascinai fino alla porta di Amy.
Lei venne ad aprire subito, già pronta per me, con il seno stretto in un reggiseno blu elettrico che mi fece eccitare immediatamente.
«Oh, Callum, ti stavo aspettando», esordì lei mordendosi il labbro inferiore.
«L'attesa è finita», decretai io spintonandola all'interno.

Quella volta la feci stendere sul letto e, con veemenza, le strappai gli slip in pizzo.
Iniziai a farle divaricare le cosce e mi presi tutti i suoi umori.
Leccai il clitoride, le grandi e le piccole labbra, mentre lei ansimava e si dimenava sotto il mio tocco.
«Ah, Callum, sì, ti prego, così», gemette lei tirandomi i capelli, e spingendo la mia bocca verso la sua entrata.
I suoi gemiti stavano riempiendo l'aria e presto sarebbero diventati sempre più forti, perché l'avrei scopata a dovere.
Mi abbassai i pantaloni e, dopo aver indossato un profilattico, la penetrai con forza.
Le strinsi il seno tra le mani, leccai il suo collo, fino a prenderle il lobo destro tra i denti.
«Cazzo, sì!», gemette, e in quel momento iniziai a sentire le sue gambe tremare.
Amy venne sul mio cazzo, e il mio orgasmo arrivò poco dopo, svuotandomi.
Uscii da lei, continuando ad ansimare e a respirare forte.
Amy non parve stanca, si mise più comoda sul letto e iniziò a giocare con le punte dei suoi capezzoli ancora turgidi e duri.
«È stato stupendo».
«Sì, hai ragione», confermai alzando la zip dei pantaloni. «Ti chiamerò, Amy, sei sempre così gentile», continuai, guardandole i segni che le mie mani le avevano lasciato sul seno.
Non mi fermai, con Amy era solo quello. Solo sfogo e basta, nessun contatto di altro tipo, nessuna interazione diversa.
Quando arrivai vicino alla mia macchina, mi appoggiai allo sportello del guidatore e accesi una sigaretta. Assaporai quel momento, aspiravo il fumo e lo cacciavo fuori creando dei piccoli cerchi.
Dopo aver gettato la cicca mezza spenta sull'asfalto asciutto, salii in macchina e guidai senza una meta.
Abbassai il finestrino per respirare quella poca aria pulita che riusciva a entrare nell'abitacolo e guardai la strada che avevo davanti.
Il cielo era scuro e nero, e le piccole stelle che lo decoravano illuminavano appena quel manto privo di colore.
Svoltai in un vicolo con i lampioni che non funzionavano e, in lontananza, scorsi una ragazza dai capelli neri scendere da un'auto.
Sorrisi, perché ero arrivato nel posto giusto proprio al momento giusto.
Parcheggiai e spensi i fari, scesi e mi nascosi, in modo però da non perdere di vista il mio obiettivo. Dopo essere uscita dal negozio poco distante nel quale era entrata qualche minuto prima, Fallon salì nuovamente in auto e io

feci la mia mossa. Rapido uscii dall'ombra in cui mi ero nascosto e mi gettai sotto la sua macchina.

Vidi la sua espressione terrorizzata mentre frenava di botto, tanto che la parte posteriore dell'auto si alzò leggermente.

Rimasi accovacciato fingendomi ferito e, quando lei scese preoccupata e si abbassò alla mia altezza, pensai che non avesse minimamente capito che ero io la persona che aveva quasi investito.

Mi mise una mano sulla spalla e con gentilezza mi chiese se stessi bene.

«Piccola Fallon, rischiavi di uccidermi», le risposi beffardo, alzando il viso verso di lei. La sua espressione mutò appena mi riconobbe.

«Rischiavo di ucciderti?! Ti sei gettato sotto la mia auto, cazzo!», urlò tirandomi un sonoro calcio sulla schiena.

Io mi alzai e cominciai a ridere di gusto, mentre la vena del suo collo iniziava a gonfiarsi esponenzialmente.

«Cosa ti è saltato in mente? Se non avessi avuto la prontezza di frenare, saresti morto!», continuò lei visibilmente scossa.

«Faceva tutto parte del mio piano, Fallon», affermai facendomi di colpo duro.

«Cosa vuol dire?»

«Vuol dire che ti ucciderò, Fallon. Sto aspettando da troppo questo momento e penso che questi siano la serata e il luogo adatti», dichiarai alzando l'angolo destro delle labbra, mentre lei continuava a guardarmi con un'espressione interdetta. «Guarda, piccola Fallon, siamo avvolti dal buio. Nessuno qui si accorgerà della tua fine», constatai scoppiando a ridere.

Mi avvicinai a lei e, quando la mia mano strinse forte i suoi capelli, tremò per qualche secondo.

Io, d'altro canto, fui felice ed elettrizzato nel vedere quella sua reazione, e feci scivolare la mano fino a raggiungere il suo collo.

Iniziai a stringerlo con forza, mentre vedevo le sue mani posizionarsi sulle mie per cercare di farmi smettere.

«Call… um», sussurrò con difficoltà.

«Sì? Dimmi pure ciò che vuoi, piccola Fallon», risposi inspirando quel suo profumo dannatamente dolce.

«Non… non respi… ro».

«Non respiri?», domandai ghignando. «Ma non mi dire, non lo avevo notato», continuai sorridendo come un maniaco.

Poi, quando vidi che dalla sua tasca spuntava il manico di un pugnale, lo presi tra le mani e cominciai a giocarci.

«Bello, non è vero?», le chiesi, ma lei era immobile, lacrime calde le scendevano sul viso.

Iniziai a farle scorrere quel pugnale sulla guancia, poi sulla mandibola e infine sul collo, dove, grazie alla scollatura della T-shirt che indossava, riuscii a fermarmi sulla clavicola.

Feci una leggera pressione, giusto il necessario per riuscire a prelevare una piccola goccia del suo sangue.

Mentre lei continuava a piangere in silenzio, io avvicinai la lama alla bocca e leccai quella piccola goccia rossa.

«Non puoi immaginare da quanto tempo desideravo assaggiarti. Devo ammettere che il tuo sangue è dannatamente dolce», ammisi come un drogato, gettando la testa all'indietro e socchiudendo gli occhi.

Quando li riaprii, mi ritrovai davanti una ragazzina terrorizzata, che non sembrava affatto la solita Fallon.

In quel momento mi pentii subito di tutto ciò che le avevo fatto e la allontanai di scatto.

«Vattene, prima che possa cambiare idea», sbraitai ridandole il pugnale, adesso sporco del suo sangue.

Quando capii che ero un mostro, un demonio senza emozioni, e che lei era come in trance, la guidai verso la sua macchina e la costrinsi a salirci sopra.

«Devi andartene. Ora», le ordinai, chiudendo la portiera.

Lei non parlò, era scioccata, e io lo ero tanto quanto lei.

Non sapevo perché mi ero comportato in quel modo e mi salì la nausea.

Avrei potuto ucciderla.

Lei si girò a guardare il mio viso, da dietro il finestrino, e poi, come mossa da un istinto primordiale, andò via.

Io rimasi per ore seduto sul marciapiede di quel vicolo isolato, pensando che ero un mostro.

Capitolo 22

Fallon

Non riuscivo a togliermi dalla testa il ricordo della sera precedente. Era come se nella mia mente si ripetesse quella pellicola insistentemente, senza mai fermarsi, neppure per un secondo.

Non ero in grado di capire i comportamenti del Corvo. Era cinico, a tratti sadico e dannatamente incostante.

Aveva cercato di uccidermi, aveva assaggiato il mio sangue e, dannazione, il pensiero che poco dopo aveva cercato di mettermi in salvo da lui mi mandava fuori di testa.

Perché lo aveva fatto?

Aveva la possibilità di porre fine alla mia vita come desiderava e invece aveva preferito giocare.

Mentre i miei pensieri continuavano a macchiarsi di lui, avanzai verso la cucina e, come ogni mattina, mi preparai una tazza enorme di caffè.

«Buongiorno», sentii dire da mio fratello Asher e, girandomi verso di lui, quasi rischiai di sputare il caffè che avevo appena bevuto.

«Cosa diamine hai fatto la notte scorsa?», domandai scoppiando a ridere.

Asher, ancora assonnato, aveva il busto nudo, al collo portava un boa rosa acceso, dal polso destro gli pendevano un paio di manette, e indossava delle strane mutandine, per nulla simili ai boxer che usava di solito.

«Kathnees Oberdam ama scopare con oggetti strani, mi ha fatto passare una notte di fuoco ma, dimmi la verità, quanto cavolo sono ridicolo con queste cose addosso?», mi chiese sbadigliando e gettandosi a peso morto sul divano del nostro soggiorno.

«Cavolo, certo che queste ragazze che ti porti a letto sono proprio strane. Ti ricordi Amanda?», domandai, continuando a bere il mio caffè e mettendomi comoda vicino a lui. Amavo quei momenti con mio fratello.

«Ti prego, non menzionare quella ragazza! Dopo aver passato una notte con lei mi sono ritrovato in ospedale, cazzo!», urlò ricordando terrorizzato quel momento.

«Cosa aveva utilizzato sul tuo… be', sul tuo uccello?», domandai prendendolo in giro.

«Aveva detto che era olio da massaggio, ma in realtà era cera d'api».

«Cristo, non stanno bene queste ragazzine eccitate», affermai ridendo, mentre mi alzavo dal divano per riporre nel lavello la tazza che avevo utilizzato. «Io vado a prepararmi, ho diverse ore di lezione questa mattina», gli feci poi sapere.

«Io tra mezz'ora parto con Oliver e Jacob, torniamo domattina», affermò guardando l'ora sul suo orologio.

«Avete qualche missione?», chiesi curiosa.

«Joyle ci ha chiesto di controllare un gruppo di cacciatori arrivati qui da Londra, pare che siano affiliati al clan Maresh, ma non ne è sicuro, e noi dobbiamo andare a controllare».

«Non farmi stare in pensiero, appena finisci la missione mandami un messaggio».

«Certo, Fall. Tu più tardi andrai al Road?», domandò alzandosi anche lui dal divano.

«Penso di sì, Elina è ossessionata dalle serate del Road, lo sai, probabilmente mi porterà lì con la forza», dissi camminando verso la mia camera.

«Non fate cazzate tu e la rossa, mi raccomando», urlò per farsi sentire, e io scoppiai a ridere.

Quella mattina non avevo nessuna voglia di perdere tempo a prepararmi, quindi presi la prima tuta che mi capitò a tiro e dopo una doccia veloce mi vestii di corsa.

Finii di sistemarmi e uscii di casa, non prima di aver detto ancora una volta a mio fratello di fare attenzione e di tornare tutto intero.

Quando arrivai al college, stavo attraversando beata la quiete dei giardini, quando vidi il corpo possente di Callum sovrastare quello minuto di una matricola.

Mi soffermai per qualche secondo sui loro movimenti e dovetti ammettere che quella ragazzina sembrava veramente esperta, perché stava baciando il collo di Callum come se fosse una sanguisuga.

Callum mi guardò e sorrise beffardo, mentre io gli regalai la mia migliore espressione di disgusto.

Arrivai al portone d'ingresso e, una volta dentro, camminai fino all'aula. Mi scusai con il professore del ritardo e mi andai a sedere al solito posto.

Quella mattina stavo seguendo la lezione di Matematica avanzata e tra calcoli, problemi ed equazioni, non mi accorsi che avevo passato circa due ore a scrivere numeri.

Quando la lezione finì e il professore ci salutò tutti, fui la prima a sgattaiolare fuori dall'aula per andare a riempire lo stomaco.

Raggiunsi le macchinette in un batter d'occhio e, dopo aver passato dieci minuti a contemplare tutte quelle schifezze, presi un pacchetto di biscotti ripieni alla fragola e decisi di andare a mangiarli in aula studio.

Avevo diversi compiti da svolgere e quel luogo era perfetto.

Arrivata vicino alla porta, notai che stranamente era aperta e rimasi leggermente interdetta. Per accedere all'aula studio bisognava strisciare il tesserino del college, per questo motivo la porta era sempre chiusa.

Curiosa di capire chi fosse entrato senza permesso, misi piede all'interno, notando subito che le luci erano spente.

Quell'aula era enorme. Sembrava vuota, ma a un tratto sentii dei rumori, come dei lamenti. Camminai fino ad arrivare a una piccola libreria in legno, guidata dalla fioca luce che entrava da una piccola finestra posta in alto. Svoltai l'angolo e ciò che vidi mi fece andare in cortocircuito il cervello.

«Vuoi unirti a noi, piccola Fallon?».

Cristo, perché devo imbattermi sempre in lui?

Davanti a me, Callum Rey era immerso completamente nelle gambe di Ginevra Lancaster, ex reginetta del ballo del suo liceo e capo cheerleader del college.

Erano intrecciati in una posizione strana, per non dire scomoda.

Mentre lei era ancorata con le mani alla libreria, la testa gettata all'indietro, Callum la teneva ferma dal sedere ed era in ginocchio tra le sue gambe.

«Sei disgustoso, Callum, si chiama aula studio per un motivo ben preciso, per queste cose esistono i motel», sbottai nauseata, mentre Ginevra non sembrava minimamente toccata da ciò che stavo dicendo.

«Io sto studiando, Fallon. In questo momento sto studiando il clitoride di Ginevra. La teoria l'ho fatta due giorni fa, ora tocca alla pratica», disse beffardo e pensai che quel Corvo avesse sempre la risposta pronta.

«Se arriva qualche professore, stai sicuro che l'ho mandato io», affermai spazientita, avanzando a passo pesante verso l'uscita.

Dio, ma era normale quel ragazzo?

Corsi verso la macchina con le guance che andavano a fuoco e uno strano calore che si irradiava nel mio corpo. Al diavolo gli esercizi di matematica, al diavolo Callum.

Controllai l'ora sul cellulare e mi accorsi di avere diverse chiamate perse da parte di Elina. Appena vidi il suo nome sullo schermo mi ricordai che mi aveva chiesto di passare il pomeriggio da lei.

Sbraitai e imprecai, specie quando rimasi nel traffico per più di venti minuti. Chiamai la mia amica per avvertirla.

«El, c'è un casino per strada, ma sono vicino casa tua. Credo che in dieci minuti riuscirò a essere da te», le spiegai.

«Cavolo, Fall, questa sera al Road ci sarà anche Nathan e ho bisogno di te per prepararmi!», urlò nervosamente. Dopo aver sbuffato chiusi la chiamata senza darle una risposta.

Quando parcheggiai l'auto ed entrai a casa sua, mi accorsi che mi stava fissando con sguardo omicida, uno sguardo che mi fece accapponare la pelle.

«Cosa è successo, ora?», domandai gettandomi sul divano.

«Odio i ritardatari e odio le persone che chiudono il telefono in faccia!», urlò al culmine del nervosismo, e a quel punto capii tutto.

«Conosco bene quel tipo di stress. Sei in pre-ciclo, non è vero, amica mia?»

«Diamine, sì!».

«Okay, ora si spiega tutto!», dissi scoppiando a ridere. Lei abbassò le spalle e mi imitò. «Tu, tesoro mio, hai bisogno di relax. Ora ci vediamo un bel film dell'orrore, ci mangiamo un po' di schifezze e poi ci prepariamo per la serata», elencai indicando alla mia amica il posto a sedere accanto a me.

Quando dalle finestre non filtrava più la luce del sole, ci alzammo e iniziammo a prepararci.

Avevamo già da un po' di tempo il desiderio di passare una serata al Road tra donne e quel giorno era il momento migliore, dato che Asher, Oliver e Jacob erano fuori Fogsville.

Vidi Elina impiegare un bel po' di tempo a truccarsi, mentre io optai per un make-up più leggero.

Dopo il trucco passammo ai capelli: io mi feci una semplice coda alta e super tirata, mentre Elina piastrò le sue ciocche rosse.

Mi avvicinai al suo armadio, prendendo uno dei vestiti che avevo lasciato da lei. Non era la prima volta che mi preparavo a casa sua, amavamo passare quei momenti insieme, prima di una serata. Ci rendeva ancora più complici.

Quando mi vestii e mi specchiai, rimasi stupita.

Il vestito era stretto e fasciava alla perfezione le mie forme pronunciate senza renderle volgari.

Il colore verde menta creava contrasto con il nero dei miei capelli e le scarpe nere col tacco rendevano le mie gambe più slanciate.

Quando entrambe fummo pronte, salimmo in auto e andammo al locale.

Quella sera al Road c'era un famosissimo DJ e io e la mia amica non vedevamo l'ora di scatenarci in pista.

Elina si diresse subito verso il bar per ordinare un drink. Io, invece, decisi di non bere alcolici e optai per un semplice succo di frutta al mirtillo. Una decina di minuti dopo notammo un tavolo, al privé, pieno di ragazzi, e ci avvicinammo.

Quando capii che stavano organizzando un giro al gioco della bottiglia, era troppo tardi per tirarsi indietro. Odiavo quel gioco, ma Elina mi avrebbe uccisa se me ne fossi andata.

La voglia di scappare a gambe levate crebbe esponenzialmente quando venne a sedersi a quel tavolo anche Callum. Dovetti darmi una calmata, prendendo respiri lenti e profondi, cercando di placare il nervosismo che rischiava di rovinarmi la serata.

Ma poi feci l'errore di guardarlo. Soffermai lo sguardo sul suo petto marmoreo, avvolto in una camicia nera che metteva in risalto i suoi pettorali definiti.

Salii con lo sguardo sul suo viso e notai una piccola ferita sul labbro inferiore, che gli conferiva un'aria da bello e dannato incredibilmente attraente.

«Mettetevi in cerchio», disse Laurence, il vicecapitano della squadra di football. «Mi dispiace per i veterani di obbligo o verità, ma stasera cambieremo gioco. Il gioco che faremo si chiama Ace of Passion, ed è una versione rivisitata del gioco della bottiglia, dato che verrà usato anche questo mazzo di carte da poker», spiegò guardando tutti i partecipanti. «Le regole sono semplici. A turno, dopo aver girato la bottiglia, dovrete pescare una carta da questo mazzo. Se la carta uscita sarà l'asso di cuori, la persona che indicherà la bottiglia dovrà fare tutto ciò che voi gli chiederete, nello sgabuzzino, per sette minuti. Se, invece, la carta che pescherete sarà una carta differente, dovrete bere una quantità d'alcol stabilita da me».

Odiavo il gioco della bottiglia così come obbligo o verità, ma quel gioco era decisamente peggio.

Mi girai verso Elina, terrorizzata all'idea di passare sette minuti nello stanzino insieme a una persona che aveva tutto il diritto di comandare ogni mia azione.

«Siamo in tantissimi, e poi la probabilità che qualcuno peschi proprio l'asso di cuori non è così alta», cercò di tranquillizzarmi bevendo un sorso del suo cocktail.

«Siete tutti pronti?», domandò Laurence.

I primi giri passarono senza che la bottiglia si posasse su di me, e senza che nessuno riuscisse a pescare l'asso di cuori. Circolò abbondante alcol e tutti sembravano comunque contenti della piega che aveva preso il gioco. Stavo per abbassare la guardia, sperando di potermi anche io godere la serata, quando mi accorsi che era arrivato il turno di Callum di girare la bottiglia.

Sentii il cuore rimbombarmi nella gabbia toracica. La bottiglia stava rallentando e i miei occhi non perdevano di vista nemmeno un suo movimento. Anche quella volta il destino ci mise lo zampino. Non appena si fermò, la bottiglia puntava esattamente nella mia direzione.

«Oh, cazzo», mormorò Elina posando prima lo sguardo su di me e poi su di lui, notando che mi stava fissando con un sorriso fin troppo malizioso, per nulla impassibile.

«Bene, Callum Rey, adesso pesca una carta», disse Laurence. Pregai, invocai spiriti, ma ogni mio tentativo di appellarmi a un'entità superiore per uscire da quella situazione risultò vano. Il Corvo pescò un asso di cuori, e lo mostrò a tutti, tronfio.

«Coraggio, ragazzina, alza quel culo e seguimi», mi disse, senza alcuna esitazione.

Avvertii uno strano calore irradiarsi sulle mie guance, mentre tutti erano intenti a guardarmi.

Gettai un'occhiata veloce a Elina, poi mi alzai e aggiustai l'orlo del vestito.

«Inutile che ti abbassi il vestito, tanto tornerai sicuramente nuda», osservò il capitano della squadra di rugby scoppiando a ridere.

Stavo per girarmi e tirargli un pugno in pieno viso, quando Callum mi precedette.

«Non ho bisogno di uno stupido gioco per spogliare una donna, Gharret».

Poche semplici parole che fecero ammutolire quel ragazzo tutto muscoli e niente cervello.

Mi tranquillizzai, forse Callum non aveva intenzione di costringermi a fare qualcosa che mi avrebbe messa in ridicolo davanti all'intero Road.

Lo seguii fino allo sgabuzzino, stando un passo dietro di lui. Sentii le mani tremare quando Callum aprì la porta e si girò per fare entrare prima me. Mi calmai del tutto, quando vidi che si accese una sigaretta. Non gli feci notare che non avrebbe potuto fumare, lì dentro, non volevo certo innervosirlo.

«Pensavi realmente che ti avrei obbligato a spogliarti per me?»

«Dopo quello che ho visto questa mattina al college, sì, lo pensavo realmente».

Lui sorrise lievemente e, camminando a passo lento con lo sguardo rivolto verso il basso, si avvicinò a me. Quando ci ritrovammo a un soffio di distanza, in quello spazio angusto che lasciava poco margine di movimento, prese a fissarmi, lasciando che il suo sguardo indugiasse su ogni curva del mio corpo. Si leccò il labbro inferiore e io venni scossa da un brivido. Non era un brivido di paura. Conoscevo bene quella sensazione e in quel momento non mi sentivo spaventata. Esposta, sì, ma non in pericolo.

«Il tuo corpo urla il mio nome, Fallon, ma io aspetterò che la richiesta di strappare questo vestitino esca direttamente dalle tue labbra», sussurrò. «Mi implorerai di spogliarti, Fallon. Le tue suppliche saranno così disperate che non potrò non ascoltarle. E assecondarle».

Io rimasi scioccata dalle sue parole. Il mio corpo ebbe un fremito quando la sua mano, che stringeva la sigaretta tra indice e medio, rialzò la spallina del mio vestito che nel frattempo si era abbassata.

Lo guardai, fissai le sue labbra, mentre il suo sguardo era saldo sulla mia clavicola. Il tempo pareva essersi dilatato e scorrere a una lentezza esasperante.

Percepii una strana sensazione tra le gambe proprio quando la porta si aprì rivelando la figura di Laurence.

«I sette minuti sono terminati, ragazzi».

«Sono convinto che là sotto sei zuppa», sussurrò Callum avvicinandosi al mio orecchio, prima di allontanarsi da me e da Laurence. Io rimasi in bilico tra odio viscerale e bruciante passione.

Capitolo 23

Fallon

«Papà? Mamma?»

«Fallon, amore, vieni, corri ad abbracciarci», dissero i miei genitori e io, in quel momento, iniziai a correre verso di loro ma, a ogni passo che facevo, le gambe affondavano nel pavimento.

Era come se i loro corpi fossero fatti d'acqua, erano talmente deformi che le mie braccia furono percorse da brividi, ma io continuai a correre per raggiungerli.

Quando arrivai davanti a loro, allungai le braccia per toccarli, ma non appena li sfiorai scomparvero nel nulla, in una fitta nebbia scura.

Mi alzai di scatto, sentendo gli occhi bruciare e avvertendo il respiro irregolare.

Non mi capitava mai di sognare i miei genitori, soprattutto di sognarli in quella maniera.

Mi alzai e raggiunsi la camera di Asher.

Mi mossi nel buio, fino ad arrivare al suo letto, dove mi accoccolai vicino al suo corpo.

«Fallon?», domandò Asher con voce roca e impastata dal sonno. «Cosa ci fai qui?»

«Ash, ho sognato mamma e papà», dissi sentendo le lacrime scendere dagli occhi. «Mi chiamavano, Asher, e io correvo, ma c'era una forza superiore che mi impediva di raggiungerli e poi, quando sono riuscita ad avvicinarmi, neanche il tempo di toccarli che sono spariti in una nebbia scura», raccontai rannicchiandomi sul suo petto, mentre lui era intento ad accarezzarmi i capelli, nel tentativo di calmarmi.

«Ehi, Fall, non piangere, ci sono io», sussurrò baciandomi la fronte. «Molte volte i sogni incarnano i nostri desideri, ma la nostra mente può essere cattiva e decidere di cambiare tutto, di rendere un sogno un vero e proprio incubo. Fai dei respiri profondi, adesso sei al sicuro, qui con me. Va tutto bene».

«Mi mancano tanto», confessai piangendo.

«Lo so, Fall, mancano tanto anche a me».

Quelle furono le ultime parole che riuscii a sentire, perché le mie palpebre si fecero sempre più pesanti, fino a chiudersi, e io mi abbandonai tra le braccia di mio fratello. Le braccia più sicure che ci fossero al mondo.

Quando mi svegliai, Asher non era più accanto a me. La sua parte di letto era fredda e vuota.

Mi alzai e, ancora assonnata, andai in cucina, dove mio fratello era intento ad assemblare una sorta di torre di pancake.

«Oh, Ash, che bella», affermai sedendomi su uno sgabello.

«So che ami i pancake, quindi ho pensato di prepararteli», disse lui facendo colare abbondante sciroppo d'acero su quella torre. Era un gesto così premuroso che mi commosse.

«Ti voglio bene, Ash», dichiarai sorridendo e prendendo un pezzo di quella leccornia direttamente dal piatto su cui l'aveva sistemata.

«Te ne voglio anche io, Fall. Tanto».

Mi sorrise, facendomi ritrovare del tutto la serenità che avevo smarrito la notte prima.

«Dopo aver mangiato i pancake, corri a cambiarti che l'allenamento di oggi pomeriggio è stato anticipato a questa mattina, ma probabilmente rimarremo bloccati al covo tutto il giorno», mi informò.

Mi presi del tempo per gustarmi quella colazione che Ash aveva preparato per me con tanto amore, fino a quando la mia mente cominciò ad allontanare i pensieri sui miei genitori per tornare a quello che era successo la notte prima. Rividi Callum che si alzava dal tavolino e mi ordinava di seguirlo. Rividi me e lui, chiusi da soli dentro quello sgabuzzino angusto, e il mio corpo venne invaso dalle sensazioni che avevo provato. Immaginai Callum che si avvicinava ancora di più a me, le sue ciocche brune che quasi gli coprivano gli occhi pieni di malizia, e le sue labbra protese a…

«Basta», esclami tra me e me. «Devo smetterla di pensare a lui». Era vero, dovevo smetterla.

Dovevo pensare a Callum solo come un nemico da battere e da stracciare durante le missioni. Eppure, non ci riuscivo. Perché mi risultava così tanto complicato?

«Fall, coraggio, andiamo!», sentii dire da mio fratello, che riuscì a distogliermi da quel groviglio di pensieri. Mi preparai di corsa, come al solito, e quando arrivammo al covo venni inondata dall'amore e dalla gioia dei miei compagni. Era quello di cui avevo bisogno.

«Fall, dai, vieni e aiutami a stracciare Oliver», disse Elina ridendo mentre indossava un paio di guantoni.

Io sorrisi e, dopo aver tolto la giacca e le scarpe, mi posizionai sui tappetini in gomma, di fianco alla mia migliore amica, e iniziammo un combattimento a tre.

Contro noi due, Oliver era spacciato.

«Allora, domani cosa facciamo?», domandò Elina prendendo in pieno lo stomaco di Oliver.

«Io non ci sono», disse dolorante lui schivando i nostri attacchi.

«Dove vai, Ol?», domandai io abbassandomi quando il suo calcio prometteva di prendere in pieno la mia testa.

«Devo andare con mia nonna a trovare mia sorella, in comunità. Dopo mesi passati ad aspettare gli assistenti sociali finalmente siamo riusciti a ottenere un permesso. Dopo ciò che hanno fatto i miei genitori è difficile vederla», spiegò Oliver e io, incauta, mi fermai per qualche secondo ricordando la sua storia.

Oliver non aveva vissuto una vita felice, i suoi genitori erano dei ladri e spacciavano droga e per anni lui era stato costretto a vivere in un tugurio. Nessuno si prendeva cura di lui e di sua sorella.

Con la maggiore età lui riuscì ad andare a vivere con sua nonna, ma la sorella era ancora minorenne.

Ricordare la sua storia mi costò caro, perché mi ritrovai stesa sul tappetino con il piede di Oliver che premeva delicatamente sul mio addome.

«Non dovevi perdere la concentrazione», disse ridendo e porgendomi una mano per aiutarmi ad alzarmi.

Io e il resto dei Daggers passammo l'intera mattinata ad allenarci poi, quando i nostri stomaci iniziarono a brontolare, mi offrii volontaria per andare al diner e prendere del cibo da asporto. Il locale era uno dei più buoni della città, e per questo motivo c'era sempre tantissima gente.

Mi munii di forza di volontà e di pazienza, presi un numero e aspettai in fila.

Quando finalmente arrivò il mio turno, ordinai cinque cheeseburger con patatine fritte e tre porzioni di mac&cheese, sapendo che i miei amici ne andavano matti.

Pagai, uscii fuori e, nell'esatto momento in cui stavo sistemando i soldi che mi avevano dato come resto in tasca, andai a sbattere contro un corpo marmoreo.

Caddi sopra quel ragazzo e, quando parlò, automaticamente sbiancai.

«Cavolo, avevi proprio voglia di farti stringere dalle mie braccia», constatò Callum con voce derisoria.

«Cosa? Non avevo nessuna voglia di farmi stringere dalle tue braccia, sei stato tu ad attutire la mia caduta, potevi semplicemente spostarti e farmi finire per terra», affermai nervosamente.

«Sono un gentiluomo, Fallon e, anche se siamo nemici, non ti avrei mai fatta cadere. Ma voglio ricordarti che non ti sei ancora alzata». In quel momento, alcune ciocche dei miei capelli iniziarono a solleticare la sua fronte, tanto che lui ne afferrò una con le dita e me la posizionò dietro l'orecchio.

Mi alzai di scatto, con il viso in fiamme a causa dell'imbarazzo e, quando anche Callum si alzò, iniziò a ghignare come solo lui era in grado di fare.

«Dai, tanto lo so che ti è piaciuto stare per pochi secondi tra le mie braccia».

«È stato un incubo, Callum. Ora scusami, ma devo andare», tagliai corto.

Non sapevo perché ero scappata in quel modo, ma tutta quella vicinanza aveva creato nel mio stomaco un tumulto di emozioni contrastanti.

Quando arrivai in macchina, avvicinai la felpa al naso e inspirai profondamente. Il tessuto si era impregnato del profumo di Callum. Mi insultai da sola per quel gesto, anche se dovetti ammettere che trovavo intrigante quel profumo pungente. I miei propositi di smettere di pensare a lui si stavano arenando. Arrivai al covo facendo finta di niente.

Facendo finta di non essere mai caduta tra le braccia di Callum e che il suo profumo non mi piacesse così tanto.

Mangiammo, gustandoci il cibo delizioso e non lasciando praticamente nulla. Poi tornammo ai nostri allenamenti, più leggeri rispetto alla mattina, e alla fine ci preparammo per la missione.

«Fall, ho un regalo per te», disse Elina porgendomi una busta colorata.

«Veramente? È per me?», domandai allungando la mano verso la busta.

«Non sarà ben accetto da Asher, ma secondo me ti sta da Dio», affermò sorridendo.

Quando aprii il pacchetto, mi ritrovai tra le mani una tuta in lattice verde e scoppiai a ridere, perché molto probabilmente ad Asher sarebbe venuto un colpo.

Mentre Elina indossava un paio di pantaloni in pelle nera molto aderenti e un top corto, io provai la mia nuova tuta.

Una volta pronte tornammo dagli altri, ma Oliver, Jacob e Asher, non appena si accorsero di come eravamo vestite, ci guardarono in cagnesco.

«Stiamo andando in missione per uccidere la preda, non per far fuori chiunque osi guardare i vostri corpi stretti in un tessuto del genere», sbraitò Asher indicando me ed Elina.

«È già tardi, non c'è tempo per cambiarsi. Coraggio, muovete quei culi e andiamo in missione».

Una volta fuori, andammo al locale dove si sarebbe dovuta svolgere la missione. Pensai che sarebbe stato un gioco da ragazzi uccidere la preda, quella sera.

Una volta dentro, ci dividemmo e io subito andai alla ricerca dell'uomo che avevo scelto.

Era di bell'aspetto, con dei folti capelli biondi.

Quando riuscii a individuarlo, nel suo completo blu scuro, mi accorsi che si stava infilando in una specie di corridoio appartato. Non mi lasciai sfuggire l'occasione di seguirlo, convinta che sarebbe stato un luogo perfetto per avvicinarmi. Ero alle sue calcagna quando si infilò in una stanza. Stavo per raggiungerlo, ma sentii delle urla provenire dal bagno maschile e subito dopo vidi due grossi uomini uscirne, sporchi di sangue.

"Oddio, e se è successo qualcosa ad Ash o a uno dei miei amici?", mi domandai. Ero a un bivio: seguire la mia preda o controllare se qualcuno dei Daggers era in pericolo? Non ci dovetti pensare più di tanto e mi fiondai verso i bagni. Quando feci irruzione come una furia, il mio stomaco andò in subbuglio.

Callum Rey, il Corvo dei DarkBlood, era accasciato per terra. Con una mano tentava di arginare una sorta di ferita che gli era stata inflitta alla spalla, mentre sul viso aveva un'espressione dolorante e allo stesso tempo rabbiosa.

«Esci!», urlò lui non appena mi vide.

«Callum, ti hanno ferito?», domandai avvicinandomi a lui.

«Secondo te? Questo sangue non ti suggerisce niente?»

«Sai essere insopportabile anche in un momento così delicato», lo redarguii. Distolsi per un momento l'attenzione da lui, guardandomi intorno alla ricerca di qualcosa che potesse essermi utile. Finalmente notai, alla fine della fila degli specchi, la scatola rossa del pronto soccorso. La presi e tornai da Callum. «Stai perdendo troppo sangue, devo fermare subito il flusso», gli dissi sedendomi per terra, sulle ginocchia.

«Siamo nemici, perché lo stai facendo? Dovresti lasciarmi morire e pensare a uccidere la preda», fece lui guardando il mio viso.

«Mi hai aiutata, Callum, te lo devo», gli risposi, guardando il sangue continuare a uscire dalla sua ferita. «Devo toglierti la maglia, alza leggermente le braccia», gli dissi poi, sentendo le guance andare a fuoco.

Callum mosse il braccio non ferito, arrivò a stringere un lembo della maglia e provò ad alzarlo, ma il dolore lo fece bloccare seduta stante.

«Fermo, ti aiuto», mi proposi. Mi avvicinai ancora di più a lui, afferrai la sua maglietta e gliela sfilai piano, lentamente, facendo attenzione e guardandolo attentamente in viso per cogliere eventuali smorfie di dolore.

Quando la maglia finì sul pavimento, rimasi per qualche secondo ferma a osservare il suo petto.

Era marmoreo e mascolino, e avrei tanto voluto toccarlo e massaggiarlo con le mie mani per tastarne la durezza.

La pelle era completamente decorata da tatuaggi in stile old school e i suoi addominali erano scolpiti in maniera talmente perfetta da sembrare disegnati.

«Lo so, sono uno spettacolo, ma non credi che riusciresti a vedere meglio il mio petto senza tutto questo sangue sopra?», domandò ghignando.
«Dio, sei insopportabile!», sbottai, iniziando a lavorare sulla sua ferita. Dopo un po' mi accorsi di quanto i nostri volti fossero vicini, talmente a poca distanza che il suo fiato riusciva a sfiorare le mie labbra.
«Cosa sei? Una Totally Spy?», mi chiese osservando la mia tuta in lattice verde.
«Mi deconcentri, riesci a stare zitto per cinque minuti?»
«Credi che possa riuscire a stare zitto? Sto parlando per evitare di fare cose di cui potrei pentirmi, dato che questa tuta che indossi mi sta mettendo a dura prova», confessò abbassando lo sguardo su di me.
«Sei disgustoso e vomitevole», esclamai stizzita mentre continuavo a tamponare la sua ferita.
«Forse staresti più comoda così». Nemmeno il tempo di finire quella frase che mi afferrò per i fianchi e mi fece sedere su di lui. Le mie gambe, in modo istintivo, si allacciarono alla sua vita, le sue mani erano ancora su di me, adesso all'altezza delle costole, quasi a sfiorarmi il seno. Se spostarmi gli aveva procurato dolore non lo diede a vedere.
Non mi alzai, non mi mossi di un millimetro. Quella sorta di vicinanza mi ammaliava.
Pelle a pelle, carne su carne.
Mi spostai leggermente di lato, nel tentativo di tornare a quello che stavo facendo, ovvero occuparmi della sua ferita sulla spalla. Mi imposi di non pensare a nient'altro e di concentrarmi su quel lavoro, in modo tale da finire in fretta e tirarmi fuori da quella situazione. Ma sporgendomi oltre la sua spalla, non potei non notare le numerose ferite che aveva sulla schiena. Era piena zeppa di tagli, di lividi e di cicatrici biancastre e mi chiesi cosa avesse passato, che storia raccontavano.
«Vuoi fissarle ancora?»
«Io… Callum, non stavo fissando nulla», dissi imbarazzata.
«Coraggio, guardale e dimmi che ti fanno schifo. Guardami la schiena e ammetti che ti faccio ribrezzo».
«Cosa? Non riusciresti mai a farmi ribrezzo, Callum. Mai. Queste cicatrici, questi segni, non fanno alcuna differenza. Non determinano chi sei. Questo è solo l'involucro che contiene la tua anima».
«Sono orrende, sono disgustose», ripeté lui, scostandomi e facendomi finire per terra. Si alzò e tirò un calcio alla porta. Quando mi diede le spalle, guardai la sua schiena nella sua interezza, con maggiore attenzione e crescente curiosità.
«Questo è quello che pensi tu. Io non so come te le sei procurate, ma posso dirti che sono una sorta di segno distintivo».

«Per favore, esci di qui», mi pregò, girandosi verso di me ma fissando le sue scarpe, senza avere il coraggio di guardarmi negli occhi. Io non riuscii a muovermi. Volevo spiegarmi, volevo che capisse. Non sapevo nemmeno io perché, ma sentivo che era importante. Per lui, ma anche per me.

«Ho detto esci!», urlò facendomi sussultare. Non ebbi la forza di fiatare, così mi alzai in silenzio, rivolgendogli un ultimo sguardo. Nella speranza che vi leggesse dentro tutto quello che non ero riuscita a dirgli.

Capitolo 24

Callum

Pensai e ripensai a Fallon, a quella piccola ragazzina che aveva visto le mie cicatrici e che non ne era rimasta disgustata.

Era una delle poche a conoscere le condizioni della mia schiena e mi chiesi perché si fosse comportata in quel modo.

Perché non era scappata a gambe levate dopo aver visto i tagli?

Perché non aveva vomitato davanti ai miei occhi?

Con quel pensiero nella mente mi alzai dal letto e iniziai a vestirmi, optando per una maglia a maniche corte, perché quel pomeriggio dovevo andare a farmi tatuare l'unica parte vuota del mio braccio destro.

Avevo scelto un grande scheletro in stile old school che sarebbe finito sulla parte interna del mio braccio.

L'adrenalina era al massimo.

Amavo il rumore intermittente della macchinetta, così come amavo sentire quel lieve dolore causato dall'ago che trapassava la carne e la pelle.

Ero pieno di tatuaggi e di piercing, avevo perfino un cerchietto sull'ombelico. Dopo essermi vestito, andai in cucina, dove bevvi una birra e fumai una sigaretta.

Bonnie non era in casa e, dato che non sapevo dove fosse, iniziai a mandarle diversi messaggi per assicurarmi che stesse bene. Smisi di assillarla solo dopo che mi rispose.

Gettai la lattina della birra nella pattumiera, presi le chiavi della macchina e mi avviai verso lo studio di Jhonathan, l'InkAndSoulTattoo.

Jhonathan era un mio caro amico e la stessa persona che mi aveva insegnato a tatuare.

Molte volte mi aveva chiesto di diventare suo socio, ma io avevo troppi impegni e ho dovuto sempre declinare l'offerta, anche se quando aveva troppi appuntamenti correvo ad aiutarlo.

«*Bro*, finalmente sei arrivato», disse Jhonathan non appena entrai.

«Diciamo che me la sono presa comoda», affermai facendo sbattere il pugno sul suo in maniera amichevole.

«Senti, Call, dopo il tatuaggio devi aiutarmi. Sono pieno di appuntamenti e Karlos mi ha dato buca», disse avanzando verso la saletta per tatuare.

«Sei fortunato, non ho impegni oggi», gli risposi entrando nella stanza, mentre l'odore di alcol e di igienizzante mi invadeva i sensi.

«Il disegno te l'ho fatto vedere già, procedo con lo stencil?», domandò prendendo la carta lucida.

«Sì», risposi sedendomi sopra il lettino in pelle ricoperto da fogli di carta.

«Perfetto, il tempo che lo disegno e procediamo», disse infilando i guanti in nitrile neri.

Io aspettai sul lettino, facendo penzolare le gambe.

Poco dopo Jhonathan tornò e, dopo aver applicato lo stencil, iniziò l'opera con la macchinetta.

«Cazzo, un po' di delicatezza, amico!», esclamai.

«Non fare la ragazzina e fammi finire le sfumature, lo sai che è il passaggio più doloroso», disse ridendo.

Sopportai il dolore fino a quando non sentii il rumore cessare e Jhonathan spalmare una crema rinfrescante sulla zona interessata.

«Il tatuaggio è finito, fammi sapere se ti piace», disse facendomi alzare dal lettino.

Mi avvicinai allo specchio e iniziai ad ammirare quel capolavoro.

Era perfetto, come lo avevo richiesto.

«Cazzo, è bellissimo», dichiarai sorridendo calorosamente.

«Fumiamoci una sigaretta, così ci organizziamo con il lavoro», mi propose togliendosi i guanti. «Alle cinque e venti ho due clienti, Brandon Lacmilaff e Fallon Rogers. Lei deve fare una piccola rosa sotto il seno, penso che possa prenderla tu». Il mio amico non immaginava certo di avermi appena reso l'uomo più felice del mondo.

Sorrisi maliziosamente e dissi a Jhonathan che non ci sarebbero stati problemi.

Era la mia occasione per posare le mie grandi e tatuate mani sul suo corpo.

«Arriva tra meno di dieci minuti, ti conviene iniziare a preparare la postazione», affermò gettando la cicca ormai spenta nel posacenere in acciaio.

Annuii e rientrai, andando direttamente nella saletta.

Igienizzai la postazione e preparai tutto l'occorrente.

Poco dopo sentii la porta aprirsi e vidi spuntare una ragazzina con i capelli dannatamente scuri e lunghi. Le andai incontro, per accoglierla.

«Non sei felice di vedermi?», la stuzzicai non appena lei posò lo sguardo su di me.

«Cosa ci fai tu, qui? Dov'è Jhonathan?», domandò in crisi.

«Non ti mangio mica, entra».

«Callum, cosa diamine ci fai qui?», ripeté.

«Jhonathan ha altri clienti e mi ha chiesto di sostituirlo», replicai noncurante.

«Non mi farò tatuare da te», disse nervosamente Fallon.
«Se non vuoi, allora sai dov'è la porta. Jhonathan non ti tatuerà, oggi».
«Dio, ma perché tutte a me?!», esclamò sbuffando. «Almeno sai come si fa un tatuaggio?»
«Jhonathan non mi avrebbe mai permesso di tatuare altre persone se non lo avessi saputo fare. Cosa devi tatuare?», domandai, anche se già conoscevo la risposta, invitandola a seguirmi dentro la saletta. Mi accomodai sullo sgabello in pelle nera, mentre lei rimase in piedi, ancora non del tutto convinta.
«Una piccola rosa, sul costato», si limitò a dire, ma io volevo stuzzicarla e lei in quel momento era una piccola ragazzina indifesa.
«Sotto il seno?», specificai, notando le sue guance andare a fuoco nel sentire quella parola uscire dalle mie labbra.
«Sì».
«Il disegno è pronto, Jhonathan lo aveva già fatto. Se hai deciso di restare, allora puoi spogliarti», le dissi prendendo lo stencil.
«Non voglio che mi guardi in reggiseno, sei un depravato».
«Fallon, devo tatuarti la pelle, non i vestiti. Ti prometto che non toccherò zone del tuo corpo che non sono interessate dal tatuaggio». Mi infastidì doverlo precisare, ma lasciai correre.
Fallon sbuffò di nuovo e finalmente si convinse a togliersi la felpa, rimanendo solo in reggiseno, e si sedette sul lettino.
Rimasi per minuti interminabili a fissare la sua figura, così naturale, così tanto bella.
Fallon possedeva un seno gonfio e riuscii a intravedere dei piccoli nei color caffè decorarle la pelle lattea e soda.
Abbassai lo sguardo sul ventre morbido. Lungo i fianchi, vidi delle leggere smagliature bianche che ricordavano vagamente i raggi del sole.
Era stupenda. Quelle piccole imperfezioni rendevano perfetto ogni centimetro di lei.
Avrei tanto voluto stringere ogni parte di pelle che possedeva.
«Certo che madre natura ha fatto proprio un buon lavoro», affermai spostando lo sguardo sul suo viso, per non metterla in eccessivo imbarazzo.
«Mi fai schifo, Callum», ribatté lei coprendosi d'istinto il seno.
«Adesso non muoverti, devo applicare lo stencil».
Quando mi avvicinai, sentii il suo profumo dolce annebbiarmi completamente.
La sua pelle si riempì di brividi nel momento esatto in cui le mie mani la toccarono per applicare lo stencil.
«Vedi se ti piace la posizione», le chiesi allontanandomi da lei.
Lei scese dal lettino per guardarsi allo specchio, ammirando il disegno.

«Sì, va bene».

«Perfetto. Adesso stenditi», le dissi indicando il lettino.

Quando Fallon si stese, venni rapito dall'immagine del suo seno che si rilassava e in quel momento cercai di non cedere a causa di quella visione, mantenendo una postura rigida e per nulla naturale. Sentivo il cazzo premere contro i boxer.

«Posso? Posso toccarti?», le chiesi prendendo la macchinetta e intingendo l'ago nel colore nero.

Lei annuì e io iniziai il lavoro.

La pelle era morbida, così liscia che veniva voglia di toccarla, e poi quel profumo… Dio, mi stava mandando in estasi. Iniziai a passare l'ago sul disegno e la sentii irrigidirsi per qualche istante. Nessuno dei due parlò, ma in più di un'occasione i nostri sguardi si incatenarono per diversi secondi o forse per veri e propri minuti.

«Hai la pelle super sensibile, si è arrossata molto», constatai, giusto per rompere il ghiaccio.

«Non fa nulla», disse prima di essere invasa da uno spasmo causato dal movimento della macchinetta su qualche nervo.

«Non preoccuparti, è normale quando ci si tatua», la tranquillizzai, non volendo che si sentisse a disagio. «Ti fa male?», le domandai dopo aver visto il modo in cui aveva strizzato gli occhi in un'espressione dolorante.

«Un po'». Era chiaramente titubante e pensai che probabilmente non voleva che io sapessi quanto stava soffrendo. Il suo orgoglio era al massimo.

«Ho quasi terminato, mi manca giusto un petalo», le feci sapere per rassicurarla.

Stavo finendo delle sfumature, quando sentii un rumore sordo echeggiare nell'aria.

«Cosa sta succedendo?», chiese Fallon alzando il petto.

«Non lo so. Sei armata?», domandai lasciando gli attrezzi sul tavolino in acciaio accanto al lettino e avvicinandomi alla giacca che avevo appeso a un gancio, al muro.

Dovevo prendere la pistola.

«No, non sono armata».

«Rimani qui dentro», le ordinai.

Uscendo dalla saletta sentii diverse urla e qualche sparo, e subito mi misi in guardia.

Entrai nella sala principale e vidi due uomini coperti da un passamontagna nero che stavano rubando i soldi dalla cassa di Jhonathan.

Uno teneva stretto il mio amico in una presa ferrea.

«Dacci tutto ciò che hai. Ti avevo avvertito, Jhonathan», sbraitava uno di loro rivolgendosi al mio amico.

«Io tutti quei soldi non li ho, non ancora», disse Jhonathan spaventato.

Cosa diamine hai fatto?

Vidi l'uomo puntare la sua pistola verso il mio amico e a quel punto sfoderai la mia arma. Una volta attirata l'attenzione, quello cambiò il suo bersaglio e la puntò su di me.

«Se non vuoi che il tuo amico muoia ti conviene darmi la tua fottuta pistola», urlò l'uomo dal passamontagna nero. Io non feci quello che mi aveva gridato e iniziai a passare al vaglio le mie opzioni.

«Vai a controllare le sale», ordinò quello con la pistola all'altro, mentre noi due continuavamo a tenerci sotto tiro.

Il mio pensiero andò a Fallon.

Era sola e un uomo armato stava andando da lei.

Jhonathan si dimostrò pronto, e approfittò della distrazione dell'uomo che lo teneva stretto per dargli una testata, portando il capo all'indietro e colpendolo in pieno viso. Quello si portò istintivamente le mani al naso sanguinante e io ribaltai la situazione: mi scagliai con un balzo su di lui e iniziai a riempirlo di pugni. Lo disarmai e con l'ennesimo gancio lo stordii. Ma non era ancora finita.

L'uomo che era andato nelle sale interne tornò tenendo saldamente a sé il corpo seminudo di Fallon. Anche da dove mi trovavo riuscii a vedere il segno rosso che le mani fetide di quel depravato avevano impresso su di lei.

«Ora mi diverto un po' con te, cosa ne dici? Magari ai tuoi amici piace guardare...», sussurrò sporco all'orecchio di Fallon, mentre le strizzava il seno sinistro.

Lei era immobile, come impietrita, e non stava neanche provando a difendersi, forse troppo spaventata dal tocco di quell'uomo viscido.

«Ti ammazzo!», urlai rabbioso mentre correvo verso di lui.

Vedendomi arrivare, lasciò Fallon per difendersi e iniziammo una lotta senza esclusioni di colpi. Ma, in qualche modo, riuscivo a vedere anche cosa stava combinando Fallon. Quella ragazzina si stava avvicinando all'uomo che avevo steso vicino alla cassa, e stava prendendo la sua pistola.

La vidi farmi un cenno con la testa, e io lo presi come un segnale. Così mi spostai leggermente e le diedi il tempo di prendere la mira. Fallon puntò la pistola verso di noi e sparò.

Il colpo finì sulla gamba dell'uomo, facendolo urlare dal dolore. Capendo di essere in netto svantaggio, approfittò del momento per scappare via. Non appena uscì, mi precipitai a raggiungere Fallon che nel frattempo era scoppiata a piangere.

Era sempre stata una ragazza forte, che uccideva senza rimpianto, ma non potevo neppure immaginare cosa aveva provato mentre quel verme la toccava sotto gli occhi di altri uomini.

Doveva essere stato destabilizzante per lei.
In quel momento non ero un DarkBlood, non ero un suo rivale.
«Fallon, sei stata bravissima», le sussurrai tentando di farla calmare.
«Dio, le sue mani». Pianse nascondendo il viso tra le sue.
«È tutto passato, tranquilla, piccola Fallon. Lo hai sconfitto», continuai, e quella volta feci un gesto che stupì entrambi.
Allargai le braccia e la strinsi a me, sul mio petto.
Il suo profumo invase nuovamente i miei sensi.
Le baciai la testa delicatamente e la riportai nella sala interna.
«Tieni, rivestiti», le dissi porgendole la sua felpa.
Lei non se lo fece ripetere due volte.
«Grazie, ma si è trattato solo di una piccola tregua», sputò acida.
Era tornata una Daggers, era tornata la mia nemica. E, anche se quella tregua era durata meno di cinque minuti, aver sentito il suo corpo vicino al mio, il suo cuore battere sul mio petto, aveva acceso una flebile luce nel buio della mia anima.

Capitolo 25

Fallon

Erano almeno tre ore che mi trovavo con le mani tremanti e il respiro affannoso, a causa dei ricordi che continuavano a tartassare la mia mente.

Riuscivo ancora a sentire l'ansia che entrava come un fiume e allagava tutto il mio corpo e la voce rassicurante di Callum.

Nella mia vita l'ansia era una componente decisiva e ferma, rimaneva in agguanto per poi comparire quando meno me lo sarei aspettata.

Quando arrivava era prepotente, mi inondava e bloccava ogni mio movimento, rendendomi quasi una statua di ghiaccio.

Delle volte, riuscivo a plasmarmi con lei, altre invece era impossibile convivere con quel corpo estraneo che si faceva spazio dentro di me.

Provai a tenere la mente occupata e, dopo aver posato l'occorrente che avevo utilizzato per dipingere una tela, mi avvicinai allo specchio e ammirai il mio tatuaggio.

Il tratto era sottile e riempiva alla perfezione quel piccolo spazio sotto il seno.

Era importante per me perché significava tregua.

Improvvisamente sentii la suoneria del mio telefono e, pensando fosse Asher, mi precipitai a rispondere.

Quando presi il telefono tra le mani, vidi sullo schermo che il numero che mi stava chiamando non era tra quelli che avevo memorizzato e, incuriosita, risposi.

«Rispondi già al primo squillo? Mi stupisci, piccola Fallon».

Dio, sempre lui! Ma perché?

Perché doveva rovinare tutte le mie giornate?

«Cosa vuoi? Vedi di essere veloce e conciso, non ho tempo da perdere, soprattutto con te», replicai già nervosa.

«Sarò velocissimo, Fallon, non preoccuparti», disse con nonchalance, e giurai di averlo sentito ghignare, per pochi secondi, prima di risentire la sua voce.

«Muoviti, sto aspettando».

«Harry ha ricevuto una lettera nella quale viene menzionato anche tuo fratello Asher e... be', sono entrambi in pericolo. Ho scoperto che si tratta del figlio di una delle tante prede che voi Daggers avete stanato e che noi DarkBlood abbiamo ucciso, quindi credo che non debba dirti nient'altro, avrai già tratto le dovute conclusioni», disse facendomi gelare il sangue nelle vene.

«Significa che mio fratello e il tuo amico sono diventati un bersaglio, giusto?»

«Esatto, ma ho trovato un modo per tirarli fuori da questa situazione ed evitare che possa succedere qualcosa. Ma per portare a termine il mio piano mi servi tu, piccola Fallon», mi comunicò particolarmente serio.

«Di che piano si tratta?», gli chiesi. Se Asher era in pericolo, io dovevo salvarlo, a ogni costo, anche se l'unica possibilità per farlo prevedeva allearmi per qualche ora con il Corvo dei DarkBlood.

«Ne parleremo di persona, alla vecchia villa di Betulla, la ricordi?».

Come potevo dimenticare quella villa abbandonata? Era l'incubo di ogni bambino e, per un periodo, era stato anche il mio.

«Sì, la ricordo».

«Bene, allora ti aspetto tra un'ora, parleremo di ciò che so e di ciò che possiamo fare per uccidere questo fottuto bastardo. Mi raccomando, non farne parola con nessuno e, soprattutto, vieni da sola», mi raccomandò utilizzando un tono di voce che non riuscii a decifrare.

«Tu sarai solo?»

«Saremo solo io e te. Il Corvo e la Paladina di pugnali», disse per poi riagganciare subito dopo.

Quando posai il telefono, le mani tremavano.

Avevo una brutta sensazione e non riuscire a decifrarla fino in fondo mi faceva sentire ancora più male.

Nella mia mente si aprirono due scenari. O Asher era seriamente in pericolo, oppure Callum aveva intenzione di tendermi una trappola. A quale dei due avrei dovuto credere?

Non lo sapevo, non potevo saperlo. L'unica cosa che potevo fare era andare all'incontro e scoprire con i miei stessi occhi cosa stava succedendo.

Nel prepararmi, presi diversi pugnali e li nascosi nell'elastico dei pantaloni, sotto la maglia e dentro gli anfibi.

Se si fosse rivelata una trappola, almeno con le armi sarei riuscita a difendermi.

Uscii di casa, accorgendomi solo in quel momento della nebbia che stava calando sulle strade di Fogsville, ma non mi preoccupai, ero abituata a camminare in quella fitta coltre biancastra.

Arrivai fino a giungere all'inizio del sentiero alla fine del quale si trovava la casa abbandonata di Betulla. In quel momento, nella mia mente risuonò l'inquietante leggenda che le vecchiette di alcuni quartieri della città raccontavano ai bambini.

“La vecchia villa abitata da Betulla e dalle sue sorelle nasconde segreti e arcani. Tra quelle mura molte cose sono successe, molte persone sono entrate andando alla ricerca del tesoro nascosto dalle tre sorelle, ma mai nessuno è stato in grado di uscire e di raccontare gli orrori vissuti dentro quell’abitazione tetra. Adrian, un bambino curioso e coraggioso, entrò nella villa in una notte invernale, senza mai fare ritorno, ma molte persone dicono di aver visto grandi fauci sbranarlo. Non entrate nella villa, non entrateci mai, perché una volta varcata quella porta la morte vi attenderà a braccia aperte, e di voi non rimarrà neppure la polvere”.

Tremante, avanzai lungo il sentiero, trovandomi in pochi minuti davanti all’edificio.

Quando ero piccola, andavo insieme ad Asher a visitare da fuori quella villa. Ero curiosa e allo stesso tempo spaventata, ma questo non mi ha mai impedito di osservarla da fuori.

Era proprio come la ricordavo, sembrava che il tempo si fosse fermato.

C’erano l’intonaco sbiadito, che una volta era di un azzurro lucente, la fontanella con la sirena ormai mezza rotta e senza più acqua da chissà quanti anni, piante ed erbacce incolte antistanti alla facciata.

Era identica all’immagine che conservavo tra i miei ricordi di bambina, non era cambiata neppure di una virgola.

Mossi i piedi sul terreno arido, fino ad arrivare di fronte al piccolo cancelletto in ferro battuto, che ormai era decorato dalla ruggine. Lo spinsi per passare e giunsi alla porta di ingresso.

Abbassai la maniglia, accorgendomi che era aperta. Ciò significava che Callum doveva trovarsi già dentro la villa.

Non mi preoccupai di chiamarlo, una volta entrata probabilmente lo avrei trovato appoggiato al muro, con le braccia conserte e una sigaretta tra le labbra, ma quando misi piede dentro, un braccio bloccò il mio corpo e una mano premette un fazzoletto bianco sulle mie labbra.

In quel momento riuscii solo a identificare l’odore del cloroformio, nient’altro. Poi, solo il buio.

Quando riaprii gli occhi, sentii all’istante un enorme mal di testa propagarsi in maniera sempre più forte e, quando riuscii a mettere da parte per un momento il dolore, mi accorsi che ero finita in trappola.

Ero legata a una sedia, sulla bocca avevo del nastro adesivo e davanti a me c’erano Harry, Mason e Thomas. Mentre io stavo cercando di capire cosa fosse successo e dove mi trovassi, tutti e tre scoppiarono a ridere, giocando con le pistole che stringevano tra le mani.

Mi presi una manciata di secondi per osservare l’ambiente in cui ci trovavamo.

Era scuro, tetro e illuminato solo da una piccola luce a batteria. Avrei potuto provare a scappare, c'erano un sacco di punti ciechi in quel posto, ma non avevo abbastanza elementi per analizzare la situazione. Mio fratello dov'era? Era realmente in pericolo, oppure mi trovavo legata e senza la possibilità di parlare perché ero caduta nel tranello di Callum?

E lui, dov'era finito? Possibile che non fosse lì, a gustarsi la sua vittoria?

«Bentornata tra noi, Fallon Rogers», esordì Thomas, avvicinandosi in maniera minacciosa. «Mettiamo in chiaro delle cose. Noi DarkBlood siamo riusciti a fotterti. In questa stanza ci sono diverse telecamere e se tu non risponderai alle nostre domande noi ti uccideremo. Sono stato abbastanza chiaro?», domandò, ma io non potevo parlare, il nastro adesivo mi impediva persino di muovere le labbra. «Oh, scusami», sussurrò malvagio Thomas, prima di strappare con un colpo secco quello strato di plastica.

Non gli diedi la soddisfazione di sentirmi gemere dal dolore.

«Prima domanda, hai cinque secondi per darmi una risposta. Qualcuno sa che sei qui?», chiese, poggiando la pistola sulla mia tempia destra.

«No, solo io, voi e il demonio. Ma ti ricordo che sono stata sedata, quindi non so cosa abbiate fatto di me voi idioti del cazzo». Non avevo paura di loro, non l'avrei mai avuta.

«Fallon, noi ti trattiamo bene e tu ti rivolgi a noi in questi termini?», disse, ma sembrava più divertito che infastidito. «Passiamo alla seconda domanda, questa volta diciamo che hai otto secondi di tempo per rispondermi, e vedi di farlo bene o questa ti farà saltare la testa», promise premendo la sua pistola ancora di più sulla mia tempia. «Il tuo capo possiede un video che può provare che il mio capo ha ucciso un cittadino. Dove si trova?».

Non risposi, mi limitai a contare i secondi e, quando le mie labbra mimarono il numero otto, la sua pistola era ancora contro la mia tempia, ma io ero viva.

«Pensavo mi avresti fatto saltare la testa», affermai scoppiando a ridere.

«Vuoi scherzare? Credimi, Fallon, non sei proprio nella condizione adatta», si intromise Harry, avvicinandosi anche lui a me con passo felpato e allo stesso tempo aggressivo.

«Ti ho detto che devi rispondere, cazzo!», urlò Thomas fuori controllo.

«Non so di cosa tu stia parlando e, anche se sapessi qualcosa, preferirei morire pur di non dirvi ciò che volete sapere».

«Ah, sì? Perfetto, Mas, passami il ferro incandescente», disse Thomas girandosi verso Mason.

Fu questione di un battito di ciglia. La manica della felpa che indossavo venne ridotta in brandelli e, subito dopo, vidi le stelle a causa della pressione di quel ferro rovente sulla mia pelle. Strinsi i denti quasi fino a spaccarmeli. Il dolore fu atroce, ma cercai di resistere, e di non mostrarmi debole.

Io non avevo paura.

«Questo è solo un piccolo assaggio», precisò Harry togliendo il ferro dalla mia pelle. «Mi stanno girando le palle, Fallon. Vedi di dire subito ciò che sai perché, se mi rompo il cazzo, per te è la fine».

Callum

Odiavo, odiavo dannatamente tanto quella fottuta situazione.

Robert mi aveva incaricato di tendere una trappola a Fallon, ma mi aveva proibito di partecipare a quello che sarebbe successo dopo.

Odiavo avere le mani che tremavano a causa della preoccupazione, come odiavo mentire al mio capo e disobbedire, ma non ero un bravo ragazzo, e Robert lo sapeva bene.

Se fosse venuto a scoprire che in quel momento stavo guidando a tutta velocità verso la villa di Betulla, probabilmente mi avrebbe torturato.

Il mio compito era semplice. Avrei dovuto chiamare Fallon, darle appuntamento con un finto pretesto e poi darla in pasto ai miei amici. Nient'altro. Ma non mi stava più bene.

Ero lanciato in una corsa folle, ma un semaforo rosso mise un freno per qualche istante al mio impeto. Fu solo perché mi ero fermato che riuscii a sentire il cellulare squillare.

«Call, cazzo, questa non parla», sbraitò Mason dall'altro capo del telefono.

«Che sta succedendo?», domandai, nervoso.

«Abbiamo provato di tutto, il dolore fisico non è l'arma giusta. Sta sopportando tutto e, te lo dico io, non scopriremo un fottuto niente!», urlò.

Perché ero preoccupato dopo aver sentito le sue parole?

«Cosa le avete fatto?».

I miei amici erano dei DarkBlood e quando ricevevano ordini non si fermavano mai, neppure davanti alla morte.

«Harry le ha bruciato il polso con un ferro incandescente, si vedeva lontano un miglio che stava trattenendo il dolore, ma neanche in quel caso ha parlato».

In quel momento, le mie mani stavano quasi riducendo il telefono in polvere.

Decidere di fare quel lavoro, di entrare in una gang di sicari, significava anche quello.

Sapevo che Fallon aveva una soglia alta del dolore, proprio come l'avevo io e tutti i membri sia dei Daggers che dei DarkBlood, ma sapere che a farle del male erano stati i miei stessi amici mi uccideva, e io rischiavo di uccidere loro.

Riagganciai subito, posizionai la mano sull'acceleratore della moto e guidai più veloce di prima.

Era inutile, potevano farle di tutto, lei non avrebbe parlato, e la paura che i miei amici avrebbero potuto arrivare a ucciderla si stava prendendo tutto il mio corpo, riducendolo in un fascio di nervi tesi.

«Sto mandando all'aria il piano, ma cazzo, cazzo, Fallon, resisti, sto arrivando».

Quando giunsi fuori dalla villa, ciò che vidi mi fece andare il cervello in fumo.

Il corpo di Fallon penzolava dalla finestra del secondo piano, mentre Harry e Mason le cingevano i polsi.

Se l'avessero fatta cadere, probabilmente sarebbe morta sul colpo, proprio lì, davanti ai miei occhi.

No! Cazzo, no!

Sfondai con un calcio la porta, salii velocemente le scale trovandomi all'istante al secondo piano.

C'erano diverse porte, ma quella che interessava a me era l'unica chiusa. L'aprii con un calcio ben assestato, sferrato con tutta la forza e la rabbia che avevo in corpo. Una volta dentro, Mason e gli altri si girarono verso di me, stupiti.

«Callum? Cosa diamine ci fai qui? Robert era stato chiaro, dovevamo occuparci noi di lei», sputò fuori Harry tenendo ancora il polso di Fallon.

«Ho deciso di cambiare il piano. Lasciatela andare, subito», ordinai. Non appena finii la frase, sentii diversi spari e urla che arrivavano dall'esterno. Erano arrivati i Daggers.

«Cazzo», imprecò Thomas correndo di sotto.

«Ho detto lasciatela andare, a lei ci penso io. Voi due andate a vedere cosa cazzo sta succedendo lì fuori», continuai, avvicinandomi alla finestra.

Quando Harry e Mason lasciarono i polsi di Fallon, li presi al volo e in quel momento i miei occhi si incatenarono ai suoi.

«Ho detto che dovete uscire da questa fottuta stanza!», urlai rabbioso a quei due che ancora non si muovevano, e quando finalmente se ne andarono, tirai su Fallon.

«Sei una Daggers, no? Perché non ti sei difesa?», domandai alla ragazzina che avevo davanti, che in quel momento sembrava terrorizzata. Come biasimarla?

Prima che potessi ascoltare le parole di Fallon, sentii Asher Rogers chiamare il mio nome e, in quel momento, l'unico pensiero che avevo era scendere e fare il culo ai Daggers. Ormai Fallon era salva, potevo lasciarla andare.

Mi incamminai, sotto lo sguardo interrogativo di Fallon e con la mente pronta per una battaglia sanguinosa tra i DarkBlood e i Daggers.

Capitolo 26

Jacob

Guardai il grande negozio di caramelle che si trovava alle mie spalle e poi il sacchetto rosa colmo di vermicelli alla fragola che avevo comprato. Erano le preferite di Fallon. Gliene avevo prese un bel po', forse avevo esagerato, ma sapevo quanto amasse mangiarle durante le sue serate film e divano.

Mentre tornavo verso la mia macchina, i pensieri continuavano a soffermarsi su di lei. Sul suo sorriso dolce, sulle sue labbra morbide e rese ancora più invitanti da uno strato di gloss…

Lei era il centro dei miei pensieri e non riuscivo a farla uscire dalla mia mente, in nessun modo, per quanto mi sforzassi.

Ci provavo, ci provavo da mesi ormai, ma lei era sempre lì, a ricordarmi che, tra noi due, oltre all'amicizia non ci poteva essere nulla.

Ci avevo sperato, ogni notte in verità, che lei un giorno capisse che poteva nascere qualcosa di più, ma poi arrivava un nuovo giorno e io mi scontravo con la realtà, ovvero con la consapevolezza che non avremmo mai potuto essere una coppia.

Fallon non mi amava. Mi baciava, è vero, ma non mi amava neanche un po'. Per lei ero, e sarei rimasto per sempre, un amico, un fratello con cui confidarsi, una spalla su cui piangere.

Mi stava bene?

Per niente, ma non potevo fare nulla per cambiare quella situazione. L'unica cosa che mi rimaneva era cercare di dissipare il sentimento che provavo per lei e trattarla solo come un'amica, anche se tenere a bada i miei veri sentimenti mi procurava un dolore lancinante all'anima, molto simile a delle coltellate.

L'amore era doloroso, soprattutto se non corrisposto, ero giunto a quella conclusione ormai da tempo.

Salii in macchina e, mentre guidavo verso casa Rogers, sentii il telefono vibrare. Risposi dopo aver rubato un vermicello dal sacchetto ed essermelo portato alle labbra.

«Ash, dimmi», iniziai masticando.

«Fallon è sparita».

Quelle tre parole fecero fermare il mio cuore in un battibaleno.

Accostai la macchina, scosso, e cercai di parlare in maniera lucida, anche se era difficile in quel momento.

«Che cazzo stai dicendo?»

«A casa non c'è e lei non esce mai senza avvisare. Sto controllando la sua posizione, raggiungimi da me, c'è qualcosa che non va», continuò mentre io mettevo in moto e mi affrettavo a raggiungere la sua abitazione. «L'hanno presa, Jac! Me lo sento. I DarkBlood hanno preso Fallon», disse poi, e la rabbia mi esplose nel petto. Arrivai sotto casa sua in un lampo, e una volta fermata l'auto, iniziai a martoriare il volante prendendolo a pugni.

La pelle delle nocche si lacerò in poco tempo, ma io continuai, dovevo far sbollire la frustrazione e avere la mente lucida per salvarla.

Poco dopo, Asher corse e salì in macchina come una furia. Si vedeva lontano un miglio che era preoccupato.

Sua sorella, l'unica componente della sua famiglia, era stata rapita da un branco di persone pericolose tanto quanto noi. Asher sapeva di che pasta erano fatti i DarkBlood, anche perché non era diversa dalla nostra.

«Elina e Oliver stanno già andando alla villa di Betulla, è lì che l'hanno portata», mi informò.

«La salveremo, Ash», affermai cercando di mantenere la calma.

«Lei… cazzo, Jac, è la mia ragione di vita. Se dovessi perdere Fallon io… io sarei perso», ammise trattenendo a stento le lacrime.

«Lei starà bene», provai a tranquillizzarlo, o forse a rasserenare me stesso.

«Li uccido, cazzo! Li ammazzo uno a uno, nessuno escluso», urlò mentre io imboccavo il vialetto che portava alla vecchia villa di Betulla.

Quando fermai la macchina, vidi Oliver ed Elina già lì. Asher scese dalla macchina ancora in movimento, caricando la pistola, per poi sparare diversi colpi in aria per annunciare il nostro arrivo.

«Vi ammazzo!», urlò camminando verso l'ingresso.

Entrammo tutti e subito i DarkBlood ci furono addosso.

«Fottute merde bastarde!», gridai iniziando una lotta con Harry. Mi avvinghiai al suo corpo, iniziai a tirare dei pugni nel suo stomaco, talmente forti che vidi del sangue uscire dalle sue labbra.

Nel frattempo Asher sferrava dei colpi a Thomas.

«Dov'è? Mia sorella dove cazzo si trova?».

La mia rabbia crebbe sempre di più quando, in mezzo a quelle fecce, non riuscii a trovare Callum. Ero convinto che ci fosse di mezzo lui in tutta quella faccenda e che fosse lui a tenere Fallon in ostaggio.

Mentre stavo martoriando Harry, finalmente vidi il Corvo entrare in scena, con il suo solito ghigno beffardo in volto, e a quel punto mi innervosii ancora di più.

«Il Corvo ha azzannato la piccola Fallon», disse beffardo Harry continuando a difendersi dai miei colpi.

Subito dopo quelle parole, Asher lasciò andare Thomas e corse velocemente verso le scale che portavano al piano superiore, andando alla ricerca di Fallon.

In quel momento, l'unica cosa certa era che i Daggers e i DarkBlood non potevano coesistere, c'era solo sangue. Sangue e nient'altro.

Fallon

Una settimana dopo

Era passata una settimana dalla guerra che c'era stata tra i DarkBlood e i Daggers, avvenuta nella vecchia villa di Betulla, e per tutto quel tempo non avevo fatto altro che pensare e ripensare a Callum.

Mi aveva messo nelle mani dei suoi nemici, mani sporche e malvagie, e poi, come se non fosse successo nulla di brutto, era corso a salvarmi.

Non lo capivo, facevo veramente tanta fatica a comprendere le azioni e i comportamenti di quel ragazzo dai capelli ribelli. Una sola cosa sapevo con certezza: che lui era il Corvo malvagio, e manovrava tutti gli altri.

Callum mi ricordava molto una nuvola passeggera, di quelle grigie e cariche di pioggia, che non vedeva l'ora di scatenare un terribile temporale su di me.

«Fallon? Diamine, Fallon, le persone stanno aspettando!», esclamò Elina distogliendomi all'istante dai miei pensieri.

Mossi la testa da un lato a un altro, poi ricordai che mi trovavo in un centro aiuti per i più bisognosi e iniziai nuovamente a riempire il piatto di cibo, mentre i guanti in plastica lucida promettevano di far cadere dalle mie mani il grande cucchiaio con il quale raccoglievo il purè.

«Mi scusi, ecco», dissi porgendo il vassoio a un signore anziano con una barba foltissima e chiara.

«A cosa stavi pensando?», mi chiese Elina aggiustandosi la retina sulla testa.

«Sono sovrappensiero da una settimana, continuo a rivivere ciò che è successo in quella villa».

«Fallon, ne abbiamo già parlato. Non è stata colpa tua, ti sei fidata della persona sbagliata e lo hai fatto per il bene di Asher, quindi non devi più pensarci. Anche Joyle te lo ha detto, non è successo nulla», minimizzò la mia migliore amica cercando di far tornare la mia mente lucida.

«Lo so, ma se fosse successo qualcosa di grave? Se qualcuno dei nostri o dei loro fosse morto?»

«Fallon, siamo sicari e proprio per questo motivo andiamo incontro alla morte a ogni minuto, forse anche a ogni secondo», disse servendo una porzione di patate al sugo. «E anche se fosse successo, la colpa non sarebbe stata tua, ma del fottuto Corvo che ti ha teso una trappola», concluse porgendo il piatto alla signora che lo stava aspettando con tanta bramosia.

«Devo aprire gli occhi, El, non posso più cadere in trappole simili, rischierei di mettere in pericolo anche tutti voi», continuai rimuginando sui miei sbagli.

«Ora pensiamo a finire il volontariato e andiamo via di qui», disse riprendendo a lavorare subito dopo.

Io ed Elina passammo l'intero pomeriggio a servire pietanze ai senzatetto e alle persone bisognose e, quando ormai il sole non filtrava più dalle finestre del capannone dove ci trovavamo, togliemmo i guanti, gettammo le retine per capelli e ci avviammo per raggiungere il covo.

«Sai già che tipo di missione ci ha assegnato Joyle?», domandai camminando lungo il vialetto del covo.

«Non credo di aver origliato bene gli affari di Joyle. L'unica cosa che sono riuscita a sentire è che dobbiamo andare nel quartiere del piacere di Powick».

«Il quartiere del piacere? Intendi quello giapponese?», chiesi curiosa.

«Sì, è l'unico che si trova a Powick», affermò Elina entrando nella sala relax del covo.

«Finalmente siete arrivate, come è andato il volontariato?», domandò Jacob salutando entrambe.

«Stancante, ma è sempre bello aiutare le persone bisognose», risposi abbracciando il mio migliore amico.

«Joyle ci sta aspettando», ci informò dirigendosi verso l'ufficio del nostro capo.

Avanzai seguita dal resto della gang, e trovammo Joyle intento a scarabocchiare delle scartoffie.

«Buonasera, ragazzi», disse facendoci accomodare.

«Joyle, prima di iniziare a darci tutte le indicazioni sulla missione, ci tengo a scusarmi con te per l'ennesima volta. Sono stata stupida a fidarmi del Corvo, non succederà più, lo giuro», affermai velocemente.

«Fallon, come già ti ho detto, non devi più scusarti. Sbagliare è umano e chi non sbaglia è privo di valori, quindi stai serena, non è successo nulla», disse con voce gentile e calorosa. Non aggiunse altro sull'argomento. «Per la missione, invece, dovete recarvi a Powick, nel quartiere giapponese del piacere. Lì sono molto tradizionalisti e, se dovete chiedere informazioni, ricordatevi di usare termini specifici o avrete problemi. Per esempio, le case tradizionali in legno si chiamano *Machiya*, e quella in cui si trova la preda è al numero 122. Ecco, queste sono alcune foto dell'esterno e delle zone interne, tra cui la stanza di Kaede».

«Chi dobbiamo uccidere?», domandò Asher.

«In quel posto c'è una donna chiamata Kaede, è una *Oiran*, una donna del piacere».

«Una prostituta, quindi?», chiese Jacob leccandosi le labbra con malizia.

«Esatto. Kaede, però, non è una semplice prostituta, lei è la madrina, la capa del bordello, compra ragazzine e donne nei quartieri più malfamati del Giappone e le porta qui illegalmente; le costringe a prostituirsi e le paga pochi spiccioli al giorno. Questo traffico deve finire. Sono stato contattato da un caro amico, mi ha detto tutto ciò che dovevo sapere su quel quartiere e ho deciso di affidare a voi il caso». Non chiedevamo mai a Joyle chi fossero i suoi amici, o quali interessi avessero in ballo. Noi ci occupavamo soltanto di eseguire i suoi ordini, mentre al nostro capo spettava far sì che il nostro lavoro fosse adeguatamente ricompensato.

«Joyle, Kaede morirà con un pugnale trafitto nel cuore», affermai io sorridendo all'idea del sangue di quella donna.

«Vi dividerete nel seguente modo: Asher fingerà di voler pagare una *Oiran* e, una volta dentro, chiederà informazioni alle altre prostitute; Jacob e Oliver, invece, penseranno a fare da palo, Kaede ha molte guardie del corpo e innumerevoli uomini; Elina e Fallon, ciò che sto per chiedervi potrà risultarvi disgustoso, ma dovrete farlo. In quel bordello, Kaede non vende solo donne giapponesi, ma ha delle piccole stanze dedicate a donne di altre culture. Voi dovrete fingervi delle prostitute, non dovrete assolutamente vendervi agli uomini, ma uccidere Kaede e sua sorella Aoi e poi scappare», concluse.

«Joyle, non ci hai chiesto nulla di disgustoso, tranquillo, non essere in pensiero per noi», disse Elina guardando il nostro capo.

«Allora andate, vi ho lasciato dei vestiti adatti alla missione negli spogliatoi e le foto sia del luogo e che delle prede. Ricordate di utilizzare i termini tradizionali e di chiamarmi subito dopo la missione», disse congedandoci tutti.

Quando uscii dallo studio di Joyle, avanzai con Elina verso lo spogliatoio, dove vidi un vestito nero, in seta lucida con uno spacco che si allungava dal fianco sinistro alla caviglia.

«Dio, è stupendo», affermai tastando con i polpastrelli il tessuto morbido.

«Hai ragione, ha qualcosa di elegante, ma è anche molto sensuale, cazzo», affermò Elina indossando il suo abito, che era identico al mio.

Quando mi avvicinai allo specchio, notai che quel vestito fasciava ogni mia curva, senza però renderla volgare.

«El, Fallon, ci siete?», urlò Asher dalla zona relax.

«Stiamo arrivando!».

Quando entrai in sala relax, notai mio fratello e i miei due amici rimanere quasi senza parole nel vedere me ed Elina vestite con quegli abiti.

«Cazzo, siete fantastiche. Diamine, dovrò tenere a bada i pugni per non rovinare la missione», ammise Asher avvicinandosi lentamente a me e alla mia migliore amica.

«Tranquillo, tu pensa a recitare bene la tua parte», dissi camminando verso l'uscita del covo.

Entrai in macchina e mi accomodai, Powick distava circa un quarto d'ora da Fogsville.

Non ero mai stata nel quartiere del piacere giapponese. In realtà, non ero mai stata in un quartiere del piacere, e rimasi a bocca aperta.

«Cazzo, è stupendo. So che in questo posto vengono vendute donne e non dovrei certo definirlo in questo modo, ma sembra di essere davvero in Giappone», constatò Jacob scendendo dall'auto.

Anche io mi presi un paio di minuti per osservare bene quel luogo, guardandomi attorno con curiosità.

Lasciata l'auto, arrivammo a piedi in una strada pedonale molto affollata. Inutile sottolineare che c'erano solo uomini.

I porticati delle case erano favolosi, realizzati con legno scolpito di colori e forme differenti, e fuori ogni *Machiya*, appese al tetto, c'erano due o tre lanterne rosse.

«Non siamo venuti qui per una gita», fece brusco Asher avanzando verso il fulcro del quartiere e andando alla ricerca della *Machiya* 122.

Lo seguimmo fino a quando non trovammo il numero che ci aveva fornito Joyle.

«Eccolo», feci indicandolo.

«Entrate prima voi», disse Oliver rivolto a me ed Elina.

«Sei pronta?», domandai guardando la mia migliore amica.

«Sì, tu?»

«Assolutamente sì!».

Una volta dentro, venni investita all'istante da un profumo di fiori di ciliegio, talmente forte che sentivo il naso solleticarmi a ogni respiro.

Avanzammo verso il bancone, sempre in legno e anch'esso decorato da oggetti che ricordavano il mondo orientale.

«Siete le nuove prostitute americane?», domandò un uomo sulla cinquantina.

«Sì, siamo noi», risposi convinta. Sapevo che Joyle aveva fatto i suoi giri di chiamate per fare in modo che la nostra copertura reggesse.

«Perfetto, avete a disposizione una stanza a testa. Rossa, tu prendi la 3, e tu invece la 8, al primo piano», stabilì senza degnarci nemmeno di uno sguardo.

Io ed Elina ci separammo, non senza prima esserci rivolte un'occhiata di intesa, e ognuna avanzò verso la stanza che ci era stata assegnata. Subito mi accorsi, riportando alla mente le foto che ci aveva mostrato Joyle, che la mia era due porte prima di quella di Kaede.

Non ci pensai un istante di più, mi guardai in giro per capire se ci fosse qualcuno e mi infilai nella stanza della mia preda.

Era buia e vuota, così avanzai verso il bagno, che si trovava alla mia destra. Nemmeno lì c'era nessuno. Stavo per uscire, quando sentii la porta aprirsi e un rumore di passi.

Istintivamente avanzai di soppiatto verso la camera da letto e chi vidi mi fece ribollire il sangue nelle vene.

«Tuo fratello ti lascia vagare vestita in quel modo in un posto come questo? Dove ci sono uomini pronti ad aprirti le gambe in ogni angolo?», domandò il Corvo indossando il suo immancabile ghigno beffardo.

«Cosa diamine ci fai tu, qui? Perché devi sempre appropriarti delle mie fottute prede?!», domandai stanca di avere a che fare con quel ragazzo.

«Secondo te? Lo sai che è tutta una questione di soldi, di potere. Di reputazione. Di certo non sono venuto fin qui per scoparmi una ragazzina giapponese che viene costretta a prostituirsi». Non riuscii a decifrare il suo tono, ma sembrava alquanto infastidito nel dovermi dare delle spiegazioni. «Lascia la preda a me», continuò assottigliando lo sguardo.

«Caro Callum, sai cosa contiene questa magnifica pochette? Diversi flaconcini di acido muriatico. Pensa quanto ti donerebbe su quel tuo faccino».

«Oh, ma tu non ne avresti il coraggio, piccola Fallon. Non sfregeresti mai il mio viso, perché a te piace da impazzire...». La sua espressione mutò di colpo, passando dal sarcastico al guardingo, non appena i suoi occhi si posarono sulla finestra aperta. «Brutti ricordi... sai, tu che pendi da una finestra, il vuoto sotto di te...».

«Fottiti, cazzo!», urlai, scagliandomi contro di lui. Iniziai a prenderlo a pugni sul petto, mi sentivo ferita, mi sentivo arrabbiata, ma soprattutto ero in totale confusione. Odiavo tutto di lui, ma mi bastava avvicinarmi per inebriarmi del suo profumo, o per non riuscire più a trattenere l'istinto di toccarlo. «Perché? Perché in quella villa sei corso a salvarmi? Potevi lasciarmi morire e, invece, cosa hai fatto? Hai deciso di salvarmi dagli ordini che tu stesso hai dato ai tuoi amici».

«Non riuscivo, Fallon. Non riuscivo a pensare a te nelle loro grinfie», ammise, afferrandomi per i pugni che avevano smesso di colpirlo, e guardandomi dritto negli occhi.

«Voglio essere sincero con te. Averti così vicina, sentirti addosso a me... Io non riesco a lasciarti andare, Fallon. Per quanto io ci provi, non riesco a stare lontano da te», confessò, e alle sue parole io istintivamente mi avvicinai ancora di più a lui. Callum non smetteva di fissarmi. Allentò la presa e posò le mie mani sul suo petto, poi ci mise sopra le sue. Sentii il battito del cuore del Corvo. Lo guardai, incapace di capire fino in fondo cosa stessi provando, quando entrambi venimmo distolti da forti rumori e grida provenienti da fuori la stanza. Mi ero dimenticata di tutto mentre ero tra le braccia di Callum, e dal suo sguardo sconvolto capii che era successa la stessa cosa anche a lui.

«Dobbiamo andarcene, subito», decretò cercando una via di fuga.

«Come?», domandai.

«Saltiamo dalla finestra, è l'unica opzione che abbiamo», affermò mentre io iniziavo a tremare dal terrore.

«Callum, io... io non so se ci riesco», dissi girandomi verso la porta. Sentivo dei passi riecheggiare nel corridoio, non avevamo più molto tempo.

«Non salterai da sola, ci sarò io con te, non avere paura», disse porgendomi la sua mano.

Gliela presi e non potei fare a meno di notare la scossa che mi procurò il suo tocco. Senza perdere altro tempo, entrambi ci issammo e ci sedemmo sul bordo della finestra, le gambe che penzolavano fuori. Il ricordo di quello che mi avevano fatto tornò a galla e mi mozzò il respiro.

«Guardami», mi ordinò il Corvo, e io non me lo feci ripetere. Mi prese di nuovo la mano. «Lo faremo insieme e io farò in modo che tu non ti faccia alcun male».

Annuii incapace di dire altro. Incapace di credere che mi stavo per fidare di lui. Di nuovo, dopo quello che mi aveva fatto.

«Dimmi che sei pronta a cadere stringendo la mano del tuo più grande nemico».

«Callum, ti prego, non uccidermi», mormorai in una supplica.

«Di occasioni ne ho avute per farlo, ma non l'ho mai fatto. E non lo farò neppure oggi, piccola Fallon». Con uno strattone che mi colse alla sprovvista mi attirò a sé, mentre faceva un mezzo giro su sé stesso e si lasciava cadere all'indietro, di spalle, tenendomi contro il suo petto, riparandomi.

Mi strinsi a lui chiudendo gli occhi.

Mi sentivo libera. Ero libera tra le braccia del Corvo.

Capitolo 27

Callum

Mi addentrai nel buio che ammantava la mia casa d'infanzia. Lungo le pareti del corridoio erano appese diverse foto di famiglia. In nessuna ero presente io.

Stare tra quelle mura era come ingoiare veleno. Mi sentivo sopraffare e avvertivo il respiro bloccarsi a ogni passo che facevo.

Avevo vissuto poco in quella casa, perché a sedici anni me n'ero andato, arrangiandomi come potevo, spesso trovando ospitalità a casa di amici.

Non mi piaceva per niente ricordare i momenti nei quali mio padre stava male e io, come un demone, non facevo altro che infliggergli altro dolore.

Mentre stavo per arrivare in soggiorno, iniziai a sentire delle urla, dei pianti di disperazione.

Sapevo cosa stava succedendo, lo sapevo bene. Dovevo solo elaborarlo.

Mio padre era morto da poche ore.

Bonnie mi aveva avvertito e io mi ero scolato una bottiglia di vino seduto su un marciapiede di PolarStreet.

Dentro di me non sentivo niente. Ero asettico e freddo, ma quando vidi lo sguardo colmo di lacrime di mia madre, il mio cuore si ruppe facendomi provare un dolore lancinante.

«Come osi presentarti in questa casa? Vattene e non farti vedere mai più! Sei un ingrato, tu non sei più mio figlio!», urlò gettandosi sul pavimento, mentre Bonnie cercava di calmarla.

Io rimasi per qualche istante a fissare quella scena, poi scappai a gambe levate.

Le parole di mia madre mi avevano ferito. Lo avevano fatto perché erano vere.

Ero un figlio di merda e non potevo più recuperare nulla. Non potevo più riparare ciò che avevo rotto. Non potevo più chiedere scusa e rimediare. Tutto ciò che mi rimaneva da fare era precipitare nell'abisso senza più tornare a galla.

Mi risvegliai nella mia auto, con diverse bottiglie di birra ormai vuote attorno a me.

Guardai fuori dal finestrino e notai che il cielo era scuro. Lessi l'ora sul cellulare: erano da poco passate le undici.

In quel momento, sentii il peso di tutto ciò che era successo quasi sovrastarmi.

Mio padre era morto.

Mia madre mi odiava.

Mia sorella non stava piangendo sulla mia spalla.

Sapevo cosa dovevo fare, sentivo solo un bisogno estremo di dolore.

Misi in moto la macchina e sfrecciai fino ad arrivare a casa, dove aprii la porta di camera mia con un sonoro calcio.

Mi spogliai, presi la frusta e iniziai a ferirmi, sentendo il bruciore irradiarsi in ogni parte del corpo, sentendo il sangue colare a grossi e piccoli rivoli, fino a macchiare le mattonelle del pavimento.

«Perdonatemi!», urlai frustandomi. «Perdonatemi tutti! Sono un mostro! Un fottuto mostro!».

Quando ormai le mie mani erano colme di sangue, gettai la frusta lontano e mi guardai allo specchio.

Facevo paura, persino a me stesso.

Mi ripulii in modo superficiale, mi vestii e uscii di nuovo, questa volta in sella alla mia moto.

Girovagai per un tempo indefinito, senza una meta precisa, fino a raggiungere un parco.

Fermai la moto di botto e scesi. Camminando, sentivo dolore a ogni passo che facevo.

Quando vidi una panchina, non esitai e mi ci gettai sopra. Mi faceva male tutto ma, come spesso succedeva, non riuscivo a distinguere il dolore fisico da quello della mia anima.

Gettai la testa all'indietro e guardai il cielo, che quella sera era colmo di stelle, e inspiegabilmente mi sentii meno solo.

Dopo un po', udii dei passi e, voltando lo sguardo, mi accorsi di una ragazzina che camminava con delle cuffie nelle orecchie.

Da lontano non riuscii a capire chi fosse, ma quando si avvicinò mi accorsi che si trattava di Fallon.

Era come se qualcuno avesse deciso di mandarmi un angelo.

Fallon non mi vide, era troppo occupata a guardare il suo telefono. Allora gettai un sassolino verso di lei, che alzò gli occhi e sobbalzò a causa dello stupore.

«Dio, che paura!», esclamò portandosi una mano sul petto, e io sorrisi. Nonostante tutto, le guance e il naso rossi a causa del freddo di Fallon mi fecero sorridere.

«Dove te ne vai, a quest'ora della notte?», le domandai sentendomi stranamente calmo.

Lei era guardinga e non avrei potuto darle torto, pensando a tutto quello che era successo negli ultimi tempi.

«Tu cosa ci fai qui, tutto solo?», mi chiese, guardandosi intorno. Era chiaro che temesse di finire di nuovo in trappola. Così, fui sincero.

«I pensieri erano troppi. Sono venuto in questo posto desolato per smaltirli», ammisi guardando il cielo.

«Callum?»

«Sì, piccola Fallon?», domandai fissando gli occhi su di lei.

«Stai bene?»

«No, non sto bene», le confidai. Era la prima volta che esternavo le mie emozioni.

Fallon si sedette di fianco a me, sulla panchina, e iniziò un lungo monologo sulla sua giornata.

«Perché mi stai raccontando cosa hai fatto oggi?»

«Per distrarti. Parlare molto, specie di qualcosa che non c'entra nulla con le situazioni che ci procurano dolore, può solo fare bene», disse girandosi sorridente verso di me, e pensai che quella sera, in quel parco, non ci fossero due nemici, ma solo Fallon e Callum, due ragazzi ai quali la vita aveva tolto tanto.

«Hai ragione. Continua a parlarmi, Fallon, continua a dirmi cose di te che non so».

«Dunque, vediamo... Allora, ho un'ossessione per le caramelle, hai presente quelle lunghe, rosa, alla fragola e a forma di verme? Be', proprio loro. Amo i conigli, ho un peluche di nome Mister Otto che dorme sempre nel mio letto, e che tu hai conosciuto quella sera, al drive-in, e poi amo disegnare e vedere i film dell'orrore», elencò sorridendo.

Non ne sapevo il motivo, ma sentirla parlare in quel modo delle cose che amava me la faceva sembrare una bambina.

«Sono cose belle», affermai osservando il suo viso che, alla luce lunare, aveva un'aria angelica.

«Callum, posso... posso chiederti cosa ti è successo?», domandò titubante, mentre si toccava i guanti in lana nera.

«Mio padre è morto», dissi guardando le stelle nel cielo. Forse una di quelle era lui.

«Callum... mi dispiace».

«No, non dispiacerti per me, io sono stato cattivo con lui. L'ho trattato male, l'ho fatto per anni».

«Anche se lui fisicamente non è qui, con te, tu puoi sempre rimediare. E sono sicura che lo farai presto», decretò accarezzandomi leggermente la gamba. Quel tocco mi causò dei brividi.

«Il dolore è troppo forte, non riesco a spegnerlo». Mi confidai ancora con lei, senza dirle però che quel dolore me lo causavo io stesso, che ne ero io l'artefice.

«Non puoi spegnerlo, il dolore. Ci serve, Callum. Senza dolore non riusciremo mai a imparare l'essenza della vita. Senza dolore saremmo persone vuote, senza di esso non capiremmo mai la pienezza della felicità, dandola semplicemente per scontata». Rimasi stupito dalle sue parole perché, cazzo, erano così vere che, per qualche secondo, non mi sentii sbagliato. Speravo che gli occhi di Fallon stessero vedendo qualcosa in me che io non ero mai riuscito a notare.

«Fallon, sto per fare qualcosa di cui potremmo pentirci entrambi, ma per favore», iniziai scostandole una ciocca dal viso, «per favore, non fermarmi», le chiesi, prima di posare le mie labbra sulle sue.

Erano anni che desideravo farlo, che desideravo prendermi tutto di lei.

Fallon non si tirò indietro, ma aprì le labbra e fece spazio alla mia lingua perché si attorcigliasse alla sua.

Quel bacio fu per me una sorta di medicinale. Un balsamo che lenì tutte le mie ferite, sia quelle visibili che quelle che martoriavano la mia anima.

Era come se tutto il dolore che avevo sentito fino a quel momento si fosse dissolto nell'aria.

I suoi capelli mi solleticavano il viso e il suo profumo dolce, che avevo disprezzato per anni, in quel momento mi sembrò una cura. Mi chiesi se Fallon potesse essere la mia salvezza.

«Callum», mormorò lei prendendo aria, ma io non le lasciai scampo.

«Ho finalmente esaudito il mio più grande desiderio, lascia che io possa vivermelo ancora per un po', perché so già che tra pochi minuti volerà via da me», dissi appropriandomi di nuovo delle sue labbra.

Godetti appieno di tutte le emozioni che mi scatenava dentro, chiudendole a chiave nel mio cuore malandato.

Quando lei si mosse, posizionandomi una mano dietro la schiena, mi scostai leggermente e feci un'espressione di dolore, perché aveva toccato una delle ferite che mi ero inflitto.

«Callum?», domandò preoccupata.

«Va tutto bene», la tranquillizzai, ma le mie parole non sortirono l'effetto sperato.

«No, non è vero. Lo vedo che stai soffrendo. Lasciami… lascia che io dia un'occhiata».

«Non voglio mostrarti quella parte di me», affermai tirandomi leggermente indietro.

Fallon, però, non parve ascoltarmi. Rimase seduta sulla panca, si girò del tutto verso di me, poi alzò un lembo della mia felpa.

«Callum, Dio mio», pronunciò posizionandosi una mano sulle labbra.

«Sono aberranti e disgustose».

«No, non penso nulla di tutto ciò. Sono il simbolo del tuo dolore», disse stupendomi.

Già le aveva viste una volta, per sbaglio. Eravamo avvolti nel buio della notte, ma ero certo che la flebile luce di un lampione, lontano dalla panchina su cui ci trovavamo, che arrivava debolmente a colpirci, bastasse a renderle evidenti le mie cicatrici. Eppure, ancora una volta non era scappata via correndo. Quella notte, però, fui io a non cacciarla via urlandole contro.

«Callum, per favore, non farlo più».

«Non riesco a non farlo. C'è una voce nella mia testa che continua a dirmi cose maligne e io la assecondo perché, senza dolore, i miei peccati non possono essere espiati».

«Non dirlo. Non devi ascoltare quella voce, Callum. Sei tu l'artefice dei tuoi pensieri. Se tu pensi in maniera negativa, lei si ciberà di quella negatività e ti obbligherà a farti questo», disse indicando le mie ferite. Io non sapevo cosa aggiungere. «Promettimi che quando ti sentirai giù di morale… promettimi che penserai a qualcosa di bello», continuò prendendo le mie mani tra le sue. «C'è l'hai un ricordo bello?», mi chiese.

Io sorrisi e guardai i suoi occhi prima di parlare.

«Sì, ora ce l'ho», affermai baciandola nuovamente.

Quando il bacio terminò, la vidi prendere il telefono e controllare l'orario.

«Oh, si è fatto tardissimo, mio fratello starà impazzendo», dichiarò spaventata.

«Gelosia fraterna, eh?»

«Se non torno subito a casa, lui andrà su tutte le furie».

«Immagina se sapesse che hai baciato il Corvo dei DarkBlood». Ci alzammo dalla panchina e andammo verso la mia moto.

«In quel caso, penserebbe a come ucciderti».

«Come biasimarlo?», dissi mettendole il casco in testa.

«Cosa fai?»

«Non lo vedi? Ti accompagno a casa», risposi con noncuranza.

«Oh, io… non me lo aspettavo».

«Pensavi che ti avrei lasciato da sola, di notte, su una strada isolata come questa?», le domandai facendola salire sulla mia moto.

«So cavarmela da sola».

«Questo lo so, ma questa sera voglio immaginarti come Fallon Rogers, una semplice ragazza che ama i vermicelli alla fragola, e non come la Paladina dei Daggers che uccide senza pietà».

Quando anche io salii in sella alla sua moto, presi le sue mani e le allacciai alla mia vita.

«Tieniti forte, piccola Daggers».

Capitolo 28

Fallon

Non mi ero mai chiesta se un bacio potesse essere in grado di cambiare da un momento all'altro i pensieri, le circostanze e un sentimento profondo e rude come l'odio che due persone avevano provato l'una per l'altra per anni.

Era surreale credere che due nemici, come me e Callum, avevano condiviso un momento di debolezza, unendo le proprie anime distrutte con la forza di un solo bacio.

Mi tastai le labbra con l'indice e il medio, leccai quella pelle sottile andando alla ricerca del sapore pungente del Corvo e sorrisi mentre con la mente tornai alla notte prima, a quando solo le stelle e la luna erano state le testimoni dell'unione di due anime peccatrici, di due nemici giurati che per un momento si erano abbandonati al desiderio.

Ricordare quel momento era come leggere le pagine di una storia d'amore tormentata e quando pensai alla schiena di Callum percepii una morsa stringermi lo stomaco.

Il dolore di Callum era immenso, nella sua testa vagava una voce stridula e cattiva che lo spingeva a fare cose orrende, che lo spingeva a farsi del male, e io mi sentii devastata pensando che lui viveva in completa solitudine quei momenti orrendi, che da un momento all'altro cadeva nell'oblio scuro e torbido dei suoi stessi pensieri.

Mentre pensavo al vissuto di Callum, andai verso la cucina, dove trovai un foglio attaccato con una calamita al frigorifero. Era da parte di Asher e c'era scritto:

Sono uscito, penso di tornare questa notte. Sono con Oliver e Jacob al concerto dei Chase Atlantic. Non farmi stare troppo in pensiero e, se dovessi uscire per andare al Road, mandami un messaggio.
Baci,
Asher

Presi il bigliettino e lo portai in camera: avevo quella strana ossessione di conservare ogni cosa.

Poi tornai in soggiorno e mi sedetti sul divano. Dopo aver aperto l'app di Crunchyroll, iniziai a scorrere tra i vari anime e, come sempre, feci partire *Fruits Basket*.

Avevo letto solo pochi mesi prima il manga da cui era tratto.

La storia di Kyo, di Tohru, di Yuki e di tutti gli altri personaggi mi era rimasta nel cuore.

Pensare che quei ragazzi erano stati attaccati da una maledizione che gli impediva di abbracciare le persone e che, se lo avessero fatto, quelle si sarebbero trasformate in uno degli animali dello zodiaco giapponese, mi ricordava che nella vita non sempre le cose erano semplici, anzi, molto spesso ci volevano pazienza e forza di volontà per affrontarle.

Quando l'episodio partì, come ogni volta, iniziai a elencare nella mia mente tutti i motivi che mi spingevano ad amare Kyo.

Lui era il mio personaggio preferito, forse perché caratterialmente somigliava molto ai bad boy di cui mi innamoravo leggendo romance.

Rimasi per circa due ore a guardare quell'anime e, quando il mio telefono iniziò a squillare, misi in pausa l'episodio.

«Fallon, cosa fai?», mi domandò Elina dall'altro capo del telefono.

«Stavo vedendo *Fruits Basket*, perché?»

«Sto venendo a casa tua, Alfred ci ha invitate al Road, questa sera», disse.

«Forse volevi dire che ha invitato te e che non vuoi lasciarmi a casa da sola, giusto?»

«E va bene, ha invitato solo me», affermò sbuffando.

«El, non devi portarmi con te per forza, io starò a casa e vedrò un bel film».

«Fallon, non se ne parla. Questa sera c'è la solita serata techno, non puoi rimanere a casa tutta sola soletta», stabilì lei perentoria.

«Va bene, come vuoi tu, El».

«Apri, sono già davanti casa tua e... sorpresa! Ho portato due vestiti fantastici», esclamò lei elettrizzata all'idea di prepararci insieme.

Riagganciai e aprii la porta. Elina fece irruzione in casa mia con un borsone enorme.

«Devi trasferirti qui, per caso?»

«Ma no, sciocchina, sono tutte cose che mi servono per fare belle entrambe».

«Oddio, prevedo un pomeriggio tra arricciacapelli e mascara», sbuffai gettandomi di peso sul divano.

«Direi che possiamo iniziare», disse lei sorridente.

«Elina, sono le sei del pomeriggio, la serata non inizierà prima di altre quattro ore, almeno», constatai io interdetta.

«So che ore sono, e so quanto tempo impiegherò ad acconciare alla perfezione entrambe», disse lei tirandomi su di peso dal divano e spintonandomi verso la mia camera. «Avevi forse intenzione di andare al Road tutta trasandata?», domandò poi aggrottando le sopracciglia.

«No!».

«Allora forza, mettiamoci all'opera», decise, intenzionata a non sentire nessuna lamentela.

A quel punto, mi sedetti sulla sedia della mia scrivania, arresa, e lasciai che Elina si occupasse anche di me. Per prima cosa, mi stese una maschera rinfrescante sul viso.

Poi, come se non bastasse, mise sulle mie labbra una maschera al gusto di ciliegia, talmente spessa che non riuscii più a muoverle.

Quando anche lei applicò sul suo viso le due maschere, ci stendemmo sul letto e ascoltammo la mia playlist per tutto il tempo di posa previsto. Una volta finito, Elina rimosse le maschere a entrambe.

«Perfetto! Guarda un po' che pelle liscia e luminosa che abbiamo».

Quando tastai la pelle con i polpastrelli, dovetti ammettere che aveva proprio ragione.

La pelle del mio viso era morbida e luminosa e non sembrava più spenta e stanca come poco prima.

E le labbra... be', dovetti ammette che le mie labbra sembravano molto più rimpolpate e setose al tatto.

«Ora, è il momento dei capelli», decretò Elina facendomi sedere nuovamente sulla sedia della mia scrivania.

La mia amica impiegò circa venti minuti ad arricciare le ciocche dei miei capelli e, quando finì, dovetti ammettere che il risultato era stupendo.

Onde morbide e luminose ricadevano sulle mie spalle.

Mentre Elina si occupava dei suoi capelli rossi, io mi truccai.

Optai per un make-up tenue, tutto il contrario di quello di Elina, che si aggirava sui toni del nero e dell'argento.

Applicai un semplice ombretto color burro su tutta la palpebra mobile, l'eyeliner per allungare lo sguardo e un velo di mascara sulle ciglia già folte e lunghe.

Quando mi girai verso Elina, notai che era già intenta a vestirsi: aveva deciso di indossare un top nero che lasciava la pancia scoperta e una gonna corta e aderente, di pelle e di un colore metallico, un mix di argento e nero.

Io, invece, sotto suo consiglio indossai un vestito blu, con uno spacco sulla gamba destra e una scollatura sul davanti a forma di goccia.

Il vestito, anche se stretto, non risultava eccessivo, e il colore sgargiante creava un perfetto contrasto con il nero dei miei capelli e dei miei occhi.

Indossai le scarpe, un paio di sandali neri col tacco, allacciati sulla caviglia, mentre Elina decise di prendere in prestito i miei stivali argento alti fini al ginocchio.

«Foto?», domandò correndo verso di me con il telefono stretto tra le mani.

Mi misi in posa, dando un bacio sulla guancia della mia migliore amica e aspettai che scattasse la foto, poi uscimmo di casa e andammo al Road.

Quella sera, c'era tantissima gente. Ragazzi di tutte le età si trovavano fuori dal locale, con in una mano un drink e nell'altra una sigaretta.

Insieme a Elina mi addentrai nel locale, dove c'era parecchia calca: per arrivare al bancone ci impiegammo dieci minuti. C'erano un sacco di ragazzi che ballavano da ogni parte, non solo in pista, e quasi non c'era spazio per camminare o muoversi con facilità.

Prima di arrivare al bancone, sentii il telefono squillare. Vidi che si trattava di Asher e risposi, ma il rumore della musica e delle persone non mi fece sentire nulla.

«El!», urlai facendo girare la mia migliore amica. «Vado a parlare fuori con Asher, torno tra una decina di minuti», le dissi uscendo, scegliendo la porta secondaria per evitare di dover ripercorrere all'indietro quel fiume di gente. Uscii su un vicolo isolato, adibito più che altro ai bidoni della spazzatura.

«Ehi, Ash, dimmi».

«Volevo sapere cosa avevi deciso di fare, alla fine. Non mi hai più avvisato», sottolineò Asher.

«Sì, scusami, ma Elina è piombata in casa con un carico di prodotti per la cura del viso che piacciono tanto a entrambe e abbiamo passato il pomeriggio insieme. Comunque ora siamo al Road, tranquillo», gli feci sapere.

«Va bene, ci vediamo più tardi. Non aspettarmi sveglia, probabilmente arriverò tardi. E stai attenta, mi raccomando», disse per poi riagganciare.

Stavo per rientrare, quando sentii una mano posizionarsi sulle mie labbra con forza.

Ero stata colta alla sprovvista, ma non ero certo una ragazza che non sapeva come difendersi.

Presi il braccio di quel ragazzo e tentai di divincolarmi da lui, ma improvvisamente ne spuntò un secondo.

Ero stata accerchiata e, guardando bene i loro sguardi, dedussi che erano sotto effetto di qualche stupefacente, perché sembravano assenti e al tempo stesso eccitati.

«Ma che bella ragazza», disse uno dei due accarezzando i miei capelli ondulati.

«Bella, vero? Ha un corpo mozzafiato questa qui», disse l'amico, mentre mi bloccava contro il muro. «Ho proprio voglia di divertirmi questa sera, anche tu?», domandò girandosi verso di lui, mentre io rimanevo pietrificata.

No, ti prego, no.

Il mio corpo era immobile e sentivo gli arti rigidi, il respiro bloccarsi all'altezza della gola e le lacrime spingere per uscire dalle palpebre.

Uno dei due ragazzi mi girò di spalle e afferrò i miei polsi con forza.

Ricevetti due schiaffi sulla natica destra e poco dopo sentii una risata sporca giungermi alle orecchie.

Cercavo di muovermi ma nella mia testa c'era solo buio, era come se avessi spento ogni tipo di emozione, per lasciare spazio soltanto al terrore.

Dovevo fare qualcosa, cazzo, ero stata allenata a uccidere, a proteggermi, e allora perché?

Perché in quel momento era come se fossi un cerbiatto al cospetto di un lupo?

«Vi prego, lasciatemi stare», sussurrai poco prima che uno dei due mi tappasse la bocca con la mano.

Non ascoltarono le mie suppliche, continuarono a palparmi senza ritegno, come se fossi una bambola di pezza con cui divertirsi per qualche minuto. Percepivo la loro eccitazione e ne provai disgusto, fino a quando non sentii il rumore di una bustina che veniva strappata e capii che uno dei due aveva preso un preservativo. Il mio schifo si trasformò in furia cieca.

Poi, di colpo, udii dei gemiti diversi. Uno dei due si dovette scostare per vomitare, e nel farlo allentò la presa su di me, liberandomi una mano. Decisi di approfittarne e di estrarre il mio pugnale di fiducia, che avevo attaccato alla coscia mediante una cinghia, nascosta dal vestito.

Mi voltai di scatto e iniziai a sorridere, nel momento in cui vidi il ragazzo intento a mettersi il preservativo sbiancare completamente in viso.

La situazione si era ribaltata. Adesso era lui quello terrorizzato, proprio come lo ero stata io fino a poco prima.

«Non te lo saresti mai aspettato, vero?», domandai, puntandogli il pugnale all'altezza del viso. «I ruoli si sono invertiti. Ora chi è la ragazzina indifesa, eh?», continuai ormai accecata completamente dalla rabbia.

«Posa quel coltello», disse spaventato.

«Non è un coltello, è un pugnale!», urlai tirandogli un pugno sul viso, per poi buttarlo a terra e spingermi sopra di lui.

Ebbi solo il tempo di notare con la coda dell'occhio che l'altro, dopo aver assistito alla scena, era corso via a gambe levate. Peccato, mi sarei divertita con uno solo.

«Non fai più lo spavaldo? Non vuoi più divertirti con il mio corpo, senza che io ti abbia dato il permesso di farlo? Di mettermi le tue mani schifose addosso?», domandai crudele, mentre mi allietavo con il mio pugnale, procurandogli una prima ferita sul viso. «Qualsiasi persona deve poter dare il proprio consenso, no? Anche una prostituta, e tu come tanti altri, dovete smetterla di trattare le donne senza un briciolo di rispetto», urlai, sporcandomi le mani con il suo sangue. «Ti piace stuprare le ragazze? Eh? Ti piace, pezzo di merda?», gridai ancora, questa volta affondando il pugnale nel suo stomaco, più e più volte. Stava morendo dissanguato, ma io continuavo a ferirlo, incapace di fermarmi.

Ne sentivo il bisogno, era uno stupratore e quella era la fine che meritava. Morire da solo, con il cazzo fuori dai pantaloni e un pugnale conficcato nello stomaco da una ragazza che aveva tentato di violare.

Improvvisamente, sentii una mano tastarmi la schiena e sobbalzai, girandomi e puntando il pugnale verso chi mi aveva sfiorato.

Avevo paura che qualcun altro potesse toccarmi ancora.

«Fallon», disse semplicemente Callum. «Cosa stai facendo?», domandò scioccato guardando la mia mano, il mio braccio e il mio vestito sporchi di sangue.

«L'ho ucciso», risposi. «Mi ha toccata, ha tentato... lui ha tentato di stuprarmi», raccontai scoppiando a piangere.

«Shhh, Fallon, adesso è tutto finito. Dammi il pugnale», disse, e io feci come mi stava chiedendo. Un attimo dopo mi fece alzare e mi abbracciò. «È finita, è tutto finito, Fallon. Lui non oserà più toccarti. E sai che ti dico? Nessuno oserà più toccarti perché, se solo ci provano, ci penserò io a ucciderli tutti», promise accarezzando i miei capelli con delicatezza. «Andiamo via da qui, va bene?», domandò prendendo la mia mano. Quella che non aveva appena ucciso una persona.

Mi lasciai guidare verso la sua macchina e, una volta dentro, mi afflosciai sul sedile del passeggero.

«Grazie», dissi flebilmente.

«Ora togliamo tutto questo sangue», propose prendendo dal vano portaoggetti un pacco di salviette.

Io annuii e Callum si avvicinò. Con delicatezza ed estrema premura, eliminò il sangue che avevo sulla pelle. Il vestito, invece, sembrava irrecuperabile, come di certo doveva essere anche la felpa di Callum, che mi aveva stretta a sé senza pensarci.

«Fallon».

«Sì?»

«Non succederà più, hai capito?», disse guardandomi negli occhi.

Io riuscii solo ad annuire. L'adrenalina che mi aveva sorretto fino a quel momento stava lentamente lasciando il mio corpo e iniziavo a sentirmi esausta. E il timore era che si trattasse di una stanchezza che non riguardava solo quella sera.

«Te lo prometto, nessuno ti farà più del male», continuò stringendomi in un abbraccio ferreo.

In quel momento, la paura che avevo sentito svanì nel nulla.

Riuscivo a sentire solo il profumo di Callum e la sicurezza che emanava.

Se ci sei tu accanto a me, io sono al sicuro.

Capitolo 29

Fallon

Avevo passato l'intera notte e l'intero pomeriggio a pensare.

Pensai tanto e in maniera quasi logorante a ciò che avevo subito la notte precedente.

Ero un sicario, forte, coraggioso, ma prima di tutto ero una donna, e a volte la parte più vulnerabile di me prendeva il sopravvento.

Mi martoriai le pellicine delle unghie fino a farle sanguinare, mentre pensavo che ero stata una stupida a non difendermi sin da subito.

Perché non lo avevo fatto?

Diamine, perché non avevo liberato la mente prima che quelle luride mani arrivassero a toccare il mio corpo?

E mentre pensavo a quei ragazzi, al mio pugnale stretto tra le mani, al sangue che mi imbrattava le dita, i vestiti, e a quel corpo inerme in un vicolo desolato tra i bidoni dell'immondizia, nella mia mente buia si accese una luce, flebile e allo stesso tempo capace di scaldarmi interamente e di farmi sentire al sicuro.

Callum.

Quella piccola lucciola che si trovava nella mia mente portava il suo nome.

Mi aveva aiutata, soprattutto a calmare la mia furia, mi aveva tolto con delicatezza il pugnale dalle mani e si era preso cura di me. E io, anche se Callum era mio nemico, gli ero debitrice.

Mentre la mia mente era imbrattata di lui, sentii i passi pesanti di mio fratello Asher in corridoio e poi la porta della mia stanza si spalancò.

«Fall, ho parlato con Joyle e mi ha dato le direttive per la nuova missione», disse avvicinandosi al mio letto, per poi sedersi di fianco a me come quando eravamo bambini.

«Dimmi tutto».

«Questa sera ci sarà un evento a villa Euphoria. La famiglia mafiosa degli Starks ha organizzato questo ballo in maschera, un modo per intrecciare rrelazioni tra criminali e scambi di droga e soldi senza far mancare il divertimento. Non dobbiamo uccidere nessuno, Joyle ci ha semplicemente chiesto di sorvegliare la famiglia, soprattutto il capo, e di fare come se fossimo degli invitati», mi spiegò iniziando a giocare con Mister Otto.

«Dobbiamo ballare? Insomma, dobbiamo divertirci e sorvegliare queste persone?», domandai passando in rassegna le foto che mi aveva dato.

«Sì, la famiglia ha tanti contatti e Joyle è riuscito a recuperare degli inviti. Con le maschere nessuno si accorgerà che siamo degli infiltrati», continuò rischiando di cavare un occhio al mio peluche preferito.

«E gli abiti?»

«Vado a prendere il tuo, tu aspettami qui», disse alzandosi dal letto.

Pochi minuti dopo, mio fratello tornò con un abito nero, a tubino, con il corpetto a forma di cuore e il bordino ricoperto di strass.

Il vestito era realizzato con una stoffa rigida e luminosa e lo spacco sulla coscia destra era anch'esso coperto da strass argentati.

«Oddio! Joyle questa volta si è davvero superato», affermai prendendo tra le mani il vestito.

«Manca questa», disse mio fratello porgendomi una maschera nera, in pizzo e con piccoli strass che riprendevano quelli del vestito. «Sarò costretto a cavare gli occhi a tutti quei mafiosi del cazzo, non appena ti vedranno con quello addosso».

«Dai, Ash, il vestito è stupendo, ma il mio fisico no», affermai abbassando lo sguardo sui miei fianchi.

«Fallon, stai scherzando? Il vestito è bellissimo, ma addosso a te sarà ancora più bello», dichiarò mio fratello stampandomi un bacio sulla testa con fare delicato e gentile. «Ora corri a prepararti, tra meno di un'ora dobbiamo essere pronti», disse uscendo dalla mia camera.

Io rimasi per qualche altro minuto a fissare quel vestito. A volte tornavano ad assillarmi delle insicurezze legate al mio fisico, che mi portavano a non sentirmi all'altezza di un abito così elegante, e arrivavo a pensare che su di me avrebbe potuto perdere la sua bellezza. Ma poi, provavo a scacciarle via, concludendo che la perfezione non esisteva e che passare la propria vita andando alla sua ricerca sarebbe risultato solo nocivo. Mi andai a fare una doccia e tornai in camera mia con ancora indosso l'accappatoio. Iniziai a truccarmi in maniera leggera, decidendo di far risaltare soltanto le labbra tingendole di rosso borgogna.

Quando finii di truccarmi mi dedicai ai capelli. Sorrisi quando vidi allo specchio il risultato finale: erano ondulati e scendevano fino ad arrivare sotto il seno, morbidi e vaporosi.

Poi, mi avvicinai titubante al vestito, indossai l'intimo rosso in pizzo francese e subito dopo infilai l'abito.

Mi guardai allo specchio e non potei non notare uno strano luccichio nei miei occhi.

Anche se spesso il mio fisico non mi piaceva, quella sera mi sentivo bella. Con quel vestito addosso mi sentivo sicura di me, come forse non lo ero mai stata, e non sapevo se era per via delle parole di Asher o se perché mi piacevo realmente.

«Fall, sei pronta?», sentii urlare Asher dal soggiorno.

«Sì, arrivo!», gridai di rimando, prendendo la pochette e la maschera nera.

Quando mi fermai di fronte a mio fratello, notai la sua espressione sorpresa, poi vidi il suo grande sorriso.

«Cazzo, sei stupenda», si complimentò avvicinandosi a me e prendendo la maschera dalle mie mani.

Mi fece girare e, con delicatezza, legò la maschera dietro la mia testa e io feci lo stesso con lui, ammirando il suo corpo statuario, avvolto in un completo nero elegante che non lo faceva sembrare il cattivo ragazzo di Fogsville.

«Ricorda che sei bellissima, Fallon», disse prima di prendere le chiavi e uscire di casa.

Quando salii in macchina feci attenzione a non far annodare i fili di strass che scendevano lungo lo spacco del vestito. Una volta arrivati a destinazione, da lontano scorsi Elina, avvolta in un vestito verde smeraldo, e i miei due migliori amici, eleganti come non li avevo mai visti.

Scesi dalla macchina e iniziai ad ammirare la villa, che era incastonata in mezzo a del verde curato e finemente allestito, con alberi decorati da lucine.

Quando raggiungemmo gli altri, Jacob prese la mia mano e mi fece fare una piroetta; poi mi avvicinò a lui e mi baciò sulla guancia, facendomi sorridere.

«Sei una dea», sussurrò nel mio orecchio. Lo ringraziai e subito dopo ci incamminammo verso l'ingresso.

Quando entrai nella sala principale della villa, rimasi stupita nel vedere così tanta ricchezza in una sola stanza. Tra gli invitati, tantissimi camerieri si muovevano portando vassoi in argento pieni di calici.

Mi separai dai miei amici come da copione e avanzai verso la fila di ragazze che stavano aspettando un invito.

Asher, in macchina, mi aveva spiegato come funzionavano quei balli. Avrei dovuto comportarmi come le altre ragazze ricche, le quali attendevano che un uomo si avvicinasse e gli chiedesse di ballare.

Quindi aspettai, tenendo il capo basso come loro, fino a quando non sentii la musica partire e una mano ruvida toccare la mia.

Alzai il viso e i miei occhi si legarono istintivamente a due iridi scure, così spente ma allo stesso tempo così luminose.

«Ho fatto di tutto per riuscire ad arrivare prima di chiunque altro. Tu sei mia, cazzo».

Quelle parole arrivarono come una melodia tetra e allo stesso tempo piacevole alle mie orecchie.

Guardai il corpo di Callum, definito e mascolino, avvolto in una camicia bianca con i primi bottoni slacciati, il ciuffo ribelle e il piercing al naso che luccicava ogni volta che si muoveva.

«Mi stai facendo impazzire», disse facendo aderire il mio corpo al suo. «Perché, anche se ora sei tra le mie braccia, sento che non sei mia completamente», continuò sussurrandomi quelle parole che stavano facendo impazzire me.

«Sento la stessa cosa, Callum, credimi. Sto provando anche io queste sensazioni», affermai sorridendo dietro la maschera che avrebbe dovuto celare i miei lineamenti. Ma Callum non aveva esitato ed era venuto dritto da me, quella sera. D'altronde, non ci eravamo sempre riconosciuti nel buio, noi due?

«Ci stiamo facendo male a vicenda. Il nostro unico desiderio è quello di stare insieme, e invece guardaci, siamo due matti», dichiarò facendomi girare e facendo aderire la mia schiena al suo petto, mentre le nostre mani erano intrecciate come non mai.

«Matti, hai ragione. E sai cosa ti dico? Se decidiamo di unirci, rischiamo di far scoppiare una guerra ancora più pericolosa di quella che combattiamo ogni giorno», risposi inalando il suo profumo.

«Ti desidero, Fallon, e so bene che questo desiderio non porterà a nulla di buono, ma tu sei come me. Sei stata ferita dalla vita, hai l'anima macchiata dai miei stessi peccati e io… io come faccio a non desiderare la mia nemesi?», domandò riportando il mio viso davanti al suo.

«Nemesi», sussurrai a fior di labbra. «Che parola… così attraente e così dolorosa».

Ci guardammo, in silenzio.

«Ti voglio», ammise riducendo il mio corpo a un fascio di nervi tesi.

«A due nemici come noi la vita non può dare questo diritto, possiamo solo sporcarci le mani con il sangue dell'altro».

«Dobbiamo solo attendere il giorno della grazia, Fallon. Prima o poi ci verrà concessa e io potrò finalmente toccarti», disse avvicinandosi il più possibile a me.

«Callum, per favore», sussurrai facendo fatica a respirare. «Per favore, non guardarmi così», continuai cercando di allontanarmi da lui.

«Mi uccidi, cazzo», imprecò. «È questione di poco. Spezzerò questa condanna e, puoi giurarci, Fallon, ti farò mia», dichiarò leccandosi le labbra e facendo scorrere la pallina in acciaio del piercing sulla carne sottile e rosea.

Quando il ballo finì, dovetti lasciare a malincuore le mani di Callum. Mi stavo facendo largo tra la folla, quando venni strattonata per un braccio.

«Cosa ti ha detto quel bastardo?», ringhiò Asher al culmine della sua ira.

«Le solite cose, Ash, tranquillo. So tenere a bada il Corvo», tentati di tranquillizzarlo. Odiavo mentire a mio fratello, ma non avrei certo potuto riferirgli la nostra conversazione.

«Ora pensiamo alla missione e dividiamoci. Abbiamo recitato fin troppo la parte dei ragazzi ricchi dei quartieri alti. Torniamo a essere dei ragazzacci pronti a fottere dei mafiosi del cazzo», stabilì mio fratello, e così facemmo.

Mi allontanai dalla sala principale in cui si continuava a danzare, a bere e a fare chissà che tipo di conversazioni, e andai alla ricerca di tutto ciò che avrebbe potuto servire a Joyle. Aprii le porte di diverse stanze, fino a quando trovai uno studio, con una grande libreria contenente titoli antichi. Iniziai a frugare, fino a trovare diversi fascicoli nascosti. Diedi un'occhiata veloce ai documenti che contenevano e pensai che forse erano proprio quelli che Joyle stava cercando. Scattai diverse foto con il cellulare, mentre alcuni che mi sembravano più importanti li piegai con attenzione e li nascosi sotto il vestito, in modo che non si vedessero. Stavo per avanzare verso l'uscita quando sentii la porta aprirsi. Tornai indietro di scatto e mi nascosi sotto la scrivania.

Sentii un paio di tacchi riecheggiare nell'aria e poi dei gemiti. Qualcuno aveva scelto di imboscarsi per pomiciare.

Non mi sentivo in pericolo, ma di certo non volevo rimanere lì ad ascoltare in che modo quei due avevano scelto di continuare la serata, lontani da occhi indiscreti. Mi guardai intorno e, per fortuna, scorsi una porta in mogano di cui non mi era accorta in precedenza. Cercando di fare il meno rumore possibile, anche se quei due sembravano troppo presi per rendersi conto di qualcosa, iniziai a gattonare verso l'altra uscita.

Quando presi il pomello in ottone tra le mani lo girai, e furtivamente lasciai lo studio, ritrovandomi in una piccola stanza privata, con un letto e un divanetto in velluto blu.

«Non pensavo che, in così poco tempo, sarei riuscito a vederti in ginocchio davanti a me, piccola Fallon».

Cazzo, sempre lui.

Alzai lo sguardo e di colpo le mie gote si accesero a causa dell'imbarazzo.

Callum, che poco prima si era divertito a indossare gli abiti da bravo ragazzo che proveniva da una famiglia altolocata e ricca, e che mi aveva fatto ballare facendomi provare emozioni mai sentite prima, ora era a torso nudo, con il petto sudato, e c'era una donna svenuta accanto a lui, sul letto.

«Sei disgustoso», affermai alzandomi.

«Poco fa non eri così disgustata da me o sbaglio?», domandò beffardo, come se avesse più di tre personalità.

«Cosa ci fai qui… così?», domandai indicando la camicia gettata sul pavimento.

«Affari, Fallon, sono qui per lavoro. E posso dirti che, grazie al mio corpo e a qualche avance, sono riuscito a ottenere ciò che serve al mio capo. Tu, invece?», domandò accendendosi una sigaretta.

«Io anche», replicai spavalda. «E non ho utilizzato il mio corpo per farlo, a differenza tua».

«Cosa c'è? Sei gelosa, per caso?»

«Io, gelosa? Di una milf che desidera farsi fottere dal Corvo dei DarkBlood che si finge uno studente di Oxford?», domandai guardando il fascicolo del college che giaceva sul comodino accanto al letto. «Passo, grazie».

«Trucchi del mestiere», fece lui. «E posso dirti, in tutta onestà, che vederti gattonare è stato molto più eccitante di tutto quello che una milf dalle tette finte come lei ha fatto», affermò indicando la signora priva di sensi al suo fianco.

«Io me ne vado, non vorrei vomitare su questa moquette costosa», proruppi avvicinandomi alla porta.

«Lo aspetterò», disse girandomi verso di lui, con il pomello stretto tra le mani. «Aspetterò il giorno della nostra grazia», concluse facendomi sentire le farfalle nello stomaco.

Capitolo 30

Callum

Non avevo mai sentito un senso di rimorso così logorante, così profondo e così tanto doloroso.

Ero consapevole del male che avevo commesso, sapevo troppo bene fin dove mi ero spinto e conoscevo i danni che avevo causato. Anche se durante tutti quegli anni avevo pensato ai miei peccati in maniera superflua, in quel momento stavo inghiottendo bocconi particolarmente amari.

Mio padre era morto e con lui era morta anche la possibilità di chiedergli scusa per come mi ero comportato. Per il figlio che ero stato.

Avevo avuto innumerevoli chance per poterlo fare, ma non ne avevo sfruttata neppure mezza e in quel momento mi sentivo uno schifo.

La mia mente era ancora ferma al giorno in cui ero tornato alla casa dov'ero cresciuto, alla bara dentro cui c'era il corpo privo di vita di mio padre, alla quale non mi ero potuto nemmeno avvicinare perché mia madre mi aveva cacciato via, urlandomi parole intrise di rabbia e di veleno. E mia sorella era rimasta a sorreggere lei, invece di intervenire in mia difesa, anche solo per concedermi la possibilità di un ultimo saluto.

Mi sentivo come in un limbo.

Da una parte stentavo ancora a credere a quello che era successo, dall'altra la realtà arrivava a colpirmi in modo così vivido da farmi sentire il corpo pizzicare.

La mente girava, le gambe rischiavano di cedere, ma io cercavo di essere forte, di non versare neppure una lacrima, finché non capii che la coerenza non era una mia virtù.

Ricordai che quel giorno piansi tanto, versando fino all'ultima lacrima, in silenzio, con la mano che premeva sulle labbra per cercare di non emettere nessun tipo di gemito, nonostante fossi solo con il mio dolore. Nonostante non ci fosse nessuno a poter sentire quanto stessi soffrendo.

Tornai alla realtà, scacciando i ricordi di quella giornata. Volsi lo sguardo a una lapide grigia e spoglia che portava il nome di mio padre, inciso su quel marmo duro e triste.

Avevo scavalcato il piccolo muro di cinta del cimitero, camminando in giro e leggendo ogni incisione, facendomi luce con la torcia del cellulare.

Non c'ero, il giorno del suo funerale, non sapevo dove fosse seppellito mio padre.

Ci volle un po' prima di trovare la sua lapide. Non appena la individuai, caddi con le ginocchia sul terriccio umido e privo di fiori.

Fissai a lungo la sua foto. Era così sorridente che il mio cuore venne stretto in una corona di spine. Io sapevo che dietro quel sorriso c'era tanto dolore, forse troppo per essere contenuto in una sola anima.

E io, proprio come un'anima in pena, iniziai a piangere e a urlare, avvertendo dentro una tasca un peso incredibile. Un piccolo pezzetto di carta avrebbe dovuto essere leggero, ma quello non lo era.

Lo presi e abbassai lo sguardo, leggendo quelle poche parole scritte sopra, con una grafia che iniziava a essere incerta, ma che ancora risulta riconoscibile: "Sei il figlio che ho sempre desiderato".

Quanto dolore poteva causare un singolo pezzetto di carta?

Me lo aveva scritto parecchio tempo prima, quando aveva iniziato a capire che il suo stesso corpo lo stava ingabbiando. Me lo aveva messo di nascosto nella tasca della giacca, e prima di salutarmi mi aveva rivolto uno sguardo dolce, di quelli che tengono in serbo una sorpresa. Non meritavo di essere guardato in quel modo, né di ricevere quelle parole.

Non riuscivo a crederci, non ero stato un buon figlio. Lo avevo sempre trattato male, con superficialità e con rabbia, e lui cosa aveva deciso di dirmi? Che ero il figlio che aveva sempre desiderato. Com'era possibile?

Dio, perché dovevo soffrire così tanto?

«Perché? Papà, perché mi hai lasciato questo biglietto?», domandai avvicinandomi ancora di più alla sua lapide, come se volessi stringerla. Come se volessi abbracciare mio padre. «Ti ho solo causato dolore. Non ho fatto altro che ferirti, ferirti e basta!», urlai tirando un pugno sul terreno.

Il dolore mi stava mangiando vivo, non connettevo più i pensieri e nella mia mente regnava solo il caos. E poi, proprio nell'esatto momento in cui pensavo di essermi del tutto perso nell'immensità del mio dolore, qualcosa si poggiò sul dorso della mia mano e inevitabilmente mi brillarono gli occhi.

Sentii una fiamma ardere nel mio petto quando presi tra le dita quel piccolo petalo viola. Fallon si stagliò nella mia mente in così poco tempo che pensai di averla sempre avuta al mio fianco, per tutto quel tempo.

Alzai lo sguardo verso l'alto, accorgendomi che il vento stava facendo danzare tantissimi petali viola. Mi guardai intorno e notai che, poco distante dal cimitero, c'era un campo di fiorellini viola.

Sorrisi, pensando che a Fallon sarebbero piaciuti tantissimo e, come spinto da una forza superiore, presi il telefono, cercai il suo numero e feci partire una chiamata. Era notte fonda, ma io sentivo prepotente la necessità di vederla. Solo pensare a lei mi aveva risollevato. Avevo bisogno di lei. Soltanto di lei e di nessun altro.

«Callum?», sentii dire con voce flebile dall'altro capo del telefono. Quella voce delicata mi attraversò per intero, facendomi rabbrividire.

«Sono io, piccola Fallon», confermai sorridendo.

Ci fu qualche istante di silenzio, ma poi iniziai a parlare senza fermarmi.

«Non riesco a farti andare via dalla mia mente, Fallon. Sono come folgorato da te», confessai contraendo leggermente la mandibola.

«Callum, cosa...», tentò di dire, ma io non le lasciai finire la frase.

«Le tue labbra, il tuo profumo, i tuoi capelli... sono perseguitato dal pensiero di te, Fallon. Non so più cosa fare, perché, diamine, anche quando non ti penso, c'è sempre qualcosa che riaccende in me il tuo ricordo. Sono al cimitero, ho visto un petalo viola e io... io ho dovuto chiamarti, dovevo sentirti!».

«Callum, io... da quando ci siamo baciati non riesco a non pensare a te».

Avevo sentito bene?

«Dimmelo, allora», la esortai correndo verso il muro di cinta, pronto a scavalcarlo. «Dimmi che vuoi peccare con me», conclusi avanzando verso l'auto.

«Callum, io... cazzo, sì, voglio peccare con la mia nemesi», ribatté, e in quel momento spinsi il piede sull'acceleratore, dirigendomi verso casa sua.

«Sto arrivando da te, piccola Fallon. Mi fermo due isolati prima di casa tua. Ti aspetto, ma solo se sarai pronta a venire all'inferno con me». Riagganciai, non aspettando una sua risposta. Quando parcheggiai l'auto, rimasi in febbrile attesa. E se non fosse venuta? E se avesse cambiato idea, pensando che forse non ne valeva la pena? Che io non valessi il rischio?

Tornai a respirare solo quando la scorsi in lontananza.

I suoi capelli neri svolazzavano al vento, il suo sorriso riuscì a scaldarmi il cuore anche a distanza. Quando salì in auto, il suo profumo dolce riempì l'abitacolo e mi inebriò all'istante.

«Dimmi che non è un sogno», le chiesi mettendo in moto la macchina. «Dimmi che lo stiamo davvero facendo».

«Cosa stiamo per fare?», domandò lei, docile come una bambina.

«Stiamo scappando dal posto che ci vede solo come due nemici».

Sapevo dove volevo portarla, era un luogo pacifico, lontano da occhi indiscreti come quelli di suo fratello, di mia sorella o di tutte le persone che credevano fossimo rivali. Che dovessimo essere soltanto quello. Il silenzio che si creò tra noi era denso di aspettative.

Quando fermai l'auto, la presi per mano. Lei me la strinse come se non aspettasse altro che toccarmi, esattamente come me. «Non sono margherite viola, ma hanno i petali dello stesso colore e io ho pensato che...».

«Callum, questo posto è stupendo», esclamò lei ridendo, mentre osservava quei petali giocare insieme al vento, intorno alla mia auto. E io mi persi completamente ad ammirare quella ragazza che sembrava disegnata da un pittore d'altri tempi.

La sua pelle pallida, quegli occhi così profondi e grandi nei quali avrei tanto voluto perdermi.

Improvvisamente le cinsi il viso con le mani, la guardai per qualche istante e le stampai un bacio sulle labbra, prendendomi quel sapore che mi era mancato.

Capii subito che il bacio era diverso da quelli che ci eravamo scambiati qualche giorno prima, perché quello sapeva di passione e di voglia di averci, di possederci l'un l'altra senza pensare alle conseguenze.

Iniziai a toccarla, le mie mani erano incapaci di stare ferme. Poi alzai lo sguardo verso di lei e abbassai lentamente la bretella sottile del suo vestito.

«Sei sicura? Non voglio... io non voglio farti fare qualcosa di cui potresti pentirti», sussurrai sulle sue labbra.

«Ti voglio», disse ferma, e in quel momento nella mia mente si scollegarono tutti i fili della ragione.

Le abbassai il vestito, scoprendo il seno prosperoso.

La fissai e sorrisi, mentre facevo scorrere le dita su di lei.

«Sei divina, Fallon», continuai sfilandole del tutto il vestito. Mi persi a guardarla, non sapevo dove toccarla o baciarla. Avrei voluto afferrare e assaporare ogni parte di lei, per farla finalmente mia.

Lei sembrava timorosa, anche se il luccichio dei suoi occhi le impediva di nascondermi il desiderio che aveva di me.

«Rilassati, piccola Fallon. Mi prenderò cura io di te, adesso». A quelle parole lei sembrò riacquistare un po' di fiducia.

«Sbaglio o ti era piaciuto vedermi gattonare?», mi chiese maliziosa ed estremamente eccitante. Si mosse, mettendosi sulle ginocchia, e mi mostrò il sedere mentre si faceva strada per sistemarsi sul sedile posteriore.

«Che fai, non vieni?», mi chiese, e io pensai che il mio cazzo non era mai stato così duro come in quel momento. Era una visione, ed era pronta per me.

«Fallon, ho intenzione di fare venire prima te».

La raggiunsi e iniziai a leccarle la pelle morbida dell'interno coscia. Quando sentii alcuni gemiti uscire dalle sue labbra, risalii con la lingua e le scostai il tessuto di pizzo delle mutandine, scoprendo che era maledettamente bagnata.

Leccai lentamente il clitoride, per poi passare alle grandi e alle piccole labbra, mentre le sue ginocchia si stringevano attorno alla mia testa e le sue unghie graffiavano la mia nuca e il mio collo.

«Callum», gemette delicata mentre io assaporavo per la prima volta il suo sapore dolce e pungente.

Alzai lo sguardo verso il suo viso e sorrisi, mentre continuavo a leccarla. Scoprii presto che amavo vederla avvolta e abbandonata al piacere che io le stavo donando.

«Dio, Callum, sì!», ansimò stringendo ancora di più la presa sul mio collo.

«Da quanto tempo?», domandai inserendo due dita dentro di lei, accorgendomi che quel movimento la fece sussultare e bagnare ancora di più.

«Cosa?»

«Da quanto tempo non provi queste sensazioni, Fallon? Da quanto non vieni toccata in questo modo da un uomo?»

«Io... Callum, nessuno mi ha mai fatto quello che mi stai facendo tu», continuò chiudendo le palpebre per assaporare tutto il piacere che si stava sprigionando nel suo corpo.

Ero il primo. Assaporai il senso delle sue parole, che fecero crescere in me ancora di più la voglia che avevo di lei.

«Allora preparati, perché ora ti farò mia a tutti gli effetti», affermai perentorio, sbottonando i jeans.

Lei non mi diede il tempo di toglierli del tutto, che si fiondò su di me, invertendo le nostre posizioni. Lo spazio era quello che era, ma nessuno dei due ci fece caso. Fallon si gettò sul mio membro turgido e lo strinse tra le sue labbra.

«Oh... cazzo», gemetti, quando lei riuscì ad avvolgermi del tutto.

Sentivo che il mio sesso la stava riempiendo fino alla gola e, Dio... a Fallon stava piacendo. Si stava divertendo a succhiarmelo e a farmi morire di piacere.

Le sue mani scesero e salirono sul mio petto, poi iniziò a giocare con la lingua, passandola sulla punta, per giungere infine alla base, mordicchiandomi leggermente.

Le spinsi la testa fino in fondo e poi, quando rischiai di venirle in bocca, la allontanai e, per quanto possibile, la feci distendere. Recuperai un preservativo dal portafogli, scartai la confezione febbrilmente e lo indossai a fatica. Lei non si perdeva nessuno dei miei movimenti, in attesa. Vogliosa.

La penetrai senza mai smettere di guardarla negli occhi, e venni avvolto completamente dalla sua entrata, rovente e bagnata.

«Cazzo, quanto sei stretta», ansimai iniziando a muovermi dentro di lei, scoprendo sensazioni che non avevo mai provato in tutta la mia vita.

«Callum! Callum, sì», urlò, incitandomi ad andare ancora più a fondo, dentro di lei.

Poi, d'improvviso, posizionò le mani sull'orlo della mia felpa e io mi bloccai.

«Toglila».
«Fallon, io…».
«Le voglio toccare. Mostrami le tue ferite, i tuoi demoni. Io mi sto donando del tutto a te, Callum. Ti prego, fa' lo stesso anche tu, con me», sussurrò guardandomi dritto negli occhi. Non riuscii a impormi. Mai avevo scopato senza maglietta. Ma con Fallon era diverso. Solo con lei mi sentivo leggero e libero. Soltanto da lei mi sentivo capito, così mi spogliai.
Le strinsi il seno tra le mani, mentre lei passava i polpastrelli sulle mie ferite, e non sentii dolore. Percepii solo un senso di liberazione e di calore insinuarsi all'interno di ogni singola ferita.
«Callum, Dio mio, non… non ti fermare», mi chiese quando feci scorrere le dita sul suo clitoride.
«Fermarmi? Mi fermerò solo quando le tue ginocchia inizieranno a tremare, Fallon», sussurrai gemendo a ogni singola spinta.
Le pizzicai il clitoride e lei ansimò sempre più forte.
«Ti prego… ti prego, Callum, io… sto per venire», farfugliò iniziando a tremare tutta, con il mio cazzo che spingeva dentro di lei e i suoi umori che bagnavano i sedili della mia auto.
«Vieni, Fallon, vieni su di me», la esortai cominciando a sentire il piacere invadere ogni mio muscolo.
«Sì, cazzo, Callum, sì», gemette lasciandosi andare al piacere, stringendo le mani attorno al mio collo e baciando le mie labbra con foga.
Io sorrisi, continuando a penetrarla e a stuzzicarle il clitoride, e lei venne di nuovo.
«Io ci sono quasi», affermai ansimando.
Uscii da lei, mi tolsi il preservativo e le feci aprire la bocca. Venni spruzzandole il mio seme sulla lingua e lei lo ingoiò tutto, facendomi eccitare ancora una volta.
Ridemmo entrambi, prima di gettarci a peso morto sui sedili della mia auto, con il respiro affannoso e una felicità disarmante nell'anima.
Passammo l'intera serata a parlare completamente nudi nella mia auto, che sapeva di me, di lei e della nostra passione.

Capitolo 31

Fallon

Mi svegliai con un sorriso stampato sul volto, mentre con la mente ritornavo alla sera prima, a quando io e Callum eravamo diventati un tutt'uno, davanti a quel campo di fiori viola.

Era assurdo credere che due nemici come noi fossero finalmente riusciti a mettere da parte l'odio e a fare spazio solo alla voglia che avevano l'uno nei confronti dell'altro.

Mi alzai dal letto, cercai con tutte le mie forze di nascondere il sorriso che ormai si era tatuato sulle mie labbra e avanzai verso la cucina, dove vidi Asher intento a fare colazione.

«Buongiorno», dissi abbozzando uno sbadiglio.

«'Giorno», rispose lui masticando.

«Da quanto sei sveglio?», chiesi io preparandomi il solito caffè.

«Da tre ore. Ti vorrei fare presente che è quasi mezzogiorno, non è da te alzarti così tardi. Sono passato in parrocchia a ritirare il tuo abito da angelo per la processione di oggi, o l'hai dimenticata?».

Diamine, ero talmente occupata a pensare a Callum che mi ero completamente scordata della processione degli angeli a cui partecipavo ogni anno.

«No, assolutamente. Infatti, se non ti dispiace, io corro a prepararmi», affermai sorridendo in maniera strana.

«Lo so che l'avevi dimenticato, Fallon, ma per fortuna ci sono io», disse Asher leggermente infastidito.

Senza degnarlo di una risposta, corsi in camera.

Mio fratello aveva ragione, non mi svegliavo mai così tardi, ma dopo la notte passata con Callum mi ero addormentata profondamente, come non mi succedeva da un sacco di tempo.

«Fallon, ora concentrati, preparati e non pensare a Callum o finirai per essere in un ritardo enorme», dissi tra me e me cercando di focalizzarmi sul da farsi.

Presi un bel respiro, uno profondo, e andai in bagno a farmi una doccia. Tornata in camera, tolsi l'accappatoio, indossai una vestaglia e iniziai a prepararmi.

Per me era ormai diventata una tradizione partecipare alla processione degli angeli.
Pensai che a mia madre sarebbe piaciuto vedermi con quel vestito di seta bianco e quelle grandi ali composte da una miriade di piume.
Mi avvicinai allo specchio e presi dalla mensola i trucchi, dovevo essere semplice, quindi mi limitai ad applicare del correttore per nascondere le occhiaie, un velo di mascara e un po' di blush per scaldare l'incarnato.
I capelli invece non dovevano essere semplici, ma ondulati sulle spalle e sulla schiena.
Attorcigliai ogni ciocca, cercando di sbrigarmi, anche se erano lunghi e mi portavano via sempre tantissimo tempo.
«Ash!», urlai. «Asher!», continuai non ricevendo nessuna risposta da lui.
«Sì?»
«Mi porti il vestito?».
Asher non rispose, sentii solo i suoi passi riecheggiare nel corridoio e poi lo vidi spuntare in camera mia.
«Eccolo», disse passandomelo e io rimasi a bocca aperta nel vederlo.
Era a maniche lunghe, leggermente a campana sulla fine. La gonna era morbida e scendeva dritta sulle caviglie, mentre sul corpetto c'erano tante piccole perline, così come sulla coroncina per i capelli.
«Oh, Asher, ma è stupendo», esclamai stupita.
«Lo so. In realtà, lo ha scelto Elina. Era così contenta quando lo ha visto che mi ha costretto a prenderlo per te», disse spiegandomi tutto, ma io ero ormai troppo presa dalla bellezza del vestito per dire qualcosa. Avrei dovuto ricordarmi di ringraziare la mia amica.
«Mi dispiace che Elina non possa partecipare alla processione», sbuffai.
«Tornerà domani, però, e avrete tutto il tempo per vedere insieme i video che ti farò con quel vestito indosso», disse Asher dandomi un bacio sulla fronte. «Le ali sono in soggiorno, ti aiuto a metterle appena ti sarai vestita. Cerca di muoverti, Fall, l'appuntamento in parrocchia è fra dieci minuti».
«Sì, hai ragione, sono in ritardo», constatai togliendomi la vestaglia.
«Da quando indossi biancheria di pizzo?», domandò mio fratello alzando il sopracciglio destro, interdetto.
«Da quando ho deciso di rinnovare il mio cassetto dell'intimo, Asher».
«Dio, stai crescendo così in fretta», osservò sedendosi sul letto e portandosi una mano sulla fronte.
«Asher, ho vent'anni».
«Lo so, ma capisci che per me è difficile vederti crescere?»
«Oh, Ash», esclamai io avvicinandomi a lui e facendogli una carezza sulla testa.
«Coraggio, Fall, indossa il vestito così ti aiuto con la zip».

A quel punto, presi il vestito e lo indossai.

Mi accostai ad Asher e lui mi aiutò a chiudere la cerniera, mentre mormorava frasi bellissime.

«Sei stupenda», considerò facendomi girare su me stessa. Mio fratello me lo diceva sempre. Parlavamo spesso del mio percorso di accettazione del mio corpo e lui non perdeva mai l'occasione per dirmi quanto mi trovasse bella.

«Grazie, ma manca il tocco finale». Presi la coroncina di perle e me la posizionai sopra la testa, sistemandomi i capelli.

Indossai un paio di ballerine bianche e poi mio fratello mi aiutò con le ali.

Erano enormi e quando mi guardai allo specchio non vidi la solita assassina, ma una ragazza normale, che non vedeva l'ora di prendere parte a un rituale.

«Non credi che sia sbagliato che io partecipi?», domandai abbassando lo sguardo sul pavimento.

«Cosa? Fallon, ma che stai dicendo?»

«Uccido persone, Asher. Ma adesso sono vestita da angelo e sto per andare in parrocchia».

«Fallon, abbiamo già affrontato molte volte questo discorso. All'inizio eravamo entrambi riconoscenti a Joyle per quello che aveva fatto per noi, salvandoci dalla nostra situazione. E forse eravamo ancora troppo giovani per capire che ci sono persone che vanno fermate, organizzazioni che vanno smantellate e spirali di criminalità che bisogna interrompere. E, spesso, alcune situazioni richiedono spargimento di sangue. Pensa a quante persone, a quante donne indifese e a quanti bambini innocenti hai salvato la vita», disse posizionando un dito sotto il mio mento per farmi alzare il viso.

«Hai ragione», gli risposi, leggermente commossa.

«Su, togli quel broncio e andiamo in parrocchia», propose lui abbozzando un sorriso, talmente caloroso che fece sorridere anche me.

Io e Asher ci avviammo a piedi e, quando arrivammo nel giardino della chiesa, vidi un sacco di bimbi e tantissime ragazze della mia età tutti vestiti da angeli e non potei non sorridere con calore.

«Fallon, coraggio, mettiti in fila, la processione sta per iniziare», mi esortò una delle catechiste che si stava occupando dell'organizzazione.

Feci come disse e, dopo aver salutato Asher, mi misi nel posto che mi aveva indicato.

«Stiamo per iniziare. Ricordate di camminare a passo lento e di tenere il cero sempre acceso», continuò la catechista leggermente in ansia.

Quando sentii la musica, alzai il viso e iniziai a camminare, con il cero stretto tra le mani.

Guardai sempre dritto davanti a me, fino a quando notai Callum tra la folla di gente che stava seguendo la processione.

Mi guardò e mi sorrise leggermente, prima di abbassare gli occhi sull'asfalto per poi rialzarli una seconda volta su di me.

Sentii le guance avvampare e per poco non mi bruciai con la fiamma del cero.

"Fallon, mantieni la calma", mi rimproverai, continuando a camminare.

Mi fermai per qualche secondo, come tutti gli altri angeli, per sentire le parole che il parroco della chiesa stava rivolgendo alla comunità.

Rimasi per circa mezz'ora ad ascoltare il suo discorso e, quando finì di parlare, continuai a camminare per circa due ore, girando senza sosta per Fogsville fino ad arrivare alla zona delle bancarelle, dove il parroco congedò tutti gli angeli.

Presi un respiro di sollievo e andai alla ricerca dei miei amici e di mio fratello.

Quando li trovai, avevano in mano dei bicchieri colmi di cioccolata calda. Ne volevo una anche io dopo tutte quelle ore passate in piedi.

«Sei bellissima, Fall», disse Jacob stampandomi un bacio sulla guancia.

«Tieni, scaldati un po'», mi suggerì invece Oliver porgendomi un bicchiere di cioccolata calda.

«Grazie», dissi sorridendo in maniera flebile.

«Sei meno nervosa, ora? La processione è finita e tu sei stata bravissima», disse Asher.

«Sì, ora sto decisamente meglio di prima».

Mi gustai un po' di cioccolata, ma notai subito che c'era qualcosa che non andava.

«Ol, che succede? Mi sembri preoccupato».

«Sì, be'... in realtà, c'è una cosa che devo dirvi. Non riesco più a tenervela nascosta. Ieri l'ho detto a Elina e credo che sia giusto che lo sappiate anche voi».

Iniziai a sudare, preoccupata.

«Qualche mese fa, ho conosciuto un ragazzo, si chiama Aric», iniziò titubante.

«Il tuo compagno di corso? Il biondino muscoloso?», domandò Jacob.

«Sì, lui. Be', vedete, io e lui ci stiamo frequentando e ho capito di essere bi», buttò fuori Oliver.

«Ol! Perché non ce lo hai detto prima?», domandai io correndo tra le sue braccia.

«Non lo so, avevo paura».

«Ma paura di cosa? Noi siamo super contenti per te, se tu lo sei. L'amore non si sceglie, arriva nel tuo cuore e basta», affermai io sorridendo.

«Sicuri che per voi non sia un problema?»

«No, ma se non la smetti di essere così tanto preoccupato, ti tirerò un gran bel pugno sul naso», commentò Asher duro.

La risata che seguì sciolse quella leggera tensione che si era creata. Era bello sentirsi accettati, capiti. Non potei non pensare a quello che era successo a me, e a come avrebbe potuto reagire mio fratello se l'avesse scoperto.

«Ragazzi, ho visto una bancarella con delle candele, ci vediamo tra poco», dissi. In verità, avevo notato Callum, ma non avrei potuto dirlo apertamente.

Iniziai a seguirlo, e quando capii che era solo e che non aveva i suoi amici dei DarkBlood alle calcagna, mi avvicinai a lui.

«Volevo dirtelo prima, ma tuo fratello non ti ha mollata un attimo», esordì girandosi verso di me. Callum si accorgeva sempre della mia presenza, anche quando credevo di essere stata discreta.

«Cosa volevi dirmi?»

«Che vorrei essere il demone che ti porterà tra le fiamme dell'inferno, angioletto», affermò fissando il mio corpo.

Oh, diamine.

«Fallon, chiudi per pochi secondi gli occhi, ti dirò io quando dovrai riaprirli», disse ancora.

Senza fiatare e fidandomi completamente di lui, chiusi gli occhi e dopo qualche minuto Callum punzecchiò le mie braccia per farmeli riaprire. Quando lo feci, mi porse una candela a forma di angelo.

«Callum, ma è stupenda», dichiarai, prendendola tra le mani e osservandola per bene.

«L'avevo notata prima, in realtà, e poi, quando ho visto te con questo vestito, non ho potuto non ricordarmene, quindi sono corso a prenderla», confessò leggermente imbarazzato.

«Grazie, la terrò con tanta premura».

«Ti va di passeggiare un po'?», mi propose porgendomi la sua mano avvolta in un guanto in lana nero.

«Sì, certo, ma stiamo attenti ai nostri amici», dissi girando lo sguardo da una parte all'altra.

Io e Callum camminammo mano nella mano fino ad arrivare al piccolo laghetto artificiale di Fogsville che, a causa del freddo, era ridotto a una lastra di ghiaccio rigida.

«Posso?», chiesi avvicinando il viso al suo.

«Fallon, ferma», esclamò Callum di botto, scostandosi da me come se si fosse scottato.

«Cosa? Perché?»

«Perché è tutto così sbagliato. Noi… noi non possiamo continuare», decretò senza mai guardarmi negli occhi.

«Callum, ho fatto qualcosa di sbagliato?»
«No, Fallon, non hai fatto nulla di sbagliato, ma se continuiamo così, in questo modo, l'unica cosa che riusciremo a vedere per il resto della nostra vita saranno le fiamme dell'inferno», disse freddo, prima di darmi un bacio sulla guancia e di allontanarsi da me del tutto.
Io rimasi stupita, incapace di credere a quello che era appena successo.
Rimasi per minuti interminabili con gli occhi sgranati, mentre fissavo un punto indistinto, all'orizzonte.
Dopo un po' iniziai a sentire troppo freddo e mi costrinsi a tornare dai miei amici.
«Fall, sei un cubetto di ghiaccio», notò Jacob, posandomi con delicatezza la sua giacca sulle spalle.
«Oh, grazie, Jac», gli risposi. Ero scossa, ma più per via delle parole di Callum che per la temperatura esterna.
«Dammi le tue mani», continuò Jacob prendendole tra le sue e iniziando a sfregarle per riscaldarle.
In quel momento, senza pensare a nulla, avvicinai le labbra alle sue e lo baciai.
Forse era stata la gentilezza del mio amico a farmi cedere, o magari il mio cuore respinto voleva solo che Callum capisse a cosa avesse appena rinunciato.
«Cazzo, Fall», sussurrò Jacob continuando a baciarmi. «Le tue labbra sono droga». Le sue parole mi fecero sorridere.
I baci di Jacob non erano minimamente paragonabili a quelli di Callum e nel mio corpo iniziava a farsi spazio il rimorso.
Non dovevo usare Jacob, uno dei miei migliori amici, per i miei assurdi scopi.
Mi allontanai da lui e abbozzai un sorriso, poi successe l'inevitabile.
Vidi Callum camminare verso di noi e urtare la spalla di Jacob.
Da quel momento successe tutto in fretta, iniziarono una sorta di rissa.
Ed era tutta colpa mia.
Il pugno di Callum colpì con forza il naso di Jacob, che cominciò a sanguinare nel giro di pochi secondi, mentre il piede di Jacob sferrò un attacco agli addominali di Callum.
«Basta! Jac, basta!», urlai. «Asher! Fa' qualcosa! Oliver!», continuai, ma mio fratello e il mio amico non sembravano intenzionati a volerli dividere, anzi. La scena pareva divertirli parecchio, mentre io non sapevo cosa fare.
Poco dopo, vidi arrivare a separarli un signore della security e, prima che potessi fare anche un solo passo verso Jacob per aiutarlo a tamponare il naso con un fazzoletto, venni fermata da Callum.
«Sei contenta, ora?», domandò malizioso.

«Sei uno stronzo!».

«Mai più. Mai più, Fallon», sussurrò tastando con l'indice il mio labbro inferiore. «Non voglio mai più vedere le sue labbra sfiorare le tue o io… io potrei impazzire», sibilò a un soffio dalle mie labbra.

Io ero impietrita, non sapevo più cosa pensare.

Quella giornata aveva scatenato nella mia mente un caos assurdo.

Non riuscivo a capirlo, aveva detto che era sbagliato per noi vederci e toccarci, ma poi aveva iniziato una rissa con Jacob solo perché lo avevo baciato.

Che cos'è che vuoi, Corvo?

Capitolo 32

Fallon

Callum era indecifrabile. Lo era talmente tanto che avere a che fare con lui era paragonabile a cercare di risolvere un rompicapo, uno di quelli super difficili, che mandavano in tilt l'intero sistema nervoso.

Non lo riuscivo a capire, era incoerente e scostante.

Un momento era dolce, protettivo, l'altro invece era completamente l'opposto. Cosa gli passava per la testa?

Aveva picchiato Jacob, essendo incapace di vedermi baciare un altro ragazzo, ma lo aveva fatto dopo avermi rifiutata. E ora io ero enormemente dispiaciuta per il mio amico, che si trovava in macchina con il naso sanguinante.

«Ehi, Jac, tutto bene?», domandai massaggiando la sua spalla.

«Sì, Fall, credo che il sangue si sia fermato», disse sorridendomi debolmente.

«Dove stiamo andando?», chiesi curiosa, vedendo che Asher aveva imboccato una strada che non portava al covo.

«Fall, non lo sai?»

«Cosa dovrei sapere?»

«Stasera c'è il NeonParty», dichiarò Oliver.

«E cosa sarebbe?»

«Un nuovo tipo di festa che organizzano una volta l'anno sulle sponde del fiume, sarà tutto a tema neon. Un mio amico che è già lì dice che ci divertiremo da matti», continuò lui.

Stavamo andando a un party dopo quello che era successo. Nessuno di loro sembrava volerne parlare e io tirai quasi un sospiro di sollievo, perché non avrei saputo cosa dire. Specialmente a mio fratello, che continuava a lanciarmi occhiate dallo specchietto retrovisore.

«Oh, ma io sono ancora vestita da angelo», tentai. Almeno mi ero tolta le ali, che adesso erano nel portabagagli.

«Non fa nulla, sarai l'angioletto della serata», affermò Jacob.

Angioletto.

Io non mi sentivo un angelo. Callum era un demone e io volevo ardere tra le fiamme dell'inferno con lui, volevo macchiare la mia pelle di peccati che portavano il suo nome.

Quando Asher parcheggiò l'auto, io non persi tempo e scesi, mentre Oliver e Jacob si misero al mio fianco come se fossero i miei bodyguard.
«Avete paura che possa volare via?», domandai ironica.
«Cerco solo un modo per non iniziare un'altra rissa», considerò Jacob.
Io e i ragazzi arrivammo nel vivo della serata e dovetti ammettere che l'amico di Oliver non aveva esagerato.
La festa era stata organizzata nei minimi dettagli.
Il fiume rendeva l'atmosfera calorosa e sulle sue sponde c'erano migliaia di tende decorate con pittura al neon di ogni colore.
Le persone ballavano e si divertivano, c'erano dei bar e degli stand che vendevano pastelli e make-up di ogni tipo.
«Oh cavolo, il tuo amico aveva proprio ragione, hanno fatto un lavoro stratosferico», constatò Asher guardandosi attorno, soprattutto osservando i culi delle ragazze, stretti in abiti succinti stile Jessica Rabbit.
«Andiamo a bere qualcosa?», domandò Oliver puntando gli occhi sul bancone con la scritta "NeonParty" a lettere cubitali fosforescenti.
Seguii i miei amici al bancone. Su richiesta di uno dei tre, il barman preparò quattro cicchetti di non so cosa, e io buttai giù il mio in un unico sorso, sentendo all'istante la mente annebbiarsi e la gola bruciare.
«Ora si balla», decise Jacob facendo ondeggiare i fianchi.
«Oh, ragazzi, voi andate, io voglio farmi fare dei tatuaggi fosforescenti da quella ragazza», affermai indicando un piccolo stand.
«Va bene, ma dopo raggiungici subito», ordinò Jacob prendendo a camminare verso la pista.
Quando arrivai allo stand di tatuaggi, girai di poco lo sguardo e mi imbattei in una scena raccapricciante.
Il Corvo stava ballando con una ragazza dai capelli blu. Lei gli stringeva il culo, mentre lui cercava di farsi spazio con le mani sotto la sua maglietta.
Era così tanto rapito da quel momento che mi chiesi se ricordasse che poco prima aveva iniziato una rissa per causa mia. Se si ricordasse che aveva intimato me di non farmi toccare da nessun altro, mentre, a quanto pareva, lui poteva fare quello che voleva.
«Ciao, angelo!», sentii dire improvvisamente da una ragazza e girandomi nella sua direzione capii che si trattava della "tatuatrice".
«Ehi, ciao», risposi sedendomi sulla sedia.
«Bel vestito, cosa ti vorresti tatuare?», domandò sorridente.
«Non lo so, sinceramente».
«Posso fare a gusto mio?», domandò iniziando a prendere una tavolozza di colori fluo e diversi pennelli.
Io annuii e trascorsi con lei circa mezz'ora, tra chiacchiere e solletico a causa delle setole dei pennelli.

Quando mi posizionai davanti allo specchio, notai che aveva disegnato sul mio collo delle finte gocce fluorescenti rosa, sulla guancia delle labbra arancioni e la scritta "Hell" al centro del mio vestito.

«Oh, cavolo, sono stupendi. Grazie».

«Grazie a te, ora vai a divertirti», mi invitò sorridendo. «Ehi!», mi richiamò poi mentre io stavo andando via.

«Sì?»

«Volevo dirti che quel ragazzo, quello che sta ballando con quella tipa dai capelli blu, non ti ha tolto gli occhi di dosso nemmeno per un momento. Ti ha fissata per tutto il tempo come se volesse sbranarti».

Diamine, Callum.

«L'unica che sbranerà qualcuno, questa sera, sarò io», affermai facendole l'occhiolino.

Mi avvicinai al bar, mi feci preparare un Japanese e lo bevvi tutto d'un sorso.

Sapevo cosa avevo intenzione di fare: dovevo far capire a Callum che comportarsi in quel modo era assolutamente sbagliato. Doveva capire che giocare con me non era una buona mossa.

Andai alla ricerca di una persona in particolare e, quando la trovai, iniziai a sorridere.

Mason Roy. Era lui che faceva al caso mio.

Callum doveva capire che anche a me piaceva giocare, e io, l'unica cosa che sapevo fare, era giocare sporco.

Mason era vicino a una delle tante tende decorate. Quella che aveva scelto si trovava lontano da tutti, quindi avevo l'opportunità di fare quello che volevo senza preoccuparmi degli sguardi indiscreti delle persone.

Mi avvicinai camminando in maniera felina a quel ragazzo e sorrisi quando gli arrivai così vicino da rubargli il drink.

«Oh, ma prendilo pure, Fallon», disse.

Io iniziai a giocare con le labbra e la lingua con la cannuccia nera, attirando subito la sua attenzione. Di certo non si sarebbe mai aspettato una mossa del genere da parte mia, specie dopo quello che lui e i suoi amici mi avevano fatto, ma sembrava del tutto distratto dalla mia bocca.

Io immersi due dita nel bicchiere e mi bagnai con l'alcol il collo, la zona sotto la mandibola che non era stata colorata poco prima.

«La figura dell'angelo non ti si addice, è blasfemia questa», sussurrò avvicinandosi, e leccando via quelle gocce dalla mia pelle.

«Per una sera voglio essere quella che non sono», affermai passando l'indice sulle labbra di Mason che mi avevano appena assaggiato.

«Sei un diavolo vestito di bianco», mormorò riducendo del tutto la distanza che ci separava.

Posizionò le sue labbra sulle mie e mi spintonò all'interno della tenda.

Posò le mani su tutto il mio corpo e poi, quando io leccai di nuovo le sue labbra, alzò la gonna del mio vestito, rivelando l'intimo bianco.

«Dimmi che posso», sussurrò.

«Puoi».

Le sue dita scostarono il tessuto delle mie mutandine e mi penetrarono con forza, facendomi sussultare.

Facevano fuori e dentro, dentro e fuori.

«Mason!», gemetti sulle sue labbra.

«Sì, così, Fallon, urla il nome della persona che vuole vederti morta», disse lui continuando a tastare la mia entrata con le sue dita lunghe e piene di anelli.

«Fai… fai come stavi facendo prima», lo pregai mentre lui le inseriva ancora più in profondità.

«E così, ti piace?», domandò malizioso strofinando il pollice sul mio clitoride turgido.

«Oh, cazzo!», ansimai.

«Sì, gemi per me, fammi sentire quanto ti piace avere le mie dita dentro di te».

Stavo quasi per venire.

«Voglio rubarmi il tuo fottuto orgasmo».

«Io… io sto venendo», farfugliai divaricando ancora di più le gambe per lui. «Cazzo, Call…».

Oddio, cosa avevo detto?

«Vedo che non sono il primo nemico che provi», pronunciò sorridendo e continuando a toccarmi. Io non risposi, ero troppo concentrata sull'orgasmo che mi stava attraversando il corpo.

Venni sulle sue dita, senza pensare a ciò che aveva detto, non volevo che Callum rovinasse quel momento.

«Mmm, hai un sapore divino», commentò Mason leccando i miei umori dalle sue dita.

Io rimasi per qualche secondo con il respiro affannato, ancora con la gonna alzata e scossa dall'orgasmo appena provato.

«Non ringrazi neppure?»

«Questo momento ha appagato entrambi», dissi sorridendo in maniera maliziosa.

«In realtà io ho il cazzo dolente e le palle piene, ma ho deciso di non esagerare», fece lui, abbassandomi la gonna. «Credimi, ti avrei scopato molto volentieri, per quanto eri stretta e bagnata, ma non voglio rischiare di morire per colpa della gelosia di Callum», concluse girandosi di spalle.

«Mason, io…».

«Fallon, tranquilla, ho peccato anche io. Non ti dirò di più, ma siamo sulla stessa barca».

«Vedo che siamo d'accordo, allora».

«Sì, rimarrà un segreto, puoi stare tranquilla. Ma da domani guardati bene le spalle, perché questa piccola tregua finisce ora», affermò scappando via da quella tenda.

Io rimasi lì dentro a lungo, fino a quando non capii che avevo fatto un'enorme cazzata. Ma se fosse rimasta un segreto, nessuno si sarebbe fatto male. Nessuno tranne lui, il Corvo.

Capitolo 33

Callum

Fallon era stata in grado di raggiungere la mia anima, macchiandola completamente di lei, del suo profumo, di quel colore viola che tanto amava, e io ero come un drogato, ne desideravo sempre di più.

Quando pensavo a lei, era impossibile compararla a una singola cosa, perché lei era un caos di elementi messi insieme in un unico corpo, in un'unica persona.

Fallon era la voce che sentivo quando mi trovavo in un posto gremito di persone.

Era il venticello fresco che scompigliava i capelli durante una calda serata d'agosto.

Era il petalo di una margherita viola e la lama del pugnale che aveva colpito il mio cuore.

Era disarmante pensare a lei, ma lo era ancora di più pensare all'amore che provavo per lei.

Amavo quella ragazza che era la mia nemesi, quella guerriera che durante le missioni incuteva paura, ma amavo anche quella bambina che dormiva con un peluche e che mangiava le caramelle a forma di verme.

Per tutto quel tempo mi ero finto la persona che non ero, avevo disteso un telo nero sui miei sentimenti e avevo raccontato una marea di menzogne. Non l'avevo mai odiata per davvero.

E, in quel momento, desideravo togliere quel telo e mettere a nudo ciò che provavo per lei.

In quel pomeriggio uggioso, le urla di Mason riuscirono a interrompere il rumore assordante dei miei pensieri.

Urlava a squarciagola contro lo schermo del telefono e ben presto lo avrei preso a pugni se avesse continuato con quel tono di voce così alto.

La testa mi doleva a causa dell'alcol che avevo ingerito la notte precedente, nel tentativo di arginare i pensieri che affollavano la mia mente, e le urla di Mason non facevano altro che peggiorare il mio malessere.

«Call!», sbraitò Mason dal soggiorno.

«Che vuoi?»

«Muovi quel culo rinsecchito che ti ritrovi e vieni a giocare con me», disse lui, e io sorrisi.

Mason, Thomas e Harry erano ormai dei fratelli per me e ringraziavo la vita per aver messo sulla mia strada quelle persone.

Stavo per raggiungerli quando sentii il mio telefono squillare. Lo presi e sullo schermo lessi la scritta "Armed Condemnation". Il mio cuore perse un battito.

Era Fallon, l'avevo memorizzata in quel modo qualche tempo prima.

Lei era la mia condanna armata di pugnale e lo sarebbe stata per sempre.

Pensare a lei mi spezzava il cuore in due. L'avevo trattata male, le avevo detto che tra di noi non poteva continuare prima ancora che iniziasse per davvero, e poi mi ero fatto vedere mentre ballavo con un'altra, toccandola mentre avrei voluto che ci fosse lei sotto le mie mani.

Senza aspettare risposi subito, sentendo la sua voce prima ancora di riuscire a dire una parola.

«Callum», disse lei con voce inspiegabilmente calma, fin troppo calma per trattarsi di lei.

«Fallon, dimmi».

«Devo chiederti un favore».

«Certo. Che è successo?», chiesi, iniziando a camminare nella mia stanza.

«Potresti darmi l'indirizzo di Mason?», domandò gettandomi nella confusione più totale.

«L'indirizzo di Mason? A cosa ti serve? Non vorrai mica spedirgli per posta una scatola colma di serpenti?», replicai io ridendo.

«Vorrei mandargli un regalo per ciò che ha fatto per me la notte scorsa».

Cosa ha fatto Mason per la mia Fallon?

«Sarebbe?»

«Ah, non te l'ha detto?»

«Cosa doveva dirmi, Fallon?», domandai io serrando la mascella.

«Be', fattelo dire da lui e poi ci risentiamo», affermò beffarda mentre una rabbia sorda iniziava a farsi strada nelle mie viscere.

«Fallon, tu ora parli o io andrò nel mio soggiorno e spaccherò la faccia di Mason. È questo che vuoi?»

«Se ci tieni così tanto a saperlo, Mason le sa usare proprio bene le sue dita», dichiarò Fallon, emettendo un lungo sospiro.

«Cosa significa?»

«Che il tuo migliore amico mi ha fatto venire», disse fingendo un gemito che non fece nulla per nascondere.

Dio, ero così nervoso che sarei andato davvero in soggiorno a spaccare la testa del mio migliore amico.

«Ti sei ammutolito? Anche io ieri sono rimasta senza parole, soprattutto quando Mason ha assaggiato il mio orgasmo».

«Fallon, mi sto innervosendo e sai bene che quando mi capita rischio di non riuscire più a controllarmi», affermai rabbioso. «Ti conviene dimenticare all'istante ciò che è successo ieri o sarò costretto a mozzare le mani di quel figlio di puttana», le ordinai per poi chiudere subito dopo la chiamata.

Dovevo parlare con Mason o forse era meglio se gli spaccavo direttamente la faccia senza nemmeno discuterne.

«Cosa cazzo ti passa per quella fottuta testa?», strillai una volta in soggiorno.

«Oh, ma cosa cazzo vuoi? Stavo giocando!», urlò lanciando in aria il controller della mia PlayStation e alzandosi di scatto dal divano.

«Hai fatto venire Fallon sulle tue dita?»

«Cosa?»

«Ti ho fatto una semplice domanda, Mason. Ora rispondimi».

«Avresti qualche problema al riguardo?»

«Me lo stai davvero chiedendo?», domandai, iniziando a spintonarlo. Per tutta risposta, Mason si mise a ridere e quella sua risata mi fece incazzare ancora di più. «Ti sei bevuto il cervello?»

«No, Callum. Rido perché siete due pessimi attori. Pensi che non lo sappia che te la sei scopata?». La sua era una domanda retorica, non si aspettava una risposta. Mi diede le spalle e andò a prendersi una lattina di birra, in cucina. «Sai come lo so, Callum?», mi chiese quando tornò, dopo aver bevuto un lungo sorso. Io ebbi la forza di fare solo un cenno di diniego con la testa. «Lo so perché quando stava venendo ha urlato il tuo nome, proprio sulle mie labbra, mentre le mie dita erano dentro di lei».

Cazzo, il cuore rischiava di esplodermi nel petto.

«Devi dimenticarla, Mason».

«Tranquillo, Call, l'ho già fatto. Nella mia mente c'è un'altra ragazza che occupa tutto lo spazio, costantemente. Anche se volessi, non riuscirei a pensare a Fallon». Prese un altro sorso di birra. «Allora i miei sospetti su di voi erano veri. Dio, non riesco ancora a crederci», continuò scoppiando a ridere.

«Avresti dovuto pensarci prima di ficcare le tue dita dentro di lei».

«Se non fossero state le mie, sarebbero state quello di qualcun altro. Era assetata di vendetta, dopo averti visto fare il coglione con quella». Ero stato un pezzo di merda e lei aveva deciso di farmela pagare. Non mi piaceva, cazzo, non mi piaceva nemmeno un po', ma non osavo nemmeno iniziare a pensare a cosa avrei fatto io se mi fossi trovato al suo posto. La rabbia si trasformò in qualcos'altro.

«Mason, io ho paura. Sono terrorizzato all'idea di legarmi alla persona che ho sempre odiato», dissi confidandogli il mio segreto più grande.

«Forse volevi dire che hai sempre finto di odiare».

«Che dovrei fare?», domandai stremato.

«Devi solo goderti il momento, senza pensare alle gang, a suo fratello, e a ciò che siete stati per anni».

Mason aveva ragione. Sembrava così semplice, eppure allo stesso tempo impossibile.

Io e il mio amico passammo l'intero pomeriggio a parlare di Fallon e di quella situazione, e proprio mentre ero intento a preparare dei panini per la cena, il mio telefono vibrò.

«Mas, vedi chi è», gli chiesi indicando il mio telefono.

Mason prese il mio cellulare e rimase immobile, fissando lo schermo.

«Call, credo ci sia un problema», sostenne, senza dire di cosa si trattasse.

Quando girò il telefono nella mia direzione, ciò che vidi mi fece gelare il sangue nelle vene.

Era una foto di Fallon, inerme e legata a una sedia, dentro la stanza di quello che sembrava un vecchio edificio abbandonato.

Corsi da Mason e gli strappai il telefono dalle mani, visualizzando bene quella foto.

Subito dopo, mentre le mani tremavano, lessi il messaggio.

La tua piccola nemica si trova nelle mie mani.

«Ho capito dove si trova, è nel vecchio manicomio di Blustom Street».

«Chi l'ha rapita?», domandò Mason.

«Non lo so, ma lo scopriremo presto», affermai prendendo le chiavi della macchina.

«Lo scopriremo presto?», domandò il mio migliore amico seguendo me che correvo fuori di casa.

«Stiamo andando a salvarla, Mason. Stiamo andando a salvare la mia Daggers», sentenziai salendo in macchina.

«Oh dei, non avrei mai immaginato che mi sarei ritrovato a rischiare la vita per una mia nemica», disse Mason senza però tirarsi indietro.

«Lei è Fallon. Ora è solo Fallon», risposi guidando, con le mani che tremavano.

«La ami? Callum, rispondimi: ami Fallon Rogers?»

«Non potevi farmi domanda più difficile, ma sì, Mason. Credo di amarla da quando mi ha tagliato il sopracciglio con uno dei suoi pattini».

Restammo in silenzio fino a quando non entrai nello spiazzale del manicomio abbandonato.

«Prendi la pistola dal vano portaoggetti e andiamo a salvarla».

«Callum, guardami», mi esortò Mason costringendomi a girarmi. «Lei starà bene, noi la porteremo fuori di qui».

«L'hai vista la foto, lei non sta bene», dissi io preoccupato.

«Allora la porterai in salvo e poi la curerai».

Entrammo nel manicomio e iniziammo a setacciare la struttura alla ricerca della stanza dove Fallon era tenuta prigioniera. Mi sembrava che le porte da aprire non finissero mai, e la speranza di trovarla si faceva via via sempre più flebile, quando finalmente, dopo aver attraversato l'ennesimo corridoio che sembrava uguale a tutti gli altri, spalancammo quella giusta.

Appena vidi Fallon mi cadde il mondo addosso. Era legata a una sedia, sul fondo di quella stanza enorme e spoglia.

Sulla sua pelle erano presenti delle bruciature che sembravano essere state inferte con un ferro incandescente.

I suoi capelli erano appiccicati alla guancia per colpa del sangue, che non riuscivo a capire da dove colasse, ed era pallida in viso. La guardai con più attenzione e mi accorsi che aveva dell'altro sangue addosso. Troppo sangue.

C'era un uomo con il volto coperto da un passamontagna che stava venendomi incontro, ma io non me ne curai e continuai a camminare verso Fallon.

«Ci penso io a lui, tu portala fuori di qui», urlò Mason scagliandosi contro di lui.

Quando arrivai vicino a Fallon, le accarezzai i capelli e tagliai le corde che la legavano alla sedia.

«Callum», mormorò sforzandosi.

«Sono qui. Sono qui, Fallon, e ora ti porterò via da quest'incubo», sussurrai guardandola negli occhi.

«Callum, io… io…», tentò di dire, ma io non le permisi di continuare, era troppo debole e doveva conservare le energie.

«Fallon, non ti sforzare, per favore, cerca di rimanere calma. Mi prenderò cura io di te», le promisi, prima di prenderla in braccio.

«Ahi! Fa… fa male!», urlò. Per dire così, le sue ferite dovevano essere più tremende di quanto avessi immaginato. Una in particolare, sull'interno coscia, sembrava profonda.

«Tranquilla, Fallon, andrà tutto bene. Andrà tutto bene, piccolina mia, ci sono io con te», continuavo a ripeterle, con gli occhi che si stavano riempiendo di lacrime.

Lei era debole e il sangue non sembrava fermarsi e io iniziai ad avere paura. Paura che potesse morire davanti ai miei occhi.

«Sto… sto per morire?», chiese. «Va bene, Sono felice. Sono felice perché morirò tra le tue braccia. Callum, tu… tu sei il mio ricordo felice», riuscì a dire, tra spasmi di dolore che le distorcevano i lineamenti del viso.

«No! Cazzo, Fallon, non stai per morire. Tu non stai morendo, io non lo permetterò».

Quando vidi che lei non rispose e che i suoi occhi stavano per chiudersi, iniziai a farmi prendere dal panico.

«No, Fallon, guardami», gridai muovendole la testa con delicatezza. «Non chiudere gli occhi, per favore, Fallon, rimani con me. Non farmi questo», continuai. La issai ancora di più, stringendola a me, e iniziai a camminare svelto verso l'uscita.

Doveva andare tutto bene, doveva andare per forza tutto bene o sarebbe stata la fine anche per me. Mason mi raggiunse di corsa, quando stavo finalmente per uscire da quell'edificio.

«Sta perdendo troppo sangue», osservò dopo averla guardata. «Dalla a me, devo fermare subito l'emorragia. Tu devi guidare», disse Mason, ma io non la volevo lasciare andare.

«Callum, lasciala a me, è in buone mani», ripeté Mason, e io finalmente capii che era la decisione più sensata, affinché Fallon avesse una speranza di salvarsi, e salii in macchina.

Mentre guidavo verso casa di Mason, mi giravo continuamente sul sedile posteriore per controllare la situazione. Fallon aveva ripreso conoscenza, ma sembrava ancora priva di forze.

Arrivammo a casa di Mason velocemente, e allo stesso modo ci precipitammo dentro. Mason stese Fallon sul divano.

«Ha perso un sacco di sangue, ma l'emorragia è ormai ferma, devo solo metterle dei punti e darle dell'antibiotico», disse Mason prendendo il kit di sutura.

Se non ci fosse stato lui, probabilmente non sarei riuscito a salvare Fallon. Non solo aveva messo fuori gioco quell'uomo, al manicomio, ma aveva conoscenze di base di primo soccorso, e sapevo che non l'avrebbe lasciata morire, specie dopo quello che gli avevo confessato circa i miei sentimenti verso di lei.

«Ehi, piccolina, ora passerà tutto, devi solo stringere la mia mano», le sussurrai, nell'esatto momento in cui vidi Mason prendere ago e filo per suturarle la ferita più ampia.

«No, no!», urlò lei quando Mason mise il primo punto.

«Fa male, lo so che fa male, Fallon, ma per favore cerca di stare calma».

«Tocca le mie cicatrici, prendi la tua forza dal mio dolore», le sussurrai scostando leggermente la maglia che indossavo e posizionando la sua mano sulle cicatrici che avevo sul fianco.

Quando Mason finì di ricucire la ferita sul suo interno coscia, le diedi io stesso l'antibiotico per evitare infezioni.

«Mason», lo richiamai preoccupato quando vidi Fallon addormentarsi.

«È normale, si è sforzata per tutto questo tempo di rimanere sveglia, ora è fuori pericolo e può riposare».

«Ti sono debitore», ammisi, scostando una ciocca di capelli dal viso di Fallon.

«Portala in camera mia, io dormirò sul divano».

A quel punto, presi Fallon tra le mie braccia e con delicatezza la portai nella stanza di Mason.

La poggiai sul letto e mi stesi accanto a lei.

Iniziai ad accarezzarle il viso, la testa, e a dirle frasi sdolcinate che mai avrei pensato di dire.

«Sei stata forte, Fallon, forte come nessuno potrebbe mai esserlo», le sussurrai baciandole la fronte. «Se fossi morta, io sarei morto subito dopo». Continuavo a toccarla, incapace di smetterla. Incapace di pensare che ero arrivato a un passo dal perderla. «Perché ti amo, Fallon, e non riuscirei a vivere senza di te».

Lo avevo ammesso, le avevo detto di amarla, ma lei stava dormendo.

Quando mi tranquillizzai, presi il telefono e notai che Asher aveva più volte provato a chiamarmi e mi aveva mandato decine di messaggi.

Era preoccupato per la sorella ed era convinto che l'avessi rapita io, come già avevo fatto in precedenza.

A quel punto, pensai che un messaggio non sarebbe bastato a spiegargli tutto e decisi di chiamarlo, mettendo da parte l'orgoglio.

«Dimmi dove cazzo hai portato mia sorella!», urlò incontrollato.

«Si trova a casa di Mason, dopo che una merda mi ha mandato una sua foto, legata a una sedia e ferita».

«Cosa significa?»

«Significa che io e Mason abbiamo rischiato la vita per portarla in salvo, ora sta bene. Sta dormendo, l'ha curata Mason», gli spiegai girandomi a guardare Fallon, che dormiva beata.

Asher rimase per un momento in silenzio. Doveva aver colto qualcosa nel tono della mia voce che gli aveva fatto capire che non stavo mentendo.

«Non farle del male, per favore».

Non potrei mai farle del male.

«Te la riporterò domattina».

Posai il telefono e passai la notte a guardare Fallon.

Capitolo 34

Asher

«Ash, passami la birra», disse Callum indicando una delle tante bottiglie che avevamo attorno.

Quel pomeriggio mi trovavo nel suo seminterrato, eravamo usciti dal liceo solo poche ore prima e, come quasi ogni giorno, ci trovavamo buttati sul divano tra canne e alcolici.

«Domani non verrò a scuola», enunciai spostando lo sguardo dal controller che stavo stringendo tra le mani.

«Cosa devi fare?»

«Callum, mia madre non sta bene, e io devo prendermi cura di mia sorella. Ho un colloquio di lavoro», gli spiegai nervosamente, pensando alla mia vita di merda.

«Ti ha richiamato, alla fine?»

«Sì, vuole vedermi domani, spero mi prenda», affermai titubante, bevendo un sorso di quella birra scadente.

«Ash, ti prenderanno sicuro, quella ditta ha bisogno di muratori e non si lasceranno scappare uno come te», disse tirandomi una leggera spallata.

«Ti stai allenando per caso? Ti vedo più forte del solito», constatai aggrottando le sopracciglia e guardando i suoi bicipiti.

«Oh sì, sto andando in palestra con Logan», disse leccandosi le labbra.

Era impossibile, Callum odiava Logan e poi, nel giro di poco, non avrebbe potuto raggiungere quel risultato.

Il suo corpo era marmoreo come se si stesse allenando da mesi o anni, c'era qualcosa sotto, qualcosa che non voleva dirmi.

Mentre lo guardavo meglio, cercando di capire cosa mi fosse sfuggito, mi cadde l'occhio sulla sua tasca, dalla quale spuntava una fotografia.

C'era mia sorella, su quella foto. Era sorridente e stava stringendo tra le mani Mister Otto.

Perché ce l'aveva lui?

Quando tornai a casa, quel giorno, ero un fascio di nervi, perché avevo capito che Callum era un bugiardo.

Non stava andando semplicemente in palestra con Logan, lui si stava allenando per entrare a far parte dei DarkBlood. Lo scoprii poco dopo, quando un giorno decisi di seguirlo.

Il mio cuore si ruppe. Non me lo aveva detto, ma la cosa peggiore era che amava Fallon, da lontano e in silenzio.

Fallon

La ferita che si trovava all'interno della mia gamba si era ormai quasi cicatrizzata del tutto e da rossastra era diventata bianca e leggermente raggrinzita.

Sapevo che diventare un sicario, che diventare un membro attivo dei Daggers, comprendeva correre dei rischi e avere il corpo pieno di cicatrici, ma non mi importava perché ogni singolo segno presente sulla mia pelle mi ricordava che avevo sfiorato la morte e che ero una sopravvissuta.

Ma quella cicatrice, quel segno biancastro presente sulla mia gamba, mi ricordava quotidianamente che ero scampata alla morte grazie a Callum.

Di quel giorno infernale non ricordavo quasi nulla, l'unica cosa che la mia mente continuava a farmi rivivere era la preoccupazione che avevo letto negli occhi del Corvo.

Ricordavo le sue mani che tremavano, mentre cercavano un modo per fermare il sangue che sgorgava dalla mia ferita.

Ricordavo i suoi occhi lucidi e la forza a cui aveva fatto appello per scappare via da quel manicomio, tenendomi tra le sue braccia.

Ero dannatamente fiera di mio fratello, pensando che era riuscito a fidarsi del suo peggior nemico e mi aveva lasciata alle sue cure per una notte. E poi c'era Mason, che aveva messo in pericolo la sua vita per salvare quella di una persona che faceva parte della gang rivale. Aveva rischiato grosso pur di aiutare il suo migliore amico.

Mentre pensavo e ripensavo a tutto ciò che era accaduto, mi avvicinai alla libreria che avevo in camera e iniziai a togliere i miei amati libri da tutte le mensole.

Almeno una volta al mese, mi prendevo del tempo per liberare tutti gli scaffali e pulirli per bene, spolverare ogni singolo volume per poi rimetterlo al suo posto. Avevo appena terminato una fila quando presi un romanzo e iniziai a sfogliarne le pagine. Arrivai al punto in cui Callum aveva messo una piccola fogliolina secca, per indicare il punto da cui ricominciare la lettura.

Era ormai da un mese che avevamo iniziato *Harry Potter e la pietra filosofale* e sorrisi, pensando che aveva sottolineato anche diverse frasi, le mie preferite.

Dopo il mio rapimento le cose tra me e Callum si erano aggiustate notevolmente.

Passavamo quasi tutte le giornate assieme, a fare l'amore, a leggere libri e ad allenarci sulle sponde del fiume, lontano da sguardi indiscreti e cattivi.

Mi ero aperta tanto con lui e lui aveva fatto lo stesso con me.

Mi aveva raccontato ciò che aveva vissuto sulla sua pelle, i rimpianti che aveva e che si trasformavano in quella voce che a volte gli invadeva la mente, eliminando ogni barlume di razionalità.

Callum aveva sofferto e continuava a soffrire, si puniva perché pensava di essere un mostro senza sentimenti e io volevo a tutti i costi cercare di spegnere quella voce malvagia che lo andava a trovare nei momenti in cui era più vulnerabile.

Stavo riponendo il libro sulla mensola quando sentii il telefono squillare.

«Fall, questa sera ci sei per la festa?», mi domandò Elina.

«Quale festa?», chiesi io mentre continuavo a pulire la mia libreria.

«Quella dei KLB, inizia alle ventuno e durerà tutta la notte».

«Ve bene, passi da me a prepararti? Asher non c'è e non credo proprio che riuscirà a raggiungerci. Anzi, a proposito, ho dimenticato di dirti che è con Oliver e Jacob in missione».

«Cosa? Perché sono in missione senza di noi?»

«Joyle ha preferito mandare solo loro. A quanto pare vuole iniziare a dividerci per riuscire a fare più missioni a settimana», le spiegai io riportandole ciò che mi aveva detto mio fratello.

«Poteva avvisare anche me, ma va bene, non c'è nessun problema, passo da te fra un'oretta», disse la mia migliore amica riagganciando subito dopo.

Appena posai il telefono, non persi tempo e continuai a sistemare la libreria, avendo cura di riporre su ogni mensola un sacchetto di lavanda essiccata che teneva lontani quei piccoli insetti della carta che io chiamavo "pesciolini d'argento".

Quando finalmente risistemai tutti i libri che possedevo, che all'ultimo conteggio che avevo fatto erano più di trecento, tirai un sospiro di sollievo e mandai un messaggio a Elina, dove la informavo che stavo per entrare in doccia e che le avrei lasciato le chiavi di casa sotto lo zerbino.

Dopo essermi spogliata, mi misi sotto un getto d'acqua bollente. Chiusi gli occhi e mi rilassai, venendo avvolta completamente dal calore, e subito i miei pensieri volarono verso Callum.

Quell'acqua era un po' come le sue mani, calde, morbide e protettive e per un momento mi sembrò di averlo vicino. Avrei voluto che fosse lì con me.

Uscii sbuffando dalla doccia, indossai l'accappatoio e avvolsi i capelli in un asciugamano. Tornai nella mia camera e vidi che Elina era già arrivata, portando scompiglio.

«Dio, sei un uragano», affermai gettandomi di peso sul letto.

«Non riesco a trovare la mia matita nera, tu ne hai una?»

«Sì, è nel primo cassetto del mobile, in bagno», risposi prendendo il telefono. C'erano diversi messaggi da parte di Callum.

Iniziai a sentire un calore espandersi tra le gambe e dovetti coprire le labbra per evitare di far vedere a Elina il sorriso che mi era spuntato.

Da Callum:
Ho voglia di penetrarti, di sentirti dentro tutta bagnata, accaldata e di avere il tuo odore stampato sulla mia carne.
Da Fallon:
Dio, sono eccitata ora.
Da Callum:
Sei bagnata per me... piccola Fallon?

Oh, cazzo.

Da Fallon:
Oh, penso che tu ci abbia preso, Callum.

Digitai quel messaggio mentre strofinavo i piedi tra di loro.

Da Callum:
Non immagini neanche lontanamente la sete che ho di te.

Perché doveva essere così dannatamente eccitante?

Da Fallon:
Ci sarai alla festa dei KLB di stasera?

Digitai velocemente, mentre Elina iniziava a piastrarsi i lunghi capelli rossi.

Da Callum:
Sì, e tu, piccola Fallon, ci sarai?

Non risposi al messaggio, decisi di tenerlo un po' sulle spine e mi avvicinai all'armadio per decidere cosa indossare.

Scelsi un vestito aderente nero, che lasciava la schiena completamente scoperta, pensando che molto probabilmente avrebbe fatto impazzire Callum per quanto era succinto.

«Fall, siediti, ti piastro i capelli», mi invitò Elina.

Quando finì con i capelli, passò al trucco. Poi entrambe ci finimmo di preparare, dandoci gli ultimi ritocchi davanti allo specchio.

«Pronta per divertirti?», domandò Elina sorridendo e indossando la giacca.

«Pronta», risposi pensando a Callum, che non aveva mai smesso di mandarmi messaggi da quando non gli avevo più risposto.

Io ed Elina salimmo sulla sua macchina e dopo un breve tragitto arrivammo alla residenza dei KLB.

Quando arrivammo, l'aria adibita a pista da ballo era già stracolma. Elina, come sempre, per prima cosa scelse di individuare dove veniva servito da bere.

Io la seguii e quando il barman ci porse due bicchieroni decisi di lasciarmi andare e di bere anche io.

Subito dopo ci spostammo verso la pista. Iniziammo a ballare, e dopo poco vidi Elina avvinghiata al corpo di un ragazzo. La mia amica non aveva perso tempo. Sorrisi, intenzionata a divertirmi anche io quella sera, e continuai a ballare, sentendomi leggera.

Continuai a muovermi fino a quando non sentii due mani che conoscevo bene afferrarmi i fianchi.

Alzai lo sguardo per guardare oltre la mia spalla ed ebbi la conferma che si trattava di Callum.

Sorrisi in maniera maliziosa e strusciai il mio sedere sulla patta dei suoi pantaloni.

«Sono venuto solo per te», disse facendomi girare per poi posare le sue labbra sulle mie.

Ricambiai in fretta il bacio, attorcigliando la lingua alla sua, per poi mordergli la carne.

«Lì sotto sei bagnata?»

«Oh Dio, sì», affermai leccando le sue labbra.

«Non dovevi dirlo», sussurrò bloccando i miei polsi.

Callum mi spinse sempre più verso il limitare della pista, fino a quando sentii altre due mani tastarmi con irruenza.

Si trattava di Mason, lo riconobbi grazie all'anello che portava al medio, con incise sopra delle lettere in stile medievale.

«Mi dovete ancora ripagare per ciò che ho fatto», sussurrò al mio orecchio, ma quella richiesta era più diretta a Callum che a me.

«Come vuoi essere ripagato?», domandai io bloccando Callum, che si stava già scagliando verso il suo amico.

«Sento odore di sesso e di umori tra voi», continuò Mason passando l'indice sul mio collo.

«Fallon, lo vuoi fare? Vuoi lasciarti toccare da entrambi?», domandò Callum a un passo dalle mie labbra.

«Voglio sentirvi», risposi io e, nell'esatto momento in cui pronunciai quelle parole, Callum prese la mia mano e mi guidò al piano di sopra, mentre Mason seguiva entrambi.

Trovare una stanza vuota non fu facile, ma quando me scorgemmo una entrammo tutti e tre, chiudendo a chiave. Io mi buttai sul letto, e mi misi in ginocchio.

«Via i pantaloni, ora», ordinai perentoria leccandomi le labbra.

Entrambi si guardarono, per poi spogliarsi, mettendo in bella mostra i loro membri già duri. Feci cenno a entrambi di avvicinarsi ancora di più, poi presi il membro di Callum tra le labbra e iniziai a succhiarlo. Mentre lui gemeva rude, Mason iniziò a masturbarsi.

«Oh, così, cazzo, così», gemette Callum. Mentre la mia lingua era occupata a dargli piacere, sporsi il sedere verso Mason, invitandolo ad alzarmi il vestito. Lui non se lo fece ripetere due volte, e mi scoprì. Mason iniziò a toccarmi mentre io prendevo fino in gola il cazzo di Callum.

«Ti piace fare la cattiva ragazza?», domandò Mason facendo seguire a quella frase una sonora sculacciata che mi provocò un segno rossastro sulla pelle bianca.

«Fallon!», gridò Callum prendendo i miei capelli in un pugno. «Mi fai godere, cazzo, mi fai godere tantissimo», continuò lui, mentre io iniziavo ad ansimare grazie alle dita di Mason, che scostarono veloci il mio perizoma rosso, penetrandomi con irruenza tale da farmi bagnare all'istante.

«Mason!», gemetti.

Di colpo, Callum mi spinse sul letto e, dopo avermi tolto il vestito, mi penetrò, mentre Mason si spogliava con un movimento sensuale che mi fece venire i brividi.

«Oh, Dio mio, Callum», ansimai guardando Mason che continuava a masturbarsi.

«Coraggio, Fallon, mostra a Mason quanto il mio cazzo ti fa tremare le ginocchia», imprecò Callum facendosi strada tra le mie pieghe. «Mostragli che solo io posso scoparti in questo modo», continuò facendo accrescere la mia eccitazione.

Poco dopo, Callum mi fece alzare e mi guidò verso una poltrona sulla quale si sedette.

«Mason, fai vedere a Fallon ciò che mi piace, falle vedere come verrà scopata da me».

Io rimasi in silenzio, mentre Mason si avvicinava a me e mi spingeva verso Callum.

Mi fece voltare e poi mi fece sedere sopra il bacino del suo migliore amico, con i piedi sulle sue ginocchia e la schiena contro il suo petto.

Lentamente, mi sistemai per fare in modo che il cazzo di Callum mi penetrasse. Mente iniziavo di nuovo a sentire piacere, la mano di Mason raggiunse il mio clitoride.

«Voglio vedere quanto ti bagnerai adesso», sussurrò avvicinando le labbra al mio orecchio, facendo riempire all'istante la mia pelle di piccoli brividi.

In quel momento capii che stavo provando il sesso sporco, quello passionale e rude che amavo leggere tra le pagine di un libro.

Nell'aria si sentivano solo gli odori dei nostri corpi che si amalgamavano formandone uno solo.

«Sto per venire», gemetti iniziando a sentire le ginocchia tremare, mentre Callum guidava il mio sedere e la bocca di Mason si avvicinava al mio clitoride e seguiva i movimenti che il cazzo di Callum mi stava facendo fare.

Leccai e strinsi con i denti il labbro inferiore, cercando di prendere nuovamente il controllo del mio corpo, ma era troppo tardi. Callum e Mason si erano presi ogni piccola particella che lo componeva.

«Fallon, sì!», urlò Callum, che stava venendo anche lui, mentre con la mano stringeva il mio capezzolo destro.

«Non fermatevi!», esclami, mentre venivo e Mason leccava i miei umori.

Callum di colpo mi fece alzare e mi fece mettere in ginocchio, davanti a lui.

«Apri la bocca», ordinò perentorio, iniziando a muovere la mano sul suo membro pulsante.

Poco dopo, sentii un flusso caldo e salato finirmi sulla lingua, mentre non riuscivo a distogliere lo sguardo dall'espressione di puro piacere che c'era sul viso di Callum.

«Brava, ingoialo tutto», disse sorridendo malizioso.

Non contenta, mi girai verso Mason e iniziai a far scorrere le mie labbra su tutta la sua lunghezza.

«Dio, Fallon, continua così, ci sono quasi», ansimò spingendo la mia testa verso il suo pube.

Il cazzo di Mason era grande e grosso, ma non mi donava le stesse emozioni che mi regalava quello di Callum.

«Sì! Tesoro, sì!», gemette Mason, che tirò fuori il suo membro dalla mia bocca, per venire su una salvietta.

Io rimasi seduta per terra, mentre ansimavo violentemente e pensavo a quello che avevo appena fatto.

Scopare Callum e Mason insieme era stato dannatamente appagante.

«Mason, ora tu dimenticherai quello che è appena successo, ci siamo intesi?», disse Callum mettendo in guardia il suo migliore amico.

«La mia mente è occupata da un'altra ragazza, te l'ho già detto, questa sera volevo solo divertirmi», disse tirando una pacca sulla spalla del suo amico.

Mason si rivestì subito e mentre io ero intenta ad abbassarmi il vestito, lui si avvicinò a me e mi lasciò un bacio sulla fronte.

«Grazie, tesoro», concluse uscendo dalla porta di quella camera.
«Diamine, è stato stratosferico», commentai gettandomi di peso sul letto.
«Cazzo, sì, ma ricorda: tu sei stata penetrata solo da me».
Mentre guardavo il soffitto, pensai che non avevo mai fatto una cosa simile e che la mia mente l'avrebbe ricordato per anni.

Capitolo 35

Thomas

Nella penombra della mia stanza vedevo solo un piccolo riflesso illuminarsi e muoversi sulla lastra di vetro che avevo davanti.

Il mio corpo si trovava in quello specchio, vedevo la mia immagine distorta. Gettai un'occhiata al tatuaggio che mi decorava il costato.

Era una foglia di alloro scura, che avevo tatuato tempo addietro, e che mi ricordava la solitudine che avevo vissuto per quasi tutta la mia esistenza.

Ero cresciuto a Fogsville, in quel piccolo paesino del cazzo dove mio padre lavorava.

La mia era una delle famiglie più benestanti del paese, i Murphy potevano vantare una generazione di giudici. Tutti ci dipingevano come la famiglia perfetta, amorevole, ma nessuno conosceva la verità che si celava dietro quelle foto, in posa manco fossimo una famiglia reale, appese lungo i corridoi di villa Murphy.

Nessuno sapeva che io ero cresciuto nella totale indifferenza da parte di due genitori che erano troppo occupati a pensare al lavoro.

Nessuno sapeva che da bambino avevo sofferto perché nessuno mi rimboccava le coperte prima di addormentarmi, augurandomi con un bacio di fare bei sogni, o che nessuno mi svegliava amorevolmente la mattina prima di andare a scuola.

Non conoscevo il significato della parola "famiglia". D'altronde, quella che avevo avuto era solo una famiglia di facciata, serviva solo a dare all'esterno una parvenza di perfezione che illuminasse tutto il resto.

Mi sentivo come privo di sentimenti. Era come se non riuscissi ad accendere dentro di me nessuna, misera emozione. Escludendo solitudine, rabbia e dolore, ovviamente, che mi facevano compagnia ogni giorno, rendendomi quello che ero.

Mia madre aveva rovinato la mia vita, con il suo modo odioso di porsi e con le sue parole del cazzo.

Soffrivo del disturbo post-traumatico da anni. Ne soffrivo a causa sua, di quella donna dai lunghi capelli biondi che ogni notte insudiciava i miei sogni.

Ero solo un bambino, un bambino indifeso e in cerca di amore, e lei era un diavolo che aveva tentato di porre fine alla mia vita.

Ricordai, con un nodo stretto in gola, un giorno uggioso di tanto tempo prima. Tornato da scuola non avevo trovato nessuno a sorridermi sul porticato di casa, nessuno che mi togliesse dalle spalle lo zaino pesante che portavo addosso. E non mi stupii, dato che era lo stesso copione che si ripeteva ogni giorno, sempre uguale.

Entrai in casa e iniziai a camminare tra i vasti corridoi con il pavimento a scacchi grigio e nero, fino a sentire una melodia risuonare tra le mura di casa. Fino a trovarmi a un passo dalla morte.

Ricordai che avanzai verso lo studio di mio padre, volevo fargli una sorpresa e posare sulla sua scrivania uno dei tanti compiti di matematica nel quale avevo preso il massimo dei voti. Ma quando mi accostai alla porta di quella stanza, scorsi il caos.

Mia madre si trovava come in uno stato di trance e stava mettendo in subbuglio l'intero studio. Quando girò lo sguardo, accorgendosi della mia presenza, iniziò a piangere e a urlarmi contro, gridando frasi sconnesse in merito a delle lettere di mio padre che non trovava.

Volevo aiutarla, volevo sapere perché stesse così male, e mi avvicinai a lei, cercando di abbracciarla, convinto di poterle essere di conforto, ma lei… lei non voleva il mio amore, non voleva il mio affetto, non voleva *me*. La vidi afferrare una bottiglia dal carrello dei liquori di mio padre e tirarmela addosso, mentre in sottofondo James Arthur cantava *Car's Outside*, la canzone che ascoltavo ogni notte prima di addormentarmi.

Su quel carrello non c'era solo una bottiglia. Mia madre non mi scagliò contro solo una bottiglia.

Ci fu un momento, quel giorno, in cui il dolore fu così lancinante che svenni, convinto che non mi sarei più ripreso. Ed era stata mia madre a infliggermelo.

Quando mi risvegliai, qualche giorno dopo, mi trovai solo, in un letto dell'ospedale di Fogsville. Non c'era nessuno con me, solo una lettera.

Quella lettera era da parte di mio padre e per l'ennesima volta sentii il cuore rompersi in mille pezzi e l'opportunità di provare amore svanire nel nulla.

Mio padre aveva stabilito che era meglio tenermi lontano da mia madre, dalla grande casa di famiglia e dalla sua vita, e aveva deciso di darmi in affidamento ai miei zii paterni.

Quando l'ospedale mi dimise, passai qualche anno a casa di zio Carl e di zia Manny.

Quelle due persone anziane mi diedero l'amore che non avevo mai ricevuto, ma ormai ero rotto e non ero in grado di provare nemmeno un briciolo di sentimento.

Mi dispiaceva non riuscire a ricambiare l'amore che i miei zii cercavano di donarmi e quindi, qualche anno dopo, decisi di andarmene dalla loro casa e di usare i soldi che mio padre mi aveva lasciato, probabilmente in preda ai sensi di colpa. Seppure a malincuore, loro due non mi costrinsero a restare, dicendomi che in quella casa avrei avuto sempre un posto in cui tornare.

Qualche mese dopo incontrai Robert, che mi propose di entrare a far parte dei DarkBlood. Grazie a lui trovai uno scopo, conobbi le persone che avrebbero fatto parte della mia quotidianità. Avevo un motivo per alzarmi ogni mattina dal letto, anche se ogni notte combattevo con i ricordi e con i mostri che agitavano il mio sonno.

Il campanello di casa mi destò dai miei pensieri. Non aspettavo nessuno, ma ero convinto che fosse qualcuno della gang, così aprii senza nemmeno prima controllare.

Quando spalancai la porta, mi trovai davanti un ragazzo con il viso coperto da un passamontagna che mi stava porgendo una lettera.

Rimasi interdetto e mi misi subito in allerta. Allungai una mano per prendere quella busta e, non appena la afferrai, quel ragazzo corse via. Sembrava quasi spaventato.

Ero scioccato e rimasi con quella lettera stretta tra le mani, sull'uscio di casa, per un po' prima di rientrare.

Una volta dentro mi sedetti al tavolo. Controllai la busta con attenzione: era bianca e sporca di piccole macchioline marroni. La aprii con cautela e dentro, oltre a un foglio, trovai dei piccoli petali di lavanda essiccati, che riconobbi dal profumo che ancora persisteva. Dispiegai il foglio, cercando per prima cosa di capire chi fosse il mittente. Lessi il nome Annah, ma non mi venne in mente nessuno che si chiamasse così.

Lessi la lettera e iniziai a piangere.

Non era possibile, io non potevo essere…

Fallon

Tutto quello che avevo fatto con Mason e Callum continuava a ripresentarsi nella mia mente con insistenza.

Sentivo i loro gemiti di piacere rimbombare nella mia mente, avvertivo le loro mani ancora sul mio corpo, e dovetti leccarmi le labbra a causa dell'eccitazione che stava per divampare mentre ripensavo a quella notte di fuoco.

Venni distolta da quei pensieri dal campanello che suonava.

«Ash!», urlai dal letto di camera mia. «Ash, vai ad aprire la porta!», continuai, sentendo come unica risposta il rumore del getto dell'acqua della doccia.

Sbuffai e mi alzai per andare ad aprire. Guardai dallo spioncino ma non vidi nessuno. Aprii leggermente la porta, cercando di capire se si fosse trattato di uno scherzo o se invece poteva esserci dietro qualcosa di pericoloso, ma non vidi nessuno. Stavo per fare un passo verso fuori per controllare meglio, quando mi accorsi che sullo zerbino c'era una busta abbastanza grande.

Asher aveva forse ordinato qualcosa online?

Aggrottai le sopracciglia e mi abbassai per prenderla. Una volta dentro controllai se ci fosse il nome del mittente o quello del destinatario, ma era del tutto priva di indicazioni. Mi sedetti sul divano e la aprii.

Al suo interno c'era una tela, tonda, con disegnata sopra una pianta carnivora piena di spine.

Rimasi scioccata, perché c'era scritto il nome di mia madre.

Controllai meglio la busta e dentro ci trovai anche un bigliettino. "Vi aspetto alle ventuno al molo di Fogsville".

Le mani mi tremavano quando Asher entrò in soggiorno.

Io non parlai, ebbi solo la forza di alzare la tela e il bigliettino.

«Che cos'è?», domandò lui scrollandosi l'acqua dai capelli.

«Io… non lo so», mormorai, e mio fratello mi prese dalle mani il contenuto di quella busta.

«Non c'è il mittente», osservò lui girando e rigirando il bigliettino.

«Cosa intendi fare?», chiesi io alzandomi e andandogli vicino, mentre entrambi ci fermammo a fissare quella tela.

«Andiamo. Sei armata?»

«Ero a letto, Asher. Dammi cinque minuti».

«Sbrigati, così capiamo cosa cazzo è questa merda», fece lui gettando quella tela sul pavimento e, nell'esatto momento in cui cadde, dietro la tela vidi una foglia disegnata con un tratto sottile di matita.

«Ash, hai idea di cosa significhi?», domandai mostrando quel disegno a mio fratello.

«No, non so cosa cazzo può significare, ma lo scopriremo presto», affermò lui guardando l'orario.

Mancava meno di mezz'ora all'appuntamento e io corsi in camera mia a prepararmi, iniziando a formulare delle ipotesi.

La foglia non mi diceva nulla e neppure il luogo dell'appuntamento, ma le spine?

Cosa diamine significavano quelle spine?

«Andiamo, coraggio», sentii dire improvvisamente da Asher, in concomitanza con il suo passo pesante che echeggiava nell'aria.

Insieme a mio fratello uscii di casa, poi entrai in macchina, sentendo una strana sensazione impossessarsi di me.

Le mani tremavano mentre abbassavo il finestrino dell'auto. Avevo bisogno di prendere una boccata d'aria nel tentativo di tranquillizzarmi.
«Fall? Stai bene?», mi domandò Asher girandosi verso di me, senza mai lasciare il volante.
«Sì, sì. Sto bene», dissi cercando di non farlo preoccupare.
Il viaggio durò poco e, quando arrivammo al molo, notai che era desolato, fatta eccezione per una figura che camminava avanti e indietro, vicino alla sponda del fiume.
Non riuscii a capire di chi si trattasse e girai lo sguardo verso Asher, che era interdetto tanto quanto lo ero io.
Scendemmo dall'auto, e camminammo l'uno vicino all'altra, fino a raggiungere quella figura incappucciata.
Quando si girò, riconobbi Thomas Murphy.
«Siete arrivati», disse, e solo a quel punto notai la bottiglia di liquore che teneva stretta in una mano. «Vorrei offrirvene un po', ma temo che non ne sia rimasto molto...», continuò, guardando la bottiglia come se non riuscisse a credere che fosse stato lui a scolarsela. O forse c'era dell'altro, ma non riuscii a capire di che si trattasse.
«Cosa vuoi?», domandai io impaziente. «Cosa diamine significa tutta questa messinscena?», continuai lasciando trasparire tutto il mio nervosismo. «Ferma, Fallon, frena. La storia che voglio raccontarvi queta sera è lunga».
«Muoviti allora, prima cominci e prima ce ne potremo andare via», sbraitò Asher incrociando le braccia sul petto.
«Scusa, Ash, ma io non vedo perché dovremmo restare qui e ascoltare quello che ha da dire. Potrebbe essere l'ennesima trappola del cazzo da parte dei DarkBlood. Io non mi fido», dissi, toccando mio fratello su un braccio, intenzionata ad andarmene da lì. Continuavo a guardarmi in giro senza notare nessuno, ma quella situazione non mi piaceva.
«Conoscete una certa Annah?», domandò a quel punto Thomas, facendomi bloccare di colpo. Gli era bastato un nome per ottenere tutta la mia attenzione.
«Sì, era nostra madre».
«Certo, vostra madre. Ma forse non sapete che la mammina era solo una fottuta puttana!», urlò lanciando la bottiglia di liquore lontano, nel fiume.
«Ti spacco la testa», gridò Asher scagliandosi contro di lui. Thomas lo spintonò, continuando a strillare frasi colme di veleno.
«Quella puttana si è scopata mio padre! Se l'è scopato ed è rimasta incinta. E indovinate un po' chi era suo figlio? Sì, ce l'avete proprio davanti!», continuò, spezzando frasi piene di astio e di sconcerto insieme, mentre io mi portavo una mano alle labbra.

Cosa stava dicendo? Mi sembrava di non riuscire a cogliere fino in fondo il senso di quelle sue affermazioni, anche se era chiaro come il sole.

«Che cazzo dici?», urlò Asher prendendolo a pugni.

«La verità! Quando ha scoperto di essere incinta di me, è scappata per un anno in Spagna! E quando è ritornata a Fogsville mi ha dato via, mi ha abbandonato tra le braccia di una donna che mi ha sempre odiato!», continuò Thomas riparandosi dai colpi di mio fratello, mentre tentava di raccontare il resto della storia. Una storia a cui non riuscivo a credere.

Ero distrutta e iniziai a sentire la testa girare.

«Mia madre non avrebbe mai fatto una cosa del genere, lei amava mio padre», ringhiò Asher con le lacrime agli occhi.

«Non conoscevi tua madre, non la conoscevi! E questa...», disse prendendo qualcosa dalla tasca. La riconobbi subito quella busta da lettere, perché mia madre ne comprava pacchi interi per non restare mai senza e io amavo giocarci quando ero una bambina. «...questa è la prova che quello che sto dicendo è vero. Ti rendi conto? Non ha avuto neanche il coraggio di dirmelo in faccia! Si è uccisa, perché il peso che portava sulle spalle era troppo! Perché sapeva che la moglie di mio padre mi odiava! Sapeva che, quando avevo dodici anni, ha tentato di uccidermi, cazzo!», urlò Thomas ormai fuori controllo. «Lo sapeva e non ha fatto nulla», continuò mentre anche lui iniziava a essere scosso dai singhiozzi.

Io non sapevo cosa fare, mi ero accasciata per terra, sulle ginocchia.

Un senso di nausea mi trapassò, quando vidi Thomas prendere la pistola dalla tasca dei pantaloni e avvicinarsi a me con irruenza.

«Tu! Tu, brutta troia, di' qualcosa!», imprecò scuotendomi.

Un attimo dopo, avvertii la canna fredda della sua arma posarsi sulla mia tempia destra. Non riuscivo a muovermi, sentivo solo le lacrime scorrermi sulle guance.

«Tua madre ha avuto anche l'ardire di mandarmi una tua foto. Eri solo una neonata e stavi stringendo un peluche a forma di cane. Io non ho mai avuto quello che avete avuto voi!», strillò, mettendo insieme spezzoni di frasi che raccontavano solo una parte della sua storia, ma che esprimevano tutto il dolore che aveva dentro. «Lo sai perché ho disegnato una foglia dietro la tela? L'ho disegnata perché per anni mi sono sentito inutile, sfibrato, calpestato, in balia solo del vento!».

Vidi Asher che si avvicinava, cauto. Thomas era fuori di sé, un movimento brusco avrebbe potuto farlo scattare, con conseguenze che nessuno di noi avrebbe potuto prevedere.

«Basta, per favore, basta», sussurrai con voce spezzata.

«Basta? Basta un cazzo! Ho sofferto, e sto continuando a soffrire perché tua madre non ha voluto prendermi tra le sue braccia. Non ne ha avuto il coraggio. Non mi ha voluto». Parlava sempre più piano. Di colpo sembrò spezzarsi qualcosa dentro Thomas, che smise di puntare la sua pistola contro di me, per rivolgerla contro sé stesso.

«Thomas! No!», urlai, mettendomi in piedi e gettandomi su di lui.

Thomas era talmente sotto shock che riuscii a disarmarlo. In mio aiuto venne pure Ash, e io dovetti accasciarmi di nuovo e sporgermi verso il fiume per vomitare.

Prima che potessi rialzarmi, udii la voce di Callum e quella di Mason mischiate ai rumori dei loro passi che si avvicinavano, e mi sentii subito sollevata.

«Thomas!», urlò Callum correndo nella direzione del suo amico.

Alzai lo sguardo e vidi il Corvo avvicinarsi ad Asher e Thomas, che sembravano incapaci di stabilire loro stessi per primi se stavano ancora lottando o aggrappandosi l'uno all'altro per non crollare del tutto.

«Tesoro, vieni, ti aiuto io», disse Mason posizionando un braccio attorno alla mia vita.

Mi alzai e scoppiai a piangere, sul suo petto.

«Tua sorella ha bisogno di te!», urlò Callum allontanando Asher dal corpo di Thomas.

Io mi divincolai dalla presa di Mason e corsi nella direzione di mio fratello, e quando Ash mi strinse mi lasciai andare.

Chiusi gli occhi, con il corpo che doleva e le urla di tutti i presenti che si facevano via via sempre più indistinguibili.

Capitolo 36

Fallon

Quando mi svegliai i ricordi della notte precedente si mischiarono ai sogni confusi che avevo fatto, durante un sonno molto agitato.

Nella mia mente si plasmò il viso distrutto di Thomas.

Ricordai le sue parole, la verità spiattellata in faccia, la sua sofferenza. Thomas era mio fratello. Stentavo ancora a crederci.

Il dolore mi assalì rendendomi impotente.

Sentivo un magone stritolarmi la gola e lo stomaco di nuovo in subbuglio.

Pensare che mia madre aveva tenuto nascosta una parte così importante della sua vita, rimuginare senza sosta sul fatto che la mia, di vita, era stata solo una menzogna, mi gettava nello sconforto.

Mia madre aveva mai amato mio padre? Non era l'unica domanda che mi ripetevo da ore, e mi distruggeva il pensiero che non avrei mai avuto delle risposte. L'unica cosa certa sembrava essere il motivo del suo suicidio. Non era più riuscita a reggere il peso del rimorso che provava ad aver abbandonato suo figlio, il suo primogenito.

Finalmente il quadro era più chiaro. Finalmente potevo dare una spiegazione anche al gesto di mio padre. Per anni avevo creduto che avesse lasciato la sua famiglia senza una motivazione, ma era molto più probabile che avesse scoperto l'enorme segreto che custodiva mia madre e che non fosse riuscito ad accettarlo. Non potevo biasimare i suoi comportamenti, non più.

Ricominciai a piangere, il dolore che provavo aveva bisogno di una via di fuga dal mio corpo, che ne stava accumulando fin troppo. Squillò il mio cellulare.

«Ash», sussurrai con un filo di voce. «Asher, dove sei?», domandai preoccupata.

«Fallon, non riesco a stare in casa, tutto quello che è successo ieri continua a tartassarmi la mente. Scoprire la verità mi ha devastato e mi dispiace, sono distrutto al pensiero che ti ho lasciata da sola, ma Fallon, ho bisogno di starmene un po' per conto mio», ammise con voce distrutta.

«Asher, anche io non riesco a crederci… Dio, è così difficile».

«Lo so, è complicato, è dannatamente difficile avere a che fare con questa situazione. Per anni abbiamo odiato nostro padre, e non sto dicendo che lo giustifico, però almeno adesso sappiamo la verità e sembra essere più facile capire la sua scelta. Ma Fallon, per quanto riguarda Thomas, devi dimenticarlo. Lui non è e non sarà mai nostro fratello, rimarrà sempre il nemico. Il sangue che scorre nelle sue e nelle nostre vene non cambierà la realtà. Ci odia e noi odiamo lui, fine della storia», affermò risoluto.

«Noi… noi dobbiamo odiarlo?», chiesi scoppiando di nuovo a piangere.

«La nostra storia è stata scritta quando noi siamo diventati dei Daggers e quando lui è entrato a far parte dei DarkBlood. Lasciamo tutto così, non complichiamo le cose», disse. «Fallon, ora devo andare, per favore, mangia qualcosa, io tornerò a casa, promesso», concluse riagganciando subito dopo, e lasciandomi nella solitudine e nell'oblio dei miei pensieri.

Ero in lacrime.

Come poteva dire una cosa del genere?

Come poteva far finta che il sangue che scorreva nelle vene di Thomas non fosse identico a quello che scorreva nelle nostre?

Sentivo il bisogno di chiamare Callum, di sentire la sua voce, di sfogarmi con lui.

In quel momento, avevo bisogno solo di lui, del *mio* Corvo.

Lo chiamai diverse volte, senza che lui rispondesse.

Sbuffai e respirai affannosamente; l'unico modo che avevo per sfogare la frustrazione che stavo accumulando era camminare.

Mi alzai dal letto, mi preparai e uscii di casa.

Non sapevo dove andare, sentivo solo il bisogno di allontanarmi dalla mia stanza e di fare qualsiasi cosa mi impedisse di continuare a pensare a Thomas e a tutto quello che era successo.

Le strade erano già addobbate per le festività natalizie, in giro sembravano esserci solo persone felici in cerca dei regali da scambiarsi con le persone che amavano. Mi sentii in estrema difficoltà in mezzo a tutta quella gioia.

Imboccai una stradina secondaria, piena di bar. Lanciavo occhiate distratte in giro, quando da una finestra mi accorsi che i DarkBlood erano dentro uno di quei locali.

Vidi Thomas, assorto nei suoi pensieri, che si scolava un bicchiere.

Come se si fosse accorto di essere osservato, si girò verso di me e io mi sentii sprofondare.

Distolsi lo sguardo, finendo per accorgermi di Callum. E della ragazza dai capelli castani, seduta sulle sue gambe, che si divertiva a giocare con il piercing che lui aveva al naso.

Dentro di me qualcosa si spezzò. Io avevo bisogno di lui e lui invece si preoccupava solo di divertirsi con un'altra.

Rimasi a fissarlo per qualche secondo e, quando i suoi occhi si scontrarono con i miei, mi sentii scottata dal suo sguardo rovente.

Iniziai a correre, dovevo andarmene via da lì. Quando non ebbi più fiato, mi fermai, tenendomi sulle ginocchia. Ero debole, senza forze, e non riuscivo a smettere di piangere.

Sgranai gli occhi quando udii la voce di Callum chiamarmi.

«Fallon, per favore, ascoltami», disse avvicinandosi a me.

«Non devo ascoltare proprio nulla di ciò che hai da dire, Callum. Sei libero di divertirti con chi vuoi, e come vuoi, io non ho voce in capitolo», affermai tentando di tenere a bada le lacrime.

«Fallon, per favore, io voglio spiegarti tutto», continuò lui, ma io non ne volevo sapere. «Callum, non c'è nulla da spiegare. Va bene così, va tutto bene», continuai, senza credere a una sola parola di quelle che stavo pronunciando. «Noi non siamo nulla, tutto quello che abbiamo condiviso faceva parte di una menzogna, noi siamo solo nemici». Cercai di non incontrare il suo sguardo.

«Non dirlo, per favore, non dire una cosa del genere», sussurrò lui tentando di avvicinarsi a me per raccogliere le mie lacrime, ma io non glielo lasciai fare.

«E cosa dovrei dire? Non c'è altro da aggiungere».

«Non mentire su cosa c'è stato tra noi, perché era tutto vero».

Iniziai a ridere, piena di rabbia e frustrazione.

«Tutto vero? Hai veramente il coraggio di guardarmi in faccia e di dirmi che era tutto vero?»

«Lascia che ti spieghi, Fallon», ripeté lui, provando di nuovo a toccarmi, ma io mi scostai, brusca.

«Non voglio sapere nulla», affermai con un sapore amaro in bocca. «Dimentica tutto, torna da quella ragazza e fai finta di non avermi mai conosciuta», conclusi dandogli le spalle e iniziando a camminare verso casa mia.

Lui non rispose e in quel modo non fece altro che dare forma a tutte le mie paure.

Anonimo

«Hai preparato le foto?», domandai guardando il ragazzo che avevo davanti.

«Sì, le ho appena imbustate», confermò.

«Dovranno riceverle solo Asher e Bonnie», gli ricordai sorridendo in maniera maliziosa.

Erano mesi ormai che seguivo sia i Daggers che i DarkBlood.

Avevo scoperto tutti i loro segreti e tutte le loro passioni.

Conoscevo ogni loro sfaccettatura e mi divertivo dannatamente a spiarli.

Avevo visto Asher che apriva una confezione di antidepressivi e si ingozzava di quelle pillole, tenendo quella parte di sé nascosta a tutti.
Avevo visto Callum che feriva la propria schiena con una frusta.
Conoscevo le debolezze di tutti, dovevo solo mettere un po' di scompiglio nelle loro vite per poi fare il mio ingresso.
Me la stavo prendendo con calma, non c'era fretta, e prima di entrare in gioco anche io, volevo ancora osservare le loro ridicole vite, comodamente seduto davanti a uno schermo.
«Prendile tu e mettile nelle loro cassette postali oggi stesso», affermai guardando quel ragazzo che avevo salvato da una vita ingiusta.
Ero un po' come Robert e Joyle. Ero legato a loro e, come loro avevano tolto una cosa a me, io ne avrei tolta a mia volta una a loro, iniziando proprio dai loro amati ragazzi.

Fallon

Mi svegliai sentendo gli occhi gonfi.
Ogni volta che credevo di aver versato tutte le mie lacrime, il pianto ricominciava, incessante, fino a quando non mi faceva cadere in un sonno senza sogni, stremata.
Il pensiero di Callum che in un momento di mio totale sconforto si era dato alla pazza gioia mi distruggeva.
Con quale coraggio mi aveva detto che quello che c'era stato tra di noi non era stato tutto una menzogna?
Perché aveva deciso di dirmi quella cosa pur sapendo che io lo avevo visto in compagnia di quella ragazza, che teneva sulle sue gambe?
Girai il viso verso la finestra, vedendo il buio della notte. Ero terrorizzata come non mi era mai successo prima. Quella solitudine continuava a gravare sul mio stomaco e dovetti correre in bagno a vomitare per l'ennesima volta. La bile acida mi ustionava la gola.
Stavo per rimettermi a letto quando nella mia stanza entrò mio fratello.
«Asher», sussurrai ricominciando a piangere, questa volta per il sollievo che fosse a casa. In quel momento avevo solo bisogno di lui.
Delle sue braccia forti che mi stringevano e delle sue labbra che baciavano la mia fronte. Ma lui non mi diede il conforto che tanto agognavo.
«Cosa cazzo significa?», sbraitò mostrandomi una foto.
Sbiancai e mi portai una mano sulle labbra.
La foto ritraeva me e Callum, nudi, dentro la sua auto, e sullo sfondo un campo di fiorellini viola. Asher non era stupido, e chiunque avrebbe capito cosa stavamo facendo.

«Ash», sussurrai. «Dove… dove l'hai presa?», domandai sentendo il respiro farsi irregolare.

«Dove l'ho presa? Sai dirmi solo questo, Fallon? Sai chiedermi solo dove cazzo ho trovato la foto che ritrae te che ti fai scopare da Callum?», gridò, mentre la rabbia prendeva il sopravvento su di lui.

«Io… ti posso spiegare, noi…».

«Non c'è niente da spiegare! E non azzardarti a pronunciare alcun "noi", Fallon. Non ci pensare nemmeno!», esclamò tirando un furioso calcio alla sedia della mia scrivania, e io sobbalzai per lo spavento. «Come hai potuto? Come hai potuto farmi questo?»

«Ho sbagliato, ho fatto uno sbaglio enorme, Ash», urlai scoppiando in un pianto incontrollato.

Non sapevo cosa dire, ero già troppo distrutta da un dolore immane che mi scorreva nelle vene.

«Ti è piaciuto lasciarti scopare dal nemico? Eh, Fallon?». Continuava a riempirmi di domande per le quali, era chiaro, non era intenzionato a ricevere delle risposte. «Ha ragione Thomas. Nostra madre era una puttana e, a quanto vedo, hai preso da lei», disse duro, rompendo il mio cuore in mille pezzi.

Sentii il respiro mancarmi, i miei polmoni si restrinsero e io aprii la bocca in cerca di aria.

Non parlai, cercavo solo di respirare, e mio fratello si voltò per andarsene.

«Asher, per favore, non lasciarmi!», lo implorai con le poche forze che mi erano rimaste in corpo.

«Mi fai schifo! Schifo, Fallon, hai capito?», urlò tornando a guardarmi, e in quel momento vidi i suoi occhi accecati dalla rabbia. «Hai scopato con Callum, hai scopato con la persona che ci ha sempre riempiti di bugie e che ha tentato più volte di ucciderti! Di ucciderti, cazzo!», continuò tirando un pugno allo stipite della mia porta.

«Per favore, parliamone, Ash, risolviamo tutto, non lasciarmi sola», lo pregai, gettandomi sul pavimento, ai suoi piedi.

«Non abbiamo nulla di cui parlare, Fallon. Per me non possiamo rivolvere proprio nulla. Ti chiedo solo di sparire dalla mia vista», disse prima di uscire una volta per tutte dalla mia camera.

Ero distrutta.

Avevo perso tutte le persone che amavo.

Capitolo 37

Callum

Ero un fottuto distruttore.

Mi facevo schifo.

Perché?

Perché ero solo in grado di rovinare le cose?

Perché avevo deciso di sfogarmi con un'altra donna quando Fallon aveva bisogno di me?

La risposta la conoscevo bene, ma Fallon non sarebbe mai riuscita a capirla.

Lo avevo fatto per non farla odiare ancora di più da Thomas perché, se il mio amico avesse scoperto che provavo qualcosa per lei, l'avrebbe detestata ancora di più e io non volevo e non potevo, per nessun motivo al mondo, mettere in pericolo quella ragazzina dai capelli lunghi e neri.

Mentre ero intento a girarmi e rigirarmi nel letto senza trovare pace, con ancora addosso i vestiti del giorno prima, sentii dei passi veloci e pesanti e un attimo dopo vidi Bonnie entrare nella mia camera e sventolare una foto.

Sbiancai, guardando quel pezzo di carta che raffigurava me e Fallon stretti l'uno nelle braccia dell'altra, nudi. I nostri corpi erano intrecciati e sullo sfondo comparivano i fiori del colore che tanto amava.

Pensare a quel momento fece sobbalzare il mio cuore, ma soprattutto, pensare che qualcuno avesse scattato quella foto in un momento così intimo fece stringere le viscere del mio stomaco e le mie mani in due pugni ferrei e duri.

«Spero sia un fotomontaggio, perché se così non fosse non so di cosa sarei capace, Callum», iniziò mia sorella, rossa in viso.

Io rimasi in silenzio, mi limitai solo a guardarla negli occhi.

«Questo silenzio vuol dire solo una cosa. Che l'hai scopata. Te la sei scopata sul serio», concluse rabbiosa.

«Quindi? Scopo tante ragazze diverse, non vedo quale sia il problema», affermai cercando di non mostrarle quanto tutta quella situazione mi avesse destabilizzato.

«Lei non è una ragazza qualunque, Callum, non farmi passare per un'idiota. Lei è Fallon Rogers. È così brava a succhiartelo che ti sei dimenticato chi è e cosa rappresenta?», domandò acida, strappando in mille pezzettini quella fotografia e gettandomi addosso quello che ne restava. Un pensiero malato mi passò per la testa: quella foto me la sarei conservata volentieri.

«Non sono tenuto a darti spiegazioni, se mi va di scoparmela, lo faccio, senza alcun tipo di rimorso», continuai guardandola negli occhi, risoluto.

Non appena terminai la frase, Bonnie mi diede uno schiaffo.

«Sei uno stronzo!», urlò incontrollata con le lacrime che le rigavano il viso. «Mi avevi promesso che non l'avresti mai fatto! Mi avevi detto che non ti saresti mai legato a lei, in nessuna maniera!», continuò tirandomi dei forti pugni sul petto.

Le bloccai entrambi i polsi, mentre il pianto indeboliva la forza con cui mi colpiva.

«L'unico sbaglio che ho fatto è stato incrociare le dita durante quella promessa, Bonnie. Avrei dovuto dirti la verità, perdonami. Perdona il mio tradimento», le chiesi. Le lasciai i polsi e mi alzai dal letto. Una volta uscito dalla mia camera, le grida di Bonnie continuavano a raggiungermi.

Camminai senza prestarci attenzione, uscii di casa e arrivai alla macchina, dove mi concessi per un momento di pensare a quello che era appena successo.

Nella mia mente si creò un vortice.

Un vortice che portava il nome di Fallon. Lei mi aveva stravolto, aveva cambiato la direzione del mio sguardo, che prima era solo concentrato su me stesso. Aveva sciolto il ghiaccio che teneva prigioniero il mio cuore.

Ancora senza pensare, iniziai a guidare verso una meta ben precisa: lo studio di tatuaggi di Jhonathan.

Sapevo bene cosa dovevo fare: dovevo inciderla sulla mia pelle, sperando di non perderla mai.

Quando entrai, vidi Jhon sobbalzare alla mia vista.

«Call, cavolo, avvisa prima di fiondarti dentro come un rapinatore», disse scoppiando a ridere.

«Scusa, Jhon, ma ho un tatuaggio da fare, è urgente», affermai avvicinandomi al bancone.

«La fortuna è dalla tua parte, l'ultimo cliente è andato via mezz'ora fa».

«Allora prepara ago e inchiostro».

Quando entrai nella saletta, tolsi la felpa e mi stesi a pancia in giù sul lettino coperto da uno strato di carta. Jhon era una delle poche persone che sapeva delle mie cicatrici, che aveva visto la mia schiena.

«Cosa vuoi tatuare?», domandò prendendo il foglio da stencil.

«La parola *Emociones* e una piccola margherita viola vicino».

«Non pensavo fossi un ragazzo sentimentale».

«Sono pieno di segreti, questo è uno dei tanti. Ma riesco a esserlo solo con una persona, una e basta».

Dopo un'ora e tre quarti Jhonathan allontanò la macchinetta dalla mia pelle e io mi alzai, presi un piccolo specchio e guardai quel tratto nero e viola decorare la piccola zona sotto la nuca. In tutto il mio dolore, fatto di cicatrici e ferite, spiccava lei, Fallon, e io mi sentii inspiegabilmente pieno.

Uscii dallo studio, dopo aver pagato Jhonathan e, prima di risalire in macchina, il telefono mi squillò.

Non persi tempo e risposi, sentendo dall'altro capo la voce bassa e roca di Robert.

«Callum, scusami se ti avviso solo ora, ma tra poco c'è una missione».

«Rob, non preoccuparti, spiegami bene di cosa si tratta», gli chiesi salendo in auto.

«Al RealsHotel è in atto una sorta di attentato da parte di un gruppo mafioso, i Crisp. Stanno distruggendo l'albergo con l'unico scopo di farla pagare al proprietario, ex componente della banda. Ti chiedo di andare lì con Bonnie, al più presto, per fermarli», disse preoccupato.

«Mandami la posizione, andrò subito dopo aver preso Bonnie».

«Tua sorella sa già tutto e ti sta aspettando sotto casa, Callum. Questa è gente pericolosa, ho fatto diverse ricerche e sono come una sorta di setta, ti chiedo di fare molta attenzione».

«Tranquillo, terrò gli occhi ben aperti e la pistola pronta», replicai guidando verso casa.

«Bene. Ehi, Callum, posso farti una domanda?»

«Certo, dimmi pure».

«Thomas come sta? So cosa è successo e cosa ha scoperto, e sono preoccupato. Non solo per lui, ma anche per i fratelli Rogers», ammise.

«Lui è distrutto, Robert, sono sincero, ma pian piano si riprenderà. Ha fatto una scoperta a dir poco sconcertante e, per quanto riguarda i fratelli Rogers, non credo che Thomas farà loro del male», affermai stringendo con forza le dita sul volante in pelle.

«Callum, affido Thomas a te. Adesso però concentrati sulla missione».

«Bene, ti farò sapere appena finito», replicai riagganciando e imboccando la strada dove si trovava casa nostra. Individuai subito mia sorella, che salì in auto senza dire una parola. Decisi di riempire io il silenzio.

«La missione richiede molta concentrazione e dubito tu ne abbia in questo momento, quindi ti limiterai a fare da palo», stabilii guardando la strada davanti a me.

«Va bene», disse prendendo dalla sua borsetta un rossetto.

«Non hai niente da dire?»

«No, credo di aver finito le parole destinate a te qualche ora fa», sentenziò guardando fuori dal finestrino.

«Se le cose vanno male, scappa senza pensare a me», affermai.

«Cosa vuol dire "scappa senza pensare a me"? Vuoi farmi per caso la morale?»

«Nessuna morale, Bonnie. Se dovessi vedermi per terra, in una pozza di sangue o con il corpo già freddo, dovrai pensare solo a scappare», continuai asettico e distante.

«Mi stai chiedendo di lasciare morire mio fratello?», domandò lei.

Non le risposi, ero già stato abbastanza chiaro su ciò che volevo facesse, nel caso in cui la situazione ci fosse sfuggita di mano.

Quando raggiunsi l'hotel, vidi il caos più totale.

C'erano corpi privi di vita davanti all'entrata, fumo che usciva dalle finestre con i vetri spaccati di diverse camere, gente in preda al panico, tutta intorno alla struttura, che gridava. La polizia ci avrebbe messo un bel po' ad arrivare. In zone come quelle, in mano a bande criminali che si facevano la guerra tra loro per accaparrarsi il luogo migliore per spacciare, e che non si facevano mancare nulla tra rapine e sparatorie, se la prendeva sempre comoda prima di intervenire. Preferivano che se la vedessero tra loro, per arrivare solo quando c'erano da raccogliere i cocci.

«Oh, c'è anche la tua piccola Fallon», osservò Bonnie indicando la jeep nera.

«Non è il momento di tornare su quella cazzo di questione», urlai prendendo la pistola dal vano portaoggetti della mia auto.

«Vedi di non morire per difenderla, Callum, sarebbe una morte poco dignitosa per il Corvo dei DarkBlood», disse acida scendendo dalla macchina e avanzando verso l'entrata dell'hotel.

«Rimani qui e, se vedi qualche membro della banda dei Crisp entrare, non perdere tempo e spara dritto al petto o alla testa», le ordinai avvicinandomi a lei. «Non morire, Bonnie», conclusi stampandole un bacio sulla fronte. Quando mi separai da lei, muovendo i primi passi verso le scale che conducevano al piano superiore, la sentii pronunciare un flebile "neppure tu" che mi fece sciogliere il cuore.

Chiusi gli occhi per diversi secondi e subito dopo ritornai con la mente lucida e libera da ogni pensiero. Anche se era difficile non preoccuparsi per mia sorella e per Fallon. Anche lei si trovava in quell'hotel a cercare di uccidere quei maledetti bastardi che avevano fatto fuori donne, bambini e uomini innocenti.

Iniziai a salire le scale, imbattendomi in una serie di cadaveri sui gradini o fuori dalle porte delle camere; cercai di non soffermarmi troppo su quelle povere vite strappate via senza alcuna pietà e continuai ad avanzare, fino a giungere al secondo piano, dove sentii diversi spari.

Strinsi la pistola tra le mani così forte da farmi diventare le nocche bianche. Mi mossi con circospezione e lentezza, cercando di stare in allerta.

Quando arrivai in una sala adibita a luogo di relax per gli ospiti, e che adesso sembrava la scena di un film dell'orrore, notai un uomo con il cappuccio di una tunica calato sul capo.

Non riuscii a vederlo completamente in viso, ma due occhi color smeraldo vennero illuminati dalla fioca luce delle poche lampadine rimaste integre da quel massacro.

L'uomo aveva la tunica sporca di sangue e in mano teneva stretta una pistola. Io non mi mossi, neppure di un millimetro. Iniziammo a studiarci, in una guerra fatta solo di sguardi taglienti.

«Vedo che invece della polizia hanno deciso di mandare un branco di ragazzini alle prime armi», disse acido dopo un po', per poi scoppiare a ridere.

Branco di ragazzini? Aveva forse già incontrato qualcun altro, magari Asher o Fallon?

«Sei sicuro di ciò che dici? Credi realmente che io sia un ragazzino alle prime armi?», domandai, mentre l'angolo delle mie labbra si alzava e creava un mezzo sorriso malefico.

Senza aspettare una sua risposta, puntai la pistola su di lui sparando un colpo, che però finì sul muro che avevo di fronte. Si era mosso troppo velocemente e lo avevo mancato.

«Dannazione», imprecai mentre sentivo diverse gocce di sudore imperlarmi la fronte.

«E ora? Credi ancora che mi stessi sbagliando, poco fa?», domandò prendendomi per il culo, ma io non mi lasciai abbindolare e continuai a sparare diversi colpi.

Alcuni finirono sul muro, mentre altri riuscirono a trapassare il suo corpo. Non gli diedi nemmeno la possibilità di spararne uno contro di me.

Lo vidi cadere sul pavimento e mi avvicinai a lui, che nel frattempo tentava di premere sulle ferite che gli avevo inferto.

«Ne sei ancora sicuro? Guardati», dissi indicandolo per poi scoppiare a ridere. «Sei un fottuto colabrodo!», conclusi tirandogli un calcio nello stomaco.

Volevo tanto continuare a giocare con lui, ma la missione non era ancora conclusa. Premetti di nuovo il grilletto, questa volta puntando alla sua testa, e lo ammazzai.

Feci una breve ricognizione di quel piano, ma non ci trovai nessuno, di ancora vivo per lo meno, così salii al terzo, mentre le luci delle applique ai muri sfarfallavano.

Quando svoltai nel corridoio principale, vidi Fallon che padroneggiava due pugnali.

Il cuore mi scoppiò nel petto, accendendolo all'istante. Con gambe pesanti mi avvicinai lentamente a lei.

Poco dopo, i suoi occhi, scuri come un cielo notturno senza stelle, si posarono su di me, così come le lame dei suoi pugnali, luccicanti e appuntite.

«Vattene da qui, quelle prede sono mie».

«Vuoi tornare ai vecchi tempi? A quando ci dichiaravamo guerra?», le chiesi, avvertendo un vuoto assurdo dentro di me per il tono di cui aveva intriso le sue parole.

«Se potessi scegliere, allora preferirei non averti mai incontrato. Ma dato che non si può cambiare il passato, posso almeno immaginare un futuro senza di te», sputò fuori acidamente.

«Fallon, cerca di ragionare. Non è il momento di pensare a ciò che è successo tra noi», le dissi, cercando di distoglierla da quei pensieri e magari da quegli intenti che mi stava sbattendo addosso. Ma non avevo fatto i conti con la sua testardaggine e con la sua determinazione.

«Ti ho rimosso, Callum. Ti ho cancellato dalla mia vita nell'esatto momento in cui mi hai voltato le spalle. Non eri con me quando io avevo più bisogno di te. Ero pronta a perdonarti, ma ci ho ripensato quando ti ho visto con quella ragazza. Non ho altro da aggiungere». Le sue parole erano più letali del veleno.

«Ho sbagliato. Fallon, hai ragione, io ho sbagliato ma, credimi, se mi sono comportato come uno stronzo è stato solo per far credere a Thomas che tra di noi non ci fosse nulla. Credi che sia stato facile per me? Credi che mi sia piaciuto lasciarti andare e toccare una ragazza che non sia tu?», domandai avvicinandomi ancora di più a lei.

Non ebbe il tempo di rispondere, né io di continuare a spiegarmi, perché tre uomini, anche questi con addosso una tunica e il capo coperto da un cappuccio, ci accerchiarono. Ci eravamo distratti, ed eravamo finiti in trappola. Fare fuoco era troppo rischioso, avevo bisogno di trovare un modo per tirarci fuori da quella situazione, sani e salvi. Mi guardai attorno, mentre quelli avanzavano a passo lento verso di noi, anche loro tentando di studiare le opzioni di quello che si preannunciava uno stallo. Mi accorsi che poco più in là c'era uno sgabuzzino con la porta aperta. Si intravedeva una scaffalatura alla base della quale erano adagiate diverse bombole di gas.

«Fallon. O sto per portarci in salvo o sto per fare una stronzata», dissi richiamando la sua attenzione, mentre puntavo la pistola su uno dei tre che si faceva sempre più vicino. «Farò esplodere una di quelle bombole, e tu devi promettermi che scapperai quando ti dirò di farlo».

«Sono troppo vicine, se spari anche a una sola, verrai coinvolto nell'esplosione», constatò lei, capendo subito il mio piano.

«Tu devi scappare prima che io prema il grilletto, Fallon», le ordinai.

«Non posso lasciarti qui».
«Fallon, cazzo, non è il momento di mettersi a discutere. Non c'è più tempo, quando ti dico di scappare, tu scappi».
Le opzioni erano due. A seguito dello sparo la bombola poteva esplodere oppure far avvampare un incendio.
Nella prima opzione probabilmente sarei morto, nella seconda forse c'era una piccola possibilità che mi salvassi.
«Fallon, ora!», urlai puntando la pistola sulla bombola.
Quando feci partire lo sparo, per pochi secondi il mio corpo si fermò.
Non c'era stata un'esplosione, ma un incendio stava velocemente divampando, mettendo in fuga quei tre uomini.
Fallon era rimasta ferma, proprio come non le avevo detto di fare. Testarda di una ragazzina.
La presi per mano e cominciammo a correre.
«Callum», fece lei, con un leggero affanno dettato più dallo spavento che dallo sforzo.
«Andrà tutto bene», le dissi cercando una via d'uscita.
Vidi il fuoco mangiare a poco a poco tutto l'edificio, che rischiava di crollarci addosso se non ci fossimo sbrigati a scappare via da lì.
Iniziai a correre verso una porta all'estremità del corridoio. Si affacciava sulle scale antincendio e, secondo i miei calcoli, avremmo potuto metterci in salvo nel giro di una manciata di minuti.
«Callum?»
«Sì… piccola Fallon?»
«Solo con te», disse aumentando la presa sulla mia mano, mentre le fiamme rischiavano di abbracciare i nostri corpi.
«Cosa?»
«Solo con te sono riuscita a toccare le fiamme dell'inferno».
L'incendio avanzava verso di noi, inesorabile.
«Dobbiamo scendere, subito!», urlai stringendole la mano per spingerla verso le scale, in modo che avanzasse lei per prima verso la salvezza.
Quando finalmente riuscimmo a toccare terra, ci tenevamo ancora per mano. Una volta capito che avevamo scampato il pericolo, Fallon si gettò tra le mie braccia.
«Shhh, piccolina, stiamo bene, stiamo tutti bene», le ripetevo toccandole i capelli, mentre avvertivo i suoi singhiozzi sul mio petto.
«Callum», sussurrò.
«È tutto finito. Va tutto bene, Fallon, non siamo più in pericolo».
Rimanemmo per diversi minuti abbracciati mentre a pochi passi da noi l'edificio stava continuando a prendere fuoco.
«Allontanati subito da mia sorella», urlò Asher imbufalito.

«Asher, per favore». Fallon si mise a piangere, scostandosi leggermente da me, per rivolgersi a suo fratello.

«Fallon, non intrometterti. Ti avevo avvisata, non devi più vederlo, cazzo!».

«Asher, non intrometterti tu», dissi io prendendo finalmente parola.

«Sei un fottuto pezzo di merda. Lo sai questo? Lo sai che sei solo un bugiardo di merda?», continuava lui, imperterrito.

«Asher, basta! Mi dispiace, ma non posso fare quello che dici. Dovrai essere tu ad accettare quello che provo per lui», urlò Fallon.

Io rimasi sconvolto, sia dal fatto che mi aveva difeso contro suo fratello, sia per quello che aveva appena detto. Lei provava dei sentimenti per me?

«Non accetto proprio un cazzo, Fallon. Non accetto che tu possa provare dei fottuti sentimenti per lui. Mai, non lo accetterò mai, è solo un depravato», sbraitò Asher strattonando Fallon per un braccio.

«Callum...», tentò lei, e a quel punto capii qualcosa che mi era sfuggito per tutti quegli anni. Alcuni pezzi si incastrarono al posto giusto, e compresi che era arrivato per me e il mio ex migliore amico il momento di chiarirci una volta per tutte.

«Asher, io lo so perché sei così arrabbiato. Dio, tu l'hai sempre saputo, non è vero? Da prima ancora che potessi capirlo io stesso. Ecco perché...». Scossi la testa, incredulo per aver finalmente compreso cosa si fosse rotto tra noi due tanto tempo fa. «Ecco perché mi hai allontanato, mi hai escluso dalla tua vita. Avevi paura. Paura che io potessi fare del male a tua sorella. Ecco perché sei scappato quel giorno, lasciandomi credere che eri pronto a farmi finire nei guai, infischiandotene di quello che mi sarebbe potuto accadere. E poi io sono entrato nei DarkBlood e tutto il resto è storia. Non è vero?», dissi io accendendo una miccia dentro di lui. Mi bastò notare il cambiamento del suo sguardo per trovare una risposta muta alle mie domande.

«Fallon, vieni, non lo dirò una seconda volta», si limitò a dire come se io non avessi mai parlato.

«Non puoi decidere per tua sorella», urlai quando iniziò a trascinare Fallon lontano da me.

«Callum, basta, non renderti ridicolo». Bonnie mi strattonò.

«Mi avete rotto tutti il cazzo!», urlai, perdendo completamente il lume della ragione.

Non sapevo cosa avevo intenzione di fare da quel momento in poi, l'unica cosa che sapevo era che io e Fallon dovevamo stare insieme, anche a costo di metterci contro la nostra stessa famiglia.

Capitolo 38

Fallon

«Ancora non riesco a crederci», disse Asher prendendo le chiavi della nostra macchina.

«A cosa non credi, Asher? Al fatto che Callum mi abbia salvato la vita o ti riferisci alla foto che ti hanno fatto recapitare?», domandai seguendolo.

«A entrambe, Fallon, soprattutto alla seconda».

«Vorrei spiegarti la situazione, ci sto tentando in tutti i modi, ma tu continui a essere un mulo che non vuole capire nulla», affermai aprendo lo sportello e salendo in macchina.

«Ne abbiamo già parlato, non ho intenzione di toccare nuovamente il discorso».

«Io ne ho voglia, invece», lo sfidai.

«Fallon, per favore, cerchiamo di non litigare».

«Se Callum non avesse avuto la prontezza che ha dimostrato, probabilmente a quest'ora saresti a piangere sul mio cadavere».

«Sì, hai ragione, e ringrazio infinitamente Callum di averti dato la possibilità di metterti in salvo, mai sai cosa proprio non riesco a sopportare?», domandò iniziando a guidare per le strade di Fogsville.

«Cosa?»

«L'immagine di te, sotto il suo corpo, completamente nuda. A lui, sopra di te, dentro di te… Ecco a cosa non riesco proprio a pensare», disse stringendo le mani sul volante, così forte che le nocche gli diventarono bianche.

«Io non vengo a farti la predica su tutte le ragazze che ti scopi, perché dovresti farla tu a me?»

«Perché hai scopato l'unico ragazzo che non vorrei mai vedere con te. L'unico, Fallon».

«Io provo qualcosa per lui, Asher, e questa cosa non può essere cambiata», ribadii, cercando di non incontrare il suo sguardo.

Asher fermò di botto la macchina e io sobbalzai.

«Non dirlo!», urlò fuori di sé. «Non dire mai più una cosa simile, Fallon, mai più».

«Provo qualcosa per Callum Rey, Asher. Posso anche non ripeterlo, ma sono innamorata del Corvo dei DarkBlood».

«Di lui o del suo cazzo?»
«Sei ridicolo, Asher, non vuoi capire che ciò che provo per lui è dannatamente sincero. Sai solo parlare di quella cazzo di foto».
Non osavo immaginare cosa avrebbe potuto dire se avesse scoperto che avevo scopato Mason e Callum nello stesso giorno o se avesse scoperto che Mason mi aveva fatto un ditalino a quella festa sul lago.
«Non lo vedrai più», disse perentorio.
«Non sei mio padre, non puoi dirmi ciò che posso o non posso fare. O, peggio, non puoi decidere chi devo amare».
«Non sono tuo padre, ma sono la persona che ti ha messo un tetto sopra la testa. Ci sono sempre stato per te, e non ti ho mai fatto mancare niente. Forse sono anche meglio di un padre», urlò.
«Asher, vai a fare in culo!», gridai uscendo dall'auto e sbattendo la portiera.
Eravamo arrivati vicino casa, ma non avevo intenzione di trascorrere anche solo un altro minuto con lui. Così iniziai a camminare, in direzione del college. Speravo di trovare la mia migliore amica, e così tirai un sospiro di sollievo quando da lontano vidi la sua chioma rossa.
«El! El, sono qui!», urlai raggiungendo di corsa Elina.
«Oh, Fall», disse lei fermandosi.
«El, perdonami se non ti ho risposto al telefono, ma è stata una nottata movimentata. Ho rischiato di morire in missione, e ogni volta che parlo con Asher finiamo per urlarci contro», le spiegai, riprendendo fiato.
«Lo so, ma gradirei sapere tutta la verità da te, Fallon», ribatté lei, prendendo a camminare verso il piccolo bar posto in una piccola struttura adiacente al college. «Ne parliamo davanti a un caffè?»
«Volentieri».
Quando io ed Elina ci sedemmo al tavolo, le mie mani presero a tremare, perché non solo le avrei dovuto dire che Callum mi aveva salvato la vita, ma anche che tra me e lui c'era qualcosa. Be', a quel punto non sapevo più cosa ci fosse tra noi, l'unica certezza che avevo era di essermi innamorata di lui.
«Bene, ora che siamo comode, vuota il sacco, Fallon», iniziò lei.
«Allora, cominciamo da ieri sera. Durante la missione io e Callum siamo stati accerchiati da tre uomini. Se lui non avesse fatto esplodere l'edificio in cui ci trovavamo probabilmente non sarei seduta davanti a te, a parlarti, in questo momento», le raccontai.
«Callum ti ha salvata?»
«Sì, El, lui mi ha salvata», dissi guardandola negli occhi. Dicendolo ad alta voce, compresi che quella frase portava con sé diverse implicazioni e probabilmente la mia amica seppe leggere qualcosa nel mio sguardo che la portò a farmi una precisa domanda.

«Fallon, sii sincera con me, tra te e lui c'è qualcosa?»

«El, avrei tanto voluto dirtelo prima… non ha più senso nascondertelo, ormai. Sì, tra me e Callum è successo qualcosa, e non lo so… è complicato».

«Sai perché non sono sconvolta?», domandò ridendo. «Non sono sconvolta o stupita perché già lo sapevo».

«Cosa? Come facevi a saperlo?»

«Be', Fallon, anche io ho nascosto per settimane un segreto. E il suo nome è Mason». La ragazza che occupava la mente di Mason era Elina, la mia migliore amica?

«Oddio, tu e Mason? Voi… voi due state insieme? È stato lui a dirti…», chiesi, lasciando la frase a metà, completamente stupita.

«So tutto, Fallon, anche che avete fatto una cosa a tre», disse lei scoppiando a ridere.

«Lo so, non ci credo neppure io, ma è successo». Mi coprii il viso con le mani, imbarazzata.

«È stato prima che scoppiasse qualcosa tra me e Mason, quindi sei perdonata», fece Elina prendendo le mie mani tra le sue.

«Lo sai che siamo due donne morte, vero?», le dissi.

«Tu lo sei, di me nessuno sa ancora niente», ribatté lei scoppiando a ridere, mentre per me quella situazione era tutto fuorché divertente.

«Asher non vuole che io veda Callum».

«Allora vedilo di nascosto», buttò fuori lei facendomi l'occhiolino. Come se fosse così semplice.

Io ed Elina rimanemmo a parlare per un paio d'ore, fino a quando non ricordai che avrei dovuto seguire diverse lezioni, quel giorno.

«Stasera andiamo al Road», stabilì la mia migliore amica.

«Però vengo a prepararmi da te, non voglio parlare ancora con Asher», le dissi.

«Va bene, ti aspetto a casa mia, allora». Ci salutammo e ognuna trascorse il resto della propria mattinata tra lezioni e studio.

Quando arrivò l'ora di pranzo, andai con Elina e Oliver a mangiare qualcosa in mensa e, in quel momento, sentii il dovere di vuotare il sacco anche con lui.

«Ol», dissi sedendomi al tavolo.

«Sì?»

«Devo dirti una cosa, ma non so come la prenderai», iniziai guardando Elina.

«Perché ho la sensazione che mi dirai qualcosa che mi sconvolgerà?»

«Oliver, io… sono stata a letto con Callum». Preferii riferirgli quello che aveva scoperto Asher dopo aver ricevuto quella fotografia, tenni per me tutta la parte che riguardava i sentimenti. Sarebbe stato ancora più difficile da spiegare.

«Oh, mio Dio, sono realmente sconvolto», fece lui bevendo un bicchiere d'acqua.

«Sei arrabbiato?», chiesi preoccupata.

«No, Fallon, sono semplicemente stupito. Non sono arrabbiato, non potrei mai esserlo», disse addolcendosi.

«Perché non lo sei? Asher è letteralmente fuori di testa».

«Non ho alcun diritto sulle tue scelte, non sarò certo io la persona che ti impedirà di vedere Callum. Anche se questa situazione non mi va a genio, non metterò ulteriori ostacoli sulla vostra strada. Potrai sempre contare su di me, Fallon, sempre», disse facendomi scaldare il cuore.

Iniziammo a chiacchierare, alleggerendo l'atmosfera, quando di colpo Jacob piombò su di noi.

«Dimmi che non è vero».

Adesso lo sapevano tutti. Probabilmente a riferirglielo era stato Asher.

«Jac», iniziai alzandomi dalla sedia nel tentativo di calmarlo.

«Non ci credo, non ci credo che è tutto vero», sussurrò senza avere la forza di guardarmi in faccia. «Hai veramente scopato con Callum. Dio, come sei scesa in basso, Fallon», sputò acido. La sua reazione, così veemente e ingiusta, mi fece scoppiare a piangere.

«Jacob, ora stai esagerando», si intromise Oliver alzandosi anche lui, e allontanando Jacob da me, mentre Elina mi stringeva in un caloroso abbraccio.

Se non fosse stato per lei, probabilmente dopo quella scenata mi sarei chiusa in camera mia e sarei rimasta lì dentro per giorni.

Lei invece mi ospitò a casa sua, dove continuammo a parlare per ore, a mangiare schifezze e a concederci qualche momento di distrazione davanti alla TV.

«El, chiamo Asher e gli dico che non vedrò più Callum, solo così potrò risolvere la questione», decretai alzandomi dal suo divano per andare a telefonare a mio fratello.

Sentii due squilli e poi la voce di mio fratello che rispondeva alla chiamata.

«Ash?»

«Sì?»

«Asher, senti, ci ho pensato su e hai ragione. Vuoi solo proteggermi e io… io credo che non vedrò più Callum», affermai fingendomi triste.

«Non lo vedrai più?»

«No, penso di no».

«Bene, sono sollevato», affermò, e in quel momento udii una piccola risata all'altro capo del telefono che mi innervosì parecchio. Qui c'erano di mezzo i miei sentimenti, non capivo cosa ci fosse da ridere. «Ora devo andare, sono al covo con Jacob, questa sera verrai al Road?».

Non avevo alcuna intenzione di vedere Jacob. Già non ne avevo dopo le parole che mi aveva rivolto, adesso che lo avevo beccato a ridere era del tutto fuori questione.
«No, penso che rimarrò a casa».
«Va bene, allora ci vediamo dopo», disse prima di terminare la chiamata.
Tornai in soggiorno, dove Elina era intenta a sistemare i plaid che avevamo utilizzato.
«El, sono già le sette, so quanto ci metti a prepararti e non vorrei rovinare la tua serata».
«Te ne stai andando?», domandò posando il telecomando sul tavolino.
«Sì, tu vai pure a prepararti».
«Mi terrai aggiornata su tutto, vero?», mi chiese lei piegando la testa di lato.
«Sì, lo farò, El, tranquilla e grazie», le dissi prima di stringerla in un forte abbraccio.
Quando uscii da casa sua, presi il telefono e notai diversi messaggi da parte di Callum, così gli telefonai.
«Dio, ci hai messo tantissimo a richiamarmi».
«Lo so, scusa, ma è stata una giornata tremenda», mi giustificai.
«Tuo fratello ha continuato a elencarti tutto ciò che non va in me, dico bene?»
«Sì, è stato estenuante e io sono stata bugiarda. Gli ho detto che non ti avrei più rivisto».
«E hai intenzione di farlo?»
«Callum, io vorrò vederti sempre».
«Dio, per un momento ho creduto di non riuscire più a respirare», ammise, tirando un enorme sospiro di sollievo. «Sai cosa ti dico?», disse prendendo una piccola pausa. «Che tuo fratello deve avere paura di me, perché entrerò nelle mutandine di pizzo della sua piccola sorellina», dichiarò facendo sobbalzare il mio cuore. «Ti scoperò per tutta la notte», promise poi prima di riagganciare.
Tra le mie gambe si diffuse subito una sensazione di calore per quello che sarebbe successo.
Tornai a casa con il sorriso sulle labbra e, quando entrai, vidi Asher comodamente seduto sul divano, con indosso un pigiamone pesante.
«Non dovevi andare al Road?», domandai aggrottando le sopracciglia.
«No, passerò la serata a giocare a *COD* con degli amici», mi informò infilandosi le cuffie da gioco.
«Io vado in camera, penso di farmi una grande dormita», mentii andando verso la mia stanza.
Asher non rispose, ma in compenso lo udii parlare con i suoi amici tramite la PlayStation.

Io mi gettai sul letto, dove rimasi per circa mezz'ora, prima di sentire il telefono vibrare.
Quando vidi che mi era arrivato un messaggio da parte di Callum, il cuore iniziò a battermi sempre più forte.

Da Callum:
Sei pronta a lasciarti scopare dal nemico di tuo fratello?
Da Fallon:
Entra dalla finestra e scopami.

Quando sentii la finestra scricchiolare e aprirsi del tutto, dopo che io l'avevo solo accostata, mi alzai per raggiungere in fretta Callum e mettergli una mano sulle labbra.
«C'è mio fratello in soggiorno», sussurrai piano.
Mi allontanò le dita dalle labbra, non prima di avermi lasciato un piccolo bacio sul palmo.
«Allora dovrò fare attenzione a tapparti la bocca», disse lui di rimando, gettandomi sul letto con forza. «Ma prima di scoparti a dovere, devo darti e farti vedere una cosa», disse prendendo dalla tasca dei suoi pantaloni una piccola bustina verde.
«È per me?», chiesi gentilmente.
«Aprilo, Fallon».
Quando aprii quel sacchetto, ci trovai dentro un iPod viola e un paio di cuffie bianche.
«Callum, non dovevi».
«Ti ho rubato il tuo, dovevo eccome, Fallon».
Stavo per ringraziarlo quando lui prese di nuovo la parola, spinto da una strana euforia.
«Adesso, invece, devo farti vedere una cosa», disse girandosi di schiena e togliendosi la felpa.
Io rimasi stupita per prima cosa dal suo gesto. Mi faceva piacere sapere che adesso mi mostrava quella parte di sé con tanta naturalezza; mi riempiva di orgoglio ma anche di una particolare sensazione di possesso. E poi perché, tra tutte le cicatrici che decoravano la sua schiena, spuntavano una margherita viola e una parola, una parola che conoscevo bene.
Emociones.
«Callum, ma... è per me? Lo hai tatuato per me?», domandai sentendo le mani tremare.
«Quando hai deciso di tagliarmi fuori dalla tua vita, ero distrutto. Avevo appena finito di litigare con Bonnie e quando sono salito in macchina ho avuto una sorta di folgorazione. Dio, Fallon, sei stata il mio colpo di fulmine

e sei tutti i miei brividi», disse voltandosi di nuovo verso di me e prendendo le mie mani tra le sue.

«Callum, sono senza parole».

«La tua reazione contiene tutte le parole che non riesci a pronunciare», disse facendomi distendere sul letto.

Le dita di Callum sbottonarono i miei pantaloni e li rimossero con forza, mentre io cominciavo ad ansimare.

Quando i pantaloni caddero sul pavimento, mi siflò anche la felpa e iniziò a far scorrere le dita su tutto il mio corpo.

«Hai parlato con Jacob?», domandò in un momento così intimo.

«S-sì».

«Quell'inutile ragazzo ti ha toccata?».

Era pazzo?

«No, Callum. Solo tu… solo tu puoi toccarmi».

«Era proprio ciò che volevo sentire. Ora fai la brava e donati a me».

«Callum…».

«Fallon, lasciati scopare da me», sussurrò scostando il tessuto che divideva le sue mani dalla mia entrata.

Mi penetrò velocemente, prima con un dito e poi con due, e io inarcai la schiena a causa del piacere che si stava propagando tra le mie cosce.

Mi sentivo eccitata e Callum lo aveva notato, perché abbassò la testa all'altezza della mia entrata e iniziò a leccarmi tutta.

«Dio, sei così bagnata. E lo sei per me», sussurrò leccandomi il clitoride, e io avvertii una scossa attraversarmi interamente.

«Ah! Callum, sì!», ansimai, cercando di trattenermi per non farmi sentire da mio fratello, quando inserì di nuovo due dita dentro di me e iniziò a muoverle velocemente. I miei umori si mischiavano alla sua saliva e io ne volevo ancora. «Callum, Dio, non ti fermare. Ah! Callum!», gemetti, e lui posizionò una mano sulla mia bocca.

«Piccola, vuoi che tuo fratello senta che sto scopando sua sorella in casa sua?», mi chiese, con quel suo sorriso malizioso che mi faceva impazzire. «Lo vorrei tanto, ma se succedesse non potrei più scoparti come si deve», constatò facendo uscire il suo cazzo dai pantaloni, pronto a penetrarmi e a farmi sentire tutta la sua eccitazione dentro di me. «Ora voglio scoparti, voglio prenderti da dietro», affermò, ma prima che potesse girarmi mi chinai sulla sua lunghezza e la presi tutta in bocca.

Amavo vederlo eccitato, amavo vedere come gettava la testa all'indietro e sentire piccoli gemiti fuoriuscire liberi dalle sue labbra.

«Dio, Fallon, sì, prendilo tutto», ansimò spingendo la mia testa verso il suo pube. «Così, sì, tutto in bocca», continuò per poi allontanarsi da me.

Velocemente mi voltò, mi fece mettere sulle ginocchia e mi afferrò per i fianchi, prima di entrare dentro di me con una sola spinta che mi fece inarcare la schiena. Subito lui mi mise una mano sulla bocca, e io iniziai a leccargli le dita.

«Il tuo culo è una visione», gemette spingendosi dentro di me con forza, mentre io continuavo ad ansimare. «Ti piace? Ti piace essere presa da dietro?»

«Sì, Callum, sì». Boccheggiai, stringendomi il capezzolo tra l'indice e il pollice e sentendo un pizzicore giungere fino allo stomaco. «Amo farmi scopare da te, solo da te, Callum. Amo sentire il tuo cazzo dentro di me», affermai muovendo il culo verso di lui. Callum iniziò a stritolarmi le natiche lasciandomi dei segni sulla pelle.

Improvvisamente uscì da me e mi allargò le cosce, penetrandomi con le dita.

«Ora voglio farti venire così, Fallon. Fammi sentire come posso prendermi il tuo orgasmo solo con due dita», disse muovendosi velocemente dentro di me.

«Cazzo, sto… sto venendo», ansimai dettando il ritmo con il movimento dei fianchi. L'orgasmo fu travolgente, e mi investì completamente quando Callum si abbassò per leccarmi il clitoride. Pensavo di aver raggiunto il culmine del piacere, ma lui non mi diede un attimo di tregua. Mi girò di nuovo e mi fece ancora una volta sua, facendo entrare e uscire il suo cazzo dentro e fuori di me. La vista dei nostri corpi uniti mi fece eccitare ancora di più.

«Cazzo, Fallon», gemette rude afferrandomi un seno.

«Vieni dentro di me», lo implorai, e poco dopo sentii un liquido caldo inondarmi tutta. Venni insieme a lui e fu come se qualcosa dentro di me esplodesse, riducendomi in pezzi.

«Cazzo», imprecò facendo dei movimenti irregolari, a causa del piacere. «Sei mia».

Capitolo 39

Mason

Avevo un segreto. A volte volevo gridare al mondo intero ciò che custodivo con forza, altre volevo nasconderlo persino a me stesso, per preservarlo ancora di più.

Era come se non volessi mettere in mostra qualcosa di così tanto puro, come se non volessi sporcarlo con la tossicità del mondo.

Non avevo mai nascosto nulla con così tanto sentimento, ma la paura di rovinare ciò che stavo creando mi distruggeva l'anima.

Quel segreto mi caricava al mattino, prima di iniziare la giornata, e mi tranquillizzava la sera, prima di andare a dormire.

Ciò che custodivo in realtà era una ragazza dai lunghi capelli rossi. Una ragazza che per un tempo lunghissimo avevo odiato e che poi si era rivelata il pezzo mancante della mia anima tormentata e distrutta.

Elina. Quel nome sembrava tatuato nella mia mente, e amavo mimarlo con le labbra quando mi trovavo nella mia solitudine.

Sapevo che era sbagliato, per così tante ragioni che era inutile stilarne un elenco, ma io ero un peccatore e amavo il rischio. E cosa c'era di più rischioso di innamorarsi del proprio nemico? Be', sì, "innamorarsi" era proprio la parola giusta.

«Mas, a cosa stai pensando?».

Mi girai sorridendo verso quella ragazzina dalla pelle color latte e dalla chioma color fuoco.

Era stesa di lato, completamente nuda e con i capelli scompigliati che si allargavano da una parte all'altra del mio cuscino.

Prima di parlare, allungai una mano fino ad accarezzarle un fianco. Stare così vicino a lei senza toccarla era impossibile. Le mie dita segnarono le sue curve, quelle che amavo alla follia e di cui spesso l'avevo sentita lamentarsi. Per me era semplicemente un incanto e, sì, ero innamorato di lei. Tutto di me lo gridava.

«A noi. Stavo pensando a noi e a quanto siamo peccatori», risposi guardando le sue labbra rosse.

«Siamo degli ottimi bugiardi», commentò lei nascondendo una risata sommessa.

«Lo siamo, mia piccola anemone», affermai facendo scorrere le dita sul suo stomaco, fino ad arrivare al seno sodo, per poi passare alla mandibola e infine giungere al suo viso.

«Perché mi chiami anemone?»

«L'anemone è un fiorellino che può essere anche rosso, proprio dello stesso colore dei tuoi capelli, e ha un significato stupendo: rappresenta un amore intenso, ma fragile», spiegai a quella ragazzina che mi stava ascoltando con gli occhi attenti, fissi sui miei.

«Devo dirti una cosa», confessò facendomi sentire mille scosse nello stomaco.

«Devo preoccuparmi?»

«Non lo so, Mas. Fallon sa di noi, non dirà niente e, be'... io so cosa c'è tra lei e Callum», ammise.

«Io... io voglio dirlo almeno a Callum. Lui mi ha confidato tutto ciò che prova per Fallon e io voglio essere altrettanto onesto con lui», le dissi tranquillizzandola.

«Non hai paura? Paura che tutta questa situazione possa inghiottirci?»

«Noi siamo più forti della paura. Noi siamo in due, mia piccola anemone, e nessuno potrà farci del male».

Callum

Guardai il cielo, era cupo e scuro.

Volevo farlo entrare dentro di me, a ogni costo.

Provai a muovere le labbra, ma erano bloccate, non riuscivo a parlare, avevo difficoltà a deglutire, a muovere la mascella.

Non sapevo cosa mi stesse succedendo, stavo per farmi prendere dal panico. Il mio cuore iniziò a battere all'impazzata, respirare stava diventando sempre più difficile.

Tentai di calmarmi, ma quando cercai di avanzare verso il letto, le mie gambe si bloccarono. Era come se non riuscissi ad avere il controllo dei miei stessi movimenti.

Posai una mano sul muro per sorreggermi, con movimenti meccanici, e proprio quando stavo per cedere la porta della mia camera si aprì e intravidi il corpo possente di Mason.

Non riuscii a girarmi, i miei arti erano come atrofizzati, e Mason capì che c'era qualcosa che non andava perché si fiondò subito da me.

«Callum, stai bene?», mi domandò, ma io non riuscivo a parlare. «Cazzo, stai avendo una sorta di attacco di panico», disse mettendo il mio braccio attorno al suo collo, sostenendomi.

Grazie a Mason riuscii a muovere qualche passo. Il mio amico mi accompagnò fino al letto e iniziò a parlarmi.

«Callum, ascoltami. Ricordi quando entrai a far parte dei DarkBlood? Ricordi che avevo paura, una paura tremenda di tutto?», mi chiese. Al ricordo di quel periodo, il mio amico sembrava incapace di scegliere se lasciare andare una risata o trattenere le lacrime. «Tu eri sempre pronto ad allontanare le mie insicurezze, a farmi capire quali erano le mie potenzialità e a dirmi che ero perfettamente all'altezza. Che io meritavo di essere parte di voi, di questa famiglia stupenda», continuò, e in quel momento sentii il cuore ritornare a battere correttamente, il respiro farsi regolare e gli arti tornare alla normalità.

«Mas, grazie», affermai muovendo il braccio verso la sua spalla, per tirargli una calorosa pacca.

«È tutto okay?», domandò preoccupato.

«Non so cosa mi sia successo, non riuscivo più a muovere la bocca, le braccia e le gambe», gli spiegai, sorpreso anche io per tutta quella situazione.

«Sarà stato solo un momento, stai tranquillo», cercò di rassicurarmi Mason, ma io continuavo a chiedermi il perché di quell'avvenimento.

«Sì, sì, hai ragione», glissai. «Volevi vedermi?», gli domandai, dato che non mi sembrava mi avesse detto che sarebbe venuto.

«In realtà, voglio parlarti di una cosa».

«Ti ascolto», gli dissi, invitandolo ad accomodarsi sulla sedia della mia scrivania, mentre io, per precauzione, rimasi a letto.

«Ricordi quando ti ho parlato di Elina? Che era dannatamente bona e che volevo a tutti i costi averla?»

«Sì, e quindi?»

«Callum, io la amo».

Ero incredulo, non riuscivo a credere a ciò che avevo sentito. «La ami? Mason, che sta succedendo? Da quanto va avanti questa… Voi due, da quanto lo tieni nascosto?»

«In realtà, va avanti da un po'», mi confidò lui, mentre io rischiavo quasi di strozzarmi.

«Mason, mi stai dicendo che vi frequentate? Che non è solo una scopata?»

«Inizialmente si trattava solo di sesso, andavamo a letto insieme quando potevamo, poi le cose sono cambiate».

«E ora?»

«La amo, Callum, è molto semplice. Anzi, più semplice di così non potrebbe essere. E non me ne frega se fa parte della gang rivale alla nostra, lei è *mia*», affermò stringendo i pugni.

«Cosa vuoi dire?»

«Voglio dire che mi sono rotto di combattere contro di lei e che, se dovessi vedere Thomas o Harry attaccarla, non esiterò a battermi contro di loro pur di salvarla», dichiarò Mason sicuro di sé.

«Sei proprio cotto, allora».

«Lo siamo entrambi», sottolineò facendomi l'occhiolino.

«Con la differenza che io ho un problema che si chiama Asher. Lui le ha proibito di vedermi», replicai sbuffando.

«Se lei sta andando contro suo fratello per te, qualcosa significa».

«Sì, hai ragione».

Rimanemmo in silenzio per un po', ognuno ripensando ai segreti con cui conviveva, e a come si erano evoluti nel giro di poco tempo.

«Mas, ieri sono venuto dentro di lei».

Dovevo dirlo a qualcuno.

«Cosa? Callum, dimmi che lei prende la pillola», disse sconvolto.

«Ovvio, Mas, secondo te le sarei venuto dentro se non avessi saputo che prende la pillola? Sei matto?»

«Dio, per un momento ho avuto paura. Se dovessi metterla incinta, credo che Asher sarebbe pronto a castrarti e a tenere tuo figlio lontano da te».

Tuo figlio.

Per un momento mi abbandonai all'idea di me che stringevo un piccolo esserino avvolto in una grossa coperta in lana, ma poi ricordai a cosa fossi destinato.

«Non succederà mai, io non metterò incinta Fallon, Mason. Non ho intenzione di mettere incinta proprio nessuna».

«Non vuoi figli?», domandò lui curioso.

«No, credo di no».

«Come puoi non volere un figlio?», continuò lui.

«Non credo di poter diventare un buon padre e semplicemente non sento questo bisogno», risposi sincero.

«Non vorresti vedere Fallon con il pancione? Che porta in grembo il frutto del vostro amore?».

Dio, come cazzo è smielato Mason.

Quel suo discorso mi fece pensare e immaginare la mia piccola ragazzina, con i piedi nudi, che camminava tra i corridoi della nostra casa con un grande pancione, ma poi, per la seconda volta, ricordai che non sarebbe stato quello il mio futuro. Non avrebbe potuto esserlo, in nessun modo.

«No», sibilai duro.

«Be', mi auguro per te che cambierai idea, non voglio lasciare i miei figli allo zio cattivo», disse Mason scoppiando a ridere.

«Ho detto che credo di non essere portato per fare il padre, non che non sono bravo con i bambini, Mason. Se deciderai di affidarmi tuo figlio, ti posso assicurare che si troverà benissimo con me».

Quell'argomento si stava facendo troppo complicato da affrontare.
«Ora basta parlare di pancioni e bebè, andiamo al Road?», domandai. Avevo bisogno di bere.
«Aspettavo solo questa proposta», rispose Mason sorridendo in maniera maliziosa.
Il viaggio verso il Road durò poco e quando entrambi entrammo nel locale notammo gli sguardi assetati di rabbia che i Daggers, escluse Fallon ed Elina, ci stavano riservando.
«Non guardarli, vanno a caccia di guai», constatò Mason quando mi vide stringere i pugni.
«Sì, hai ragione», affermai avanzando verso un tavolo del privé.
Ordinai un Dark Violet, mentre Mason prese un Angelo Azzurro.
«Thomas e Harry?», chiesi curioso; non li sentivo dal giorno prima.
«Sono al concerto dei The Weeknd».
«Giusto, avevo dimenticato fosse oggi», dissi continuando a fissare i Daggers.
Li odiavo, soprattutto Jacob, il quale, in quel momento, mi stava guardando come se volesse uccidermi.
Spostai lo sguardo su Fallon che stava confabulando con Elina. Quelle due ragazzine erano imprevedibili.
Ero felice per Mason, non lo avevo mai visto così preso da una ragazza, ed ero felice soprattutto che la ragazza in questione fosse molto amica di Fallon.
«Mas, io devo fumare, usciamo un attimo?», domandai posando il grosso bicchiere colmo di alcol sul tavolino.
Mason annuì e insieme andammo fuori, nel parcheggio del Road, che quel giorno era stranamente vuoto. Del resto, anche dentro non c'erano molti avventori.
Presi una sigaretta dal pacchetto, l'accesi e iniziai ad aspirare il fumo.
Fu questione di secondi: vidi Asher correre fuori come una furia e avanzare verso di me.
Subito dietro di lui, vidi Fallon ed Elina, preoccupate e spaventate.
«Credi che mi sia dimenticato che ti sei scopato mia sorella?», urlò Asher furioso, spintonandomi e facendomi quasi finire per terra.
«Asher», soffiai. Non volevo battermi con lui, ma Asher sembrava non essere dello stesso avviso.
«Non dovevi toccarla, non dovevi sporcarla con le tue mani», sbraitò mentre un sonoro pugno mi colpiva il viso con forza.
«Io non ho costretto nessuno, Asher. Fallon voleva, lo desiderava quanto me. Ma a te non interessa cosa pensa lei, vero? Vuoi sempre prendere tu ogni decisione», affermai duro. Asher doveva capire come stavano le cose, a costo di continuare a ripeterglielo all'infinito.

«È mia sorella! Le ho fatto da padre, e il mio compito è proteggerla!», urlò lui tirandomi un secondo pugno in faccia, che mi fece vedere tutto nero per qualche secondo.

«Da me? Proteggerla da me, Asher? Sei serio?», gli chiesi, prima di restituire qualche colpo, gettandomi sopra di lui.

«Non sei in grado di amare! La ferirai, cazzo!».

«Io già la amo! La amo, Asher, sei tu che non vuoi accettarlo».

Nessuno parlò da quel momento in poi, si sentivano solo i rumori dei nostri pugni e calci.

I nostri corpi erano stesi sull'asfalto e, in tutto quel nero, vidi la mia piccola Fallon correre nella nostra direzione.

Elina si era mossa per andarle dietro, ma venne fermata da Jacob e, guardando bene oltre il corpo di Asher, notai Mason stringere i pugni.

«Vi state ammazzando!», urlò Fallon mentre ci raggiungeva.

«Fallon, rimani in disparte, cazzo. Non sono affari che ti riguardano», urlò Asher senza lasciarmi andare.

«State litigando per me! Vi chiedo di smetterla. Per favore, smettetela», ci implorò cercando di fermarci.

Provò a inserirsi tra di noi, ma non solo eravamo entrambi molto più forti di lei, in quel momento ci trovavamo così stretti in una morsa che non le lasciavamo spazio di manovra. Asher non smetteva di picchiarmi e di tirarmi calci, e io tentavo di parare i suoi colpi e, allo stesso tempo, di restituirgliene qualcuno. All'improvviso, in quell'intreccio di braccia e gambe, a farne le spese fu Fallon, che perse l'equilibrio, cadendo all'indietro e finendo per terra.

Ci bloccammo all'istante.

Il mio cuore si fermò, quando vidi sfrecciare diverse macchine che rischiavano di investirla.

«Fallon!», sentii urlare dalla voce spezzata dalla preoccupazione di Asher.

Accadde tutto in un paio di secondi, ma mi sembrò di assistere a quella scena al rallentatore. Fallon rimaneva per terra, non riusciva a muoversi, probabilmente a causa della botta alla schiena, a seguito dell'impatto con l'asfalto. Anche Mason si accorse di quello che stava succedendo e, prima che potesse essere investita, la tirò via dalla strada, facendole da scudo con il suo corpo.

Mason era un angelo custode, il nostro angelo custode.

«Fallon!», urlò nuovamente Asher, liberandosi dalla mia presa, alzandosi e andandole vicino.

Fallon tossì leggermente e subito dopo si rialzò, tenendosi una mano sulla schiena.

«Grazie», disse Asher rivolgendosi a Mason, e lui annuì.

«Fallon, perdonami. Ti ho spinta per sbaglio, stai bene?»

«Sì, sto bene. Ma sono estremamente arrabbiata. Dovete smetterla di comportarvi come due bambini, e tu devi capire che ho una testa pensante! So prendere le mie decisioni da sola, Asher!», urlò Fallon irata.

«Io voglio solo proteggerti», sussurrò Asher distrutto.

Nel frattempo, anche io li avevo raggiunti e non potei fare a meno di notare Elina e Jacob che stavano osservando la scena scioccati.

«Lo so, ma devi smetterla di impicciarti, Ash, per favore», concluse Fallon.

Capitolo 40

Oliver

«Jacob, non rompere le palle e passami quella pallina», affermai indicando una decorazione natalizia che Jacob stava rischiando di rompere.

«Okay, tieni», disse passandomela, per poi alzare le mani al cielo in segno di resa.

Io sorrisi e continuai a posizionare le palline su quel maestoso albero di Natale, pensando che era una tradizione decorare il covo tutti insieme, come se fossimo una vera e propria famiglia.

Amavo passare le feste natalizie con i miei amici, bere con loro tazze enormi di cioccolata calda.

In quel periodo l'atmosfera era calorosa, riuscivo a non avvertire più tutto il freddo che circondava la mia anima e mi sentivo stranamente leggero e felice, come se non avessi alcun tipo di problema. Ma poi, quando ricordavo che mia sorella era chiusa in una casa famiglia e che mia nonna era sola, lo sconforto prendeva il sopravvento.

«Ehi, Ol, tutto bene?», mi domandò Fallon posando una mano sulla mia spalla.

«Fall, stavo pensando a mia sorella e a mia nonna, sono sempre così sole durante le festività natalizie», affermai passandole un bastoncino di zucchero in vetro.

«E se le andassimo a prendere, il giorno prima di Natale? Che ne pensi? Joyle può inventarsi qualcosa per far uscire tua sorella per qualche ora dalla casa famiglia e tua nonna… be', lei la passiamo a prendere in macchina», concluse sorridendo, visto che quella sembrava la parte più facile.

«Sarebbe un'idea fantastica!».

«Ragazzi, la vigilia abbiamo ospiti!», urlò Fallon facendosi sentire da tutti.

«Ospiti?»

«La sorellina e la nonna di Ol e, per favore, mi riferisco a voi», affermò indicando Asher e Jacob, «non fateci fare cattiva figura», concluse assottigliando lo sguardo.

Posai lo sguardo su Elina, che sorrideva mentre Fallon parlava e urlava contro suo fratello e il suo migliore amico, e pensai che mesi prima mi sarei eccitato su quel corpo formoso.

Era stata dura per me accettare i miei gusti, capire che mi piacevano gli uomini e non le donne.
Avere a che fare con quella sfumatura di me non era stato facile, avevo passato giorni infernali, giorni nei quali mi vergognavo di me stesso e poi, quando un ragazzo dai capelli color oro improvvisamente era sbucato nella mia vita, mi ero sentito finalmente giusto.
Con lui era iniziato tutto per caso, dopo una miriade di sguardi fatali…
«Ragazzi, ricordate Aric?», domandai prendendo dallo scatolone una coccarda di vischio e altre decorazioni.
«Sì, la tua dannata cotta. Dio, mi hai fatto girare l'intero college qualche tempo fa solo per guardarlo da lontano», sbuffò Asher gettandosi sul divano.
«Be', noi… noi adesso siamo fidanzati».
«Ol, ma è una notizia stupenda!», urlò Fallon correndo verso di me per abbracciarmi e stamparmi un bacio sulla guancia.
«Sì, lo è».

Mi accasciai stremato sul letto, posizionando l'avambraccio sotto la testa.
Iniziai a riprendere fiato e dovetti posizionare una mano sullo stomaco a causa del fiatone.
Mi girai di lato, notando Aric guardarmi e sorridermi mentre intrecciava una mia piccola ciocca di capelli tra le dita.
«Allora? Come è andata la tua prima volta da bi?», domandò sorridendo ancora di più.
«È stata… Non riesco neppure a descrivere ciò che ho provato», ammisi sorridendo a quel ragazzo angelico, dai capelli color oro e gli occhi azzurri come il mare estivo.
«Dopo c'è il secondo round, ma prima voglio sapere perché ci hai messo così tanto per darmi una chance», disse simulando un piccolo broncio, adorabile.
«Per me non è stato facile accettare il mio orientamento sessuale, sono passato dall'amare le donne al desiderare follemente gli uomini, e poi ero del tutto intimidito da te, provavo un'enorme vergogna solo all'idea di parlarti. Ricordo che mi nascondevo dietro le colonne pur di vederti, cazzo!».
«Ah sì? Ti nascondevi dietro le colonne pur di vedermi? Io mi ricordo solo che, quando venivo a parlarti, scappavi via a gambe levate!», mi prese in giro, facendo scorrere la mano sul mio petto.
«Mi causavi disagio, e questa mano… Aric, chiudi la bocca e toccami come hai fatto prima», implorai impossessandomi delle sue labbra.
Mi sentivo pieno di vita grazie ad Aric. Grazie al mio angelo dai capelli dorati.

Fallon

«E dai, cazzo, attaccati!», sbraitai cercando di tenere ferma la carta da regalo, mentre le mie dita si attaccavano tra di loro a causa dello scotch.

Odiavo impacchettare i regali natalizi, non ero per niente brava e il risultato, quando non mi innervosivo fino a strappare tutta la carta in pezzetti molto piccoli, il più delle volte era pessimo.

Avevo in mano il regalo di Elina. Sapevo le sarebbe piaciuto tantissimo e per quel motivo iniziai a sorridere calorosamente mentre guardavo la confezione di shampoo e bagnoschiuma che stavo tentando di impacchettare.

Elina amava follemente i prodotti per il corpo, come me, quindi sapevo per certo di aver fatto la scelta giusta. Ritentai con la carta e lo scotch, intenzionata a fare del mio meglio. Finito con il suo, incartai anche i regali di Olive, Asher e Jacob, che erano identici.

Per loro avevo deciso di prendere dei set per pulire la PlayStation e il nuovo gioco di *Call of Duty* per il covo, dato che spesso e volentieri, dopo gli allenamenti, si piazzavano sul divano a giocare e nessuno riusciva a scollarli da lì.

Per ultimo, presi tra le mani il regalo che avevo comprato per Callum, sperando che gli sarebbe piaciuto tanto quanto piaceva a me.

Per lui avevo deciso di prendere un pugnale. Callum era abile con la pistola e nel combattimento corpo a corpo, ma non lo avevo mai visto utilizzare un pugnale. Chi lo sa, magari avrei potuto insegnargli qualcosa. Sarebbe stato bello essere dalla stessa parte, anche solo per allenarsi. Aprii la scatola e rimasi a fissare per qualche istante quell'arma, con un piccolo dettaglio viola sul manico.

Il pugnale era davvero stupendo, con quell'accostamento di quei due colori, il viola e il nero, che rappresentavano noi due.

Riposi l'arma nella sua confezione e feci del mio meglio per incartare il regalo con cura. Poi lo nascosi dentro la mia borsa, corsi in camera a recuperare la giacca e uscii.

Era il pomeriggio della vigilia di Natale e avevo promesso a Oliver che sarei andata con Elina e Asher a prendere sua nonna, mentre lui, Jacob e la sorellina erano occupati a cucinare la cena.

Una volta fuori, mi accorsi che Elina e Asher stavano litigando per chissà quale assurdo motivo. Non ci misero molto a rivolgere le loro grida verso di me perché ero in ritardo.

«Lo so, scusatemi, ma la carta da regalo è il mio personale inferno», provai a giustificarmi, salendo in auto. Non potei non notare un odore inconfondibile, una volta dentro.

«Ma vi siete fumati una canna? Asher, ti avevo avvisato, niente figure di merda!», esclamai dandogli un leggero schiaffo sulla nuca. Elina, seduta sul lato del passeggero, sghignazzava.

«Se non la smetti subito ce n'è anche per te!».

Dopo una decina di minuti, arrivammo davanti alla casa della nonna di Oliver, la signora Cindra.

Avevo conosciuto quell'anziana donna qualche anno prima. Era di una dolcezza disarmante e il suo accento francese era incredibilmente raffinato.

Quando la vidi, seduta fuori, sul porticato, ad aspettarci, mi scoppiò il cuore di gioia.

Asher suonò il clacson e lei ci sorrise. Sventolò la mano per salutarci, poi, con lentezza, si avvicinò all'auto. Io scesi per andarle incontro.

«Ciao, Cindra, da quanto tempo!», esclamai abbracciandola.

«Ragazzi miei, mi siete mancati tantissimo, come state? Tutto bene?», domandò una volta che si mise comoda, sui sedili posteriori dell'auto.

Passammo l'intero viaggio a chiacchierare del più e del meno, rispondendo alle domande piene di affetto che ci rivolse, glissando su certi argomenti scomodi e, quando arrivammo a casa di Oliver, Cindra scoppiò in lacrime vedendo sulla porta i suoi due nipoti.

Quel giorno era colmo di gioia e io mi sentivo veramente felice e piena, perché avevo una grande famiglia. Non ero sola.

Erano collassati tutti a causa del vino che avevano ingerito durante la cena e, guardandomi attorno, notai il caos più assoluto.

C'era la tavola ancora da sparecchiare e tutta la carta dei regali gettata alla rinfusa sul pavimento.

Mentre tutti dormivano mi occupai di sistemare alla meglio quel soggiorno, poi raccolsi i miei regali e li posizionai in un angolo.

Strinsi tra le mani la cornice che Asher aveva realizzato per me e sorrisi passando i polpastrelli sulla foto che ritraeva me e lui. Alzai lo sguardo e vidi mio fratello dormire beato sul divano. Mi avvicinai e lo coprii con un plaid.

Mi gettai nuovamente sul divano, e poco dopo mi arrivarono diversi messaggi sul telefono. Per fortuna avevo tolto la suoneria per non disturbare nessuno.

Sentii il cuore palpitare di gioia quando vidi che quei messaggi erano da parte di Callum.

Callum: Voglio passare ciò che rimane della vigilia di Natale con te. Voglio vederti, baciarti e parlarti fino a vedere l'alba colorare il cielo.

Fallon: Vuoi passare l'intera notte con me?

Callum: Se potessi, passerei l'intera vita con te. Coraggio, scendi, sono fuori casa di Oliver.

Cosa?

Come faceva a sapere dove mi trovavo?

Piena di stupore ed euforica per via della sorpresa indossai la giacca, presi la borsa e uscii fuori, vedendo in lontananza la macchina di Callum parcheggiata vicino al marciapiede.

Corsi verso la sua auto e mi infilai velocemente dentro. Per qualche secondo rimasi a guardare Callum, che indossava dei pantaloni color crema e una camicia bianca sbottonata sul petto.

I suoi capelli erano disordinati come sempre, ma il suo viso sembrava meno spento del solito.

«Come sapevi che ero a casa di Oliver?», domandai.

«Ho le mie fonti, Fallon. Ricorda che io sono il Corvo e se voglio sapere qualcosa, non ci metto nulla a scoprirla», disse dandomi un bacio sulle labbra.

«Dove andiamo?», chiesi quando si scostò da me e mise in moto.

«Voglio portarti in un posto. Solitamente ci vado quando mi sento solo, ma voglio farti conoscere anche questa parte della mia vita. Voglio mostrarti il mio posto», disse sorridendomi.

Quando arrivammo a destinazione, posteggiò l'auto e percorremmo un tratto di strada a piedi. Dopo una decina di minuti arrivammo in una sorta di radura, con degli alberi alti e verdi, che si mischiavano con il colore bruno del cielo notturno.

«Vieni, dammi la mano», mi esortò Callum allungando il braccio verso di me.

Insieme attraversammo una sorta di vicoletto nascosto, fino a raggiungere un punto panoramico delimitato da una ringhiera.

Ci appoggiamo al parapetto, e rimanemmo per qualche istante a contemplare la bellezza che ci circondava. Ammantati dal buio, guardavamo le luci della città sotto di noi, mentre le stelle facevano ancora una volta da spettatrici ai nostri incontri.

«Non ho mai visto una cosa del genere», affermai stupita.

«Neanche io, ma non mi riferisco né al panorama né alla luna, perché ormai sono abituato a vederli da questa posizione. Sto parlando del tuo viso», replicò Callum scostandomi una ciocca di capelli che mi ricadeva sulla guancia sinistra. «Sei una visione divina, Fallon».

Non riuscivo mai a rispondere quando mi faceva dei complimenti così diretti. Era strano sentirlo parlare con quel tono dolce e meravigliato, quando per anni ci eravamo rivolti solo parole piene di fiele. Mi chiesi per un momento quanto ci fosse di vero in quell'odio, e se magari non era soltanto un modo di proteggerci da un sentimento a cui, nessuno dei due, era preparato, incapaci come eravamo di affrontarlo e di accoglierlo nei nostri cuori.

«Call, ti ho preso un regalo per Natale», dissi, tentando di allontanarmi da quei pensieri. Presi il pacchetto dalla borsa e glielo porsi.
Callum iniziò a scartare la carta da regalo bianca e rossa.
«Fallon, è bellissimo», disse guardando il pugnale.
«L'ho preso perché simboleggia un po' noi. Nero e viola», affermai.
«È stupendo. Ma ora chiudi tu gli occhi, anche io ho una cosa per te».
Feci come mi chiese, e un attimo dopo sentii Callum prendermi una mano e depositarmi qualcosa sul palmo.
«Aprili».
Non appena lo feci, abbassai lo sguardo e vidi un piccolo pacchetto completamente nero.
Lo aprii e rimasi quasi stupita nel vedere che era una spilla, in oro e a forma di cuore, con inciso il titolo della mia canzone preferita.
«L'ho ascoltata così tante volte, che ormai è parte di me. Voglio ricordarti che tu ora fai parte di me, proprio come questa canzone», mi confidò, prima di baciarmi con passione e dolcezza.
Ogni bacio che ci scambiavamo sembrava portare con sé sempre nuove promesse.
«È bellissima, la indosso subito». La misi sul mio maglioncino nero: era perfetta. La scritta luccicava quando la luce lunare la toccava.
Io e Callum passammo tantissimo tempo a parlare e a baciarci e a parlare, senza accorgerci del tempo che stava scorrendo.
«Noi siamo il viola e il nero», disse Callum prendendo la mia mano.
«Noi siamo opposti, ma in realtà siamo quasi simili», risposi io.
«Anche il nostro passato è diverso, ma simile», continuò guardando davanti a sé.
«La vita ha deciso per entrambi, ha deciso di strapparci con la forza qualcosa di bello, ma noi siamo riusciti e riusciremo ad andare avanti, sempre, ora più che mai», dissi.
Si voltò verso di me e intravidi una sincerità disarmante nel suo sguardo.
«Io ho paura, paura che possa diventare senza cuore, che possa trattare con indifferenza mio figlio», mi confidò.
«Non succederà, Callum. L'amore per un figlio va oltre ogni limite», lo rassicurai sorridendo, e in quel momento sentii i miei occhi riempirsi di gioia.
«Tu vorresti dei figli, in futuro?», domandò terrorizzato.
«Sì, lo desidero da sempre», confessai sorridendo.
«Io non lo so, sento che non potrò mai avere questa gioia. O forse sono io che me ne sto privando», buttò fuori lui con l'amaro in bocca.
«È ancora presto per parlarne, ma io sono sicura che, se dovesse accaderti, saresti un ottimo padre».

«Guardami e non smettere mai di farlo», mi chiese lui prendendo il mio volto tra le mani.

Quella vigilia era stata perfetta, così come quel Natale, perché stava iniziando con il sapore di tabacco e mandarino. Un sapore che avrei voluto portare per sempre sulle labbra.

Capitolo 41

Fallon

Quella mattina ero intenta a decorare diverse candele con della semplice tempera colorata.

Amavo creare oggetti o dipingere, avevo sempre avuto la passione per i lavoretti manuali e ogni tanto avevo bisogno di un momento tutto mio per dedicarmi alle cose che mi piacevano e mi rilassavano.

Presi una candela bianca, immersi la punta del pennellino sottile nella tempera rossa e iniziai a creare dei pallini sulla cera. Ripetei quel passaggio fino a riempirla tutta, poi aggiunsi dei piccoli peduncoli verdi, dando vita in quel modo a delle ciliegine.

Il risultato finale mi piacque molto e decisi di farne altre, sperimentando, però, delle tecniche diverse.

Presi una candela lunga e completamente viola, riempii una scodella d'acqua calda e ve la immersi, riuscendo così a modellarla a mio piacimento.

Per farla indurire di nuovo, la infilai per qualche minuto nel freezer e successivamente iniziai a dipingerla, creando una serie di puntini, dando vita a un bellissimo e mostruoso tentacolo.

Amavo l'horror e stavo tentando di trasformare la mia camera, riempiendola di oggetti che rispecchiavano le mie passioni.

Mi guardai intorno e notai che per fare una cosa che mi piaceva avevo ridotto in condizioni pessime l'intero soggiorno tra pennelli, cera, bacinelle e tubetti aperti di tempera.

Passai il resto della mattinata a sistemare tutto, e una volta finito mi preparai il pranzo.

Dopo mangiato, mi ricordai che avevo chiesto a Jacob di vederci per parlare. Non ci eravamo ancora chiariti, avevamo messo in pausa qualsiasi tipo di ostilità per trascorrere un Natale sereno. Forse era arrivato il momento di risolvere quella faccenda, una volta per tutte. Asher era uscito con Oliver, prendendo l'auto, quindi io decisi di fare due passi, approfittando di una giornata dal cielo limpido e non troppo fredda.

Dopo un po', arrivai a casa del mio amico e citofonai. Quando arrivai alla porta di casa, mi accorsi che era già aperta.

«Jac?», domandai entrando.

«Fallon, vieni».
«Sei in cucina?»
«Sì, accomodati. Ti ho comprato le tue caramelle preferite, i vermicelli alla fragola».
«Jac, grazie, le adoro», affermai arrivando in cucina. Jacob mi porse una bustina colma di quelle caramelle squisite.
«Di cosa volevi parlarmi?», chiese lui sedendosi su uno dei due sgabelli, andando subito al punto.
«Come sai, non ne abbiamo più discusso da quel giorno al college, in mensa. Abbiamo semplicemente nascosto la polvere sotto il tappeto», constatai prendendo tra le labbra una caramella.
«Hai ragione. È stato anche per il bene degli altri. Ma adesso siamo solo noi due, Fallon. Prometto di ascoltarti, senza dare di matto». Jacob abbassò la testa, leggermente in imbarazzo per come mi aveva trattato l'ultima volta che avevamo affrontato l'argomento. Non avevo ricevuto da parte sue delle scuse, ma dal suo atteggiamento avevo capito che si era vergognato per essersi rivolto a me con quei toni. E io, comunque, non me la sentivo di biasimarlo del tutto.
«Jac, io voglio essere sincera, non voglio nasconderti più nulla. Siamo amici e non avrebbe senso continuare a fingere o a mentire», iniziai, facendo subito dopo una piccola pausa per pensare bene a come dire a Jacob che ero innamorata. «Io sto continuando a vedere Callum».
Jacob non parlò, vidi solo un sorriso amareggiato comparire sul suo viso.
«Lo sapevo, Fallon. Per tutto questo tempo ho sperato di vederti, ho sperato che mi dicessi che per te era stato un errore andare a letto con lui. Speravo che saresti venuta da me a dirmi che ero io il ragazzo che volevi, ma dentro di me sapevo già che i tuoi desideri non combaciavano con i miei», confessò amareggiato, e a quel punto capii che ciò che provava Jacob per me non era una semplice cotta.
«Jac, tu sei innamorato di me?»
«Fallon, ti prego, non mettermi più in ridicolo di così. Pensavo lo avessi capito, per anni ho avuto occhi solo per te, non ho fatto nulla con altre ragazze perché speravo di farle con te», continuò lui stringendo una mano a pugno sul tavolo della cucina.
«Jacob...».
«Fallon, fammi finire, per favore», mi chiese, e io lasciai che mi dicesse tutto quello che si portava dentro. «Non posso dirti di essere contento perché mentirei. Sono estremamente deluso da te e dal tuo cuore, che ha scelto una persona che non sono io. Ma non posso impedirti di vederlo, non ho voce in capitolo in questa faccenda. E non sarebbe nemmeno giusto da parte mia

privarti della felicità, solo perché non è capitata a me. O solo perché non l'hai trovata con me».

«Jacob, mi dispiace tanto… io non so cosa dire…».

«Credo che in questo caso le parole siano inutili, posso solo sperare che lui non ti faccia soffrire», affermò abbozzando un'espressione che non riuscii a decifrare. «Posso sapere una cosa? Una sola cosa e poi prometto che non tornerò più sull'argomento».

«Chiedimi ciò che vuoi», ribattei io, titubante. Ero intenzionata a concedere a Jacob tutta la verità, ma allo stesso tempo ero preoccupata per ciò che mi avrebbe domandato.

«Lo ami?».

Cazzo.

Ma ci eravamo spinti troppo oltre perché non fossi sincera. E Jacob meritava di sapere tutto, anche se la verità avrebbe solo sparso altro sale sulle sue ferite.

«Per anni pensavo che l'unico sentimento che potesse legarmi a Callum fosse l'odio. L'ho odiato talmente tanto che avevo il desiderio di ucciderlo, senza capire che era tutto un teatrino, una messinscena. Mi ostinavo a odiarlo e a mettermi in competizione con lui solo perché fa parte della gang rivale alla nostra. Era una sfida, ma anche un nascondersi. Ero la prima a voler soffocare qualsiasi altro tipo di sentimento, perché sarebbe stato troppo complicato farci i conti. Eppure, dentro di me era come se sapessi, se avessi sempre saputo, che quello non era odio. E più mi avvicinavo a lui, più lo conoscevo meglio, e più il mio inganno nei miei stessi confronti veniva allo scoperto. Ma mai avrei potuto immaginare di provare tutto questo amore», conclusi, quasi a corto di fiato. Parlarne a voce alta non era facile. E con Jacob era stato ancora più difficile, ma allo stesso tempo necessario.

«Mi basta questo. Mi basta sapere che lo ami».

«Jac?»

«Sì?»

«Tra di noi… è tutto come prima?». Non sapevo con quale coraggio glielo stessi chiedendo. Non era nemmeno giusto da parte mia pretendere che il nostro rapporto tornasse a quello che era stato, ma volevo bene a Jacob e speravo che il tempo ci avrebbe aiutato a colmare quella distanza che adesso ci divideva.

«Non lo so, Fallon. Non posso premere un interruttore e spegnere quello che provo per te, o la rabbia che ha alimentato la mia sofferenza. Ma quello che posso dirti è che non sono un mostro che porta rancore», disse, e io stavo per rispondergli quando sentii squillare il mio telefono.

«Fallon», sentii dire, dall'altro capo del telefono, dalla voce preoccupata di Mason.

«Mas, perché mi chiami? È successo qualcosa?»

«Si tratta di Callum. Credo sia stato ferito».

Mi cadde il mondo addosso.

«Cosa stai dicendo? Ne sei sicuro?», domandai preoccupata, l'ansia mi stava mangiando viva.

«Era in missione, ma quando l'ho chiamato per dargli il cambio, ho sentito solo urla di dolore dall'altro capo del telefono. Sto per andare da lui, te la senti di venire con me?»

«Sì, Mason, ovvio che vengo con te. Sono a casa di Jacob, sai dove abita?», chiesi io prendendo alla svelta la giacca.

«Sì, arrivo subito», mi disse, e io riagganciai.

«Fallon, cosa sta succedendo?», mi chiese Jacob.

«Jacob, mi dispiace, io devo andare».

«Dove? Perché sei così preoccupata e perché Mason ti chiama?», domandò cercando di tenere a bada la sua ira, ma in quel momento i miei pensieri erano tutti per Callum.

«Callum è in pericolo. Ha bisogno di me, Jac», affermai andando verso la porta mentre lui continuava a starmi alle calcagna.

«Hai deciso di mettere la tua vita in pericolo per lui?»

«Non si tratta solo di lui. Si tratta anche di me perché, se lui dovesse morire, io farei la sua stessa fine».

Jacob mi seguì fino a fuori, per strada. L'auto di Mason si fermò non appena mi vide e io ci salii veloce.

Jacob era ancora lì, così abbassai il finestrino.

«Non rischiare per lui», mi supplicò.

«Non posso lasciarlo da solo, lo capisci? Ha bisogno di me».

«Ci penserò io a lei, puoi stare tranquillo. La farò tornare a casa senza neppure un graffio», disse Mason rivolgendosi a Jacob, che lo guardò in cagnesco.

«Mas, parti», dissi dura, mentre rialzavo il finestrino facendo scomparire dietro il vetro oscurato il volto sconvolto del mio amico. Mi dispiaceva averlo trattato in quel modo, ma Callum era la mia priorità e forse così facendo Jacob lo avrebbe finalmente capito, una volta per tutte.

«Callum è forte, sono sicuro che sta bene. Deve stare bene», ripeteva Mason, spostando lo sguardo dalla strada a me.

«Elina?», gli chiesi.

«Eravamo insieme quando è successo. Ha insistito perché voleva venire anche lei dopo aver saputo che ti avrei chiamata per accompagnarmi, ma non posso avere un'altra distrazione, è già tanto se sto portando te», disse Mason scuotendo la testa.

«Perché?»

«Perché ho promesso a Callum che se lui non fosse riuscito a proteggerti lo avrei fatto io. Se dovesse succederti qualcosa, penso che domani mattina mi troverai al cimitero».

«Non mi succederà nulla», ribattei, ritrovando dentro di me la forza e la concentrazione di cui avevo bisogno in quel momento. «Puoi spiegarmi bene perché si è trovato in missione da solo?»

«Robert ha preferito mandare solo me e Callum perché la missione all'apparenza era piuttosto semplice. Ma qualcosa non è andato per il verso giusto. Lui avrebbe dovuto entrare e prendere delle provette, io avrei dovuto staccare le telecamere per consentirgli di agire senza conseguenze», spiegò Mason continuando a guidare.

«Che provette?»

«Stiamo controllando una sorta di distilleria. Abbiamo saputo che lì dentro creano del liquore a cui aggiungono della droga. Non è una roba che usano per sballarsi. Lo utilizzano nelle serate in discoteca, lo versano nei bicchieri delle ragazze per poi stuprarle». Mason non lesinò con i dettagli perché sapeva bene che con me non aveva bisogno di indorare la pillola. Entrambi avevamo visto in faccia il male, in tutte le sue forme, e ci facevamo i conti ogni giorno.

«Mas, ferma la macchina», dissi di colpo, quando sentii un tonfo sordo provenire dalla parte posteriore dell'auto.

«Fallon, non possiamo perdere altro tempo».

«Mason, credo che qualcuno si sia intrufolato nel tuo cofano». Gli esternai i miei sospetti e lui inchiodò.

«Vado a dare un'occhiata. Tu rimani in macchina e se dovessi mettermi in pericolo tu passa sul lato guidatore e scappa lontano».

«Mason…».

«Ricordi? Ho promesso a Callum di proteggerti». Scese dall'auto e aspettai che facesse il giro per imitarlo. Mi fulminò con lo sguardo per poi scuotere la testa, sapendo già che ogni altra discussione sarebbe stata inutile. Mason mise una mano sulla pistola che aveva dentro una fondina attaccata alla cintura dei pantaloni e con l'altra aprì il cofano di scatto.

«Oh, credo che mi abbiate scoperta».

Elina?!

«Cosa diamine ci fai, tu, nel mio cofano?», le domandò Mason rabbioso.

«Non potevo lasciarvi andare da soli», rispose lei candidamente.

«Credevamo ci fosse qualcuno pronto ad attaccarci!», urlai, aiutandola poi a farla uscire.

«Basta chiacchiere, salite in macchina entrambe, Callum ha bisogno di noi», sbraitò Mason entrando nuovamente in auto.

«Bene, ora sono due le principesse da proteggere».

Impiegammo altri venti minuti per arrivare a quella distilleria, era parecchio fuori mano.

«Rimanete vicino a me. Tutte e due. E, per una volta, fate come vi ho chiesto», ordinò Mason quando scendemmo dall'auto, guardandoci con un'espressione torva, dato che entrambe avevamo fatto di testa nostra in più di un'occasione.

Notai che non c'era nessun'altra auto nei paraggi e che non sentivo alcun rumore proveniente da quel grande capannone in cui stavamo entrando.

Avanzai con il magone, le mani mi tremavano, così come le gambe.

«Mas, qui dentro non c'è più nessuno», constatai mentre continuavo a cercare Callum.

«Lo sto notando anche io, Fallon, non credere che la situazione mi faccia stare tranquillo», replicò Mason.

Avanzammo, continuando a gridare il suo nome. Quel posto era enorme, non sapevamo quanto gravi fossero le condizioni di Callum e ogni minuto poteva risultare fatale per lui.

«Callum!», urlò anche Mason, ma nessuna voce roca rimbombò e nessun profumo di tabacco e mandarino si diffuse nell'aria. Si sentiva solo il riecheggiare delle nostre voci, che sbatteva violentemente su tutte quelle grosse taniche in acciaio colme di liquore.

«Dobbiamo dividerci», proposi, fermandomi. Mason mi diede ragione e ci separammo. Non potei non notare il cenno di intesa che si scambiarono lui e la mia migliore amica, e una fitta mi colpì dritta al cuore. Iniziavo ad avere seriamente paura di non essere arrivata in tempo per salvare Callum.

Mi addentrai in quella fabbrica, tra i vari macchinari, continuando a urlare il suo nome, ma di lui sembrava non esserci alcuna traccia fino a quando non sentii una flebile tosse.

Era *lui*. Il mio Corvo.

Corsi verso quel rumore, sperando di non essermi ingannata, di aver sentito bene, e poi lo vidi.

Tremai di paura, perché le sue condizioni sembravano davvero gravi.

Era steso a terra, in una pozza di sangue e non solo. La puzza era insopportabile.

Mi avvicinai e guardai con più attenzione il suo braccio destro: perdeva sangue e la pelle rischiava di staccarsi.

A quel punto capii: lo avevano ustionato.

«Callum, Callum, sono qui», sussurrai con le labbra tremanti, mentre mi gettavo sulle ginocchia accanto a lui.

«Fa… Fallon…», biascicò lui senza forze, con la fronte sudata, gli occhi semichiusi, mentre la pozza di sangue sotto di lui continuava ad allargarsi.

«Mason! Aiutami! Vi prego, aiutatemi!», urlai piangendo, cercando di farmi trovare. Callum chiuse gli occhi e la mia paura di colpo si tramutò in terrore. «Callum, guardami. Per favore, Callum, apri gli occhi», sussurrai scuotendolo leggermente.

«Elina! Qualcuno mi aiuti, vi prego!», ricominciai a gridare, e iniziai a piangere gettandomi sul corpo di Callum. «Fallo per me, per favore, apri gli occhi. Ti prometto che ora tutto questo dolore finirà», affermai, e in quell'esatto momento i suoi occhi lottarono per aprirsi nuovamente.

«Sei bella», sussurrò lievemente. «Donami un sorriso. Voglio vederti sorridere, Fallon, voglio vedere il tuo sorriso per l'ultima volta», continuò

«No! Non lo vedrai per l'ultima volta. Callum, tu vivrai».

«Sono felice. Fallon, sono felice di vedere te, ma perché sei venuta? Perché hai messo a repentaglio la tua vita per me?», continuò, facendo contorcere il mio stomaco in una stretta morsa di preoccupazione.

«Perché se tu muori morirò anche io». Piansi, mantenendo la sua mano stretta nella mia. «Mason!», urlai continuando a piangere, e finalmente quei due mi raggiunsero.

«Cal! Callum!», gridò Mason togliendosi la felpa. «Andrà tutto bene, amico, non mollare», disse prendendo in mano la situazione, mentre io non riuscivo a smettere di piangere, e in un attimo anche Elina cominciò a essere scossa dai singhiozzi. «Prima di portarlo in ospedale devo assicurarmi che non ci siano infezioni», dichiarò chinandosi sulla ferita del suo amico. «Non ho garze sterili, o pomate da potergli mettere. Vedete se in giro trovate delle stoffe pulite, così almeno potremmo coprirgli le ferite».

«Dammi la mano», biascicò Callum. Io guardai lui, poi la mia amica, la quale mi fece un cenno facendomi intendere che ci avrebbe pensato lei e che avrei potuto rimanere accanto a Callum. Gli strinsi la mano, mentre non riuscivo a smettere di piangere.

Vederlo soffrire mi stava uccidendo, volevo quasi risucchiare tutto il suo dolore per alleggerirlo.

Dopo un po' Elina tornò con quello che riuscì a trovare, e che si dimostrò essere solo una soluzione provvisoria.

«Elina, prendi le chiavi dalla mia tasca. Fallon, tu aiutami a portare Callum in macchina, sta perdendo troppo sangue, ha bisogno di un medico», biascicò Mason, mantenendo però la lucidità che serviva per portare in salvo Callum.

«Guardami, per favore, Callum. Guardami e non lasciarci», lo pregai nuovamente, mentre avanzavo insieme a Mason, con il corpo di Callum appeso al mio e a quello del suo migliore amico. La strada a ritroso mi sembrò ancora più lunga. Una volta in auto, io e Callum ci sistemammo sui sedili posteriori e io non smettevo di implorarlo di non lasciarmi. Mason si mise alla guida e sfrecciò verso l'ospedale più vicino.

«Ci siamo quasi, tu continua a tenere gli occhi aperti. Sei stato bravissimo, tieni duro ancora un po'», dissi a Callum e, quando vidi l'entrata del pronto soccorso, tirai un sospiro di sollievo.

Mason ed Elina scesero dall'auto, chiedendo aiuto a gran voce, e poco dopo vidi un paio di infermieri e un medico correre verso di noi.

Presero Callum e lo stesero su una barella, mentre io, Elina e Mason gli correvamo dietro.

«Fall, andrà tutto bene», mi disse Elina stringendomi a lei quando un paio di infermiere ci dissero che non avremmo potuto proseguire oltre, e che si sarebbero presi cura loro di Callum.

«Elina, io... io non posso perderlo». Piansi avvolta nel suo abbraccio, mentre lei mi accarezzava i capelli.

«Non lo perderai. Callum è forte, nessuno di noi perderà il Corvo», si inserì Mason, che ci invitò a sederci sulle sedie della sala d'attesa. «Lo ami?», domandò poi d'un tratto.

«Vorrei esserci io su quella barella, vorrei prendermi io tutto il suo dolore. Questa ti basta come risposta?».

Nessuno di noi tre parlò più. Rimanemmo in silenzio, mentre il tempo sembrava non scorrere mai.

«Con chi posso parlare?», domandò improvvisamente un medico, venendoci incontro con in mano una cartella clinica. Ci alzammo di scatto tutti e tre.

«Siamo tutti suoi amici», disse Elina, stupendomi.

Il medico fece un cenno con il capo.

«Non c'è nessun parente?»

«No, dottore», disse Mason senza specificare se intendesse lì, in quel momento, o in generale, fuori da quella sala d'attesa. Evidentemente il dottore, considerata l'urgenza, decise di credere alla seconda opzione.

«Il ragazzo ha perso molto sangue, la pelle del braccio è completamente squarciata, serve una trasfusione di AB negativo», disse il medico.

«Io! Io sono AB negativo», urlò Elina, facendomi tranquillizzare.

«Mi segua, spero che ne serva solo una. Stiamo facendo dei controlli per accertarci che non ci siano infezioni di alcun tipo, ma vi dico già che le sue condizioni sono poco stabili».

Subito dopo Elina scomparve insieme al medico, e io mi gettai a terra, in ginocchio, squarciata dal dolore.

Il respiro mi si bloccò per qualche secondo, mi sembrava di non riuscire a incamerare ossigeno.

«Fallon», mi chiamò Mason chinandosi su di me e tenendomi stretta.

«Non può morire!», urlai lasciandomi andare tra le sue braccia.

«Non morirà, Fallon, lui non morirà», mi continuava a ripetere Mason, sorreggendomi. «Stai andando in iperventilazione», constatò quando si accorse che stavo avendo difficoltà a respirare. «Guardami, respira con me», mi suggerì prendendo il mio viso tra le sue mani. Mason iniziò a inspirare dal naso e a espirare dalla bocca, invitandomi a imitarlo.

«Brava, Fallon, stai andando bene, continua così».

Piano piano, il mio cuore tornò a un ritmo più regolare, e la mia gola sembrò di nuovo aprirsi.

«Stai meglio?»

«Sì, credo di sì, grazie», affermai mettendomi una mano sul petto.

Mason mi guardò con un'espressione seria, poi mi invitò ad alzarmi e a mettermi seduta su una sedia.

«Appena Elina esce, dovete andarvene. Vi lascio la mia auto».

«Cosa?! No! Io non vado da nessuna parte».

«Fallon, io devo avvisare Bonnie e il resto dei DarkBlood di quello che sta succedendo. E non possono trovarvi qui», mi fece ragionare lui. Sua sorella doveva vedere Callum, aspettarlo fuori dalla sala operatoria. Tra tutti noi, era l'unica ad averne pieno diritto, anche se io sentivo che non era così. «Ti chiamo quando tutti se ne saranno andati. Cercheremo di fare così fino a quando lui non si rimetterà», continuò proprio nel momento in cui vidi Elina tornare. Mason spiegò anche a lei cosa mi aveva suggerito, e subito dopo la mia amica si rivolse a me, usando un tono dolce che mi arrivò dritto al cuore.

«Fallon, coraggio, andiamo». Anche lei capiva la situazione e scommetto che le sembrava assurda tanto quanto a me.

«Non è in sé, pensa tu a lei», le raccomandò Mason, mentre io mi lasciavo guidare da Elina fuori da quell'ospedale.

Quando uscii fuori, il vento muoveva le foglie degli alberi, ma io non riuscivo a sentirlo sulla pelle.

Non sentivo nulla, solo il dolore, la preoccupazione.

Avevo paura di non rivedere mai più gli occhi color nocciola di Callum, di non sentire più il suo profumo di tabacco e mandarino.

Avevo paura di non poter più toccare la sua pelle colma di cicatrici, i suoi capelli bruni, di non vedere più il suo sorriso o di non ascoltare più la sua voce. Di non sentire più le sue mani sul mio corpo e il sapore dei suoi baci. Senza di lui sarei morta, non avevo alcun dubbio.

Capitolo 42

Fallon

Un giorno dopo

Erano le tre del mattino, stavo cercando di fare il minor rumore possibile perché a breve sarei uscita di casa per andare in ospedale.

Asher dormiva ed era convinto che stessi facendo altrettanto, ma in realtà non avevo chiuso occhio.

Il pensiero di Callum, steso su un letto d'ospedale, a lottare tra la vita e la morte, mi tartassava.

Sentivo il cuore rimbombare mentre l'anima si sgualciva. Se Callum non si fosse risvegliato, la mia anima si sarebbe sgretolata.

Misi le scarpe e silenziosamente mi calai giù dalla finestra della mia camera.

Pensai a quando Callum era salito di nascosto e avevamo fatto l'amore, trattenendo a stento i gemiti per non farci scoprire da mio fratello. Il ricordo di lui, di noi insieme, era così doloroso da mozzarmi il respiro. Una volta in strada, vidi in lontananza la macchina di Mason.

Corsi per raggiungerlo e quando entrai notai che Mason respirava affannosamente.

«Stai bene?»

«Callum ha subito un secondo intervento, ora lo hanno attaccato a diversi macchinari».

Il sangue mi si gelò nelle vene.

«Lui starà bene, io ne sono convinta, Mas. Callum è forte», sussurrai cercando di dare conforto a Mason, quando in realtà stavo tentando di rasserenare me stessa.

«Sì, non pensiamo al peggio. È nelle mani di un'equipe medica bravissima». Mason guidava verso l'ospedale. «Gli altri se ne sono andati, ma torneranno domani mattina presto… in realtà, tra qualche ora, quindi devi essere fuori per le cinque. Vuoi che ti accompagni?», chiese premuroso mentre tratteneva a stento uno sbadiglio.

Per un momento pensai a quanto doveva essere dura anche per Mason, tra la preoccupazione per il suo amico, il mentire agli altri e il non potersi vivere il suo, di amore. Io e lui avevamo molto in comune, in quella parentesi delle nostre esistenze.

«Grazie, Mason. Per tutto. Dico sul serio, non eri tenuto e io non so davvero come ringraziarti».

«Fallon, non devi, sai che sono a tua disposizione. E non solo perché il mio migliore amico mi ha chiesto di proteggerti, ma anche perché ormai mi sono affezionato a te».

«Mas, vale lo stesso per me. Se non ci fossi stato tu, probabilmente sarei morta di crepacuore», risposi sorridendo, mentre lui fermava la macchina.

«Coraggio, il tuo Callum ti aspetta. Ti mostro in che modo riusciremo a raggiungere la sua stanza», fece Mason scendendo dall'auto.

A quell'ora non erano certo consentite delle visite, così lo seguii verso la scala antincendio. Da lì, si accedeva a un ballatoio e a una serie di finestre. Quella della camera di Callum era rimasta aperta.

«Sii forte, ricorda che lui starà bene. Io ti aspetto di sotto, così poi ti riaccompagno a casa», mi disse Mason sorridendomi e dandomi una pacca sulla spalla sinistra.

Io sorrisi e mi infilai nella stanza, venendo investita all'istante dall'odore forte e nauseante del disinfettante.

Mi avvicinai al letto dove Callum riposava, inerme. Per fortuna, gli avevano fatto avere una stanza tutta per lui, non c'era nessun altro paziente.

Mi accostai al suo letto e vidi i suoi capelli ricadergli sulla fronte, leggermente scompigliati.

Sul petto aveva attaccate tantissime ventose che, attraverso un tubo, erano a loro volta collegate a una macchina. Su un braccio aveva attaccata una flebo, mentre l'altro era completamente avvolto da garze sterili, macchiate di sangue.

Presi con delicatezza la sua mano e iniziai a singhiozzare, perché vederlo in quel modo mi uccideva.

«Per favore, svegliati. Callum, torna da me, ti scongiuro», sussurrai.

Quando capii che non potevo rimanere un attimo di più in quella stanza, perché se fossi rimasta avrei urlato dal dolore che la vista di Callum in quelle condizioni mi provocava, mi allontanai indietreggiando. Ripercorsi il tragitto che avevo fatto poco prima e, una volta a terra, corsi da Mason, il quale mi accolse tra le sue braccia.

«Non ci riesco… non riesco a guardarlo». Piansi sul suo petto, mentre le sue mani cercavano di placare il mio tremore.

«Fa male, Fallon, lo so. Ma lui starà bene, deve solo riprendere le forze».

«Non posso perderlo», affermai singhiozzando. Avevo perso il conto di quante volte avevo pronunciato quella frase. Forse speravo che si sarebbe tutto aggiustato solo con la mia forza di volontà, con il mio desiderio più grande, ma sapevo bene che non era così.

«Non lo perderai. Nessuno di noi perderà il Corvo dei DarkBlood», disse Mason continuando a stringermi a sé.

«Mi prometti che si sveglierà?», domandai alzando il viso verso quello di Mason.

«Te lo prometto».

Una settimana dopo

La persona che volevo al mio fianco, l'unica che volevo vicina, si trovava stesa su un letto d'ospedale. Mi sentivo sola, come una piccola gocciolina di pioggia in balia di una tempesta.

Quella notte, come le precedenti, mi trovavo fuori dall'ospedale e stavo aspettando che Mason mi mandasse il messaggio che mi avvisava che potevo entrare, che avevo via libera.

Pensai ad Asher.

Mio fratello aveva saputo quello che era successo a Callum, naturalmente. Ed ero certa che aveva anche capito cosa stavo combinando, ma aveva scelto di non immischiarsi.

Del resto, anche lui era molto preoccupato, io lo sapevo. Lo avevo visto più volte steso sul letto, a fissare il soffitto. Lo avevo sentito addirittura piangere, ma era come se l'odio che ormai si era impossessato del suo corpo gli impedisse di rimediare.

I miei pensieri vennero bruscamente risvegliati dalla suoneria del mio telefono. Lessi il nome di Mason che mi scriveva che potevo entrare. Feci il percorso che mi aveva indicato il primo giorno, ed entrai nella stanza di Callum. Non appena lo vidi, non riuscii a trattenere le lacrime. Mi sembrava di non fare altro che piangere, nell'ultima settimana, ma il mio corpo aveva ancora dolore da buttare fuori.

«Perché? Perché mi stai facendo così male?», domandai baciando la sua mano. «Non sono più la stessa, senza di te sono una persona che non aspetta altro che la morte. Mi stai uccidendo. Mi uccide vederti così», continuai sfogando tutto il mio dolore. «Torna da me. Continua a essere il Corvo che vuole battersi con me a ogni costo».

Quando capii che lui non si sarebbe mosso, mi girai e notai che qualcuno aveva messo sul comodino tutti gli effetti personali di Callum. Tra le sue cose, c'era quello che un tempo era stato il mio iPod.

Iniziai a piangere più forte quando, una volta acceso, mi accorsi che c'era la canzone *Atlantis* nella home. Presi le cuffie, mi accoccolai con delicatezza accanto a lui sul letto, e inserii l'auricolare sinistro nel suo orecchio e quello destro nel mio.

Passai diverse ore in quella posizione, con quella canzone che risuonava incessantemente nelle nostre orecchie, fino a quando Mason non venne a strattonarmi per un braccio dicendomi che dovevo andarmene.

A malincuore baciai le labbra di Callum e sgattaiolai fuori, seguita da Mason. Eravamo appena saliti sul ballatoio quando sentimmo delle voci dentro la stanza. Ci bloccammo, sia per non essere scoperti nel caso in cui avessi fatto rumore, sia per ascoltare cosa dicessero.

«Bonnie, cosa dicono i dottori?», sentii chiedere da Thomas.

«È stabile, deve solo svegliarsi dal coma farmacologico».

«Il braccio?», chiese invece Harry.

«Rimarrà ferito e pieno di cicatrici. I medici hanno fatto di tutto, hanno prelevato della pelle dall'interno coscia e l'hanno ricucita in alcune zone del braccio, ma rimarrà comunque pieno di segni».

Sul corpo di Callum sarebbe rimasta impressa anche quella nuova battaglia contro la morte. Sarebbe stata l'ennesima dimostrazione di quanto fosse forte, coraggioso. Amavo già tutte le sue cicatrici, anche le cicatrici che si era inferto da solo. Avrei amato anche quelle.

Un mese dopo

Ero in ospedale, come il giorno precedente, quello prima e l'altro prima ancora.

Ormai la mia routine era quella. Passavo le mie giornate a casa, a disegnare o dipingere, o a recuperare un po' di sonno, a dire bugie a mio fratello Asher e uscire di notte, quando Mason mi diceva che avevo via libera per andare a trovare Callum.

Non avevo voglia di fare niente, il mio mondo si era spento. Joyle non mi coinvolgeva più nelle missioni e il college… be', ormai era tempo che non seguivo le lezioni. Del resto, in entrambi i casi, come avrei potuto concentrarmi?

Era notte fonda, come sempre mi trovavo con la testa poggiata sul petto di Callum. Lo toccavo, mi dicevo che era vivo anche se mi sembrava di averlo perso.

Aspettavo di sentire anche il minimo movimento proveniente dal suo corpo.

«Allora non scherzavi quando dicevi che volevi uccidermi, Callum, era tutto vero», sussurrai guardando il suo viso. «Mi stai uccidendo, continuando a non svegliarti, lo sai questo?», aggiunsi, e improvvisamente sentii una voce roca risuonare nell'aria.

«Per morire devi prima uccidere me, piccola Fallon».

Non era vero, stavo forse sognando?

«Callum! Oddio, tu… tu sei sveglio!», esclamai scoppiando a piangere.

«Ehi, piano, mio piccolo terremoto», sussurrò lui dolorante.

«Callum, io… scusami, ma sono diverse notti che spero di vederti sveglio e adesso non riesco a contenere la mia felicità», dissi abbracciandolo, cercando di stare il più possibile attenta ai fili e ai vari tubi attaccati al suo corpo.

«Hai passato le tue notti con me», disse, e la sua non era una domanda.

«Da quasi dieci giorni, sì. Di nascosto, ovviamente, e con la complicità di Mason, altrimenti tua sorella avrebbe dato di matto se mi avesse trovata nel tuo letto», gli raccontai sorridendo.

«Svegliarmi e vedere te… non potevo desiderare altro», affermò lui facendomi avvicinare alle sue labbra carnose.

Capitolo 43

Callum

In quel lasso di tempo era come se avessi vissuto una vita parallela.

Io non riuscivo a muovermi, nemmeno ad aprire gli occhi, ma sapevo tutto ciò che stava succedendo attorno a me. Ne ero consapevole.

Sapevo che Bonnie era distrutta, che piangeva e che le sue lacrime cadevano su di me.

Sapevo che Mason, Thomas e Harry non stavano giocando più a *COD*, perché volevano aspettare che io mi svegliassi per stracciarmi.

Sapevo che Fallon, quella piccola ragazzina impertinente, scappava di casa e che Mason la andava a prendere per farla entrare di nascosto in quella stanza d'ospedale.

Percepivo il cuore vibrare quando le sue manine toccavano il mio corpo o quando i suoi capelli solleticavano il mio petto coperto da ventose.

Quando sentivo che era vicino a me, avrei voluto aprire gli occhi, dirle che l'amavo e che non l'avrei più lasciata.

Lottavo contro il mio stesso corpo per riuscire a stringerle la mano, per avvicinarla a me, ma non ci riuscivo.

Stavo male, perché lei piangeva su di me, si dimenava, e io volevo fare qualcosa per far cessare il suo dolore, ma non potevo, ero rinchiuso nel mio stesso corpo.

Quel pomeriggio mi alzai dal letto e inghiottii tre pasticche: una serviva ad alleviare il dolore, un'altra a espandere i vasi sanguigni e l'altra ancora a tenere la pressione sotto controllo. I medici mi avevano spiegato tutto, ma io avevo fatto attenzione a tratti. Non riuscivo ancora a concentrarmi appieno, ma cercavo di seguire alla lettera le prescrizioni che mi avevano dato, prima di dimettermi.

Mi avvicinai allo specchio, barcollando leggermente.

Avevo cercato di non guardare le condizioni del mio braccio, ma dovevo vederlo, era giunto il momento.

Avevo ancora una fasciatura leggera, così decisi di scioglierla. Una volta tolte tutte le bende, lo guardai con attenzione. Il braccio era integro, ma era un miscuglio di cicatrici e bruciature.

La pelle era rossa, a tratti violacea, ed era dannatamente raggrinzita.
Tutti i miei tatuaggi che si trovavano in quella zona erano spariti, non c'era neppure più un tratto di inchiostro, solo cicatrici.
Guardai ancora il braccio e iniziai a tirare dei forti pizzichi su quella pelle martoriata, sentendo un dolore immane espandersi in tutto il resto del corpo, che mi piegò in due.
Lo odiavo. Odiavo un'altra parte di me.
Ero già colmo di cicatrici che, ogni giorno, mi ricordavano cosa avessi passato e ora, nel vedere quella pelle schifosa e deturpata, mi sentivo nuovamente cadere nel baratro più oscuro.
Mi alzai, cercando di riprendere un barlume di lucidità e presi il telefono.
Stavo aspettando con ansia e preoccupazione un'e-mail da parte del dottore.
Mi aveva sottoposto a una serie di esami, perché aveva riscontrato qualcosa che non lo convinceva del tutto, e adesso ero in attesa di conoscerne i risultati. Era come se sentissi che c'era in me qualcosa che non andava. Anche se rischiavo di farli preoccupare ancora di più, dopo tutto quello che era successo, avevo avvisato sia Bonnie che i miei amici di quegli ulteriori esami. Volevo che fossero preparati al peggio, come me.
Decisi di farmi da mangiare. Su una cosa erano stati tutti categorici, in ospedale: avrei dovuto rimettermi in forma. Presi dal frigo una bistecca, e posizionai una padella sul fuoco per riscaldarla. Dopo un po' misi a cuocere la carne e, un attimo prima di girarla, sentii la notifica di una nuova e-mail in entrata. Era da parte del medico che mi aveva preso in cura.

Buonasera,
le analisi sono arrivate, le ho già controllate e preferirei parlarne di persona.
Ti ho fissato un appuntamento per oggi pomeriggio, alle 16.
Ti aspetto.

Il cuore iniziò a battere più forte a causa dell'ansia.
Perché non mi aveva mandato i referti in allegato? Voleva vedermi per darmi delle brutte notizie?
Mi sforzai di mangiare almeno metà della carne che mi ero cucinato, anche se mi costò enorme fatica.
Avevo paura.
Una paura totalizzante, che bloccava gli arti ed era capace di creare un nodo all'altezza del petto, mozzandomi il respiro. Andai in bagno, mi sciacquai il viso e misi i polsi sotto il getto dell'acqua fredda. Sul mio volto, oltre i segni di quello che avevo passato, era evidente la preoccupazione per quello che mi avrebbe detto il medico.

Tergiversare era inutile, dovevo sapere, conoscere cosa mi stava succedendo. Andai nella mia stanza facendo attenzione a non sbattere o muovere troppo il braccio. Anche se era guarito, dovevo comunque avere accortezza nei movimenti, perché la pelle tirava in una maniera incredibile e dovevo ancora abituarmi del tutto a quella nuova sensazione. Mi vestii, cercando di indossare qualcosa che riuscisse a farmi muovere con più agilità.

Ero pronto per scoprire cosa la vita avesse deciso al posto mio, a quale ulteriore pena avesse deciso di sottopormi.

Quando arrivai in auto, mandai un messaggio a Bonnie per avvisarla. Lei era al corrente di quali analisi mi avevano fatto all'ospedale, quindi doveva sapere che erano pronte e che forse la nostra vita rischiava di cambiare.

Mi misi alla guida e, mentre il piede schiacciava sull'acceleratore, sul parabrezza della mia macchina svolazzarono foglie secche e polvere di nebbia.

Era una giornata uggiosa e piovosa, e tutta quella tristezza mi stava entrando dentro. Come se non ne fossi già pieno, quel grigio sembrava che mi potesse inghiottire da un momento all'altro.

Arrivai all'ospedale e, dopo aver parcheggiato l'auto, varcai la porta automatica in vetro.

L'odore di quel posto era nauseabondo.

Cercai lo studio del dottor Jekmis, l'uomo che aveva seguito il mio percorso di guarigione.

Bussai, e quando sentii il suo invito a entrare mi precipitai dentro.

«Callum, buonasera», esordì alzando gli occhi, incorniciati da un paio di occhiali gialli.

«Buonasera».

«Siediti, giovanotto, prendo le tue analisi e parliamo». Si girò verso il computer e cercò il file in cui c'era segnato il mio futuro. «Quando abbiamo discusso, poco dopo il tuo risveglio, mi hai detto che in passato hai avuto diverse crisi. Ne abbiamo parlato anche se non erano direttamente collegate a quello che ti è successo al braccio, ma io comunque ho voluto vederci chiaro. Mi puoi spiegare bene che tipo di crisi hai avuto?», chiese lui con gentilezza.

«Era come se sentissi ogni muscolo del mio corpo bloccarsi, delle volte capitava alle braccia, altre alle gambe. Non ci ho dato troppo peso, sembravano attacchi di panico, ma dopo che ne abbiamo parlato ho iniziato ad avere dei dubbi».

«Hai detto che tuo padre era affetto da sclerosi multipla, sai dirmi a che età ha avuto i primi sintomi?»

«Che io ricordi aveva circa trent'anni, era nata da poco mia sorella minore. Sta cercando di dirmi qualcosa, dottore?»

«Callum, ascolta bene ciò che sto per comunicarti. Ho fatto diverse analisi e da esse è emerso che hai la sindrome clinicamente isolata di sclerosi multipla. Dagli accertamenti che ho effettuato su di te, ho riscontrato una lesione a carico del sistema nervoso. Ma Callum, devi stare tranquillo».

«Di che si tratta, dottore? E come potrei mai stare tranquillo dopo una notizia del genere?»

«Attualmente hai avuto dei sintomi, ma ciò non significa che tra oggi o domani ti ritroverai su una sedia a rotelle. Non funziona così questa malattia, e soprattutto varia da persona a persona», disse il medico guardandomi con calma.

«Può spiegarmi meglio?»

«La sindrome clinicamente isolata non si sviluppa sempre in sclerosi multipla. È necessario monitorarti, vedere se si verificheranno altri episodi nel tempo, e controllare l'eventuale comparsa di nuove lesioni in altre parti del sistema nervoso centrale per confermare una diagnosi di sclerosi multipla. Magari passeranno degli anni, forse non succederà nulla, ma nel frattempo è bene iniziare una cura farmacologica», continuò lui.

«Non c'è una cura, sono tutte stronzate! Finirò in sedia a rotelle nel giro di qualche anno. La storia di mio padre non ha avuto un lieto fine e non l'avrà neppure la mia», affermai rabbioso.

«Non lo puoi sapere, nessuno di noi lo sa. E non è vero quello che dici, ci sono diverse cure e io ho già stilato il tuo piano terapeutico dopo aver controllato tutte le analisi e gli esami. È vero, la sclerosi non è curabile, ma oggi la medicina ha fatto enormi passi in avanti e noi stiamo agendo in maniera preventiva, con largo anticipo, dopo le prime avvisaglie. Con i farmaci giusti riusciremo a rallentare il suo decorso, e tu vivrai una vita normale, Callum. Certo, avrai dei momenti no, ma caro ragazzo, chi è che non li ha?». Tentò di fare una battuta per sdrammatizzare.

«Mi sta dicendo davvero che vivrò una vita normale?», domandai terrorizzato.

«Sì, Callum, vivrai una vita normale», mi ripeté con dolcezza.

«Potrò avere figli?»

«La scelta di procreare è tua, questa malattia non rende mica sterili! Dovrai però essere consapevole che la tua prole potrebbe riscontrarla. Non è ereditaria, ma diversi studi hanno riscontrato che un figlio potrebbe ammalarsi».

Cazzo, no.

«Bene, come procediamo adesso?»

«Stavo per dirtelo. Ti prescrivo un farmaco innovativo, devi prenderlo due volte al giorno, tutti i giorni, e poi fare dei check-up periodici». Mi stampò i referti e mi diede una prescrizione. «Callum, so che non hai ricevuto una bella notizia, ma come ti ho detto vivrai una vita normale. Basta seguire con attenzione la cura, e continuare a monitorarsi sempre, in modo da tenere la malattia costantemente sotto controllo», disse lui congedandomi.

Una volta fuori dal suo studio, nella mia testa esplose il caos.

Avevo paura; anche se il dottore aveva detto che la mia sclerosi era diversa da quella che aveva afflitto mio padre, e che avrei vissuto una vita normale, la paura di morire era dietro l'angolo.

Quando entrai in macchina scoppiai a piangere, un pianto pieno di terrore, di paura.

Dovevo dirlo ai miei amici.

Cercai di riprendermi, guidai fino al covo, e quando entrai tutti si girarono a guardarmi e sbiancarono nel vedere il mio volto distrutto dal dolore.

«Call, cosa succede?», domandò Bonnie preoccupata.

«Si è presa anche me. La sclerosi si è presa anche il mio corpo», sussurrai fissando tutti con le lacrime agli occhi.

«No! Non è possibile!», urlò Bonnie gettandosi per terra, mentre le braccia di Harry la cingevano con forza.

Io non persi tempo, spiegai tutto ai miei amici e a Robert che, sentendo tutto quel baccano, era corso in sala relax.

«Il medico ha ragione, Callum, non devi preoccuparti. La malattia non si è ancora manifestata e con le cure riuscirai a rallentarla», disse Robert ripetendo quello che il dottore mi aveva spiegato.

«Mi caccerai?», domandai io.

«Hai bevuto, per caso? Perché mai dovrei cacciarti?», replicò Robert sconvolto, ma io non risposi. «Ti manderò ancora là fuori, Callum. L'unica cosa che devi promettermi è che, quando non ti sentirai bene, me lo dirai, mi sono spiegato? Ricordati sempre che nelle tue mani c'è anche la vita di tutti gli altri componenti della gang, e sulle tue condizioni di salute dovrai sempre essere onesto».

«Sì, Robert, lo farò, hai la mia parola».

Dopo aver parlato con Robert, mi avvicinai a mia sorella.

«Ehi, Bon, va tutto bene. Devi stare tranquilla», continuai mentre mi abbassavo su di lei, che era ancora accasciata a terra.

«La sclerosi mi ha già portato via papà, io non voglio perdere anche te», disse lei tra un singhiozzo e l'altro.

«Bonnie, non dirlo, non succederà, hai capito?», risposi io, mentre un tarlo doloroso si impossessava della mia mente.

Fallon. Lei doveva sapere.

«Cerca di stare tranquilla, io devo andare ora, ho delle cose da fare», affermai biascicando. «Harry, pensa a mia sorella», sussurrai al mio amico un attimo prima di uscire dal covo.

Quando entrai nuovamente in macchina sapevo già dove andare.

Mi ritrovai sotto casa di Fallon come se avessi guidato con il pilota automatico. Le mandai un messaggio dicendole che ero lì, e che mi avrebbe trovato dentro la mia auto, parcheggiata poco più avanti. Passarono pochi minuti e la vidi. Quando notò la mia macchina, corse verso di me. Dio, quanto era bella. Era possibile sentire il cuore smettere di battere e poi riprendere velocissimo?

Non le lasciai il tempo di entrare che la presi e le diedi un bacio.

«Callum, cosa ci fai qui?», mi chiese quando riuscimmo a staccarci.

«Devo parlarti», affermai togliendole una ciocca di capelli dal viso. «Fallon, io...», cominciai, ma subito le lacrime mi impedirono di continuare.

«Ehi, cosa succede?»

«Ho la sclerosi», buttai fuori, in un soffio, prima di non trovare più il coraggio per farlo.

La vidi sobbalzare, ma la sua incertezza durò un attimo. Prese subito in mano la situazione, decisa. Come faceva quando era là fuori e calcolava tutte le opzioni per uscirne viva, Fallon sembrava aver deciso quale sarebbe stato il piano per affrontare anche quella sfida che la vita ci stava mettendo davanti.

«Va tutto bene. Andrà tutto bene, ne sono certa», disse, allargando le braccia e facendomi appoggiare la testa sul suo ventre.

«Ho paura», sussurrai piangendo in silenzio, mentre le sue mani accarezzavano dolcemente la mia testa.

«No, Callum, non devi avere paura. Io sarò con te. La affronteremo insieme, mano nella mano, *sempre*».

«Il dottore ha detto che dovrò iniziare una cura, per rallentare il decorso della malattia, forse... forse finirò sulla sedia a rotelle, ma non è detto, e comunque pare che sia questione di anni, di certo non di mesi».

«Vedi? Andrà tutto bene, Callum. Io lo so, so che andrà tutto per il meglio».

«Tu credi che io non morirò?», domandai alzando lo sguardo sul suo viso.

«Non morirai, dovrai prima passare sul mio cadavere, Callum», rispose perentoria Fallon.

La guardai negli occhi e capii che le sue parole erano le uniche a cui avrei creduto. Fallon era il mio posto sicuro e, se lei fosse rimasta al mio fianco, avrei potuto lasciare andare un po' di paura.

Capitolo 44

Bonnie

«No! No! Per favore, no! Callum! Callum, svegliati! Torna da me, torna da me», urlai nel sonno, presa da un incubo che era fin troppo vivido.

«Bon», sentii dire dalla voce roca di Harry, che iniziò a scuotere il mio corpo.

«No, Callum, no!», continuai. Non riuscivo a svegliarmi, in nessun modo.

«Bonnie, svegliati, Bonnie!», urlò Harry, e in quel momento riuscii ad aprire gli occhi.

«Harry!», esclamai scoppiando a piangere.

«Cazzo, mi hai fatto preoccupare, cosa è successo?», domandò stringendo il mio corpo tra le sue braccia.

«Io ho sognato che Callum… che lui moriva a causa della malattia, Harry. Ho paura», risposi tra le lacrime.

«Ehi, Bonnie, guardarmi».

Alzai lo sguardo sul suo viso e lui iniziò a tracciare dei piccoli cerchi sulla mia guancia.

«Callum starà bene, ma devi stare bene anche tu. Non riesco a vederti così. Devi combattere, bimba, devi lottare contro i tuoi pensieri, non puoi arrenderti a loro», disse sorridendo flebilmente.

«Harry?», domandai poggiando nuovamente la testa sul suo petto, inspirando quel profumo pungente al melograno che amavo.

«Sì, mio piccolo anice stellato?»

«Non lasciarmi mai, va bene?»

«Mai, Bonnie. Non ti lascerò mai», promise baciando le mie labbra.

Mi risvegliai sentendo la testa dolere.

Erano giorni che non dormivo bene, preda di incubi che avevano come protagonisti Callum, mio padre e la loro malattia.

Ero distrutta.

La morte di mio padre mi aveva sfibrata, aveva diviso la mia anima in tanti piccoli pezzi, e dopo la scoperta di Callum sembrava che non fosse rimasto più nulla di integro.

Non volevo perdere mio fratello, lui era l'unica persona in grado di capire ogni parte di me.

Mi alzai dal letto e andai in camera di Callum. Da quando era stato dimesso dall'ospedale, avevo scoperto il suo segreto. I primi giorni, dovendolo aiutare a vestirsi e a lavarsi, era stato impossibile non vedere la sua schiena.

Quando aprii l'armadio e trovai una scatola in latta rossa, mi sentii male e al tempo stesso ne rimasi affascinata.

Mio fratello si puniva, si puniva con il dolore fisico, e in quel momento mi chiesi cosa provasse quando lo faceva. Mi domandai se quel dolore gli era stato d'aiuto; se anche io, punendomi come faceva lui, avrei potuto sentirmi sollevata. Se pure io avrei potuto alleggerirmi dei pesi che mi opprimevano il cuore.

Presi la frusta che era contenuta all'interno di quella scatola e mi spogliai, rimanendo in intimo.

Mi guardai allo specchio, notando quanto ero dimagrita nell'ultimo periodo.

Le ossa sporgevano, soprattutto quelle del bacino e della spina dorsale.

Usai la frusta contro di me, contro la pelle delle gambe e della pancia.

La pelle si arrossò velocemente, ma io continuai, piangendo. Solo in quel modo riuscii a capire quello che mio fratello aveva fatto a sé stesso per anni. E che io ero stata lì, a due passi dalla sua stanza, senza mai accorgermi di nulla. E peggio, senza fare nulla per aiutarlo.

Piansi, fino a quando non sentii dei passi riecheggiare nel corridoio.

«Bon. Cosa cazzo stai facendo?», domandò Callum correndo nella mia direzione, ma io non risposi, continuai a frustarmi le gambe.

«Bonnie! Bonnie, ferma!», esclamò Callum spaventato, cercando di togliermi dalle mani quella frusta, mentre io non la smettevo di piangere.

«No! Callum, no!».

«Bon, guardami! Guardami, ho detto», mi ordinò, e il suo tono mi spinse a fare quello che mi chiedeva. «Così, brava, continua a guardarmi. Dammi la frusta. Va tutto bene, Bonnie, devi solo darla a me», disse, questa volta con più gentilezza, allungando le mani verso di me.

Io gli restituii la frusta, e mi gettai sul suo corpo, scossa dai singhiozzi.

«Va tutto bene, va tutto bene», mi ripeteva mio fratello, dondolandomi tra le sue braccia, e lasciandomi tanti piccoli baci tra i capelli. «Ci sono io con te, non me ne vado», continuò, lenendo una piccola parte della mia anima e del mio cuore.

«Callum, non lasciarmi», sussurrai distrutta.

«Bonnie, non ti lascio», disse lui, scostandomi leggermente per guardare le ferite che mi ero inflitta. «Vieni, appoggiati a me. Dobbiamo curarle». Mi prese in braccio e mi stese sul suo letto.

Mi sentivo al sicuro in quella stanza adesso che c'era anche lui.
«Perché lo hai fatto?», domandò passando un batuffolo intriso di disinfettante sulle ferite sulle gambe e sull'addome.
«Tu lo hai fatto per anni senza che io lo venissi a scoprire. Mi sento male per non esserti stata vicina, dovevo fare qualcosa».
«Bonnie, non è colpa tua», affermò alzando lo sguardo su di me.
«Call, io ho paura che la malattia possa portarti via da me».
«Non devi avere paura, io rimarrò sempre con te, Bonnie», disse Callum baciando ogni mia ferita. «Senti dolore?»
«No, ora non più», replicai, mentre mio fratello si stendeva accanto a me, dopo aver curato ogni ferita.
«Mi hai fatto spaventare».
«Scusa, non volevo».
«Non fa nulla, ora stai bene e questa è l'unica cosa che conta».
Stavo per rispondergli, quando vidi una polaroid attaccata alla mensola posta sopra la sua scrivania.
Quella foto raffigurava lui e Fallon, che sorridevano facendo delle facce buffe.
Anche se ero gelosa e ancora arrabbiata, mi venne spontaneo sorridere, perché mio fratello sembrava realmente libero e felice con lei.
«Call?»
«Sì?»
«La ami?», domandai continuando a guardare quella polaroid.
«Bonnie, io non voglio mentirti».
«E allora non farlo».
Mio fratello rimase qualche secondo in silenzio, poi tornò a parlare.
«La amo più di quanto ami me stesso. Fallon mi ha salvato, ha preso la mia mano e mi ha tirato fuori dal buio che mi stava inghiottendo. Era tutto buio, Bonnie, e poi lei hai fatto risplendere la luce».
«Non ti impedirò di amarla», dissi, anche se percepivo una punta di gelosia a seguito della sua confessione. «Ma promettimi che non mi lascerai mai sola».
«Te lo prometto, Bon. Non ti lascerò mai sola».

Fallon

«Fallon, sei pronta?», domandò Elina finendo di agganciarsi la cintura con le armi in vita.
«Sì, ci sono, andiamo».
Quella sera dovevamo andare in missione solo io e lei, gli altri erano occupati in un altro incarico, che Joyle stava preparando da mesi.

Io ed Elina dovevamo recarci al cimitero medievale di Fogsville. Joyle aveva scoperto che due uomini appartenenti al gruppo criminale della Cistfolla stavano occupando quel luogo per i loro affari illeciti e a noi due era stato ordinato di eliminarli. Era difficile concentrarsi, non pensare a Callum e alle notizie sulla sua salute, ma quando ero in missione era fondamentale rimanere concentrata sull'obiettivo, o avrei potuto diventare un facile bersaglio.

Parcheggiamo l'auto e raggiungemmo l'ingresso del cimitero a piedi.

«Joyle mi ha mandato la mappa. Il nascondiglio di Josuè dovrebbe trovarsi sotto la tomba di un certo Alberto Rodriguez, si trova nella zona est del cimitero. Come indicazione mi ha dato un grande salice», affermai.

«Arrampichiamoci su quella roccia e scavalchiamo il cancello», propose Elina posando un piede sulla roccia.

Scavalcammo il cancello e ci ritrovammo nel cimitero medievale. Quel posto metteva i brividi.

Le lapidi antiche sbucavano dal terreno ed erano circondate da foglie secche e rami di quercia. La nebbia rendeva l'ambiente cupo e terrificante, ma mai così tanto da spaventare due Daggers.

«Eccolo, lì c'è un grande salice», disse Elina indicando un grosso albero dalle foglie scure.

Assieme lo raggiungemmo e sulla destra, proprio come mi aveva detto Joyle, trovammo la tomba di Alberto Rodriguez.

«Bene, da qualche parte dovrebbe esserci l'ingresso al nascondiglio… eccolo», dissi aprendo una botola che trovai dentro la cappella.

Non si vedeva nulla, solo una scala a chiocciola in ferro battuto.

«Dobbiamo scendere laggiù?», domandò Elina.

«Sì, coraggio, El, possiamo farcela».

«Attenta a dove metti i piedi, qui è tutto buio e scivoloso, cazzo», imprecò la mia amica.

Arrivai alla fine delle scale e sentii un tanfo di animali morti e di muffa. Stavo per addentrarmi in un corridoio lungo e stretto, quando sentii una mano tapparmi le labbra e bloccarmi il respiro.

«Sei in trappola, bambolina», sentii dire da una voce glaciale e, alzando lo sguardo verso il viso del mio aggressore, notai che era coperto dal cappuccio della tunica nera che indossava.

Iniziai a divincolarmi, ma la sua presa era ferrea.

Mentre tentavo di lottare, vidi il corpo inerme di Elina stretto tra le braccia di un altro uomo che indossava la stessa tunica. Ma prima che potessi fare qualsiasi cosa, i miei occhi si chiusero.

Quando aprii di nuovo gli occhi, avevo un mal di testa infernale.

Cercai di mettere a fuoco l'ambiente che mi circondava e mi accorsi che mi trovavo in una sorta di bunker sotterraneo, maledettamente umido e bagnato.

Avevo le mani e le caviglie legate e, girandomi di lato, vidi Elina nella mia stessa situazione.

«El, cazzo, cosa facciamo?», domandai cercando di spezzare le fascette con cui ero stata immobilizzata.

«Cazzo, non riesco a muovere le mani per arrivare alla cintura e prendere il pugnale», ribatté divincolandosi.

Iniziai a muovere le mani, a fare forza, ma l'unica cosa che riuscii a ottenere fu logorarmi la pelle fino a farla sanguinare.

«Fallon! Basta, Fallon, stai sanguinando!», urlò Elina preoccupata, e un attimo dopo udii un tonfo e la voce di Callum.

«Dove cazzo sono? Bastardi, dove cazzo sono?».

Mi girai verso Elina e tirai un sospiro di sollievo quando, poco dopo, sentii dei passi.

«Vi abbiamo in pugno, merde bastarde, avete due secondi per parlare», urlò Mason arrivando davanti a noi due, insieme a Callum.

«Bene, bene, oggi avevo proprio voglia di giocare con un'arma diversa dalla pistola», fece Callum guardandomi. Si avvicinò a me e, notando i miei polsi sporchi di sangue, si morse l'interno delle guance a causa del nervosismo. «Tra due minuti sono da te», sussurrò baciandomi la fronte dopo aver preso dalla mia cintura il pugnale.

Callum si girò verso l'uomo che ci aveva rese prigioniere.

«Lo sai, vero, che sei morto? Lo sai che hai solo due secondi di autonomia?», disse subito dopo stringendo il collo di Josuè. «Le mani di Fallon, i suoi polsi, sono pieni di sangue, sai cosa vuol dire?», continuò ridendo. «Vuol dire che ora io sporcherò le mie mani con il tuo», urlò pugnalandolo alla gamba.

«Oh, cazzo, ora sì che mi diverto», sostenne Mason dando man forte al suo amico.

«Meritate di morire, solo questo meritate, perché avete osato toccare loro», urlò Callum con gli occhi iniettati di rabbia. Lui e Mason uccisero i due uomini che ci avevano prese, poi ci raggiunsero per liberarci.

«Dio, i tuoi polsi», disse tagliando via le fascette che bloccavano ogni mio movimento.

«Non è nulla, Call», lo tranquillizzai io cercando di alzarmi, ma le gambe cedettero, e se non ci fosse stato il suo corpo marmoreo a reggermi sarei caduta di nuovo su quel pavimento lurido e bagnato.

«Appoggiati a me, ci sono io», affermò sorreggendomi.

Io sorrisi, guardai Elina tra le braccia di Mason, poi tornai con gli occhi su Callum e mentalmente ringraziai chiunque fosse in ascolto in quel momento per avermi fatto incontrare persone così speciali.

Capitolo 45

Fallon

«Cazzo», sbraitai correndo in direzione della sezione psichiatrica di quell'ospedale abbandonato, in preda all'ansia.

Thomas Murphy stava correndo dietro di me e mi stava letteralmente alle calcagna.

«È inutile che scappi, Fallon, io ti prenderò», disse convinto.

«Dai, fermati, sorellina», continuò scoppiando a ridere.

«Fottiti, Thomas, non mi prenderai mai», urlai io gettando dietro di me delle taniche vuote che avevo trovato in quel corridoio.

«Bastarda!», strepitò cadendoci sopra, e io ebbi il tempo di correre il più lontano possibile da lui e dalla pistola che stava stringendo tra le mani, riuscendo in quel modo a depistarlo e, infatti, poco dopo, non sentii più i suoi passi pesanti e veloci che seguivano i miei.

Lo avevo incontrato poco dopo l'inizio della missione, mentre stavo cercando la preda.

Mi ero imbattuta nei suoi occhi smeraldo, nei quali non fu difficile scorgere il suo desiderio: vendetta.

Corsi per quanto fiato avevo in corpo, fino a quando raggiunsi una stanza in cui aleggiava un profumo che conoscevo fin troppo bene.

«Callum», dissi, accorgendomi un attimo dopo che la preda riversava inerme in una pozza di sangue.

Vidi il suo corpo muscoloso avvicinarsi al mio. Le sue mani erano sporche di sangue e in una stringeva una margherita viola, appassita e scarna.

«Fallon, vieni, devo parlarti», disse facendomi preoccupare.

Ci allontanammo dal corpo di quell'uomo, e andammo vicino a una finestra, dalla quale arrivava la fioca luce dei lampioni della strada.

«La vedi questa margherita?», domandò facendo ruotare lo stelo tra pollice e indice. «La conservo da mesi. Per anni ho odiato vederla, ma stranamente sentivo anche il bisogno di farlo. Speravo che arrivassi prima di me, volevo sentire il tuo profumo, quel profumo che fingevo di detestare, ma che in realtà mi faceva andare in estasi», disse avvicinandosi a me.

«Callum».

«Fammi finire, per favore, Fallon, ho bisogno di finire», mi chiese posizionando un dito sulle mie labbra. «Ti ho odiata per anni. L'odio che provavo nei tuoi confronti era così potente che ha rischiato di distruggermi. I tuoi capelli neri e lunghi, i tuoi occhi... li odiavo così tanto perché non riuscivo a smettere di desiderarli. Per tutti questi anni mi sono detto che non vedevo l'ora di andare in missione perché dovevo arrivare a tutti i costi prima di te, perché dovevo infastidirti, dovevo terrorizzarti, ma la verità, Fallon, era un'altra e la nascondevo persino a me stesso. La verità era che io volevo a tutti i costi vederti durante le missioni perché ero maledettamente preoccupato per te. Volevo proteggere la sorellina del mio ex migliore amico, volevo preservare quella bambina che ama mangiare caramelle a forma di verme, che ama disegnare e leggere. Non volevo, per nessun motivo al mondo, essere costretto a vederti inerme o svenuta in una pozza di sangue; *io* dovevo proteggerti. Con il tempo ho capito che l'odio era tutta una menzogna. Era l'unica scusa che avevo per creare un legame con te. Facevo finta di odiarti per starti vicino e, per un periodo di tempo, mi è anche andata bene, ma poi ho deciso di mandare tutto all'aria e di farti mia. Ed è stato incredibile. La verità è che ti amo, Fallon, ti ho sempre amata. Non posso prometterti che sarà facile, sarei bugiardo a dirti una cosa del genere, ma una promessa voglio fartela. Ti prometto che sarò per sempre al tuo fianco, che, se cadrai, io cadrò con te e ti darò la forza di rialzarti di nuovo. Perché l'amore che provo per te mi tiene in vita, cazzo».

Mi *amava*.

Callum mi amava per davvero.

Sentivo le lacrime scendermi lungo le guance e sorrisi. Era come se il mio corpo non sapesse come esprimere la felicità che provava, e stesse cercando ogni modo possibile per esternarla.

«Ti amo, piccola Daggers, e ti amerò per sempre».

Lo baciai, mi aggrappai alle sue spalle e continuai a riempirlo di baci.

«Anche io ti amo, Callum, e voglio urlarlo al mondo intero!», esclamai.

«Non puoi capire quanto cazzo sto bene ora che ti ho detto tutto».

«Saremo sempre noi, Callum, sempre Fallon e Callum. Due nemici che sono diventati amanti».

«Due *opposti*, che sono stati sempre *simili*», ribatté lui sfiorando le mie labbra con le sue.

Poco dopo, dovetti separarmi da lui, a malincuore.

Eravamo ancora in missione. Riuscii a raggiungere Elina e Jacob, che nel frattempo erano riusciti a uccidere la seconda preda. Dovevamo andarcene da quel posto.

Mentre stavamo camminando verso l'uscita, ci imbattemmo in Callum il quale, appena vide la mano di Jacob sulla mia spalla, iniziò a contrarre la mascella con forza.

«Togli quelle sudicie mani da lei», ringhiò Callum a denti stretti.
Jacob non si mosse, ma sentii la sua presa farsi più serrata.
«Toglile. Ora», ordinò Callum.
«Sono il suo migliore amico».
«Non me ne fotte un cazzo. Non devi toccarla, mai».
«Callum, va tutto bene», affermai io mettendomi in mezzo.
«No, non va bene. Sei mia, Fallon. Jacob deve capirlo», disse avvicinandosi a me.
Vidi il mio migliore amico aggrottare le sopracciglia e Callum iniziare a ridere.
«Vuoi forse una dimostrazione?», domandò Callum afferrandomi per i fianchi.
Mi baciò e fu un bacio passionale e possessivo.
«Ho capito, non serve continuare», disse Jacob nervosamente. «È tua, hai chiarito il punto, ma lascia che ti dica una cosa», proseguì Jacob avvicinando il viso a quello di Callum mentre io mi scostavo. «È la mia migliore amica e su questo tu non devi avere voce in capitolo».
«Se le tue mani non toccheranno il suo corpo, per me non ci sarà alcun problema. In caso contrario, ti farò pentire di averla toccata».

«Callum, sei sicuro che Bonnie non sia a casa? Non ho alcuna intenzione di litigare con lei», gli dissi mentre apriva la porta di casa sua.
«Non c'è, puoi stare tranquilla», ribatté lui prendendo la mia mano e guidandomi verso la sua camera. «Voglio che il mio letto odori di te, Fallon. Questa sera voglio dormire avvolto dal tuo odore», disse spintonandomi sul letto.
«L'ultima volta che sono stata in questa stanza sono uscita con una ferita», ricordai ridendo.
«Anche questa volta uscirai da questa stanza dolorante, ma solo perché ti avrò scopato per bene», sussurrò avvicinandosi a me per spogliarmi.
Io cercai di abbassare la zip dei suoi jeans, ma lui me lo impedì.
«Voglio leccarti, Fallon», disse perentorio allargandomi le cosce, per poi posare le sue labbra su di me.
Sentivo la pallina del suo piercing alla lingua solleticarmi il clitoride ed era una sensazione maledettamente piacevole.
«Dio, Callum, continua», gemetti inarcando il più possibile la schiena, mentre il piacere iniziava a solleticarmi tutto il corpo.
La sua lingua iniziò a muoversi più veloce e sussultai quando inserì prima l'indice e poi il medio.
«Fallon, sei così bagnata», osservò prima di succhiare per qualche secondo il mio clitoride turgido e umido. «Non vedo l'ora di spingere il mio cazzo dentro di te», disse continuando ad alternare le dita alla lingua.

Io mi leccai le labbra, le morsi e iniziai a stringere i suoi capelli con forza, poi mi allontanai.

«Voglio succhiartelo, Callum», dichiarai decisa e vogliosa. Callum non se lo fece ripetere. Si tolse i pantaloni e i boxer e io sentii l'acquolina in bocca quando vidi spuntare la sua erezione.

«Io però non voglio smettere di leccarti, quindi ci toccherà trovare una posizione che accontenti entrambi», affermò, e io sorrisi, capendo ciò che intendeva.

Ci distendemmo di fianco, occupandoci l'uno del piacere dell'altra. Gememmo entrambi, mentre ci mangiavamo. Callum mi stringeva il sedere, con quel suo fare possessivo che mi avrebbe lasciato dei segni sulla pelle, mentre io sentivo il suo cazzo duro e pulsante fino in gola.

Dopo un po' cambiai posizione, mi girai e mi misi a cavalcioni su di lui, posizionando le mie mani sul suo petto.

«Ora voglio che mi scopi», dissi iniziando a muovere i fianchi e accogliendolo tutto, dentro di me.

«Oddio», gemette socchiudendo le palpebre a causa del piacere troppo intenso. «Muoviti così, Fallon, non ti fermare», mi esortò afferrandomi i fianchi e dettando il ritmo del mio movimento. Le sue mani mi scorrevano addosso, stringendomi i seni e passando sul mio ventre, mentre con il pollice Callum cercava di darmi altro piacere dove i nostri corpi si univano. Poi mi stringeva di nuovo, spingendomi in avanti e indietro, in modo tale che la frizione del mio clitoride sul suo pube fosse ancora più intensa. Io ero del tutto rapita dai suoi gesti e dalle sensazioni che mi stava facendo provare.

«Callum, io… sto per… sto per venire», gemetti.

«Vieni su di me, perché io verrò dentro di te», affermò aumentando il ritmo e scopandomi con forza.

Le spinte erano talmente tanto forti che sentivo un rimbombo nello stomaco e il mio clitoride ormai era così tanto in tensione che avvertivo il bisogno di venire.

Quando venni iniziai a tremare, scossa da un orgasmo talmente intenso che per un momento mi sembrò di aver perso lucidità.

Ma Callum non era intenzionato a fermarsi. Mi incitava a continuare stimolando ancora la mia zona più sensibile.

«Callum, cazzo, sì», urlai sentendo di nuovo il piacere montarmi dentro e propagarsi in ogni fibra del mio essere.

Un altro orgasmo esplose dentro di me, mentre il suo cazzo continuava a spingere. Anche Callum stava per raggiungere il culmine del piacere, ed era uno spettacolo mozzafiato vederlo del tutto abbandonato a quella sensazione. Mi riempii e crollai sul suo petto, esausta.

Entrambi avevamo il fiatone, come se avessimo corso per arrivare fino a lì. Ma del resto, giungere a quel punto, stretti l'uno tra le braccia dell'altra, non era certo stata una passeggiata.

Anche dopo che i nostri respiri si placarono, rimanemmo attaccati, senza mai smettere di toccarci. Lui mi scostò i capelli dal viso e io a passai l'indice sul braccio ferito.

«È abominevole», disse guardando la mia mano muoversi sulle sue cicatrici.

«No, non lo è. È solo un'altra conferma della tua forza», replicai sorridendo flebilmente.

«Sarebbe un episodio da dimenticare, ma io mi tengo stretto il ricordo di quel giorno, e sai perché? Perché pensavo che sarei morto, ma poi ho visto il tuo viso. Quel giorno, sì, è stato una conferma, come hai appena detto, ma del fatto che tu mi hai salvato, Fallon. E avevi cominciato ancora prima che io me ne rendessi conto. Tu sei la mia salvezza».

Capitolo 46

Callum

Non riuscivo a crederci.

Avevo finalmente confidato tutti i miei sentimenti a Fallon, a quella ragazzina impertinente che amava cacciarsi nei guai e spingere giù anche me.

L'amavo e, con lei al mio fianco, sarei riuscito a superare ogni difficoltà.

Quel pomeriggio mi trovavo fuori dall'ospedale di Fogsville, stavo fumando una sigaretta e tra le mani stringevo il foglio con le prenotazioni degli esami che mi aveva prescritto il dottore che mi stava seguendo.

Erano passate diverse settimane da quando avevo iniziato la cura per tentare di rallentare il decorso della mia malattia e quel giorno avrei dovuto fare diverse analisi per capire se continuare con quel medicinale o se cambiarlo.

Ero molto fiducioso, il mio sesto senso mi diceva che quella cura era adatta a me.

Finita la sigaretta entrai in ospedale e mi incamminai verso il reparto che mi avevano indicato. Mancavano pochi minuti all'orario della mia visita, così mi misi ad aspettare.

Quando finalmente la porta si aprì, vidi uscire un uomo sulla sessantina, su una sedia a rotelle.

Ingoiai un groppo di saliva, perché sapevo che quella, prima o poi, sarebbe stata la mia vita, ma per il momento dovevo cercare di essere ottimista.

L'uomo mi guardò, proprio nell'esatto momento in cui il dottore mi salutò chiamandomi per nome.

Sorrisi e l'uomo mi imitò, capendo tutto e provando a lasciarmi un piccolo conforto.

«Prego, Callum, entra pure», disse facendomi accomodare nel suo studio.

Mi sedetti e presi dalla tasca il pacchetto dei medicinali che stavo assumendo insieme ai referti delle analisi che avevo fatto qualche giorno prima.

«Sono un po' stropicciati», mi scusai accennando un sorriso, quando gli allungai quei fogli che avevo ripiegato più volte.

Il dottore mi sorrise di rimando e si mise a controllare tutti gli esiti con attenzione, prendendosi il suo tempo, prima di parlare.

«Le analisi sono tutte buone, non c'è nulla che non va. Il farmaco che ti ho dato funziona e si sta dimostrando perfetto per te. Direi che puoi continuare ad assumerlo, ma è chiaro che continueremo a monitorarti con analisi periodiche, in modo tale che, se ci dovessero essere dei cambiamenti, potremo intervenire immediatamente e rivedere la terapia farmaceutica».

Tirai un sospiro di sollievo.

«Adesso siediti sul lettino, ti visito».

Il medico iniziò col verificare l'elasticità degli arti, prima delle braccia poi delle gambe, e infine passò ai piedi.

«Hai avuto altri momenti di blocco degli arti o della bocca?», chiese gentilmente.

«No, fortunatamente no».

«Allora il farmaco sta facendo effetto. Te ne prescrivo due confezioni, così sei coperto per i prossimi due mesi. Quando stanno per finire, vai a farti di nuovo le analisi e poi torna da me, così ti teniamo sotto controllo in modo costante».

«Va bene».

«Ti prenoto già adesso la visita di controllo», disse lui prendendo un blocchetto di fogli e una penna a forma di supposta che mi fece sorridere.

«Va bene, allora ci vediamo tra due mesi. Grazie di tutto», dissi prima di uscire dal suo studio.

Quando uscii dall'ospedale e mi infilai nella mia auto, non ebbi nemmeno il tempo di pensare a quanto mi sentissi sollevato, perché quella sera avevamo una missione.

La preda si chiamava Albert Frakmort e aveva dato vita a una vera e propria organizzazione che vendeva donne, alcune come schiave, altre come escort. Quando non gli servivano più, le uccideva e batteva i loro organi all'asta, sul mercato nero.

Sapevo che i ragazzi erano a casa di Harry, così li raggiunsi.

Quando mi venne ad aprire, notai le condizioni pietose in cui versava il suo soggiorno: bottiglie di birra sparse in ogni angolo, buste di patatine abbandonate per terra, posaceneri stracolmi di mozziconi.

«Lo so, mi ci vorrà un giorno intero per pulire il casino che hanno fatto Mason e Thomas», disse Harry scuotendo la testa in segno di disapprovazione. Non sembrava affatto contento di quella situazione.

«Muovetevi a finire questa benedetta partita, la missione ci aspetta», dissi io prendendo posto sul divano.

Dopo circa mezz'ora andammo a casa mia, visto che Bonnie aveva preso in tintoria i nostri completi eleganti. Dovevamo solo cambiarci in modo da passare inosservati in mezzo ai clienti dell'hotel dove avremmo trovato la nostra preda. Bonnie ci stava aspettando, indossando un elegantissimo vestito color rubino, che faceva contrasto con i suoi capelli biondi e i suoi occhi chiarissimi.

«La tua bellezza mi lascia senza fiato», sussurrai dandole un bacio sulla guancia.

«Ti voglio bene», rispose lei sorridendo, per poi lanciarsi tra le braccia di Harry, che la strinse come se avesse paura che potesse sparire da un momento all'altro.

«I vestiti sono tutti in camera di Callum, dopo passate da me che vi aggiusto il papillon. Quando ve lo mettete da soli è sempre tutto storto», osservò mia sorella lasciando le braccia del suo amato.

Io e i miei amici entrammo nella mia camera, dove Bonnie aveva sistemato sul letto i quattro vestiti eleganti che aveva ritirato. Erano tutti neri, come il papillon, ed erano abbinati a quattro camicie bianche.

Mi chiusi in bagno per cambiarmi. Nessuno doveva vedere le mie cicatrici sulla schiena. Quando mi spogliai, davanti allo specchio, non riuscii a non soffermarmi su quelle che avevo sul braccio.

Guardai ogni strato di pelle, ogni duna creata con la carne, i piccoli segni lasciati dai punti di sutura. Nonostante quello che mi aveva detto Fallon e ciò che le avevo spiegato io in merito a quel giorno, non riuscivo ancora a fare del tutto pace con quello che vedevo. Per una volta decisi di essere indulgente nei miei stessi confronti e di concedermi del tempo. Con Fallon al mio fianco, mi ripetei, sarei stato in grado di superare qualsiasi cosa.

Uscii dal bagno dopo aver indossato il completo e mi sedetti sul letto per infilare le scarpe eleganti.

«Non toccare la mia collezione di fumetti», sbraitai, notando che Harry stava prendendo tra le mani i miei amati volumi di *Corto Maltese*, che avevo ereditato da mio padre.

«Stavo solo dando un'occhiata», si giustificò lui rimettendoli al suo posto.

«Ci sono molto legato», replicai come a volermi scusare per lo scatto d'ira.

«Non preoccuparti, Call. Ora andiamo da Bonnie e facciamoci sistemare questo maledetto papillon», fece Harry.

«Dai, mettetevi in fila», disse Bonnie divertita non appena ci vide entrare in soggiorno. L'accontentammo e lei si occupò a turno di ognuno di noi. Quando toccò a me, sapevo già che il mio papillon era dritto perché lo avevo indossato guardandomi allo specchio. Mia sorella, però, si prese del tempo per sistemarlo anche se non ce n'era bisogno, poi alzò gli occhi a cercare i miei. Ci lessi dentro una serie di emozioni, nelle quali erano condensati il periodo che stavamo attraversando e gli ultimi episodi che ci avevano scosso. Quando le sue mani si appoggiarono delicatamente sul mio petto, fu istintivo per me stringergliele, facendo in modo che capisse quanto la sua presenza fosse importante per me. Quel nostro scambio silenzioso durò una manciata di istanti, poi Bonnie tornò a rivolgersi agli altri.

«Siete perfetti, anzi, siamo perfetti. Coraggio, serve una foto che ci immortali così eleganti e sexy», propose. Sistemò il suo telefono su una mensola, inserì l'autoscatto e ci mettemmo in posa, con Bonnie che ci raggiunse mettendosi al centro. Quando ci mostrò il risultato dovetti ammettere che aveva ragione: eravamo davvero sexy.

Ricordai a tutti che stavamo facendo tardi, così chiesi a ognuno di loro se fosse pronto e adeguatamente armato, poi uscimmo.

Ci dividemmo in due auto: io, Bonnie e Harry salimmo sulla mia Audi, mentre Mason andò con Thomas sulla sua.

Il viaggio verso l'Hotel Cavaliere D'oro fu devastante, perché dovetti sorbirmi le paroline dolci e i baci passionali che Harry e Bonnie si scambiarono. Mi avevano lasciato solo davanti, manco fossi il loro autista.

«Non vedo l'ora di arrivare, le vostre smancerie mi fanno venire il diabete», dissi, ma loro due mi ignorarono serenamente. Dopo un po' annunciai che eravamo quasi giunti a destinazione, ma nessuno dei due mi diede retta.

Allora frenai di botto, facendoli sbattere contro i sedili anteriori.

«Cazzo, Call!», urlarono loro all'unisono, ma io avevo già spento l'auto ed ero sceso, ignorandoli come avevano fatto loro con me.

«Dividiamoci, l'hotel è grande e molto probabilmente Albert Frakmort sarà in una delle tante camere a chiudere contratti illegali».

Ci scaglionammo per fare il nostro ingresso separati. Quando fu il mio turno di entrare, fui colpito da tutto quel lusso, a partire dal pavimento in marmo.

La hall era spaziosa, composta da diversi divanetti in velluto blu e camerieri che correvano da un lato all'altro per soddisfare le esigenze dei clienti, tutti vestiti in modo molto elegante.

Camminai in maniera disinvolta, presi una flûte di champagne dal vassoio di un cameriere che mi passò accanto, e iniziai a guardare con attenzione i volti degli uomini, andando alla ricerca di quello leggermente invecchiato e scarno di Albert.

Arrivai vicino al bancone del bar, in legno e dall'aspetto antico, poggiai l'avambraccio destro sulla superficie e venni investito da un profumo dolce che fece risvegliare tutti i miei sensi. Lo conoscevo fin troppo bene e lo avrei riconosciuto tra mille.

Alzai gli occhi, seguendo la scia che aveva lasciato, e mi imbattei in una scena che mi fece contrarre la mascella. Fallon indossava un vestito corto, fin troppo, realizzato con un tessuto leggero, semitrasparente e ricoperto di strass.

La scollatura era profonda e metteva in mostra il suo seno sodo. Non appena si voltò leggermente, mi accorsi che aveva la schiena completamente scoperta e rimasi per qualche secondo a fissarla, come imbambolato. Era incredibilmente bella e sensuale.

Sorrisi, perché avevo capito in che modo Fallon aveva intenzione di avvicinarsi alla sua preda, per poi ucciderla senza pietà. Lo aveva già fatto in passato, ma non aveva fatto i conti con me. Non avrei lasciato che qualcuno potesse continuare a guardarla, e non avrei certo permesso che qualcuno le si avvicinasse a tal punto da poterla toccare.

Cominciai a seguirla, mandando completamente a puttane la missione. Fallon iniziò a salire verso le camere. Una volta raggiunto il primo piano, controllò qualcosa sul suo telefono, poi si mosse sicura, come se sapesse con certezza dove andare.

Si fermò davanti a una porta e, con l'ausilio di una chiave elettronica che tirò fuori dalla borsetta, la aprì e si fiondò dentro.

Raggiunsi in un paio di falcate la porta e bussai con le nocche.

Fallon venne ad aprirmi, regalandomi uno sguardo sorpreso non appena si accorse che ero io.

«Non aspettavi di vedermi, vero?», domandai malizioso, facendo scorrere lo sguardo su tutto il suo corpo.

«In verità, aspettavo la preda», disse sicura di sé, continuando a seguire il copione che aveva preparato per la serata.

«Un vestito come questo puoi indossarlo solo con me», affermai, entrando e chiudendomi la porta alle spalle. «Questo tessuto così trasparente ha fatto girare la testa di tutti i presenti, al bar, e in molti ti hanno guardato con lussuria, e questa cosa», sussurrai spintonandola leggermente fino a farla sedere sul letto, «questa cosa fa uscire la bestia che è in me».

«E se ti dicessi che stavo preparando uno spettacolo?», domandò maliziosa, come per sfidare la mia rabbia e la mia gelosia.

«Uno spettacolo? E sentiamo, per chi lo stavi preparando?», chiesi stando al suo gioco.

«Ovviamente per la preda, ma se ti siedi su quella sedia, puoi assistere alle prove», disse indicando una poltrona non poco distante dal letto, sul quale si era messa a quattro zampe.

Io decisi di assecondarla.

«Stavo pensando di fare così», cominciò muovendo la testa di lato, facendo ondeggiare i capelli e diffondendo il suo profumo.

Poi si sedette e iniziò a far scorrere la mano sulla scollatura del vestito, mentre si leccava la bocca e mordeva il labbro inferiore con i denti.

Iniziai a sentire il cazzo dolermi all'interno dei boxer e dovetti trattenermi dal prenderla e farla mia, seduta stante.

«Questo secondo te ci può stare?», continuò, facendo scorrere una mano lungo una gamba, e facendo salire ancora di più quel vestito già così dannatamente corto. Non ci vidi più.

«Fallon», ringhiai a denti stretti.

«Sì?», fece lei, emettendo un leggero gemito.

«Forse non ti è chiaro», affermai alzandomi e avanzando verso di lei. Le presi la mascella e la guardai dritto negli occhi. «Non ti è chiaro che queste cose, questi spettacoli, come li hai chiamati tu, puoi farli solo per me». La baciai con foga e, un attimo prima che le strappassi via quel vestito di dosso, qualcuno bussò alla porta. Maledissi chiunque avesse osato interrompermi.

«È lui?», domandai voltandomi prima verso la porta e poi di nuovo verso Fallon.

«Credo proprio di sì».

«Ora tu mi ascolti per bene. Lo farai entrare, lo farai sedere sul letto e subito dopo ti sposterai vicino a quella finestra. Da lì in poi ci penserò io», dissi perentorio, e lei acconsentì.

Fallon si alzò dal letto per andare ad aprire e io mi nascosi dietro la poltrona. Quando la preda fece il suo ingresso in camera, io sbucai fuori con la pistola con il silenziatore stretta tra le mani. Non gli diedi nemmeno il tempo di accorgersi di ciò che stava succedendo che sparai una raffica di colpi, ammazzandolo.

«Vedi di smetterla di farmi ingelosire, perché chiunque osi solo guardarti farà la sua cazzo di fine».

Capitolo 47

Fallon

«Jhonathan, mi raccomando, voglio che sia arancione», dissi al mio tatuatore che era intento a decorarmi una zona del petto, a un passo dal cuore.

«Fallon, tranquilla, sarà arancione», affermò lui sorridendo.

«Sarà meglio per te, Jhon».

«Questo è il fiocco che simboleggia la sclerosi multipla?», domandò pulendo leggermente la zona tatuata.

«Sì, è proprio lui», risposi io fiera.

«Allora deduco che sia per Callum, giusto?»

«Esatto».

«Qualche mese fa è venuto a tatuarsi qualcosa di sdolcinato… era per te, giusto?», chiese continuando a tatuare la mia pelle.

«Sì, era per me. Mi stai facendo il quarto grado, Jhon?»

«Sono solo tanto curioso. Conosco Callum da anni e posso dirti che nessuno dei tatuaggi che ha sul corpo è dedicato a una ragazza».

«Allora, ritieni che posso considerarmi fortunata?»

«Di certo sei un'eccezione, Fallon».

Rimasi a parlare con lui per un'altra mezz'ora e, quando finì, mi fece alzare e mi avvicinai allo specchio.

Quel piccolo fiocco arancione era vicino alla fine della rosa che mi aveva tatuato Callum.

«È stupendo, il colore è quello giusto e anche la forma».

«Sono contento che ti piaccia, mi hai fatto letteralmente penare», affermò Jhonathan scoppiando a ridere, mentre si occupava di ripulire lo studio.

«Scusami, ma doveva essere perfetto», replicai rivestendomi e prendendo la borsa. «Quanto pago?», domandai seguendo il mio tatuatore, che stava andando verso l'ingresso del negozio.

«Nulla, è un mio regalo», rispose lui prendendo una sigaretta dal pacchetto.

«No, Jhona, dai. Dimmi quanto ti devo», insistetti io.

«Fallon, ti ricordo che in questo studio hai rischiato di morire a causa mia, quindi questo è un mio regalo», dichiarò lui con il tono di chi non vuole sentire ragioni.

«E va bene, ma dal prossimo pretendo di pagare».
«D'accordo. Alla prossima, allora», mi salutò.
Salii in macchina e tornai a casa. Callum era in ospedale per dei controlli e Asher era uscito per fare delle commissioni.
«Che bello, ho casa libera per un po'», dissi tra me e me gettandomi sul divano del soggiorno.
Accesi la televisione e aprii l'app di Crunchyroll facendo partire l'ultima puntata caricata di *Jujutsu kaisen*.
Amavo follemente quell'anime, era uno tra i miei preferiti insieme a *Spy x Family*, e non vedevo l'ora di vedere come sarebbe andata a finire con la lotta tra Satoru Gojo e il gruppo di stregoni.
Ero sempre stata incline a farmi piacere i personaggi cattivi, i cosiddetti antagonisti.
Guardai la TV per un paio d'ore, lamentandomi poi per il mal di schiena che mi era venuto a causa delle posizioni assurde che avevo assunto, stando sul divano. Presi il telefono e mi accorsi che c'era un messaggio di Asher: mi avvisava che sarebbe tornato a Fogsville il giorno seguente, perché era con Oliver e Jacob a una festa a poche ore di distanza dalla nostra cittadina. Non feci in tempo a rispondere a mio fratello che il telefono mi squillò tra le mani: era Callum.
«So che tuo fratello è fuori, ti va di cenare insieme? Ho comprato del cibo cinese», propose con voce roca.
«Non ti chiederò nemmeno come facevi a sapere di mio fratello, ormai ci ho rinunciato. Comunque sì, molto volentieri. Stavo giusto pensando di ordinarlo».
«Allora aprimi».
Cosa ha detto?
«Sì, Fallon, sono qui fuori. Apri questa dannata porta e fammi entrare».
Lanciai il telefono sul divano e mi precipitai ad aprirgli.
Senza parlare, Callum si fiondò sulle mie labbra con veemenza.
«Mi sei mancata, cazzo», sussurrò sulle mie labbra.
«Entra, dai, devo farti vedere una cosa», gli dissi indietreggiando.
«Cosa devi farmi vedere?», chiese lui posando il sacchetto di cibo cinese sul tavolino basso davanti al divano del soggiorno.
Alzai la maglietta e gli mostrai il tatuaggio che mi ero appena fatta fare.
Vidi il suo viso tingersi di stupore, mentre si avvicinava a me per guardarlo meglio.
«Fallon, io… lo hai fatto per me?», domandò con le lacrime agli occhi.
«Sì, volevo farti una sorpresa», ammisi prendendolo per mano.
«È il fiocco della sclerosi multipla», disse, quasi incredulo, come se non riuscisse a crederci.

«Non solo. Siamo io e te, sempre uniti e contro tutti, anche contro di lei», aggiunsi sorridendo.

«Lo hai fatto accanto alla rosa che ti ho tatuato io… non so cosa dire, Fallon, sono così felice che il mio cuore rischia di uscirmi dal petto», confessò Callum, al culmine dell'emozione. Ero al settimo cielo per averlo reso così felice. Volevo che capisse che l'impegno che avevo preso con lui era permanente come quel tratto di inchiostro, e che le promesse che gli avevo fatto non erano solo frasi di circostanza.

Lo feci sedere sul divano e io mi misi sopra di lui. «Tranquillo, in caso ci sono qui io, pronta a prenderlo. E adesso, baciami».

«Aspetta, quindi loro sono stregoni, giusto?», domandò Callum masticando l'ultimo involtino primavera.

«Sì, esatto».

«E devono far ingerire a Yuji Itadori tutte le dita rimaste di Sukuna?»

«Giusto anche questo. Vedo che ti sta piacendo».

«Non pensavo potessi appassionarmi così tanto a un cartone animato», disse scoppiando a ridere.

«Call, ti va di andare al Road? Mio fratello e i miei amici non ci sono, Elina è con Mason, e noi, per una sera, possiamo uscire senza che gli altri ci diano fastidio».

«Sì, vai a vestirti, Fallon, qui ci penso io a sistemare».

«Sei sicuro?», domandai titubante.

«Certo».

Sorrisi e andai nella mia stanza, dove indossai un tubino verde, con un paio di stivali neri, alti fino al ginocchio.

Mi truccai in maniera leggera e feci una treccia alla francese, che partiva dalla fronte e finiva sottile sulla schiena, spruzzai il mio solito profumo e tornai in soggiorno, trovandolo perfettamente ordinato.

«Sei divina, Fallon», disse Callum avvicinandosi a me.

«Andiamo?»

«Sì, andiamo», rispose prendendo la giacca di pelle dall'appendiabiti.

Quando arrivammo al Road, Callum andò a prendere due drink, mentre io rimasi in pista a ballare. Ero tranquilla e mi stavo facendo trasportare dalla musica, quando sentii addosso due grandi mani, che non erano di Callum. Subito mi allontanai, come se mi fossi scottata, ma quel ragazzo dai capelli biondi non sembrava intenzionato a demordere.

«Non ti conviene continuare a provarci», sputai fuori acida.

«Non fare la difficile», disse lui avvicinandosi di nuovo, ma prima che potessi muovermi, qualcun altro ci raggiunse.

«Ti do cinque secondi», fece Callum, perentorio. «Hai cinque secondi per smettere di toccare ciò che appartiene a me», continuò con la mascella rigida e gli occhi colmi di rabbia.

«E dai, amico, c'ero prima io. E poi a lei piace, si sta divertendo», disse quello, visibilmente ubriaco e incosciente. Non aveva la minima idea di chi aveva davanti.

«Se entro cinque secondi non ti allontani da lei, quello che si divertirà sarò io», gli disse Callum stringendogli il polso con forza.

«Cazzo, così me lo rompi», replicò quello, che adesso aveva smesso di fare lo sbruffone.

«La prossima volta ci penserai due volte prima di toccare la *mia* fidanzata», concluse Callum lasciando andare il polso del ragazzo, il quale, non appena sentì che Callum aveva lasciato la presa, si allontanò a gambe levate.

«Ti ha toccata?», domandò lui preoccupato, rivolgendosi a me.

«No, no, non mi ha toccata».

«E allora perché stai tremando?», chiese stringendomi a sé.

«Perché hai detto che sei il mio fidanzato, ecco perché».

«Non lo sono? Se vuoi non lo dirò più», disse Callum visibilmente preoccupato, e io scoppiai a ridere fragorosamente.

«Scherzi? Sono contenta, Callum. Mi hai reso felice».

«Mi hai fatto prendere un colpo, non farlo mai più, Fallon. Vedi di trattare meglio il tuo *fidanzato*».

Capitolo 48

Fallon

Guardai oltre la piccola tenda della finestra della cucina e notai che le nuvole erano cariche di pioggia. Il cielo era di quel grigio piatto che causava angoscia e noia.

Tornai sul ripiano della cucina, dove stavo pelando delle patate per la cena.

Dondolai i fianchi a tempo di musica, stavo ascoltando *Friends* dei Chase Atlantic sul mio cellulare e sentivo il ritmo scorrermi nelle vene.

Cantai a squarciagola, utilizzando il pelaverdure come microfono, ma la musica fu interrotta di colpo quando il mio cellulare suonò per una chiamata in arrivo.

«Sempre nei momenti meno opportuni», sbuffai. Posai l'utensile da cucina e mi avvicinai al telefono pulendomi le mani con della carta assorbente. Vidi che a chiamarmi era Aric e aggrottai le sopracciglia. Lo avevo conosciuto qualche settimana prima e mi aveva fatto subito un'ottima impressione. Era dolce, gentile e premuroso, e si vedeva lontano un miglio che provava un sentimento sincero nei confronti di Oliver. Ci eravamo scambiati i numeri, ma di solito ci scrivevamo solo qualche messaggio, non mi aspettavo di ricevere una chiamata da parte sua, e temetti subito che potesse essere successo qualcosa a Oliver.

«Pronto?»

«Fallon, sono Aric», sentii dire dall'altro capo del telefono.

«Aric, dimmi».

«Oliver è con te? Dovevamo vederci mezz'ora fa, ma non si è presentato all'appuntamento», mi spiegò Aric, con voce leggermente preoccupata.

«No, non lo vedo da questa mattina».

«Oliver non è mai in ritardo, mi sembra strano che non mi abbia avvisato».

«Hai provato a chiamarlo? Magari è con la nonna, o le sta facendo la spesa», ipotizzai tentando di tranquillizzarlo.

«Il suo telefono risulta non raggiungibile», disse Aric e, a quella sua affermazione, iniziai anche io a preoccuparmi.

Oliver non aveva mai il telefono spento. Sapeva di dover essere sempre reperibile per sua nonna o per qualsiasi altro tipo di urgenza.

Era davvero un comportamento insolito.

Mentre stavo cercando di capire cosa potesse essere successo a Oliver e quale motivo avrebbe potuto averlo spinto a spegnere il telefono, sentii uno strano rumore provenire dal corridoio.

«Aric, ti dispiace rimanere in linea per pochi secondi?», domandai con la voce tremante, mentre mi avvicinavo al ceppo dei coltelli per estrarne lentamente uno.

«Va tutto bene?»

«Sì, va tutto benissimo, devo solo controllare una cosa, torno subito», affermai lasciando il cellulare sul bancone e affacciandomi dalla cucina.

Avanzai con passo felpato, il coltello stretto in una mano e lo sguardo vigile. Quando mi affacciai sul corridoio che portava alla zona notte della casa, sobbalzai sentendo la finestra della mia stanza chiudersi con forza.

Corsi in camera mia, ma non trovai nessuno e, quando tornai in corridoio, notai sul pavimento una busta da lettere completamente nera e una scatola di legno con uno strano stemma dipinto sopra.

Presi tra le mani quello che uno sconosciuto mi aveva lasciato, intrufolandosi di nascosto, e tornai in cucina dove ripresi il cellulare.

«Aric, devo lasciarti, posso richiamarti dopo?»

«Certo, ma se è successo qualcosa, o se scopri che fine ha fatto Oliver, per favore, tienimi aggiornato».

«Sì, certo, non preoccuparti».

Posai il telefono sul tavolo e aprii la scatola, notando che dentro c'erano diversi oggetti: due bambole di pezza, un mini gioco dell'oca, delle carte raffiguranti carta, sasso e forbici e due bicchierini di vetro.

Ma cosa cazzo significa?

Non capivo nulla, quindi aprii la busta e dentro ci trovai un foglio e una busta più piccola.

Iniziai a leggere il contenuto della lettera, sentendo il cuore battere all'impazzata e le mani tremare.

Per i Daggers

Oliver non è scomparso nel nulla, è con me, in questo momento.

Non sapete chi sono, ma voglio darvi qualche indizio.

Sono stato io a mandare le foto di Callum e Fallon mesi fa, così come sono stato io a far organizzare a Elia quella sorta di caccia al tesoro.

Vi ho spiati, tutti, dal primo all'ultimo, e devo dire che avete delle vite talmente tristi che ho pensato di rallegrare un po' le vostre giornate.

Voglio proporvi un gioco.

Venite nel bosco di GarlocMay questa sera, alle 21, e solo quando sarete lì potrete aprire la seconda busta. Se svolgerete tutti i compiti nel modo giusto, Oliver sarà salvo.

Presa dal panico, afferrai di nuovo il telefono e chiamai Asher.
«Fall, hai interrotto la partita a *COD*», rispose lui infastidito.
«Asher, sei con Elina e Jacob?», chiesi preoccupata.
«Sì, perché?», domandò lui capendo subito dal mio tono di voce che c'era qualcosa che non andava.
«Abbiamo un problema», affermai raccontandogli tutto quello che era successo, dalla telefonata di Aric al contenuto di quella scatola che qualcuno aveva lasciato, intrufolandosi in casa nostra.
«Stiamo arrivando», disse lui riagganciando.
Io guardai l'orario, mancava meno di mezz'ora all'appuntamento che era segnato nella lettera. Attendendo gli altri mi preparai, armandomi dalla testa ai piedi.
Mentre infilavo l'ultimo pugnale nell'anfibio destro, la porta di casa si spalancò.
«Fallon», disse Asher avvicinandosi a me. «Sei ferita?», chiese preoccupato, mentre tastava ogni parte del mio corpo.
«No, è scappato prima che potessi prenderlo», lo tranquillizzai, prima di far vedere a lui e agli altri cosa aveva lasciato.
«Cosa cazzo è questa merda?», domandò Jacob prendendo tra l'indice e il pollice l'orecchio di una delle due bambole.
«Non lo so, ma ho la netta sensazione che presto lo scopriremo», affermai fissando quei due occhi a forma di bottone che mettevano i brividi.
«Adesso andiamo, Oliver ha bisogno di noi», sottolineai.
Durante il tragitto in auto, ero indecisa se avvisare Aric, ma decisi di non dirgli nulla. Sarebbe stato troppo pericoloso coinvolgerlo.
La situazione era già troppo complessa e difficile e non potevamo permetterci di mettere a rischio qualcun altro.
Quando Asher fermò la macchina poco prima del bosco, presi un respiro profondo e poi scesi.
«Siete pronti?», domandai guardando gli altri.
«Coraggio, andiamo a salvare Oliver!», esclamò Elina.
Quando arrivammo al limitare del bosco, notai i DarkBlood che stavano procedendo a gran velocità.
Rimasi stupita, e mio fratello diede fiato ai miei interrogativi.
«Cosa ci fate voi, qui?», domandò Asher.
«Oh, anche voi avete deciso di fare una bella scampagnata nel bosco, stasera?», domandò beffardo Thomas, mentre Callum gli dava una pacca sulla spalla come per ammonirlo.
«Il nostro amico è stato rapito, non c'è nessuna scampagnata in programma», affermò duro Jacob, avvicinandosi a Thomas con tutta l'intenzione di iniziare una rissa.

«Anche uno dei nostri è stato rapito e, a giudicare dalla lettera che vedo, posso dedurre che è la stessa che abbiamo ricevuto noi», affermò Bonnie indicandola. Era nervosa e guardando gli altri ne capii subito il motivo: tra loro, era stato preso Harry.

Alzai lo sguardo verso Callum, che stava stringendo le mani in due pugni a causa della situazione.

DarkBlood e Daggers, due gang rivali, si trovavano insieme al limitare di un bosco enorme. Eravamo pedine di un gioco malato di cui nessuno tra noi conosceva le regole.

«Anche nella vostra lettera c'è scritto che, una volta arrivati qui, avreste dovuto aprire l'altra?», chiesi io guardando i DarkBlood.

«Sì», disse Bonnie che voleva mantenere una voce ferma, ma si capiva che era in pensiero.

«Bene, credo che a questo punto dobbiamo cercare di stare al gioco e salvare i nostri compagni. Apriamo la seconda busta e vediamo cosa dobbiamo fare», sentenziai prendendo la lettera contenuta nella busta più piccola. Elina si avvicinò a me, facendomi luce con la torcia del cellulare, e io iniziai a leggere: «"Due gang rivali nello stesso posto? Strano ma vero, sono riuscito a portarvi tutti qui, ma cosa avrò in mente per voi? Avete trovato una scatola, dietro questo foglio c'è una mappa, con diversi numeri. Il numero uno equivale alle bambole di pezza, il due al gioco dell'oca, il tre ai bicchierini, e infine il quattro a carta sasso e forbici. Sulla mappa sono segnati diversi luoghi, con appositi numeri sopra. Quando arriverete in ciascuno dei luoghi indicati, prenderete l'oggetto che troverete e il bigliettino posto accanto a esso. Se seguirete tutte le regole, forse per i vostri amici vi sarà una speranza. Che il gioco abbia inizio, buona partita"».

«Cazzo, ma è fuori di testa», affermò Mason sconvolto.

«Non perdiamo altro tempo, Oliver e il vostro dannato Harry sono da qualche parte in questo bosco a rischiare la vita», affermò Elina.

Ci addentrammo nella vegetazione, illuminando i passi chi con delle torce chi con il cellulare. Per la prima volta, Daggers e DarkBlood avevano stipulato una sorta di alleanza, ma non si poteva mai sapere cosa sarebbe accaduto. Orientarci in quel buio fitto non era facile, così come seguire le indicazioni che ci aveva fornito quel pazzo che ci aveva riuniti lì. Nella lettera i luoghi erano indicati con delle coordinate geografiche e sarebbe bastato inserire un numero scorretto per perderci. Gli animi erano già abbastanza tesi, e io cercai conforto nella calma che riusciva a trasmettermi Elina, così inserimmo le prime coordinate sul suo telefono e la seguimmo.

Callum camminava a passo svelto al mio fianco.

Arrivammo nel primo luogo indicato, e sotto un albero trovammo due bambole di pezza identiche a quelle che erano nella scatola che ci aveva lasciato. Accanto a loro, c'era un bigliettino che lessi ad alta voce.

«"Per Bonnie e Fallon"», iniziai guardando dritto negli occhi la ragazza dai capelli biondi che odiavo. «"Dovete battervi e la prima che sanguinerà dovrà uscire dal gioco e fare solo da spettatrice. Ma ricordate, chi perde non può difendersi durante un ipotetico attacco. Contenta, Fallon? Per la prima volta metterai in atto il tuo patto con una persona che non è Callum"», conclusi rimanendo scioccata. Come faceva a sapere anche del patto che avevamo stretto anni fa io e il Corvo?

«No! Non esiste!», urlò Callum mettendosi tra me e Bonnie.

«Vuole che giochiamo, dobbiamo farlo per forza», ribatté Bonnie, per nulla turbata, prendendo dalla sua tasca un coltellino svizzero. Sembrava quasi che non vedesse l'ora. Be', a essere sincera neanche io.

«Callum, togliti dalle palle e fammi dare una lezione alla tua sorellina», replicai ridendo, mentre sfoderavo il mio amato pugnale. «Pronta, Bonnie?», domandai camminando verso di lei.

«Basta parlare, Fallon», affermò lei.

Iniziammo un combattimento serrato.

Bonnie non era brava a lottare, sapeva difendersi, ma non sapeva attaccare.

Per me fu un gioco da ragazzi farla sanguinare ma ci andai piano, le causai solo un piccolo graffo sulla spalla. Lei gridò per la frustrazione più che per il dolore.

«E adesso? Non posso difendermi?», domandò lei.

«No, ma stiamo giocando da alleati, ti proteggeremo noi», conclusi rimettendo il pugnale al suo posto. Callum mi fece un cenno con la testa, come a volermi ringraziare sia per esserci andata piano con sua sorella, sia per quello che poi avevo detto sul difenderla.

Dopo quella piccola lotta, iniziammo nuovamente a camminare, fino a trovarci nel secondo luogo che indicava la mappa, e ripetemmo le stesse operazioni di prima.

«"Questa volta è il turno di Asher e Thomas, due nemici che sono legati dal sangue. Due fratelli che si odiano. Giocate una partita e chi vincerà potrà usare l'altro come scudo per difendersi"», lessi.

«L'ultima volta che ci ho giocato avevo otto anni, ricordo le regole e tu?», domandò Asher a Thomas, mentre prendeva il gioco dell'oca.

«Sì, iniziamo», disse prendendo una pedina.

Mentre Thomas e Asher erano concentrati su quella partita, noi tutti ci eravamo messi in cerchio attorno a loro, facendogli un po' di luce e avanzando le prime ipotesi su tutta quella assurda vicenda.

«Questa persona non ha fatto altro che spiarci, e chissà da quanto va avanti. Da quanto tempo progetta tutto questo», disse Bonnie.

«Ha calcolato tutto. Prima te e Bonnie, che siete sempre state rivali, ora Thomas e Asher, che hanno scoperto di essere fratelli, chi saranno i prossimi?», si domandò Elina.

«Ho vinto!», urlò Thomas interrompendola e lanciando in aria la sua pedina.

Cazzo.

«Non perdiamo tempo e andiamo avanti. Tenete gli occhi ben aperti, soprattutto Bonnie e Asher», sentii dire da Callum, che nel frattempo prese a camminare guidando tutti noi.

Stavamo per arrivare nel terzo luogo, quando due ragazzi dal viso coperto da un passamontagna ci bloccarono la strada.

Non parlarono, si mossero velocemente e tentarono di attaccarci.

«Proteggete Bonnie! E tu, Thomas, non ti azzardare a usare mio fratello come scudo!», urlai.

I loro tentativi di infliggerci dei colpi erano del tutto vani, e non appena li colpimmo più di una volta, scapparono via, capendo di non poterci battere.

«State tutti bene?», chiese Callum guardando ognuno di noi.

«Sì, credo di sì», rispose Elina avvicinandosi a Mason. In quella situazione eravamo tutti così preoccupati che il rischio era di mandare all'aria ogni briciolo di buon senso.

«Credo sia stato solo un avvertimento. Continuiamo a giocare e teniamo gli occhi aperti, il pericolo è dietro l'angolo», constatò Asher togliendosi un rivolo di sangue dalla guancia.

Giungemmo nel terzo luogo stabilito e rimasi scioccata quando vidi un tavolino con sopra due bicchieri colmi di un liquido trasparente.

«Cosa dobbiamo fare, ora? Un party?», domandò beffardo Mason.

Io non gli diedi retta e presi il foglio che era stato lasciato sul tavolo iniziando a leggere.

«"Ora è arrivato il turno di Callum e di Jacob. Due ragazzi che hanno lottato per accaparrarsi la stessa ragazza. Fate la conta e chi perde dovrà bere l'intero contenuto di uno dei due bicchieri. Sarà il vincitore a decidere quale. Attenzione, però, uno dei due contiene una generosa dose di una tossina botulinica, un veleno potente capace di uccidere sul colpo, anche con una singola goccia"».

No, ti prego.

Stavo per parlare, per dire di lasciare perdere quella merda di gioco, quando sentii Jacob e Callum iniziare la conta.

Callum perse e Jacob dovette scegliere uno dei due bicchierini.

«Scelgo questo, buona fortuna», disse a Jacob porgendo a Callum uno dei due bicchieri.

«Alla nostra salute», disse Callum portandosi alle labbra quel bicchierino, come se niente fosse. Il mio cuore smise di battere. Guardammo tutti Callum col fiato sospeso. Quando finì di bere, rimanemmo ancora a fissarlo, sperando che non succedesse nulla.

«Mi dispiace, Jacob, mi sa che non era quello col veleno», disse Callum e io tornai a respirare.

Ma non era ancora finita. Arrivati al quarto luogo, trovammo tre carte e la solita lettera con le indicazioni per continuare.

«"Elina e Mason, adesso tocca a voi. Giocate a sasso carta e forbici. Ma questa è una rivisitazione, mettiamola così. Vi faccio un esempio: se a Mason esce carta e a Elina forbici, quest'ultima dovrà ferire Mason"». Ripiegai la lettera e alzai gli occhi su di loro. «Siete pronti?»

«Sì», risposero all'unisono mettendosi uno davanti all'altra e scegliendo ognuno una carta.

Io chiusi gli occhi e, quando li riaprii, vidi Elina con in mano la carta che raffigurava il foglio e Mason con quella su cui erano disegnate delle forbici.

Bene, Mason doveva ferire la sua ragazza.

«Cazzo», imprecò Callum a denti stretti.

«Coraggio, Mason, feriscimi e facciamola finita con questa merda di gioco», lo esortò Elina.

Mason contrasse la mascella, ma ferì Elina ugualmente.

Le fece un piccolo taglio sul polso e le uscì poco sangue. Vidi le labbra di Mason mimare delle scuse per non farsi sentire da nessuno. Tutta quella situazione stava diventando sempre più assurda.

«Abbiamo fatto tutto, ora? Cosa dobbiamo fare?», domandò Bonnie e, non appena finì di pronunciare l'ultima parola, sentimmo uno sparo.

Guardai i volti di tutti e poco dopo iniziammo a correre.

«Cosa cazzo sta succedendo?», urlò Mason con il fiatone.

«Non ne ho idea!», rispose Asher.

Quando arrivammo in fondo al bosco, ci trovammo davanti a una casa abbandonata, completamente avvolta dalle fiamme.

«Fermi! Che nessuno si muova!», urlò Thomas vedendo il fuoco divorare velocemente il legno di cui era costituita.

Improvvisamente vidi avvicinarsi una figura zoppicante, con gli indumenti sporchi di sangue, e poco dopo, mettendola bene a fuoco, notai che si trattava di Harry, ma non ci diedi troppo peso, i miei pensieri erano rivolti al mio amico.

Iniziai a sentirmi male, perché vidi quel che rimaneva della camicia a quadri di Oliver che stava finendo di bruciare davanti alla porta.

«No! No!», urlai. Stavo per mettermi a correre tra le fiamme quando Asher e Callum mi bloccarono, uno da ogni lato, mentre il resto dei DarkBlood raggiungeva Harry.

«Fallon, cazzo, fermati!», urlarono all'unisono.

«No! C'è Oliver! Oliver è lì dentro!», continuai a gridare, cercando di divincolarmi dalle loro prese.

«Non è lì, Fallon! Non lo hai capito? Vuole solo fotterci il cervello, sta giocando con noi. Oliver non è lì!», urlò Callum.

«Lo abbiamo trovato!», urlò Bonnie cercando di farsi sentire da me, mentre con l'aiuto di Mason sorreggeva Harry.

«Cosa? Lo hanno trovato?», chiesi con le lacrime agli occhi tentando di capire se avessi sentito bene.

Insieme a Callum e ad Asher, tornai dagli altri e ciò che vidi mi fece torcere lo stomaco.

Oliver, il mio amato amico dai capelli bruni, era steso sull'erba, immobile. I suoi capelli erano zuppi e dalla fronte scendevano grossi rivoli di sangue.

Le sue braccia erano colme di ferite e di lividi, aveva la pelle pallida e le labbra livide.

«No! Non può essere!», urlai gettandomi sul suo corpo.

«Oliver!», urlò Elina imitandomi.

«Perché? Abbiamo fatto tutto ciò che ci ha chiesto di fare!», esclamò Bonnie portandosi una mano alle labbra.

«Fallon», sussurrò Callum mettendomi una mano sulla spalla. «Prova a sentirgli il battito», mi consigliò, quando io già lo avevo dato per spacciato senza controllare. Ero così confusa che non sapevo cosa fare; per fortuna Mason si abbassò sul mio amico.

«È ancora vivo, ma se non facciamo qualcosa lo sarà ancora per poco», disse dopo avergli posizionato due dita sul collo.

Scoppiai a piangere, mentre Asher chiamava i soccorsi.

«Starà bene», sussurrò Callum stringendo il mio corpo al suo.

Quando arrivarono i soccorsi, i nostri telefoni squillarono all'unisono. A ognuno di noi era arrivato un messaggio:

Non avete seguito le regole. Siete stati troppo premurosi, gli uni con gli altri. Questo gioco era solo un avvertimento, preparatevi, perché i Poisonous Strings stanno arrivando.

Capitolo 49

Fallon

«Non può, non può morire», ripetei crollando con le ginocchia sulle mattonelle fredde del pavimento. «Oliver… lui non può morire», ribadii scoppiando a piangere, prima di sentire due grandi mani cingermi le spalle.

Asher.

«Fallon, guardami». Mio fratello si abbassò alla mia altezza, costringendomi ad alzare lo sguardo verso di lui. «Oliver non morirà, lui non ci lascerà soli».

«Ho paura, non voglio perderlo!», continuai urlando e tirando dei pugni sul petto di mio fratello, e a qual punto anche Jacob ed Elina si avvicinarono a noi due.

«Dobbiamo essere forti. Dobbiamo esserlo per Oliver», disse Jacob tentando di abbracciare sia me che Asher.

«Jacob ha ragione, tutti siamo distrutti, ma lui non è morto. Oliver non morirà questa fottuta notte», aggiunse Elina scoppiando a piangere.

«I Daggers sono cinque e rimarranno cinque per sempre», sentii dire da Asher, il quale aveva gli occhi lucidi ma cercava di non mostrarsi troppo vulnerabile mentre provava a darci conforto e a tranquillizzarci.

«Dobbiamo avvisare Aric», mormorai, mentre mi asciugavo le lacrime che mi scivolavano sulle gote arrossate.

«Sì, hai ragione. Riesci a chiamarlo tu?», domandò Elina porgendomi il telefono.

«Credo di sì», le risposi facendomi forza e alzandomi dal pavimento ghiacciato di quella sala d'aspetto.

Iniziavo ad avere fin troppa familiarità con quel posto, e non ne ero affatto contenta. Il dolore che avevo provato quando c'era Callum in un letto di quell'ospedale era diverso da quello che stavo sentendo in quel momento, ma non significava che la mia anima non fosse comunque lacerata dal terrore e dall'incertezza. Oliver non era solo un membro della gang a cui appartenevo, era un componente della mia famiglia. E io non potevo perderlo. Nessuno di noi avrebbe potuto. Feci un cenno agli altri, che si stavano anche loro alzando da terra per sedersi su quelle sedie scomode e dure, mentre io mi allontanai, raggiungendo l'uscita.

Il vento rese immediatamente gelide le scie che le mie lacrime avevano tracciato sul mio viso, tirai su con il naso e, con le mani tremanti, chiamai Aric.

Sentii due squilli, poi la sua voce preoccupata e bassa.

«Fallon? Finalmente mi hai richiamato, hai saputo qualcosa? Oliver sta bene?», domandò afflitto dalla paura.

Io, dall'altro capo del telefono, non riuscii a dire nulla.

«Fallon?».

Sentivo un groppo bloccarmi la gola e le corde vocali, ma cercai con tutte le mie forze di parlare.

«Aric...», iniziai scoppiando di nuovo a piangere.

«Fallon, cosa sta succedendo?». Anche la voce di Aric si era incrinata.

«Oliver è in ospedale, si trova in terapia intensiva».

«In terapia intensiva? Dio, Fallon, cosa è successo?», mi chiese e io non avrei saputo da che parte iniziare. Faticavo io stessa a metabolizzare cosa fosse successo, stavo ancora cercando di capire in quale gioco perverso eravamo caduti, tutti quanti, e quali fossero le mani che ci stavano manovrando. Chi avrebbe voluto infliggerci tutto quel dolore? Chi avrebbe potuto godere della nostra sofferenza? Nella mia testa il caos era totale e non sapevo nemmeno quanto potessi spingermi nel raccontare ad Aric chi eravamo e cosa facevamo. Lui capì che non ero nelle condizioni di affrontare quella telefonata.

«Sto arrivando, dieci minuti e sono lì», disse riagganciando.

Io rimasi ancora un po' fuori, stringendomi le braccia attorno al corpo. Avevo freddo e non per la temperatura. Sentivo gelarmi dentro, pensando a quello che sarebbe potuto accadere.

«Oliver, torna da noi. Ti stiamo aspettando tutti, anche Aric», sussurrai guardando il cielo che quella notte era privo di stelle.

Prima di rientrare, diedi un'occhiata veloce ai messaggi, trovandone più di cinque da parte di Callum.

Sei arrivata in ospedale?

Oliver come sta? Vi hanno fatto sapere qualcosa? Non so quanto possa interessarti, ma Harry sta bene e ha chiesto di Oliver, hanno vissuto assieme questa vicenda ed è preoccupato.

Fallon, ti prego, rispondimi, sono preoccupato per te.

Sarai sicuramente impegnata ora, ma ti prego, cerca di stare tranquilla, Oliver è forte, l'ho sempre pensato.

Lessi i messaggi senza rispondere. Mi sentii sollevata dalle parole di Callum, ma in quel momento dovevo pensare solo al mio migliore amico che si trovava in bilico tra la vita e la morte.

Rientrai; camminai sentendo le gambe di piombo fino ad arrivare alle piccole sedie sulle quali si trovavano i miei compagni.

«Aric sta venendo», raccontai fissando un punto indistinto sul muro che avevo di fronte.

«Poco fa è passata a informarci un'infermiera... ha detto che l'operazione è quasi terminata, ma non poteva aggiungere nulla sulle condizioni di salute di Oliver... ha detto che un medico ci dirà qualcosa non appena avranno finito», mi aggiornò Elina martoriandosi le unghie.

Prima che potessi risponderle, sentii qualcuno correre verso di noi.

«Oliver, dov'è Oliver?», urlò piangendo Aric. «Dov'è Oliver? Dove si trova?», continuava a chiedere, e subito Asher e Jacob lo raggiunsero per tentare di calmarlo e soprattutto per evitare che ci cacciassero tutti fuori.

«Aric», iniziò Jacob con voce ferma e calma, prendendo le mani della persona che Oliver amava e invitandolo a guardarlo negli occhi. «In questo momento lo stanno operando, non sappiamo ancora nulla, ma Oliver è forte», gli spiegò. Continuavamo a ripetercelo, tutti quanti, sia perché ne eravamo convinti, sia perché era l'unico appiglio che ci restava per non crollare del tutto.

«Il mio Oliver... lui, lui è solo», disse aggrappandosi al corpo di Jacob, e in quel momento sentii lo stomaco contorcersi.

Sapevo cosa stava passando Aric, in quel momento. Le sue erano le stesse sensazioni dolorose che avevo provato io quando Callum era stato in terapia intensiva. Anche io, come lui, mi ero sentita inutile, incapace di farmene una ragione. «Oliver è il mio amore. Lui deve tornare da me... come faccio io, se...», sussurrò Aric, prima di scoppiare a piangere. Asher si avvicinò a Jacob per dargli una mano a sorreggerlo e lo fecero sedere. Restammo in silenzio per chissà quanto tempo, mentre ognuno di noi sentiva il proprio dolore annodarsi sempre più stretto attorno all'anima. Finalmente, un dottore con il camice bianco e senza nemmeno una macchia, ci raggiunse.

«Chi c'è per Oliver Campbell?», domandò sfogliando un fascicolo.

«Noi siamo suoi amici», disse Jacob avvicinandosi al dottore.

«Familiari?».

Jacob scosse la testa, mentre anche noi ci alzavamo, mettendoci al fianco del nostro amico. Al medico non sfuggirono i nostri occhi gonfi dal pianto e la preoccupazione dipinta sui nostri volti, distrutti dall'attesa. Si guardò intorno e fece uno strappo alla regola.

«Oliver ha subito tante ferite. L'arma con cui è stato colpito più volte all'addome conteneva del veleno, che si è diffuso velocemente nel suo organismo. Abbiamo fatto tutte le analisi necessarie per capire di che veleno si trattasse e al momento è fuori pericolo. Ha comunque diverse costole rotte e una forte commozione cerebrale. Resterà qui con noi per un po', dobbiamo tenerlo sotto osservazione», spiegò il dottore, che poi si congedò.

«Grazie al cielo, si riprenderà», disse Asher abbracciando tutti noi.

I Daggers erano cinque e lo sarebbero stati per sempre.

Il giorno dopo

«Oliver sta bene, ho parlato con il primario dell'ospedale che mi doveva un favore. Le sue condizioni sono stabili», ci informò Joyle mentre fumava un sigaro seduto sulla sedia del suo ufficio.

«Meno male». Tirai un sospiro di sollievo.

«Ragazzi, voglio congratularmi con voi», riprese Joyle. «La notte scorsa, lasciando da parte l'odio e alleandovi con i DarkBlood, avete salvato un vostro amico e voi per primi siete sfuggiti alla morte», continuò, e io avvertii un brivido attraversare tutta la mia spina dorsale.

«Grazie», sussurrai io e altri si accodarono a me, stupiti per le parole di Joyle, ma anche pienamente consapevoli della scelta che avevamo preso e della decisione che ci aveva permesso di uscirne vivi. Tutti quanti.

«So che siete distrutti, che ieri è stata una giornata dura e che siete ancora in pensiero per Oliver, ma il vostro lavoro significa anche costanza e piena concentrazione. Questa nuova gang, i Poisonous Strings… a quanto pare hanno bloccato l'intero complesso dei depuratori, non si conosce ancora la portata dei danni, ma voi dovete fermarli».

«Cazzo, allora è vero», fece Asher guardando Joyle e posando le mani sulla superficie della scrivania. «È vero che d'ora in avanti dovremmo combattere contro di loro, giusto?»

«Asher, preferisco parlarne dopo. Appena porterete a termine la missione, vi prego di raggiungermi alla vecchia villa sulla Caporals, ne parleremo meglio quando saremo tutti lì», disse congedandoci.

Io, Asher ed Elina raggiungemmo la stanza delle armi; dopo ci equipaggiammo per la missione.

«È assurdo», esordì Elina prendendo tra le mani un pugnale completamente nero, fatta eccezione per un piccolo dettaglio rosso scarlatto.

«Cosa?», chiesi io riponendone uno nello stivale.

«Joyle ci ha sicuramente tenuto nascosto qualcosa. Qualcosa non mi torna. A Fogsville sono sempre esistite solo due gang rivali, e ora? Ora ne sbuca fuori un'altra?», domandò allibita.

«Non ne sappiamo molto, ma credo che Joyle vuoterà il sacco dopo la missione. Per ora non pensiamoci, l'unico nostro obiettivo dev'essere sterminare questi cazzo di Poisonous Strings», disse Asher.

Anche Jacob si inserì nella conversazione.
«Ma poi, che razza di nome è?», domandò mentre si apprestava ad affilare un pugnale che sembrava quasi una katana.
«Letteralmente significa "corde velenose". Hanno già usato il veleno, credete che utilizzeranno anche delle corde?», domandai io.
«Non ne ho idea ma, secondo me, il veleno continueranno a usarlo. Per questo dobbiamo stare molto più attenti del solito».
«Coraggio, andiamo», ci esortò Jacob indicando la porta.
Uscimmo fuori, dopo aver controllato di aver preso tutto, e salimmo in auto.
Durante il viaggio sentivo gli occhi chiudersi. Ero esausta, solo la notte prima avevo preso parte a un gioco mostruoso e il mio migliore amico aveva rischiato di morire.
«Fall, so che sei stanca, ma dobbiamo racimolare tutte le nostre forze in questo momento e soprattutto rimanere vigili. Ricordati che là fuori non c'è solo la tua vita in pericolo, ma quella di tutti noi», disse Elina mettendomi una mano sulla spalla. Mi venne istintivo stringergliela.
«Lo so, cercherò di rimanere concentrata», le promisi, rivolgendole un piccolo sorriso. Tornai a guardare la strada, mentre nella mia mente non facevano che susseguirsi sempre le stesse domande. Sin da quando qualcuno si era intrufolato in casa mia. Chi è che ci stava minacciando? Che volevano da noi?
E perché decidere di assalire un complesso di depuratori?
«Siamo arrivati», disse Asher parcheggiando, destandomi da tutti quegli interrogativi che forse, tra non molto, avrebbero trovato delle risposte. «So che ve lo state chiedendo e, sì, è un posto assurdo, ma io credo che ci sia una spiegazione a tutto ciò», continuò lui prima di scendere dall'auto. «Secondo me stanno cercando di riprendersi il territorio che hanno perso, e iniziare dai depuratori mi sembra una mossa sensata. Senza acqua filtrata e controllata il paese non va avanti, e allo stesso modo non vanno avanti neppure tutte le organizzazioni criminali che possiedono negozi o club notturni; ecco perché hanno scelto di attaccare proprio i depuratori».
Lo guardammo tutti rimanendo per qualche secondo in silenzio, metabolizzando le informazioni che ci aveva appena fornito. Questi tizi sembravano disposti a mettere in pericolo chiunque pur di raggiungere i propri fini.
Scendemmo dall'auto e iniziammo a esplorare quel posto.
«Cazzo, non ci voleva», disse a un tratto Jacob. Mi girai dove puntava il suo sguardo e capii immediatamente il motivo della sua frustrazione.
Davanti a noi, si aprivano diversi canali d'acqua. Non era alta, probabilmente mi sarebbe arrivata al busto o poco più sopra, ma una cosa era certa: combattere in acqua non sarebbe stato facile.

«Dobbiamo dividerci, i canali sono quattro», disse Asher iniziando a scendere.

«Ragazzi, abbiamo già rischiato di perdere Oliver, per favore, prestate attenzione», affermai io bagnando i piedi.

L'acqua per fortuna non era troppo fredda, altrimenti avrei dovuto aggiungere l'ipotermia all'elenco dei rischi che comportava quella missione.

Con il pugnale stretto tra le mani avanzai o, almeno, cercai di farlo.

L'acqua era melmosa, non era stata ancora filtrata, e con i vestiti impregnati camminare stava risultando più complicato del previsto.

Mi arrivava al bacino, ma più andavo avanti più la sentivo alzarsi e bagnare anche la zona sopra l'ombelico.

Continuai a camminare, fino a sentire dei movimenti provenire poco dietro di me. Mi girai di scatto, il pugnale pronto per essere usato. Abbassai l'arma non appena mi accorsi che si trattava di Callum.

«Ti ho trovata. Finalmente ti ho trovata», disse avanzando verso di me e facendo smuovere tutte le acque. Il suo sguardo era colmo di preoccupazione e nei suoi occhi lentamente si stava facendo spazio il sollievo.

Appena si avvicinò mi prese il viso con le mani e fece scontrare le nostre labbra.

«Appena ho visto la tua macchina non ho pensato ad altro, dovevo vederti», disse preoccupato.

«Callum», sussurrai stringendo le sue braccia.

«Devi promettermi una cosa, una sola cosa, Fallon», affermò prendendo le mie mani nelle sue.

«Cosa vuoi che ti prometta?»

«Se dovessi trovarti sola, con davanti a te più di due uomini, devi lasciare andare l'orgoglio, mettere da parte la missione e pensare solo a salvarti, anche scappando se dovesse essere l'unica soluzione».

«Callum, io...».

«Fallon, promettimelo», mi implorò guardandomi negli occhi, e io cedetti.

«Te lo prometto».

«Non posso perderti, lo capisci questo?», disse baciando le mie mani in maniera quasi compulsiva.

Poi, senza dire altro, lo vidi prendere qualcosa dalla tasca e mostrarmela.

«Non è un oggetto di valore, è solo un pezzo di legno a forma di corvo che mia sorella mi regalò quando entrai a far parte dei DarkBlood; è una sorta di portafortuna, per me», sussurrò mettendomi tra le mani quell'oggetto, consegnandomelo insieme al suo valore simbolico. «Non so se manterrai la promessa fatta, so che sei dannatamente impulsiva e che a stento riesci a non metterti nei guai», mi disse, rimediando un'occhiataccia da parte mia che lo fece sorridere leggermente, «quindi facciamo un accordo, Fallon.

Quando tutto questo sarà finito, dovrai restituirmelo, perché ci tengo molto. E dovrai essere viva e vegeta quando me lo ridarai, ci siamo capiti?»

«D'accordo, lo custodirò con cura. E farò attenzione, te lo prometto».

«Ora dobbiamo dividerci», disse prendendo di nuovo il mio viso tra le sue mani, per poi darmi un lungo bacio sulle labbra.

Una strana sensazione mi prese lo stomaco.

«Perché sembra un bacio d'addio?»

«È un arrivederci, Fallon. Non sarà mai un addio se si tratta di te», stabilì, sparendo subito dopo dalla mia vista.

Impiegai circa venti minuti ad arrivare alla fine di quel canale e mi ritrovai davanti a uno spazio enorme, con una vasca molto grande e tondeggiante su un lato, diversi macchinari, silos, e piccole scale che portavano in strada. Mi guardai intorno con attenzione e subito notai cinque ragazzi e un uomo che stavano distruggendo tutti gli apparecchi che servivano per il filtraggio dell'acqua, utilizzando spranghe e manganelli.

Mi rannicchiai e raggiunsi quasi strisciando un enorme serbatoio dietro cui mi nascosi. Non potevo minimamente pensare di poter combattere contro loro sei e uscirne viva, dovevo aspettare l'arrivo di qualcuno.

Cercai di fare il minor rumore possibile, tenendo lo sguardo vigile su ciò che stava succedendo intorno, quando a un certo punto vidi Callum, Thomas e Mason sbucare fuori da uno dei canali e urlare contro quel gruppo. Il loro arrivo mi diede il coraggio che mi serviva per uscire fuori dal mio nascondiglio.

Non appena si accorsero di me, i tre componenti dei DarkBlood mi lanciarono degli sguardi preoccupati, mentre gli altri iniziarono a ridere.

«Aspettavo proprio te, Fallon», esordì l'uomo avanzando a lente falcate verso di me.

Come conosceva il mio nome?

«Sai? Sei uguale a tuo padre», disse ancora, avvicinandosi ancora di più.

«Mio padre? Cosa stai dicendo?», domandai, aumentando la presa sul mio pugnale.

«Oh, perdonami, che sbadato che sono, non mi sono ancora presentato. Piacere, sono Halkvar Mai o, se preferisci, l'anonimo che ha fatto recapitare la famosa foto che ritraeva te e Callum in un momento passionale», disse allungando la sua mano verso di me, ma io la scacciai e indietreggiai.

In quel momento mi accorsi di Mason e Thomas che cercavano di tenere a bada Callum, che stava lottando per arrivare a me.

«Maleducata, come tuo padre», commentò l'uomo che avevo davanti, che rimaneva ancora un mistero, nonostante mi avesse appena detto il suo nome.

«Cosa ne sai, tu, di mio padre?», domandai assottigliando lo sguardo.

«So tante cose di lui, di Doron», continuò. «So che ha preso parte a un'organizzazione criminale poco dopo la tua nascita, so che tua madre lo sapeva e che non le non andava bene. So che ha abbandonato tua madre quando ha scoperto il suo tradimento e soprattutto quando ha saputo che ha portato per nove mesi in grembo lui», continuò indicando Thomas. «Conosco i suoi segreti, tutti quanti. Ne vuoi sapere un altro?», domandò alzando l'angolo destro delle labbra. «Ha ucciso lui tua madre. Non è stato un suicidio, in realtà, l'ha ammazzata lui e poi ha fatto in modo che sembrasse un suicidio. Chi si interesserebbe alla causa del decesso di una paziente psichiatrica? Quella notte, Doron era andato di nascosto a trovarla, chissà con quali intenzioni, e quando è entrato nella sua stanza lei stava scrivendo una lettera per Thomas. Non è vero che si è suicidata perché portava sulle spalle il peso di aver abbandonato suo figlio. Lei, in quella lettera, gli chiedeva scusa e gli domandava se avrebbe voluto incontrarla. Ma tuo padre non ci ha visto più e l'ha ammazzata. Sì, Thomas, se te lo stai chiedendo, la lettera che hai ricevuto, in realtà non te l'ha scritta tua madre, ma mi sembrava giusto informarti». Sorrise diabolico, mentre non sentivo più la terra sotto i piedi.

No, non era possibile.

«Stai mentendo!», urlai continuando a indietreggiare, fino a toccare con la parte posteriore delle cosce il muretto basso che delimitava una vasca di depurazione.

«Ho ucciso Doron con le mie stesse mani, quando ho capito che voleva mettersi contro di me e la mia gang», disse rabbioso, per poi spingermi e gettarmi all'indietro nell'acqua.

Non sentii più nulla.

Non sentii più le sue parole, le urla di Callum e di Mason, avvertivo solo le sue mani che mi spingevano sul fondo della vasca.

L'acqua non era alta, ma la presa di quell'uomo su di me era ferrea e l'acqua talmente fredda che non riuscii a respingere il suo attacco.

In quel momento pensai a mia madre, uccisa da un uomo che neanche amava o che forse aveva amato, ma solo per poco tempo. Pensai a mio padre, al quale avevo chiesto di proteggermi dai mostri senza sapere che il vero mostro era lui. Dopo un po', avvertii la presa venire meno, ma comunque non riuscii a tirarmi fuori dalla vasca. Sentivo solo il mio corpo muoversi e una gran voglia di lasciarmi andare. Di farmi avvolgere dal buio per non sentire più nulla. La calma ovattata che mi avviluppava sembrava il richiamo irresistibile di una sirena, e io ero così stanca che mi lasciai incantare da una promessa di tranquillità fatta di tenebre.

Poi, di colpo, due braccia possenti mi strinsero e mi tirarono fuori dalla vasca. Io incamerai istintivamente quanta più aria potevo, tossendo e sputando l'acqua che avevo ingerito. Quando cominciai a tremare, chi mi aveva salvato mi tenne ancora più stretta a sé. Il suo odore somigliava molto a quello di Asher, ma era più pungente di quello di mio fratello. Sollevai appena lo sguardo e, con immenso stupore, mi accorsi che si trattava di Thomas.

«Cazzo, sei freddissima», disse spostando dal mio viso delle ciocche di capelli.

«Thomas? Perché… perché mi stai…aiutando?»

«Sei mia sorella, Fallon. So di aver detto di odiarti, ma rimani comunque mia sorella», disse facendomi poggiare la testa sul suo petto.

In quel momento sentii il cuore riempirsi di gioia e mi rimproverai per non aver lottato per la mia vita. Avevo tanto per cui valesse la pena farlo, nonostante tutto quello che mi era successo, e tutto quello che avevo appena scoperto e che avrei dovuto elaborare.

«Grazie, Thomas. Fa… fa freddo», dissi io, battendo i denti e tremando tra le sue braccia.

«Lo so, ora ti porto fuori di qui, devi solo resistere un altro po'. Ti porterò fuori di qui, Fallon», disse sollevandomi del tutto e scavalcando con una gamba il bordo della vasca. «Ci siamo quasi».

Quando Thomas mi fece sedere per terra, vidi Callum correre verso di noi.

«Ti ho presa, sei al sicuro ora», sussurrò Callum tastandomi la guancia congelata.

«Call, dove sono finiti quei bastardi?», chiese Thomas.

«Non è rimasto più nessuno, sono scappati tutti. Appena hanno visto me attaccare il loro capo, i ragazzini sono fuggiti via, intimiditi anche dalle pistole che aveva tirato fuori Mason. Ho lottato con Halkvar, ma è riuscito a scappare. Ero troppo preoccupato per Fallon», ammise Callum, mentre volgeva di nuovo lo sguardo su di me.

«Io… io ho custodito il corvo», mormorai prendendolo dalla tasca. Callum sorrise e si portò la mia mano alle labbra.

In quel momento ci raggiunse anche Mason.

«Mi ha chiamato Robert. È con il resto dei Daggers alla vecchia villa sulla Caporals. Gli ho spiegato cosa è successo», ci riferì.

«Andiamo, non so cosa stia per succedere, ma sono curioso», rispose Callum.

Quei tre fecero a turno per aiutarmi a salire le scale che, da quella zona, portavano al livello della strada. Stavo bene, non avevo riportato ferite, potevo farcela anche da sola, ma ripetergliele sembrava inutile. Eppure, non potevo certo dire che quelle attenzioni mi dessero fastidio.

Raggiungemmo la loro auto dopo una lunga camminata a ritroso, per fortuna lontani dall'acqua. Una volta arrivati, Thomas prese una felpa dal bagagliaio e io venni aiutata a salire sui sedili posteriori.

«Cambiati, noi rimaniamo qui fuori mentre ti spogli», disse, già entrato in modalità fratello maggiore. Ero certa che sapesse benissimo che Callum mi aveva già vista nuda, ma non poteva essere a conoscenza della folle notte trascorsa con lui e Mason. Quei due mi lessero nel pensiero perché mi sorrisero allo stesso modo e io alzai gli occhi al cielo, prima di fare come mi aveva detto Thomas. Sì, la mia vita meritava davvero di essere vissuta in pieno, non ci avrei più rinunciato.

Dopo che mi cambiai, Mason si mise al volante e Callum lasciò che fosse Thomas a sedersi dietro, accanto a me.

Il viaggio durò poco e io rischiai quasi di addormentarmi tra le braccia di mio fratello, perché la sua mano che mi accarezzava la guancia ebbe il potere di calmarmi del tutto.

Quando arrivammo fuori dalla villa, vidi Robert, Joyle, Bonnie e i miei amici schierati come un unico gruppo, tutti lì ad accoglierci. Si premurarono di chiedermi come stessi, poi Joyle lanciò una bomba.

«Da oggi in avanti, sarete un'unica gang… i *DarkDaggers*».

Capitolo 50

Fallon

«Da oggi in avanti, sarete un'unica gang... i DarkDaggers».

«Cosa?!», esclamammo più o meno tutti, in coro, chiedendo spiegazioni a gran voce.

«Vogliamo dirvi ogni cosa, perché per tutti questi anni io e Robert vi abbiamo nascosto la verità».

«Bene, siamo tutt'orecchi, Joyle», presi parola io, arrabbiata all'idea che c'erano state altre bugie nella mia vita. Sembrava una costante e io ero davvero stufa.

«Entriamo dentro, abbiamo tanto di cui parlare», disse Robert dando le spalle a tutti per avanzare verso la porta della vecchia villa.

Guardai a turno tutte le persone che avevo vicino. Amici, nemici, fratelli, amanti. Negli ultimi mesi le dinamiche tra noi erano cambiate, in più di un modo, ma mai mi sarei immaginata una svolta di questo tipo. Camminai anche io verso l'entrata della villa con mille domande in testa.

Una volta dentro notai che non era per nulla abbandonata, anzi.

C'era un grande camino antico acceso, dei divanetti in pelle e persino un pianoforte bianco.

«Prendete posto e versatevi da bere, siete i benvenuti in casa mia», fece Robert indicando il tavolo degli alcolici.

«Casa tua?», domandò Mason senza nascondere la sua rabbia.

«Ragazzi, per favore, mantenete la calma».

«Vogliamo la verità e la vogliamo ora. Non ce ne frega un cazzo di versarci da bere», affermò Bonnie perentoria. Per una volta, mi trovai a pensarla come lei.

Robert ci chiese almeno di non rimanere in piedi e, dopo che tutti ci fummo accomodati, lui e Joyle iniziarono a raccontare.

«Sin da prima delle vostre iniziazioni, vi abbiamo sempre parlato di due gang, ma in realtà prima ce n'era una sola e poi se ne crearono tre: i Daggers, i DarkBlood e i Poisonous Strings. Io, Joyle e quello che adesso si fa chiamare Halkvar, il capo dei Poisonous, siamo cugini e alla vostra età facevamo tutti e tre parte dei Daggers», iniziò Robert. «Nel corso degli anni tanti dei nostri compagni sono morti e altri sono entrati nella gang, ma con quei continui cambi i rapporti cominciarono a incrinarsi, e decidemmo di separarci. Io e Joyle per un periodo di tempo andammo d'accordo, delle volte ci capitava anche di collaborare, ma poi, una notte, Halkvar decise di metterci in pericolo», continuò Robert lasciando la parola a Joyle.

«Quella notte vennero a cercarci diverse organizzazioni criminali, volevano ucciderci e né io né Robert riuscimmo a capire chi ci avesse venduto ai nemici. O almeno un'idea l'avevamo, ma all'inizio stentammo a crederci. Quell'uomo, Halkvar, è malvagio, del tutto smanioso di dettare legge e di controllare chiunque e qualsiasi traffico. Non voleva e non vuole condividere il territorio di Fogsville con nessun altro. Una volta capite le sue intenzioni, non fu difficile mettere in giro delle voci, soprattutto in certi ambienti, e porre una taglia su di lui. Abbiamo passato diversi anni senza avere sue notizie, ma adesso è tornato in cerca di vendetta. Si è mosso nell'ombra, tessendo rapporti basati su corruzione e false promesse, e ha cambiato nome e aspetto fisico, per non farsi ammazzare. Quello che non è cambiato è il suo desiderio di vederci morti».

«Quindi, da oggi in avanti non esisteranno più i Daggers e i DarkBlood? E adesso lotteremo insieme contro un nemico comune?», domandò Jacob.

«Sì. Da oggi in avanti esisteranno solo i DarkDaggers e il principale obiettivo sarà distruggere i Poisonous Strings».

«Cazzo, è tutto così assurdo», affermò Callum scuotendo la testa.

«Fallon, sappiamo cosa è successo con Halkvar, sappiamo di tuo padre e di tua madre», disse Robert guardandomi e cambiando argomento.

Mi girai subito verso Asher: anche lui aveva scoperto tutto e sentii il cuore rompersi in mille pezzi non appena lessi nei suoi occhi tutto il dolore che provava.

Mi avvicinai a lui, senza curarmi di nessuno, e crollai tra le sue braccia.

«Non si è uccisa! Non voleva abbandonarci!», esclamai distrutta dal dolore.

«Lo so, Fall, lo so», sussurrò Asher abbracciandomi stretta e facendomi dondolare per calmarmi. Poi, improvvisamente, sentii altre due braccia cingermi: erano quelle di Thomas.

«Vi prego, non continuate a odiarvi. Noi ora dobbiamo far felice la mamma», pregai entrambi i miei due fratelli piangendo, mentre le loro braccia creavano attorno a me una gabbia protettiva.

«Ho finito con l'odio, voglio recuperare tutto il tempo che abbiamo perso», disse Thomas facendomi piangere ancora di più.

In mezzo a tutto quel dolore, mi accorsi che stava sbocciando dentro di me un seme di felicità perché, anche se qualcosa si era rotto, qualcos'altro si stava aggiustando.

Un mese dopo

Scoprire tutta la verità non era stato facile.

Assimilare il fatto che mia madre fosse stata uccisa, dopo aver passato anni a pensare che si era tolta la vita per chissà quale assurda ragione.

Pensare che mio padre, la persona a cui avevo tenuto tanto, aveva ucciso la madre dei suoi figli ed era sempre stato un criminale.

Convivere con i miei nemici, con le persone che per anni avevo odiato, che avevo tentato addirittura di uccidere.

Era tutto un fottuto caos.

Mentre una gocciolina di sudore creava una strada luminosa che partiva dalla mia fronte fino alla clavicola destra, presi un respiro profondo e alzai il pesante martello con cui stavo abbattendo un muro.

Da quando ci eravamo uniti, da quando ormai ci chiamavamo DarkDaggers, il covo era diventato stretto per ospitarci tutti e Joyle e Robert avevano deciso di buttare giù muri, costruirne altri e ristrutturare.

Non sapevo come mi sentivo, era tutto così strano.

Thomas e Asher avevano messo da parte la ritrosia e la mancanza di fiducia, alimentate da anni di odio, e adesso stavano imparando a conoscersi. Li avevo beccati più volte, in disparte rispetto al gruppo, a bere una birra e a ridere insieme, impacciati.

Bonnie ed Elina avevano cominciato a muoversi su un terreno neutro, i prodotti per la cura del corpo e i vestiti, e sembrava che piano piano stessero ponendo le basi per un rapporto civile che avrebbe potuto, col tempo, trasformarsi in qualcosa di diverso. E poi c'era Callum, che adesso vedevo ogni giorno, senza dovermi inventare scuse per farlo, dire un mucchio di bugie o aspettare che la luce del giorno se ne fosse andata.

Alzai lo sguardo e lo vidi, intento a sollevare diversi mattoni da terra. Indossava una canottiera che lasciava scoperte le braccia, uno era pieno di tatuaggi, l'altro ricoperto di cicatrici. Aveva i capelli sudati che gli ricadevano spettinati sulla fronte.

Era una visione divina e, se non avessi distolto lo sguardo in fretta, il martello che stavo stringendo tra le mani mi sarebbe finito sui piedi.

«Ehi, Fall», mi chiamò Oliver costringendomi a volgere lo sguardo su di lui, e quando lo feci iniziai a sorridere di gusto.

Oliver ne aveva passate tante dopo l'aggressione e vederlo finalmente in forma mi procurava immensa gioia.

«Questa sera ci sarai? Aric ha ottenuto il posto al Road, dice che stanno organizzando una festa stratosferica», affermò sorridendo.

«Sì, credo di riuscire a passare», gli risposi abbozzando un sorriso, mentre con la coda dell'occhio continuavo a seguire i movimenti di Callum.

«Se continui a guardarlo rischi di consumarlo, Fallon».

«Tranquilla, Bonnie, la pelle di tuo fratello è dura, non si consumerà per un po' di sguardi indiscreti», affermai tirandole un leggero pugno sulla spalla. Oliver sorrise e si allontanò, lasciandoci sole.

«Ti va di parlare? Qui hanno chiarito tutti, manchiamo solo noi all'appello», disse cogliendomi alla sprovvista.

Aveva ragione, tutti in qualche modo avevano fatto dei piccoli passi per venirsi incontro, solo io e Bonnie non avevamo ancora parlato.

Callum mi aveva detto cosa pensava Bonnie di me e mi aveva spiegato che in realtà aveva paura di perdere suo fratello, di essere messa da parte, quindi avevo preferito aspettare che fosse lei a fare il primo passo, quando si sentisse pronta, e forse avevo fatto bene ad aspettare.

Posai il martello sul pavimento, mi pulii alla meglio le mani su quel vecchio paio di jeans che indossavo durante i lavori, e la invitai ad andare fuori.

«Senti, Fallon, io ti devo delle scuse», cominciò subito lei, stupendomi per la seconda volta in pochi minuti. «Sono stata cattiva. Ti ho messa in più di un'occasione nei guai, ho detto cose orribili su di te e ho fatto tantissime altre stupidaggini quando tu ti stavi solo prendendo cura di mio fratello».

«Bonnie, per me, un mese fa, dentro quella villa, è iniziata una nuova vita, ho voltato pagina. Non pensiamo più all'odio che ci ha legate per tutti questi anni», le proposi.

«Lo so, ora ho finalmente capito che posso affidarti Callum. Ho capito che il sentimento che vi lega è profondo e che tu per lui sei una cura, Fallon. Sei stata lo spiraglio di luce che ha intravisto quando era immerso nel buio e che ha deciso di seguire per venirne fuori», disse sorridendo leggermente a causa dell'imbarazzo.

«Bonnie, io… non so cosa dire. Grazie», replicai guardandola negli occhi.

«Per cosa?»

«Per la fiducia che stai riponendo in me. Non deve essere facile dopo tutto quello che abbiamo passato», dissi alzando leggermente l'angolo destro delle labbra.

«Callum è una testa calda, ma tu riesci sempre a farlo ragionare, sai? Mi ero accorta spesso di questa cosa, quando magari era nervoso e usciva di casa sbattendo la porta. Poi tornava dopo ore con un'altra aria, era più pacato, più tranquillo e lo era perché aveva incontrato te, perché era stato insieme a te».

«Cavolo, come ho fatto a non capire, in tutti questi anni, che sei dannatamente dolce?», domandai strabuzzando gli occhi.

«Dai! Ora non esageriamo», disse lei dandomi una leggera spallata.

«Questa sera ti va di venire al Road? Il ragazzo di Oliver ci ha invitati».

«Solo se accetterai di indossare uno dei miei vestiti rosa», affermò ridendo, e io con lei, dopo aver accettato la sua proposta.

Quando tornammo dentro, ridendo e parlottando tra noi, sentii uno strano silenzio riecheggiare nell'aria e quando alzai il viso notai che tutti ci stavano guardando, straniti.

«Cosa avete da guardare?», domandò Bonnie schietta.

«È strano vedervi così, pacifiche e tranquille», ammise Asher aggrottando le sopracciglia.

«Perché penso che voi due, insieme, per me sarete il male?», domandò Callum avvicinandosi a noi.

Stampò prima un bacio sulla fronte della sorella e poi si impossessò delle mie labbra.

«Vacci piano con mia sorella, Rey», sentii dire da Asher.

Non ero sicura che avesse parlato con Callum, tra loro c'era ancora una strana tensione. Magari anche per loro sarebbe arrivato il momento di chiarirsi, come era appena successo tra me e Bonnie.

«È finalmente mia, come posso andarci piano quando è a un millimetro da me e soprattutto quando si è alleata con mia sorella?», domandò Callum ridendo, e facendo ridere di gusto anche tutti noi.

Per il resto del pomeriggio rimanemmo ancora al covo, tra birre, muri da distruggere e da costruire, e chiacchiere. Mi sentii veramente felice perché sapevo che la famiglia che avevo trovato, entrando nei Daggers, si stava allargando sempre di più e, con il passare del tempo, sarebbe diventata ancora più unita.

«Siete sicure che il rosa mi stia bene?», domandai guardandomi allo specchio, mentre Bonnie ed Elina erano intente a farsi diverse foto.

«Fallon, questo colore ti sta divinamente», stabilì Elina sistemandomi i capelli.

«Farai uscire gli occhi fuori dalle orbite a mio fratello, cazzo!», esclamò Bonnie.

«Siete pronte?», chiese Oliver, che entrò in camera mia dopo aver bussato alla porta.

«Sì, gli altri?», domandai prendendo la borsetta, anche quella prestata da Bonnie. Faticavo ancora a credere all'assurdità di quella situazione, anche se il mio cuore era leggero e colmo di gioia.

«Sono già al Road; mi hanno chiesto, o per meglio dire imposto, di accompagnarvi».

«Bene, vedo che hanno iniziato già a dare il meglio di loro e a tenerci sotto stretto controllo», disse Bonnie sbuffando.

«Guardatevi, è normale avere paura che possa succedervi qualcosa, siete pazzesche», disse Oliver indicandoci tutte.

«Coraggio, andiamo che ho bisogno di bere», tagliò corto Elina ridendo.
Una volta dentro il locale, venni subito investita dal profumo pungente di Callum.
«Devo dire a mia sorella che non può prestarti i suoi vestiti, altrimenti sarò costretto a uccidere tutti gli uomini presenti sulla faccia della terra».
Cazzo.
«Mi sta così bene?»
«Diamine, Fallon, vorrei quasi prenderti qui, davanti a tutti», mormorò a un passo dalle mie labbra.
Presi la mano di Callum e insieme ci dirigemmo verso il centro della pista.
«Balla con me. Ora posso finalmente ballare con te, baciarti quando voglio, senza nascondermi, senza celare come sono quando mi sei vicina», sussurrò stringendo il mio corpo nelle sue braccia. «Perché sorridi?»
«Sono felice, Callum. Finalmente ho trovato la felicità che speravo di trovare da tutta la vita. Non mi serve altro, ora mi sento completa», dichiarai alzando gli occhi verso i suoi, e sorrisi ancora di più quando riuscii a notare un luccichio nelle sue iridi.
«Ti amo», dicemmo all'unisono e proprio mentre le nostre labbra si stavano ricongiungendo due grandi mani afferrarono Callum dalle spalle.
«Cazzo, Thom!», imprecò Callum.
«Basta, piccioncini, avevamo detto serata tra uomini».
«Ci vediamo dopo?», domandò Callum riuscendo a strapparmi un ultimo bacio, mentre le braccia di Thomas lo tiravano lontano da me.
Io sorrisi e annuii, e quando mi girai trovai Elina e Bonnie infuriate, perché Thomas aveva separato anche loro da Mason e Harry, proprio come aveva fatto con me e Callum.
«Dio, che stronzo!», esclamò Elina bevendo l'ultimo residuo di vodka presente nel suo bicchiere. «Balliamo?», domandò infine guardando la pista.
Io e Bonnie sorridemmo e insieme, tutte e tre, andammo a ballare. Ci divertimmo per un po', tranquille, quando a un certo punto Bonnie mi strattonò un braccio.
«Guarda lì! Cazzo! Ma sono serie?», domandò indicando a me e a Elina tre ragazze che stavano ballando davanti a Callum, Mason e Harry. «Ma tu guarda quelle puttanelle, e guardate loro, non si sono neanche spostati!», continuò Bonnie arrabbiata.
«Volete la rivincita?», domandai io sorridendo.
Loro annuirono e io le guidai verso uno dei tavoli.
«Coraggio, facciamo vedere a quei bastardi chi è che comanda qui dentro», affermai salendoci sopra.
Iniziai a ballare e in un attimo si radunò una piccola folla ai miei piedi. Facevo ondeggiare i fianchi a ritmo di musica, con le braccia percorrevo tutto

il mio corpo, mi leccavo le labbra e sotto di me i ragazzi diventavano sempre di più. Cominciarono a incitarci con fischi e urla quando mi avvicinai a Bonnie ed Elina e iniziammo a strusciarci l'una contro l'altra.

Fu questione di secondi, che tre ragazzi possenti si aprirono un varco tra quella folla. Harry, Mason e Callum ci stavano guardando con gli occhi iniettati di sangue.

Non mi fermai, continuai a ballare e a far finta di nulla, fino a quando Callum si posizionò proprio sotto di me, ai miei piedi.

«Scendi», disse perentorio posando i palmi sul tavolo.

Non parlai, mi limitai a sorridergli e a continuare a muovermi.

«Fallon, ho detto scendi da questo fottuto tavolo».

A quel punto, mi abbassai e arrivai alla sua altezza, posizionai l'indice sotto il suo mento, notando una gocciolina di sudore scendergli sulla fronte, e iniziai a mordermi il labbro inferiore.

«Non vedi che mi sto divertendo?», domandai maliziosa, ma prima che potessi alzarmi e tornare a ballare, mi trascinarono giù.

«Vuoi che le mie mani si sporchino di sangue?», domandò rabbioso mentre mi portava lontano da lì, fino ai bagni.

Io scoppiai a ridere e stranamente mi sentii eccitata.

«So bene che ti sei divertita, a muovere i fianchi mentre tutti quei ragazzi ti sbavavano addosso», sussurrò roco spintonandomi dentro. Chiuse la porta a chiave e mi sbatté contro le mattonelle fredde della parete. «Ma ora so che ti divertirai molto di più», continuò impossessandosi del mio seno e baciandomi lungo il collo, facendomi subito inarcare la schiena e spingere il bacino in avanti, verso di lui. «Quindi fai la brava e apri le gambe per me, Fallon», sussurrò alzandomi il vestito. «Vederti ballare su quel cazzo di tavolo mi ha reso affamato», disse scostando l'orlo delle mie mutandine per penetrarmi con due dita.

Gemetti, appoggiando la testa sul muro e allargando ancora di più le gambe per permettere alle sue mani di muoversi senza problemi.

«Callum», sussurrai a un soffio dalle sue labbra.

Mentre l'impeto del desiderio avvolgeva entrambi, riuscii ad abbassare i suoi pantaloni e a prendere tra le mani il suo membro, già duro.

«Oddio», ansimò, aumentando il ritmo delle dita che muoveva dentro e fuori di me.

Improvvisamente, mentre mi stavo abbandonando al piacere che mi stava donando, mi alzò di peso e mi fece sedere sopra il lavandino.

«Ora ti scoperò».

Strinsi con le dita quel bordo freddo, e avvolsi con le gambe i fianchi di Callum che mi penetrò con un'unica spinta.

Era una sensazione mai provata, i suoi affondi si facevano sempre più profondi e se avesse continuato in quel modo sarei venuta subito.

«Callum», ansimai aggrappandomi con forza alle sue braccia possenti.
«Sì?», domandò senza mai fermarsi e a quel punto iniziai a sentire il lavandino muoversi, le spinte erano troppo forti.
«Ra… rallenta», gemetti sulle sue labbra.
«Rallentare? Ho appena iniziato, Fallon, ho appena iniziato a scoparti e tu mi chiedi di rallentare?», domandò. Preso da un impeto, mi fece scendere e mi voltò, spingendomi in avanti. Mi esposi a lui completamente, guardando dallo specchio il modo in cui i suoi occhi erano annebbiati dall'eccitazione.
Mi prese per i fianchi e mi penetrò di nuovo, facendomi sussultare.
«Oh, sì!», gemetti quando iniziò a torturare il mio clitoride.
«Così stretta», ansimò prendendomi con l'altra mano il seno, e stringendomelo forte. «Sei così stretta per me», continuò, mentre il mio clitoride si irrigidiva ancora di più e le sue spinte iniziavano a farmi quasi male.
«Io credo…», dissi alzando lo sguardo verso lo specchio, che ritraeva l'immagine di noi due, uniti in quel momento di travolgente passione.
«Cosa credi?»
«Sto per venire», dissi urlando il suo nome, mentre avvicinavo il sedere al suo pube.
Sentivo le ginocchia tremare e le gambe diventare di burro mentre lui continuava a spingersi in me.
«Cristo santo, Fallon», quasi ringhiò mentre il suo respiro diventava irregolare. «Sto venendo, Fallon, ci sono», urlò stringendomi ancora di più.
Venne dentro di me e io lo guardai allo specchio, godendo di quella visione e del fatto che fossi stata io a dargli tutto quel piacere.
«Ti amo», sussurrò sfinito, mentre il suo profumo si mischiava al mio.

Capitolo 51

Callum

Mi svegliai sentendo un peso premere sul mio petto e quando aprii le palpebre vidi una matassa di capelli neri dal profumo dolce, che amavo alla follia.

Il corpo di Fallon era avvinghiato a me, le sue gambe si erano intrecciate alle mie e una delle sue mani era aperta sul mio pettorale destro.

Nella penombra della mia camera da letto, portai una mano sulla sua guancia e le tolsi delicatamente i capelli che le ricadevano sul viso, posizionandoli dietro l'orecchio.

Tracciai con il polpastrello il profilo del naso, delle labbra e del mento, ammirando la sua bellezza naturale.

Fallon era pura energia, era in grado di farmi sentire leggero, di togliere i pesi che cercavano di farmi scendere un piano sotto l'inferno.

«Mmm», mugugnò aprendo le palpebre con lentezza. «Ehi», disse leccandosi le labbra ancora impastate dal sonno.

«Ehi», la imitai sorridendo e continuando a sfiorarla.

«Da quanto sei sveglio?», domandò sistemandosi meglio vicino al mio corpo. A ogni suo movimento il suo profumo mi arrivava dritto alle narici.

«Da un po'. Sei nuda, stretta al mio corpo, devi ringraziare che finora mi sono solo limitato a guardarti», affermai sorridendo.

«A me piace svegliarmi così, con le tue attenzioni rivolte completamente a me», disse alzandosi un po' per guardarmi meglio.

Io la fissai intensamente e mi venne naturale confidarle cosa mi passava per la testa.

«Tra una settimana ho la visita, il dottore mi ha detto di stare tranquillo, la cura sta funzionando».

«Sono con te, Callum, sempre e per sempre. Ed è vero, la cura sta funzionando benissimo», affermò rassicurandomi.

«Non hai paura? Non mi riferisco solo alla mia malattia. Non hai paura della vita che conduciamo e di tutto quello che è successo con la minaccia di questa nuova gang?»

«No. Se ho te, Callum, la paura non mi sfiora neppure con un dito», disse sorridendo e leccandosi nuovamente le labbra.

«Ti amo, non voglio mai smettere di dirlo, voglio urlarlo a squarciagola, cazzo», dissi stringendo Fallon tra le mie braccia.

«Bonnie è qualche stanza più avanti, non vorrei svegliarla», disse lei scoppiando a ridere, e pensai che ero felice.

Fallon si preoccupava per Bonnie.

Bonnie non odiava più Fallon.

Le mie due donne finalmente unite e in pace, non avrei potuto chiedere di più.

«Andiamo a mangiare qualcosa?», le chiesi indossando un paio di boxer, mentre Fallon si scostava il lenzuolo dal corpo, mostrandomi tutte le sue forme. «Non tentarmi, piccola, sai che effetto mi fanno le tue curve», dissi quindi sorridendo, cercando di distogliere lo sguardo dal suo seno.

Un attimo dopo, mi venne in mente qualcosa che non avevo mai fatto prima.

«Aspetta qui e vestiti, voglio portarti in un posto», affermai finendo di vestirmi in fretta, per poi correre in cucina.

Preparai velocemente dei toast, con burro di arachidi e marmellata alla fragola, delle bottiglie d'acqua, qualche schifezza al cioccolato, perché sapevo quanto le piacessero, e misi tutto dentro un portapranzo. Poi tornai in camera e vidi che Fallon era intenta ad armeggiare con i suoi lunghi capelli neri.

«Ferma, lascia fare a me», le dissi prendendo tra le mani quelle ciocche setose e intrecciandole tra loro, creando una treccia morbida.

«Come hai imparato a fare le trecce?», mi domandò curiosa come una bimba.

«Quando mio padre si ammalò, mia madre era sempre fuori casa, ed ero io a occuparmi di Bonnie. Le facevo la treccia quasi ogni mattina, prima di accompagnarla a scuola», le raccontai sorridendo amaramente a quel ricordo.

Lei si girò e mi guardò con un'intensità tale che mi colpì dritto al cuore. «Non so tantissime cose di te, ma pian piano voglio conoscerle tutte», disse prendendo la mia mano per portarsela alle labbra.

«Ora andiamo», le proposi. Le dissi di incamminarsi verso l'auto, mentre prendevo il portapranzo facendo attenzione a non farmi vedere da lei.

«Dove hai intenzione di portarmi?»

«Ricordi il bosco del nostro primo incontro, dopo tanti anni in cui ci eravamo persi di vista? Quando io ti ho rubato la preda della tua prima missione e iniziammo la nostra guerra?»

«Sì, come potrei dimenticare quel luogo e tutto quello che è successo da quel momento?»

«Stiamo andando lì. Voglio mostrare a quel posto, a quegli alberi, che non siamo più in guerra, e che ora ci amiamo. D'altronde, è grazie a quel luogo se io e te abbiamo iniziato i nostri battibecchi», affermai stringendo il labbro inferiore tra i denti.

«Callum Rey, non mi dire che sei un romantico», mi prese in giro.

«Non c'è cosa più romantica di due persone che dall'odio sono passate all'amore, Fallon. Non esiste legame più profondo di questo», sottolineai mettendo in moto.

Quando arrivammo a destinazione, sentii una strana emozione al ricordo di tutto quello che era successo da allora. Volevo rendere quel momento davvero importante.

Avanzai calpestando le foglie cadute mentre con una mano stringevo quella di Fallon e con l'altra tenevo il portapranzo.

«Hai portato anche la colazione?», domandò Fallon.

«Solo cose che ti piacciono», risposi.

Ci sedemmo per terra, aprii il portapranzo e le porsi un toast. Per qualche istante, ci godemmo la quiete di quel posto. Lasciai che si guardasse attorno, perdendosi nei ricordi, per poi chiederle ciò che mi premeva.

«Fallon, come stai? Sii sincera con me. Come stai dopo aver scoperto la verità sui tuoi genitori?», le domandai timidamente. Non lo avevo fatto, fino a quel momento, perché non volevo invadere i suoi spazi. Volevo che metabolizzasse prima tutto, non doveva essere stato facile fare i conti con una verità che rimetteva in discussione tutto ciò in cui aveva creduto fino a quel momento, aumentando, con la scoperta del ruolo che aveva assunto il padre in tutta quella assurda vicenda, ancora di più la tristezza e la delusione.

Lei mi guardò, cercando di fare ordine tra i suoi pensieri.

«Io… onestamente non so dirti come mi sento. Per anni ho cercato mio padre, per anni ho pianto per lui e per il vuoto che il suo allontanamento mi aveva lasciato e adesso scopro che mi ha tolto l'unica persona che avrebbe potuto colmarlo, quel vuoto. Mi ha tolto mia madre, e sai cosa ti dico? Che sono felice di sapere che è stato ucciso. Non meritava di vivere», sentenziò ingoiando un groppo di saliva.

«Qualche tempo fa, quando sono riuscito a confidarti i miei sentimenti, ti ho detto che non avrei potuto impedire una tua caduta, perché è impossibile manovrare ciò che il destino ha in serbo per noi, ma ti ho promesso una cosa, e oggi, Fallon, sono pronto a rinnovare la mia promessa», affermai prendendo il suo viso tra le mie mani. «Sono pronto a *cadere* con te. Cadrò al tuo fianco e, con il tempo, tu ti rialzerai più forte di prima e io, solo a quel punto, sarò pronto a rialzarmi con te».

«Finalmente i due piccioncini hanno deciso di rincasare, era ora», sentii dire da Elina, poco dopo essere entrato nel nuovo covo, quello dei DarkDaggers.

«È stata una giornata stupenda, Elina», affermai alzando le sopracciglia e prendendo in giro la fidanzata del mio migliore amico.

«Lo so e sono contenta per voi, ve lo meritate», sottolineò avanzando verso la porta dello studio dei nostri capi. Joyle e Robert finalmente erano riusciti a riunirsi.

Quando entrai, seguito da tutto il resto della banda, notai i miei capi seduti in tranquillità, l'uno al fianco dell'altro, e il mio cuore si scaldò.

Erano un po' come me e Asher.

Amici per la pelle che, per colpa di qualche cazzata, si erano ritrovati come due sconosciuti, e per di più a farsi la guerra.

Se loro erano riusciti a mettere da parte l'odio, anche io e Asher ci saremmo riusciti, prima o poi.

Non avevamo ancora chiarito, non avevamo parlato del nostro passato, ma già stavo escogitando una sorta di piano per riuscire a chiedergli scusa di tutto quello che gli avevo fatto, sperando che accettasse di ascoltarmi e che anche lui si rendesse conto che non aveva alcun senso continuare in quel modo.

«Ragazzi, prego, entrate e accomodatevi», esordì Robert. «Abbiamo ricevuto una chiamata, questa mattina, da un numero sconosciuto che sapeva fin troppo di noi e di tutti quanti voi. Pensiamo sia una trappola, ma può anche darsi che ci stiamo sbagliando. Anche se, alla luce di tutto quello che è successo nell'ultimo periodo, ci sembra da incauti escludere quella eventualità. Noi non ci tiriamo indietro, trappola o no, voi stasera andrete in missione», disse Joyle guardando prima Robert e poi noi.

«Dove?», domandò Harry.

«Nelle catacombe della chiesa di Saint James».

«Quelle dove, qualche anno fa, è stato trovato il corpo di una ragazza?», domandò stupita Bonnie.

«Sì, esatto», confermò Robert.

«Non sappiamo che dritte darvi, non c'è nessun uomo da uccidere, nessuna preda. Possiamo solo dirvi che c'è sicuramente lo zampino dei Poisonous Strings e vi chiediamo entrambi la massima accortezza», concluse Joyle.

«Non preoccupatevi, nessuno di noi ci rimetterà la pelle questa sera. Nessuno», sibilò Asher a denti stretti, guardandomi di sottecchi.

«Allora andate e cercate di chiudere questa faccenda una volta per tutte», disse Robert congedandoci.

Quando entrai nella zona relax, mentre le ragazze erano in bagno a cambiarsi, mi intromisi in un discorso tra Mason, Thomas e Asher.

«Robert ha avuto conferma del fatto che quel pazzo di Doron ha costretto mia madre a scrivere una lettera falsa, quella che mi è stata recapitata, ma a quanto pare aveva conservato l'originale, quella che stava scrivendo prima di essere ammazzata. Robert non è riuscito a recuperarla, non si sa nemmeno che fine abbia fatto, ma ha chiesto parecchio in giro: sembra che questa storia circoli ancora, nonostante siano passati anni, e in molti se la ricordano, proprio perché è stato un comportamento riprovevole. In quella lettera mia madre raccontava che era spaventata, che aveva preferito ricoverarsi di sua spontanea volontà perché Doron l'aveva plagiata e manipolata e lei, anche a distanza di anni, si sentiva soggiogata da quell'uomo. Chissà che diavolo combinava anche dopo aver lasciato quella casa, in che modo la maltrattava psicologicamente quando tutti pensavano che avesse abbandonato la sua famiglia. Evidentemente mia madre pensava che in ospedale sarebbe stata al sicuro, che avrebbe potuto guarire, e invece… Nella lettera scriveva che il suo desiderio era riunire i suoi tre figli e prendersene cura, una volta finito il suo processo di guarigione, ma quella merda l'ha portata via da me, da noi», buttò fuori Thomas sul punto di una crisi isterica.

«Thom, adesso sta a voi tre esaudire il desiderio di vostra madre, ovvero riunire la sua famiglia, i suoi tre figli. Vi amava e non vi ha mai dimenticato», affermai tirando una pacca sulla spalla del mio migliore amico.

«Ragazzi, andiamo?», domandò Fallon, e tutti rimanemmo zitti. Pensai che quei tre avessero ancora molto di cui discutere, che ci sarebbero stati ancora molti confronti dolorosi in cui fare i conti con il passato, ma non era quello il momento di cominciare. Non prima di una missione così delicata che necessitava il massimo della concentrazione.

Presi per mano la mia donna e, seguiti dal resto del gruppo, salimmo sulle nostre macchine e raggiungemmo le famose catacombe.

Quando arrivammo, iniziai a sentire il corpo formicolare a causa dell'adrenalina. Non vedevo l'ora di sporcarmi le mani con il sangue di quelle merde.

«Siete pronti?», urlai sfoderando la mia pistola.

«Sì!», risposero tutti. Marciammo compatti fino alla porta della chiesa, poi raggiungemmo l'entrata per le catacombe e, a turno, scendemmo di sotto.

Era un luogo angusto, con i muri in pietra grezza e uno strano odore che non riuscii a identificare. Mi avvicinai a Fallon, prima che ci addentrassimo troppo.

«So che sei forte, ma non voglio perderti ora che ti ho finalmente vicina, quindi non fare cazzate», le sussurrai.

«Neanche io voglio perdere te, Callum, quindi non provare a fare qualche stronzata delle tue», mi ammonì lei.

«Dividiamoci, questo posto è un labirinto», osservò Oliver facendo girare tutti verso di lui. «Siamo in dieci, quindi facciamo due gruppi. Il primo sarà formato da Callum, Fallon, Thomas, Bonnie e Asher, il secondo dagli altri», propose.

«Ci vediamo qui appena avremo capito cosa diamine vogliono da noi e, soprattutto, se si tratta di loro o meno. Mantenete gli occhi aperti e il sangue freddo», disse Asher.

Iniziai a camminare con Asher e Fallon al mio fianco e Thomas e Bonnie dietro di me. Arrivammo fino a una sorta di bivio e da lontano intravidi un'apertura che sembrava finire in una camera più grande. Avanzammo in quella direzione, quando a un certo punto le luci si spensero. Lì sotto il buio era fitto e persi immediatamente l'orientamento, così come non riuscii a capire dove fossero gli altri. Stavo per parlare quando un urlo di paura riecheggiò nell'aria.

Era Fallon.

«Fallon, dove sei?», gridai in preda al panico, senza sapere che direzione prendere per salvare la mia unica ragione di vita.

«Bastardi!», urlarono all'unisono Thomas e Asher.

Poi, d'un tratto, le luci si accesero nuovamente e vidi che davanti a me c'erano i Poisonous Strings, schierati. Fallon era tra le mani del loro capo.

«Siete morti», urlò Asher con tutta la rabbia che possedeva nel corpo.

«Vi abbiamo teso questa trappola perché vogliamo sapere alcune cose. Tempo fa Joyle e Robert mi hanno fottuto, mentre io cercavo di fottere loro, e ora, in questo momento, voglio sapere da voi se continuano ad avere legami con le organizzazioni criminali con cui si erano alleati per farmi fuori. Se risponderete alla mia domanda, questa piccoletta del cazzo uscirà illesa da queste catacombe. In caso contrario, marcirà con le ossa delle suore e dei monaci che sono stati sotterrati qui», sibilò il capo.

Puntava un coltello al collo di Fallon e io non riuscii a tollerare un attimo di più quella vista. Mossi i piedi in avanti, ma venni subito bloccato.

«Se ti azzardi a correre qui per salvare questa puttana del cazzo, apriremo il fuoco», disse un ragazzo dai capelli rossi, mentre mi puntava contro una pistola.

«Andate a farvi fottere, bastardi del cazzo!», urlai correndo da Fallon, che in quel momento venne spinta via.

Sapevo a cosa andavo incontro e, proprio come promesso, i Poisonous Strings aprirono il fuoco.

Il rumore degli spari riecheggiò in quel piccolo ambiente, un paio di proiettili rimbalzarono sui muri in pietra e per poco non finirono nella mia carne. Riuscii a schivarli per un soffio, ma non mi importava. Il mio unico pensiero era rivolto a Fallon, volevo solo stringere lei tra le mie braccia.

Vidi con la coda dell'occhio Asher ringraziarmi e i miei compagni combattere contro quella banda del cazzo e riuscire a metterne al tappeto tre.

Mi fiondai sul corpo di Fallon, iniziai a tastarlo per vedere se fosse ferita, ma era solo tremendamente spaventata e preoccupata.

«Hai messo in pericolo la tua vita per me, cazzo! Mi avevi promesso di non fare stronzate», disse tirandomi dei pugni sul petto, mentre io cercavo riparo dai proiettili.

«Quando si tratta di te, non posso prometterti di non fare cazzate, Fallon, non chiedermelo più», sussurrai mentre lei scoppiava a piangere sul mio petto.

«Sono in pericolo… Ash, Thom e Bonnie sono in pericolo», ripeté.

«Quelli in pericolo sono gli altri, Fallon, fidati», affermai stringendola ancora più forte.

«Non farlo mai più, cazzo, non azzardarti mai più a correre tra i proiettili solo per salvare me», disse rabbiosa.

«Ero consapevole del rischio che stavo correndo e sono pronto a morire solo per raggiungerti».

Capitolo 52

Callum

Era passato un mese dal giorno nel quale mi ero gettato tra i proiettili per arrivare a Fallon e stavo vivendo il periodo più bello della mia vita.

Le mani tremavano, le gambe sembravano composte da gelatina e la mia pelle si ricopriva interamente di brividi, caldi, che mi procuravano la pelle d'oca.

Durante quel mese avevo messo a posto tantissime cose storte che negli anni passati avevano scombussolato la mia vita, l'unica cosa che ancora non avevo cancellato dalla lista era parlare con Asher, faccia a faccia.

Asher mi era mancato, e averlo di nuovo vicino senza poter riallacciare i rapporti mi stava mandando in tilt il cervello.

Lo avevo invitato alla loro vecchia masseria, per parlare, per chiarirci. Quando arrivai, parcheggiai la moto a un passo dall'edificio, e avanzai verso il porticato in legno dove mi sedetti ad aspettarlo.

Presi una sigaretta dal pacchetto e la portai alle labbra. Dopo tre tiri vidi Asher avanzare verso di me. Voleva mostrare un atteggiamento impassibile, ma si vedeva chiaramene che stava tentando di sopprimere un sorriso da ebete che premeva per venire fuori. Fu in quel momento che il mio cuore capì che avremmo potuto tornare quelli di una volta, due teste calde pronte a morire l'uno per l'altro.

«Ci hai messo un po' a venire», iniziai, buttando fuori una nuvola di fumo.

«Stavo valutando l'invito», rispose alzando l'angolo destro delle labbra, formando un mezzo sorriso. Lo imitai, per poi andare subito al sodo.

«Non voglio portarla ancora per le lunghe, Ash. In questo periodo ho accettato tante cose, ho tirato fuori tutti gli scheletri che nascondevo nel mio armadio, e adesso manchi solo tu. Sono anni che fingiamo di detestarci quando so che in realtà entrambi non vedevamo l'ora di poterci chiarire. Non me ne frega un cazzo se quel fottuto giorno mi hai lasciato nelle mani della polizia, voglio solo gettarmi il passato alle spalle e ricominciare a essere tuo fratello», gli confessai, nel modo più sincero.

Vidi Asher sorridere e ingoiare subito dopo, per poi iniziare a parlare come se tra noi non fosse mai successo niente.

«Per tutti questi anni non ho fatto altro che odiarmi. Quel giorno, fu solo un pretesto. Una scusa per allontanarmi da te senza dirti il vero motivo per cui lo stavo facendo. Ero geloso e furioso, Callum. Avevo capito i sentimenti che stavi iniziando a provare per Fallon, forse prima ancora che tu stesso te ne accorgessi, e lei per me era ancora una bambina, non volevo ammettere che stava crescendo. Forse ancora adesso mi sembra una bambina, anche se ogni giorno mi dimostra che donna incredibile è diventata. Ma allora, Callum, anche io ero solo un ragazzo e avevo paura che uno come te potesse solo prenderla in giro o farle del male, senza capire che affidandola a te avrei solo potuto stare tranquillo. Poi tu sei entrato nei DarkBlood e noi nei Daggers e, be', il resto della storia lo conosci. Adesso Fallon è rinata, con te ha una luce diversa e sarei ingiusto a non dartene il merito. Call, mi sei mancato così tanto», ammise con occhi lucidi tirandomi una pacca sulla spalla destra.

Scoppiai a ridere di gioia, ero felice e mi sentivo leggero.

«Scusami per tutto, scusami per come mi sono comportato, e se per qualche assurdo motivo ti ho fatto credere che non tenessi a tua sorella, ma cazzo, Ash, io morirei per lei».

«Lo hai dimostrato, Call, in più di un'occasione, e finalmente posso dire che mia sorella con te è al sicuro».

«Devo dirti una cosa, in realtà devo chiedere una cosa sia a te che a Thom, che sta per arrivare», affermai mettendo una mano nella tasca. «Ah, eccolo», dissi accorgendomi che stava per parcheggiare l'auto.

Thomas ci raggiuse, guardando entrambi stranito.

«Callum, ti giuro che se mi hai fatto venire fino a qui per dirmi una delle tue stronzate ti sotterro proprio qui sotto», iniziò indicando il prato.

«Nessuna stronzata. Vi ho fatto venire qui perché non riesco più a tenere questo segreto solo per me», dissi tenendo a bada l'emozione e non riuscendo a impedire alle mie mani di tremare. «Amo dannatamente vostra sorella. Ho fatto finta di odiarla per anni, quando in realtà non volevo altro che lei, in tutti i sensi. Quindi…». Presi un respiro profondo, tirando fuori dalla tasca una piccola scatolina nera, in camoscio. «…voglio vederla camminare lungo la navata di una chiesa avvolta in un abito bianco. Voglio sentire le persone chiamarla con il mio cognome, voglio tornare a casa e vederla con il pancione. Lo meritiamo, cazzo, se lo meritiamo. Abbiamo sofferto entrambi e ho finalmente capito che il nostro dolore cessa quando siamo l'uno vicino all'altra. Ash, Thom, sono qui per chiedervi il permesso di sposare vostra sorella», dichiarai mostrando a loro l'anello che avevo comprato settimane prima.

I miei due migliori amici rimasero per qualche secondo a corto di parole, per poi sorridere e venire più vicini a me.

«Ash, dici che è in buone mani?», domandò Thomas a suo fratello.

«Cazzo, se lo è», ribatté Asher ridendo.
«Ho il vostro permesso di sposarla?»
«Dio, sì, ma la questione pancione per il momento lasciamola in sospeso», sottolineò Thomas scoppiando a ridere di gusto. «E questa masseria?», chiese girandosi a guardare l'edificio che non conosceva.
«Doveva essere una sorpresa per tutti, ma credo che voi meritiate di saperlo», dissi allontanandomi da loro per alzare le mani verso l'edificio.
«Domani inizieranno i lavori, questa sarà la nuova casa dei DarkDaggers».
«Cosa? Abiteremo qui? Tutti insieme?», domandò Asher allibito e incredulo, mentre un radioso sorriso gli si allargava sul volto.
«Sì, tutti noi meritiamo di iniziare questo nuovo capitolo».

Poche ore dopo l'incontro con Asher e Thomas, tornai a casa. Dovevo compiere il grande passo. Non vedevo l'ora di mettere l'anello al dito di Fallon.
Lei doveva essere mia, completamente mia.
Sentivo il bisogno di iniziare a pensare alla nostra nuova vita, insieme, e alla nostra felicità.
Indossai la giacca di pelle, tastai la tasca per premurarmi, per l'ennesima volta, che ci fosse la scatolina in camoscio, e iniziarono a tremarmi le mani.
Uscii di casa elettrizzato all'idea di quello che avrebbe potuto dire, poi salii in sella alla mia moto e guidai verso il campo di fiori viola che aveva visto me e Fallon amarci per la prima volta.
Guidai osservando il sole cominciare a calare per lasciare spazio alla luna e alle stelle, quelle stelle che in più di un'occasione erano state testimoni dell'amore che legava me e Fallon e che avrebbero fatto da spettatrici anche in questo momento così importante.
Quando arrivai al campo notai che la mia donna era già lì, ferma ad aspettarmi.
Solo vederla da lontano mi faceva sorridere, procurandomi un tuffo al cuore. Fermai la moto, levai il casco e la raggiunsi. Quando me la ritrovai davanti, non persi tempo e strinsi il suo corpo al mio, sentendo i battiti del suo cuore, sul mio petto, mischiarsi ai miei.
«Callum, cosa ci facciamo qui?», domandò sorpresa.
«Devo parlarti», risposi, prendendo la sua mano per camminare tra quei delicati petali viola.
«Parlarmi? È successo qualcosa?», chiese preoccupata, e io cercai di rassicurarla stringendole più forte la mano, e rivolgendole un piccolo sorriso. Poi mi fermai e le scostai una ciocca di capelli che le ricadeva sul viso.
«Non è successo nulla, devo solo… io devo solo dirti delle cose», sussurrai incatenando i miei occhi nelle sue pozze scure.

«Mi stai spaventando».

«Faccio così paura?»

«No, ma… sei così serio, e non lo so… Stai tremando?», domandò guardandomi con più attenzione. In quel momento mi sentivo fragile come una fogliolina di campo che tentava di proteggersi da una tempesta.

«Sai che la tua vicinanza mi fa questo effetto, Fallon».

«Ti prego, dimmi che non ti sei stufato di me».

«Stufato di te? Io? Fallon, cosa stai dicendo?», domandai scuotendo il capo da una parte all'altra.

«Io ho paura che hai avuto dei ripensamenti», ammise lei guardando in basso.

«Dio, come puoi pensare una cosa simile? Come puoi pensare che dopo tutto quello che abbiamo passato io possa essermi stufato di te? Cazzo, Fallon, sei un uragano, sei la mia luce, i miei desideri, i miei sogni e mi chiedi se mi sono stufato di te?», le domandai prendendole il viso tra le mani. «*Mai*, mia piccola Fallon, non mi stuferò mai di te, ricordalo», affermai sorridendo.

«E allora, cosa è successo? Che devi dirmi?»

«Fallon, ci ho pensato. Per settimane intere ho pensato incessantemente a questa cosa e credo che sia arrivato il momento di condividere i miei pensieri con te», dissi prendendo dalla tasca della giacca di pelle la scatoletta in camoscio contenente l'anello che le avevo comprato. «Voglio vederti vestita di bianco. Voglio che Thomas e Asher ti accompagnino lungo la navata, per venire verso di me. Voglio amarti, ogni giorno della mia vita e fino alla fine dei miei giorni. Voglio tornare a casa e sapere che tu sei pronta a subirti i miei malumori, voglio io stesso subirmi i tuoi. Ho un desiderio irrefrenabile di vederti con il pancione, di vedere i nostri figli correre dentro casa nostra e chiamarci mamma e papà. Fallon Rogers, vuoi sposarmi?».

Mi inginocchiai e aprii la scatolina, mostrandole l'anello con la pietra viola.

Lei sorrise, iniziò a tremare e si gettò sul mio corpo.

«Ho chiesto già il permesso ai tuoi fratelli, devi solo darmi una risposta».

«Callum, sì. Certo che sì, non ci può essere un'altra risposta», disse scoppiando in lacrime.

«Davvero? Hai veramente detto sì?».

Lei non parlò, continuò a baciarmi e a piangere, guardando l'anello luccicare ancora nella scatolina.

«Cazzo, diventerai mia moglie», affermai prendendo l'anello e mettendoglielo al dito. «Potrò finalmente sentire le persone chiamarti con il cognome che ti spetta. Fallon Rey».

«Dimmi che non è un sogno, dimmi che è tutto vero, che sto realmente per diventare tua moglie», disse tremando.

«Non è un sogno, è semplicemente la nostra vita. Noi meritiamo la felicità, Fallon. È giusto che ce la andiamo finalmente a prendere», sussurrai baciandola come non avevo mai fatto prima.

La vita mi aveva tolto molte cose.

Mi aveva masticato senza tregua, calpestato senza dignità, ma alla stessa maniera aveva fatto sì che trovassi la mia felicità tra le braccia di una ragazza che avevo odiato per anni e che a breve sarebbe diventata mia moglie.

Capitolo 53

Fallon

Tre mesi dopo

«Fallon, vedi questi sacchetti? Secondo me sono perfetti come segnaposto, tu che dici? Non voglio intromettermi, ma mio fratello si sposa!», urlò Bonnie correndo verso di me con in mano una valanga di sacchetti in tulle bianco, con delle piccole perle luccicanti.

Rimasi a bocca aperta, soprattutto quando le braccia esili di quella ragazza dai capelli biondi che per anni avevo odiato circondarono il mio corpo con calore.

Sorrisi e quasi scoppiai a piangere stringendola sul mio petto, ricambiando la sua stretta.

«Bonnie, sono stupendi! Li hai cuciti tu?», domandai prendendone uno tra le mani.

«Sì, uno a uno, Fall», rispose lei fiera del lavoro che aveva svolto. «Ma se non ti piace qualcosa dimmelo pure, posso anche cucirli di nuovo, tutti quanti, non preoccuparti. Quel giorno deve essere tutto perfetto!».

«Bonnie, sono già perfetti, non hanno nulla che non va, e queste perle… io sono senza parole, sono bellissimi», mi complimentai continuando a fissare quei sacchetti stupendi.

«Se guardi l'interno, ho cucito le vostre iniziali con del filo viola».

«Oh, cavolo, Bon», affermai scioccata, posizionando una mano sulle labbra.

Quella ragazza aveva pensato a tutto, nei minimi dettagli, e io non potevo desiderare di meglio.

Avevo passato anni a detestare Callum, l'unica cosa che mi legava a lui era l'odio, quello profondo, quello rude, e poi, un giorno, in modo del tutto inaspettato, avevo capito che l'odio era solo una scusa che utilizzavo per creare in qualche modo un rapporto con lui.

Ero assetata di emozioni, volevo un filo che mi legasse a quel corvo crudele e non sapevo come fare, quindi decidevo di odiarlo pur di provare qualcosa per lui, fino a quando non iniziai a vedere Callum con occhi diversi.

Dentro di me sapevo che l'odio era fasullo, lo sapevo benissimo, ma non potevo fare altro, mi facevo andare bene quei pochi momenti passati con lui durante le missioni.

Mi facevo andare bene i dispetti, la competizione, il sangue versato e ora, che stavo per diventare sua moglie, avevo finalmente capito che per anni avevo odiato e amato la persona giusta.

Callum, lui era la piuma nera che decorava la mia margherita.

Era il petalo mancante, il sogno proibito diventato finalmente realtà.

E tutto quello mi spaventava. Dentro di me sapevo che qualcosa stava per succedere, avevo una strana sensazione in corpo.

Non sapevo se si trattasse di adrenalina, di paura o se i miei istinti si fossero messi in allerta per qualcosa di diverso.

Non ero mai stata così felice, e ogni volta che mi sentivo così leggera, c'era sempre una mano nera pronta a strapparmi la felicità. La paura che quel sogno potesse rompersi in mille pezzi mi opprimeva la gabbia toracica.

Erano mesi che i Poisonous Strings non si facevano vivi.

Mesi che quella nuova gang non stuzzicava noi DarkDaggers, e la paura che da un momento all'altro avrebbero potuto irrompere nuovamente nelle nostre vite e rovinarle mi destabilizzava.

«Fall, hai sentito cosa ti ho detto?», domandò Bonnie toccandomi leggermente la spalla sinistra.

«Bon, scusami, ero sovrappensiero».

«È tutto okay?», chiese lei preoccupata.

«Sì, sì, tranquilla», dissi cercando di rimanere calma, non volevo rovinare la quiete che meritavamo. «Dicevi?»

«Stavo pensando che potrei prenotare la visita in atelier per scegliere il vestito. Ho trovato diverse boutique che cuciono abiti su misura e, se ti va, potremmo andare insieme».

«Certo, Bon, mi serve il tuo aiuto. Sai che mi sto affidando a te per l'organizzazione del matrimonio».

«Sono troppo felice! Corro a fare diverse chiamate, allora!», esclamò correndo verso la sala relax del covo.

Sorrisi pensando che Bonnie doveva essere realmente emozionata per l'incarico che le avevo dato e anche io ero felice, perché sentivo di avere a fianco persone che mi volevano veramente bene.

Passai l'intera mattinata a sbrigare delle faccende che Robert e Joyle mi avevano affidato e, proprio mentre stavo finendo di stampare le foto delle prede che avremmo dovuto uccidere in missione, sentii una notifica sul telefono.

Lo presi e rimasi scioccata nel leggere il messaggio che avevo appena ricevuto.

Arrivava da un numero anonimo ed era composto da un'unica parola.

Preparati.

Strabuzzai gli occhi e quando, poco dopo, ne ricevetti un secondo, iniziai a sentire le mani tremare.
Il mio istinto non si era sbagliato, stava per succedere qualcosa di brutto.

Preparati a morire.

Non sapevo cosa fare, stava andando tutto bene e non volevo, per nessun motivo al mondo, rompere la pace che avevamo creato noi DarkDaggers nel corso dei mesi, quindi, l'unica cosa che mi rimaneva da fare era sbrigare la faccenda da sola, senza dire nulla a nessuno.
Non conoscevo il mittente del messaggio, ma in cuor mio sapevo che proveniva dai nostri nemici più giurati.
Potevo farcela?
Non conoscevo la risposta, ma ci sarei riuscita, a tutti i costi.

Mentre ero seduta sul divano del covo, con le mani che tremavano a causa del messaggio che avevo ricevuto quella mattina, stavo cercando di sembrare la persona più rilassata del mondo.
Davanti a me avevo tutti i DarkDaggers, non sapevo cosa avessero in mente, ma sicuramente qualcuno di loro doveva comunicare agli altri qualcosa.
«Quindi? Perché siamo tutti qui?», domandò Mason guardandosi attorno.
«Devo dirvi una cosa», iniziò Callum alzandosi dal divano per mettersi al centro della sala.
Sentii il cuore sobbalzare, cosa doveva dirci?
Lo guardai, aveva il viso rilassato ed emanava un'aria felice.
I capelli gli ricadevano spettinati sulla fronte e la T-shirt che indossava fasciava perfettamente i suoi muscoli. Gli guardai il braccio, costellato da una miriade di cicatrici.
Pensai che era stato forte, che continuava a esserlo, e io non potevo essere più fiera e orgogliosa di lui.
Averlo a fianco era una fortuna enorme.
Mi sentivo capita, protetta come non mi ero mai sentita.
«Un'altra sorpresa, Call? Già ci hai lasciato tutti senza parole quando ci hai annunciato del matrimonio, ora cos'altro hai da dire? Avete adottato un cagnolino?», scherzò Harry ridendo.
«Ho aggiustato la vecchia masseria Rogers».
Sei parole dette velocemente scatenarono mille emozioni nel mio corpo.
«Cosa?», domandai scioccata, alzandomi dal divano per correre verso Callum. «Cosa hai fatto?»

«Ho aggiustato la tua masseria. Sarà la nostra nuova casa, andremo a vivere tutti insieme lì, come una vera famiglia», disse sorridendo, con le mani che tremavano a causa dell'emozione.

«Callum, veramente? Ti prego, dimmi che non è uno scherzo», implorai guardando i suoi occhi luccicanti e felici.

«Non è uno scherzo, ho passato gli ultimi mesi a lavorare alla masseria. Asher e Thomas mi hanno aiutato e devo dire che il nostro duro lavoro è stato ripagato».

Senza parlare, mi fiondai tra le sue braccia e lui mi prese al volo.

Ero felice, ero dannatamente felice, perché quel posto era stato tanto importante per me.

Avevo vissuto momenti bellissimi tra le mura rustiche di quella masseria, così come avevo subito traumi orrendi, ma il pensiero di costruire nuovi ricordi per lasciarmi definitivamente alle spalle quelli brutti e vecchi mi riempiva il cuore di gioia.

«Sei contenta?», sussurrò facendo affondare le labbra tra l'orecchio e il mio collo.

«Dio, Callum, certo che sono contenta!», urlai sorridendo, mentre le sue braccia continuavano a stringermi con forza.

«Preparate le valigie, i DarkDaggers si trasferiscono!», esclamò felice Asher alzandosi dal divano.

«Ancora non ci credo, andremo a vivere tutti insieme, come una vera famiglia», disse Jacob sorridendo.

Eravamo immersi nella felicità, ma per me durò poco.

Per me che sapevo che a breve sarebbe successo qualcosa di brutto.

Per me che sapevo benissimo che tutta quella felicità sarebbe stata spazzata via nel giro di pochi secondi.

Dovevo fare qualcosa, dovevo sistemare la faccenda da sola.

Tutte le persone che avevo attorno meritavano quella felicità, avevano vissuto una vita orrenda e ora che le cose iniziavano ad aggiustarsi non potevo permettere che qualcuno le rompesse nuovamente.

«Va tutto bene?», domandò Callum massaggiandomi il viso.

«Sì, sono solo tanto felice», mentii sorridendo flebilmente.

«Ti vedo strana, Fall, puoi mentire a tutti, ma non a me, non alla tua nemesi», disse prendendo la mia mano nella sua. «Cosa è successo?», domandò facendosi serio tutto a un tratto.

«Call, non è successo nulla, sono solo sorpresa dalla tua notizia. Le nostre vite hanno preso una piega migliore negli ultimi mesi e sono solo… io sono solo tanto spaventata», ammisi. Anche se non potevo confessargli dei messaggi, sentivo il bisogno di sfogarmi con lui.

«Spaventata? Cos'è che ti spaventa?», domandò inclinando la testa di lato.

«Io non sono mai stata così felice come nell'ultimo periodo, e ho la perenne paura che questa felicità possa scivolarmi via dalle mani, improvvisamente», confidai trattenendo a stento le lacrime.
«Fallon, perché non me ne hai mai parlato?»
«Non voglio rovinare tutto con le mie paure».
«Noi questa felicità la meritiamo, tutti noi la meritiamo. Non succederà nulla di brutto, stai tranquilla, nessuno ce la porterà via. Io ti proteggerò sempre e proteggerò tutti noi, siamo una famiglia ormai, niente può toccarci», disse abbracciandomi nuovamente, con fare protettivo e delicato allo stesso tempo.
«Ti amo tanto e in questo momento sento che il cuore rischia di uscirmi dal petto», dissi sorridendo.
«Il tuo cuore appartiene a me, lui batte qui, all'unisono con il mio», affermò tastandosi il lato sinistro del petto, e io sorrisi, per poi rilassarmi tra le sue braccia e cercare di godermi il momento.

Due mesi dopo

Guardai l'immenso prato che avevo davanti, oltre le finestre del soggiorno.
Respirai l'aria della masseria e poco dopo sorrisi, sentendomi a casa, al sicuro e felice.
Il tramonto aveva dipinto il cielo con sfumature arancioni e rosse, sfumature che riempivano l'anima e facevano svanire le paure. Eppure, dentro di me, si agitava qualcosa.
Come una sorta di vibrazione, sentivo che tutta quella quiete presto si sarebbe spezzata lasciando spazio solo al caos.
Nei mesi che avevo vissuto in masseria avevo ricevuto sempre lo stesso messaggio, proveniente sempre dal solito numero anonimo.
Avevo fatto diverse ricerche, senza giungere mai alla risposta che cercavo.
Perché?
Perché ricevevo sempre lo stesso messaggio, ogni giorno alla stessa ora?
E perché nessuno si faceva vivo?
Perché non riuscivo a chiudere quella situazione con le mie sole forze?
La mia mente era colma di domande, alle quali non riuscivo ad assegnare una risposta.
Mentre cercavo di tenere salda la mano che reggeva la tazza piena di tisana al mirtillo sentii delle urla provenire dalla zona relax della masseria. Mi precipitai lì di corsa, vedendo tutti i miei amici prendersela con Asher.
«Cosa diamine sta succedendo qui?», domandai preoccupata, vedendo i volti di Bonnie e di Elina rigati dalle lacrime.

Poi mi girai a guardare il viso di Asher, notando che era completamente tumefatto e sporco di sangue.

«Cosa cazzo hai fatto? Perché sei ridotto in questo stato?», chiesi piena di rabbia e di ansia allo stesso tempo.

«Ho fatto un casino», ammise, mentre Callum e Thomas continuavano a urlare frasi disconnesse verso mio fratello.

«E ora? Ora cosa cazzo facciamo?», domandò Oliver inquieto, mentre portava alle labbra una sigaretta.

«Qualcuno può dirmi cosa sta succedendo?», domandai tremante, sapendo già in cuor mio la risposta.

«Tuo fratello ha fatto un casino con i Poisonous Strings».

No, non è possibile.

«Cosa hai fatto, Ash?»

«Erano mesi che continuavo a ricevere sempre lo stesso messaggio, ho fatto delle ricerche scoprendo poco dopo che c'erano loro dietro. Pensavo di poter aggiustare la situazione, ma mi sbagliavo. Sono andato a cercare quelle merde da solo, ma quando sono arrivato al loro covo ho visto che stavano torturando una ragazza dai capelli rossi. Nemmeno il tempo di uscire allo scoperto, che uno di loro mi è venuto addosso. Sono riuscito a sfuggirgli per un soffio, un attimo prima che anche gli altri mi aggredissero», continuò a raccontare, mentre non riusciva a guardare in faccia nessuno di noi, troppo in imbarazzo per quanto si era messo in testa di fare.

«Perché cazzo non ci hai detto dei messaggi? Perché, Asher? Diamine!», urlò spazientito Callum.

Io iniziai a tremare, perché quei messaggi li avevo ricevuti anche io e, invece di condividere le mie preoccupazioni con il resto del gruppo, avevo preferito starmene zitta pensando di poter aggiustare da sola la situazione e, proprio come Asher, mi ero sbagliata di grosso.

«Io… anche io ho ricevuto messaggi minatori», buttai fuori velocemente fissando un punto indistinto sul pavimento.

«Tu, cosa?», domandò rabbioso Callum.

«Pensavo anche io di poter risolvere la questione da sola, non volevo farvi preoccupare».

«Ecco perché sei strana da mesi, ecco spiegato tutto! Cazzo, Fallon, ma perché? Perché non me ne hai parlato?», domandò Callum venendo nella mia direzione, mentre io continuavo a tremare.

«Ero spaventata, cazzo! Stava andando tutto così bene e voi… voi eravate così felici e io non me la sono sentita di rovinare tutto!», urlai scoppiando a piangere poco dopo. Ero distrutta.

Per mesi avevo mantenuto quel segreto, e ora che avevo vuotato il sacco non sapevo più come contenere le mie emozioni contrastanti.

«Dio, Fallon», sussurrò Callum abbracciandomi e baciando la mia testa. «Hai portato questo peso per tutti questi mesi e… cazzo, scusami, non volevo perdere le staffe con te», disse mentre io asciugavo le mie lacrime con la manica della felpa.

«Dovevate dircelo, insieme saremmo riusciti a sfidarli», affermò Harry sbuffando dal nervoso.

«Il danno ormai è fatto. Loro per tutti questi mesi ci hanno osservato, hanno mandato messaggi minatori ad Ash e a Fallon perché sapevano che non avrebbero mai parlato. Probabilmente il loro piano era quello di distruggerci singolarmente, iniziando da loro due per poi continuare con ognuno di noi», ragionò Mason stringendo la mano di Elina.

«Hai ragione, il danno è fatto, ma noi siamo i DarkDaggers e presto loro impareranno a conoscerci», disse Harry, con un sorriso così crudele e malvagio che mi fece accapponare la pelle.

Improvvisamente tutti i nostri telefoni produssero la stessa vibrazione, nello stesso momento.

Tremai, sentivo l'adrenalina scorrermi nelle vene. Tutti leggemmo il messaggio che avevamo ricevuto.

Pensavamo che foste più astuti, voi DarkDaggers. Vi abbiamo sopravvalutato. Fallon e Asher credevano di poterci battere utilizzando solo le loro forze, poveri illusi. Preparate le armi, la guerra sta per iniziare. Siete pronti a essere sconfitti?

Il caos si stava lentamente impossessando della quiete. Due gang stavano per battersi e sporcarsi le mani di sangue.

Callum

Tre anni dopo

Nella mia vita non c'era mai stato nulla in grado di farmi sentire importante, realizzato.

Avevo sempre camminato nell'ombra dei miei sbagli, fino a sentire i miei peccati logorarmi le ossa e raggiungermi l'anima.

Per anni, avevo trattato mio padre come uno sconosciuto, scaricando su di lui tutta la mia rabbia e il mio rancore, promettendo a me stesso che mai e poi mai avrei messo al mondo un bambino.

Ero convinto che un mostro come me non meritava l'amore, ma mi sbagliavo, cazzo, se mi sbagliavo.

Avevo solo bisogno di uscire dal fango dentro cui mi ero impantanato, dovevo ricominciare da capo, ripartire da zero e lasciare il buio per sempre.

Dovevo cancellare ogni sprazzo di rabbia, ogni singola frustata, ma da solo non ci sarei mai riuscito.

Ero diventato padre, papà di una piccola creaturina di nome Daisy.

Lei, insieme a Fallon, aveva colorato le mie giornate di felicità e pace.

Mai, in tutta la mia vita, avrei pensato che potessi sentirmi così pieno, così tanto completo.

Passai il pollice sullo zigomo della mia piccola bambina, guardando come muoveva le labbra mentre dormiva beatamente.

Era così tanto piccola e indifesa che quasi avevo paura potesse rompersi tra le mie braccia.

Le guanciotte rosse, la pelle lattea identica a quella della sua mamma, che in quel momento si trovava stesa sul nostro letto a osservare me e la piccola.

«Avresti mai immaginato questo momento?», domandai spostando lo sguardo dalla piccolina a mia moglie.

«Volevo ucciderti e ora sei il padre della mia bambina. Direi proprio di no», rispose regalandomi uno di quei sorrisi dolci che amavo tanto.

«Prima di te nutrivo solo odio e rancore nell'anima. Ora sono una persona completamente nuova e grazie a voi ho solo amore dentro di me», affermai riportando lo sguardo su mia figlia.

«Non pensiamo più al prima, ora siamo ciò che siamo, grazie alla forza che ci siamo donati. Ora finalmente siamo completi», stabilì Fallon. Nel frattempo, Daisy si era svegliata.

«Credo abbia fame», dissi sorridendo. «Ciao, piccolina, hai appetito?», domandai utilizzando una voce dolce, mentre mia figlia iniziava a giocare con le mie dita.

Lei mi regalò dei versi dolcissimi, le diedi un bacio sulla fronte e la passai a Fallon, che iniziò ad allattarla.

«Siete una visione divina», affermai rapito da loro.

«Daisy è la tua fotocopia», disse Fallon guardandola.

«Daisy è il nostro capolavoro», rimarcai, continuando a guardare le mie due donne. Era così bello potersi ritagliare quei momenti, solo noi tre. Ma la tranquillità durò poco.

Poco dopo, sentii il campanello suonare e le voci dei miei migliori amici giungere da dietro la porta.

«Diamine, perché devono sempre interrompere questi momenti?», domandai sbraitando.

«Hai deciso tu di farci abitare tutti insieme», mi ricordò Fallon ridendo.

«Hai ragione, adoro questa cosa, ma odio dovermi alzare sempre per aprire adesso che stiamo al primo piano», dichiarai avanzando verso la porta di casa.

La aprii e Thomas e Asher entrarono senza neppure salutare.

«Buongiorno, eh, prego, accomodatevi pure», feci, rimanendo fermo sull'uscio della porta.

«Siamo qui per Daisy, non per te», rispose Thomas ridendo, mentre andava spedito in camera da letto con un grande peluche stretto tra le mani.

Chiusi la porta e li raggiunsi, vedendo Daisy sorridere alla vista dei suoi due zii.

«Cavolo, è stupenda», commentò Asher prendendola tra le braccia.

«Mi raccomando», affermai guardando il mio migliore amico.

«Tua figlia è in buone mani, Call», disse iniziando a cullarla e, poco dopo, i suoi occhietti si chiusero e lei cadde in un sonno profondo tra le braccia dello zio, mentre Fallon li guardava innamorata.

«Fall, come ti senti?», domandò Thomas guardando mia moglie.

«Daisy la notte non ci fa dormire, ho un sonno assurdo, ma tutto sommato sto bene», rispose sorridendo.

«Se volete riposarvi un po', possiamo badare noi a lei», propose Asher continuando a cullare mia figlia.

«Siete sicuri?»

«È nostra nipote, certo che siamo sicuri! Coraggio, riposate un po', noi siamo nella camera a fianco», disse Thomas avanzando verso il corridoio.

«E sì, Callum, puoi stare tranquillo, è in buone mani», ripeté Asher chiudendo la porta della nostra camera da letto.

Mi girai verso Fallon, mi gettai sul letto e lei adagiò la testa sul mio petto.

Io inalai il suo profumo mischiato a quello di mia figlia, sorrisi e iniziai a baciarle la fronte, pensando che ero l'uomo più fortunato dell'universo.

Ringraziamenti

Ci sono storie che fanno vibrare l'anima, trame che riescono a trasportarti in un mondo inventato che sembra così reale da volerci vivere per sempre. Per me, *Opposites with Similar Hearts* è questo, ed è casa.

Ho iniziato a scrivere questa storia d'amore perché sentivo il bisogno irrefrenabile di nascondermi tra le pagine di un libro, di scappare dalla realtà nella quale vivevo e di esiliarmi per qualche ora dalla monotonia della vita.

Scrivere questa storia mi ha insegnato molto, soprattutto che, se si desidera qualcosa ardentemente, lo si può ottenere solo mettendosi in gioco. Ed è per questo che mi sento di ringraziare me stessa, per non aver avuto paura di pubblicare su Wattpad un capitolo alla volta.

Devo essere sincera, inizialmente ero terrorizzata all'idea che qualcuno potesse entrare nei miei pensieri, avevo una paura enorme di aprire le porte della mia mente per far entrare voi lettori, ma oggi credo sia stata la scelta migliore che potessi mai fare.

Grazie alla scrittura ho imparato a conoscere me stessa, mettendo su carta le mie debolezze, quelle che nascondevo a chiunque.

Ringrazio i miei genitori, che mi hanno sempre sostenuta e hanno creduto in me fin dall'inizio.

Ringrazio Azzurra e Francesca, amiche di penna e di vita, che con la loro bontà e simpatia mi hanno accompagnata in questo meraviglioso viaggio.

Ringrazio Martina ed Eva, compagne di scrittura che sono state una bellissima scoperta.

Ringrazio Marco, il migliore amico di una vita intera, che è sempre pronto ad aiutarmi ed è la mia ancora.

Ringrazio L. che mi ha spinta a scrivere questo libro e mi ha accompagnato durante la sua stesura.

Ringrazio Federica, che è sempre pronta ad aprire le porte della sua casa per accogliermi nei momenti bui con la sua innata dolcezza.

Ringrazio Elena, senza la quale non sarei riuscita a godermi appieno quest'avventura. Il suo aiuto è stato indispensabile e gliene sarò per sempre grata.

Ringrazio Azzurra, editor stupenda, gentile e che mette tutta sé stessa nel lavoro che svolge.

Ringrazio la Newton Compton, che mi ha accolta con dolcezza e che mi ha permesso di realizzare il mio sogno.

E infine, ringrazio voi lettori, che siete e sarete per sempre la mia piccola, grande famiglia.

Indice

Jessica Joyce

AMORI E ALTRE COMPLICAZIONI

Volume di 352 pagine, euro 9,90

La vita di Noelle Shepard è alla deriva: non ha un lavoro, abita coi suoi genitori e ha appena perso l'amata nonna Kathleen, a cui era legatissima. Un giorno, per caso, scopre una lettera d'amore e delle vecchie foto, che ritraggono la nonna insieme a uno sconosciuto. Sono giovani, felici e innamorati. Noelle vuole saperne di più, perciò crea un TikTok per trovare l'uomo del mistero. Il video diventa virale e, con sua gran sorpresa, il nipote risponde. Peccato che sia Theo Spencer, la sua nemesi del liceo. Sexy e irriverente, Theo non è il compagno che Noelle vorrebbe in quest'avventura. Eppure, la porta da suo nonno Paul, che le svela la verità e le racconta della sua fuga d'amore finita male con Kathleen. Noelle decide allora di partire per la luna di miele che i due non hanno mai potuto fare. Paul si unisce all'impresa e insiste perché anche Theo partecipi. Costretti a trascorrere tanto tempo insieme nello spazio ristretto di un'auto, Noelle e Theo prima si detestano, poi si piacciono, infine cominciano ad amarsi. Ma Theo nasconde un segreto che può cambiare tutto...

NEWTON COMPTON EDITORI